国家社科基金项目研究成果
苏州大学人文社会科学学术专著出版资助计划

邱林 著

校园足球发展研究

以政策基层执行为视角

RESEARCH ON
THE DEVELOPMENT OF
CAMPUS FOOTBALL

FROM THE PERSPECTIVE OF POLICY IMPLEMENTATION
AT THE GRASSROOTS LEVEL

社会科学文献出版社
SOCIAL SCIENCES ACADEMIC PRESS (CHINA)

序

青少年是中国足球发展的未来，校园足球是青少年足球发展的基石。2015年以来，国家相继出台一系列加快校园足球发展的政策文件，对校园足球工作做出整体战略部署。但顶层设计的理论图景与基层执行的现实情境之间依然存在执行目标偏移等多重困境交织引生的执行阻滞。为此，随着校园足球治理重心的下沉，基层校园足球发展成为重中之重。如何全面统筹校园足球政策基层执行体系，推动基层制度创新，增强政策执行效能，已成为校园足球高质量发展的重点和难点问题。邱林同志的新作《校园足球发展研究——以政策基层执行为视角》开辟了校园足球政策执行研究的崭新视角，契合了当前我国政府大力推进“基层治理”的现实需要，全面介绍了我国校园足球政策基层执行概况，厘清了校园足球政策基层执行现实困境与影响因素，归纳整理了域外青少年足球政策执行基层治理的演进、困境、出路，探寻了我国校园足球政策基层执行治理路径。换而言之，对基层校园足球政策执行问题进行全面、深入的科学研究，已成为一项极具理论价值和现实意义的科研任务。应该说，本书之理念智慧顺应了我国校园足球改革发展的时代需求，是学校体育改革之下体系变革的探路实践，可为国家校园足球改革的顶层设计提供重要理论参考。

邱林博士曾在中国足协社会发展部（原全国校足办）从事全国校园足球师资培训和竞赛组织工作，现又在教育部（全国校足办）借调工作，从事校园足球政策文件起草工作。他亲历了校园足球的改革发展历程，对于校园足球政策执行问题有着独到的见解。多年工作实践，养成了他勇于实践、勤于思考的良好品质，在繁重的学习与工作之余，通过大量的调查研究和资料搜集，完成了本书的撰写，实属难能可贵。本书采用了全新的分析框架，是迄今为止较为全面、系统地研究校园足球政策基层执行问题的第一部论著。我乐意向广大读者推荐此书。愿本书出版为进一步推进我国校园足球理论研究和实务工作提供更多贡献。

张廷安

2023 年 11 月 6 日

目 录

第一章　绪论

第一节　研究背景、研究目的与意义

一　研究背景

1. 体育强国战略背景下青少年体质健康问题日益加剧

改革开放四十多年来，我国综合国力与日俱增，体育事业也得到迅猛发展，但青少年体质健康总体水平每况愈下。2008 年北京奥运会的举办取得巨大成功，胡锦涛同志在总结表彰大会上提出推动我国由体育大国向体育强国迈进的愿景。2019 年，国务院印发的《体育强国建设纲要》强调“以习近平新时代中国特色社会主义思想为指导，加快推进体育强国建设的决策部署”。与此同时，为夯实体育强国事业基础，全民健身与健康中国战略理念应运而生，但近几年日益凸显的青少年体质健康问题成为体育强国建设的严重阻碍。2006 年全国学生体质健康监测数据显示，青少年学生的体能素质近 20 年来持续下降，全国 83%的大学生视力不良，7.88%的学生营养不良，肥胖学生的比例迅速增加①。到 2018 年，学生的力量、速度等素质略有改善，但八年级学生的视力不良率仍达到 68.8%，肥胖率也高达 9.7%。“十三五”期间，我国中小学生参加体质健康标准测试优良率逐年下降，不及格人数持续增加，2020 年仍有 560 万中小学生体质健康水平未达国家标准。截至 2023 年，我国儿童青少年总体近视率高达 52.7%，初中生为 71.1%，

① 王慧丽：《我国学生体质健康现状分析》，《山东体育学院学报》2007 年第 6 期，第 142～144 页。

高中生已超 80%，青少年近视率位列世界第一。通过数据分析可以发现，近年来青少年体质健康状况虽然有所改善，但近视、肥胖等问题依然严峻，已经引起社会各界的广泛关注。“体质不强，何谈栋梁”，只会使体育强国建设成为一场空谈，提高青少年体质健康水平已经成为亟须解决的重大问题。

为此，教育部、国家体育总局等相关部委陆续出台一系列政策，深化教育领域综合改革，以学校体育为抓手增强学生体质。2007 年，国务院印发《关于加强青少年体育增强青少年体质的意见》，提出“完善学校体育工作”“广泛开展阳光体育运动”“增强青少年体质”。随后，国务院办公厅印发《关于进一步加强学校体育工作的若干意见》《关于强化学校体育促进学生身心健康全面发展的意见》等政策文件，强调以提升体育教育质量、促进学生身心健康为总体要求，通过强化学校体育意识来扭转青少年体质状况不利的局面。2018 年，习近平总书记在全国教育大会上提出“享受乐趣、增强体质、健全人格、锤炼意志”[①] 的指导思想，以此推进学校体育工作，改善青少年体质健康水平。2020 年，中央全面深化改革委员会审议通过《关于深化体教融合促进青少年健康发展的意见》，强调“加强学校体育工作”“推动青少年文化学习和体育锻炼协调发展，促进青少年健康成长”，学校体育承担着解决青少年体质健康问题的历史使命。长期以来，足球运动一直是学校体育的重要内容，而校园足球作为引领学校体育改革的突破口，在学生体质健康水平提升方面已做出许多有益尝试与路径探索。2016 年以来，校园足球特色学校的学生体质健康状况显著优于非校园足球特色学校学生，学生体质健康的优良率和达标率均高于非校园足球特色学校学生。这些结果显示，积极推动校园足球发展对于增强学生体质健康起到了显著促进作用。

2. 新发展阶段需正确把握校园足球系统工程的历史方位与发展方向

党的十九届五中全会提出，我们要乘势而上开启全面建设社会主义现代化国家新征程、向第二个百年奋斗目标进军，这标志着我国进入一个新的发展阶段。[②] 随后，“十四五”体育发展规划明确我国开始全面迈向体育强国

① 《习近平出席全国教育大会并发表重要讲话》，中华人民共和国中央人民政府网，2018 年 9 月 10 日。

② 《习近平谈治国理政》第 4 卷，外文出版社，2022，第 162 页。

新征程。足球作为世界第一运动，是衡量一个国家作为体育强国的重要标志，而校园足球作为振兴足球的基础性工程，被赋予了更多期许与价值功能。因此，新发展阶段，校园足球要贯彻新发展理念，构建新发展格局。2015 年，国务院印发《中国足球改革发展总体方案》，预示着新一轮校园足球工作正式启动。在这一新发展阶段，校园足球的理念始终坚持以育人为宗旨，以普及为基础，以促进青少年身心健康发展为目标，以遵循学生身心发展规律重点培养人才为发展导向。《中国足球改革发展总体方案》明确“推进校园足球普及，全国中小学校园足球特色学校在现有基础上，2020 年达到 2 万所，2025 年达到 5 万所”。随后，为深入贯彻《中国足球改革发展总体方案》精神，教育部等相关部委相继印发《关于加快发展青少年校园足球的实施意见》《中国足球中长期发展规划（2016～2050 年）》等政策文件，将普及程度、教学体系等方面作为重点任务，志在打造校园足球新发展体系。以上三份文件的出台为当前校园足球发展指明了方向，“五位一体”（特色学校+高校高水平足球运动队+试点县（区）+改革试验区+“满天星”训练营）的校园足球立体格局逐步形成。截至 2022 年，全国已建成校园足球特色校 32780 所、试点县（区）241 个、“满天星”训练营 138 个、改革试验区 54 个、招收高水平足球运动队的高校 188 所。

进入新发展阶段后，以新理念为指导原则，以新格局为行为路径，校园足球发展的历史方位已经确定，但其发展方向仍需正确把握。在大力推进校园足球体系建设的过程中依然存在着诸多问题，如师资、场地、经费等的紧张匮乏，校内足球活动开展存在“只重形式、不重内容”的现象，校园足球竞赛体系不完善，足球人才成长通道不顺畅等都会导致校园足球系统工程的“塌方”。因此，2018 年，教育部印发《关于加强全国青少年校园足球特色学校建设质量管理与考核的通知》，明确强调各省（区、市）要抓管理提质量，做好本地区监管工作，并对部分校园足球特色学校提出限期整改和取消资格的要求。2020 年，教育部等七部门联合印发《全国青少年校园足球八大体系建设行动计划》，提出要持续深化八大体系建设，为新发展阶段各地区校园足球工作提出总体要求，意在根据实际情况巩固和完善校园足球发展体系，进而实现校园足球治理体系和治理能力现代化。但是，顶层设计的理论图景与基层执行的现实情境之间依然存在执行目标异化、政策方案畸变等多重困境交织引发的执行阻滞。为此，我们需要追问，校园足球政策基层执行中为何会出现“仪式足球课”等形式之风？为何会频繁出现“敷衍执行”等异化现象？如何实现外延式扩张向内涵式建设的有效转变？这需要进一步推动治理重心逐步下沉，准确把握校园足球高质量发展方向。

3. 基层校园足球高质量发展已成为校园足球治理能力现代化的基础支撑

2013 年，党的十八届三中全会提出将推进国家治理体系和治理能力现代化作为全面深化改革的总目标，“治理”自此成为我国未来各领域发展的主要议题。体育治理作为国家治理的重要组成部分，无论是对未来体育事业的发展，还是对国家治理能力的提升都具有重要的战略意义。校园足球是体育事业中一项极具代表性的基础工程，在推进国家治理能力现代化的大背景下，多元主体的参与是校园足球高质量发展的有效路径，因此，推动校园足球治理是体育治理发展的必然趋势，也是契合国家全面深化改革的应有举措。随着国家社会主义现代化建设的不断推进，治理能力现代化是政策目标实现的重要保障，实现校园足球治理能力现代化，不仅需要构建多方参与的治理主体、科学高效的治理方式，更需要依靠校园足球的高质量发展，形成成熟完善的体制机制。但校园足球活动开展过程中基层地区频繁出现“手球大课间”“形式足球课”等现象，严重阻滞了校园足球的高质量发展。随着校园足球治理重心的下沉，基层校园足球发展成为重中之重。因此，校园足球治理能力现代化的关键在于基层校园足球的高质量发展。

为把握好基层校园足球高质量发展的总体方向，推进治理能力现代化建设，全国青少年校园足球工作领导小组进行了全局性战略部署。2020 年，教育部等七部门联合印发《全国青少年校园足球八大体系建设行动计划》，标志着校园足球正式迈向高质量发展阶段，欲以六年多来的校园足球事业发展经验为基础，绘出未来发展的路线图。同年，党的十九届五中全会精神进一步为校园足球高质量发展指明了方向，要围绕高质量主题，统领校园足球改革发展。2021 年，全国青少年校园足球工作领导小组第七次会议强调，要久久为功推进校园足球工作高质量发展；同时，教育部部长怀进鹏从体系、机制和动力三方面总结当前的发展成果并提出未来发展构想。依托于顶层设计对基层校园足球高质量发展的要求，校园足球发展体系框架基本搭建完成，已经形成一套完整的校园足球工作体系。全国校足办在各省、区、市均设有办公室，负责管理当地校园足球工作，各部门齐心协力，社会组织、企业和学校协同推进。经过多年耕耘的学训、竞赛、保障等体系愈发完善，校园足球运行机制日趋成熟，已成为推进校园足球治理能力现代化的重要保障。基层校园足球向高质量发展的转变以及对内涵的深化，从根本上体现出校园足球治理能力现代化的宏观价值。由此可知，基层校园足球的高质量发展，为校园足球体系构建奠定了坚实基础，为校园足球治理能力现代化提供了重要支撑。

4. 校园足球政策执行“最后一公里”的体制沉疴难以消除

美国学者艾利森认为：“政策方案对于政策目标的贡献率只占10%，其余90%则取决于政策的有效执行。”由此可见，政策执行在政策整个生命周期中具有至关重要的地位，校园足球政策作为一项公共政策，其执行情况直接决定校园足球开展的成效。《中国足球改革发展总体方案》明确指出“加强政策指导”“狠抓落实”，基层组织作为校园足球政策执行的最后一环，对政策的执行情况直接关系校园足球各项工作的开展，关系校园足球事业的整体发展进程，其重要的战略意义不言而喻。已有调查研究结果显示，基层组织的执行效果并不理想，在执行过程中容易出现执行异化等现象。2015年，《关于加快发展青少年校园足球的实施意见》提出“2020年支持建设2万所校园足球特色学校，2025年达到5万所”，并且重点建设200个左右高等学校高水平足球运动队。在政策硬性指标导向下，校园足球特色学校的建设工作在全国铺陈开来，但有些地区过度追求特色学校数量，忽视政策目标实质内涵，出现申报材料失真等现象，后期更是出现“赶鸭子上架”以求数据激增来体现政策执行成效，这与提高足球普及推广质量的发展初衷背道而驰。部分特色学校建设完成后，出现校内体育师资不足、足球专项教师短缺的问题，但为了完成“每周一节足球课”的教学任务，体育教师“边学边教”，课堂教学质量严重下滑。此外，为开展校园足球文化建设，学校组织“足球操”“足球舞”等大课间活动，形式大于内容，背离了足球运动项目的发展规律与校园足球政策精神。

我国基层政府政策执行问题已成为一种制度性顽疾而普遍存在，校园足球亦是如此。2015年以来，教育部相继印发《关于加强全国青少年校园足球改革试验区、试点县（区）工作的指导意见》等文件，将基层校园足球上升为全国性试点统筹的制度规划，并在2019年度工作报告中纳入重点部署任务，作为推进校园足球治理能力现代化的基础支撑。但是，自上而下的政策无法跨越“最后一公里”的障碍，政策效能难以抵达政策客体，导致政府部门权威流失与信任危机。基层组织作为校园足球政策执行的“最后一公里”，处于我国科层组织体系最末端的位置，政策执行科层化体制是一种高度分化的组织结构，横向上存在各部门间的利益博弈，纵向上存在层级间的“上令下行”，科层体制的结构特征决定着基层组织的行动逻辑，制约着校园足球政策执行成效。校园足球政策在这种高位推动作用下，执行压力层层下达，在基层形成“积压”并束缚了基层执行人员的行为选择，这种体制性沉疴已严重影响校园足球政策基层执行的现实走向。

5. 提升校园足球政策基层执行成效已成为践行整体战略部署的精准之策

党的十八大以来，习近平总书记多次指示要将我国足球事业搞上去，国家相继出台一系列加快校园足球发展的政策文件，对校园足球工作做出整体战略部署。2015年，国务院印发《中国足球改革发展总体方案》，从国家层面提出改革推进校园足球发展的总体要求，为全国校园足球建设指明方向。为进一步深化落实《中国足球改革发展总体方案》总体要求，教育部等部门印发《关于加快发展青少年校园足球的实施意见》，对推进全国校园足球工作提出具体化建设性要求。至此，初步完成校园足球宏观规划部署。2020年，《全国青少年校园足球八大体系建设行动计划》是对校园足球体系建设的升级改造，涵盖范围更加广泛，并提出各地可以根据实际情况，制定相对应制度文件，加大推进力度。2021年，国务院印发《全民健身计划（2021—2025年）》，提出大力推动县域足球普及与发展。随后《“十四五”体育发展规划》出台，对于体育事业发展的描述中多次提及“基层”，鼓励及调动基层组织开展体育活动。由此可见，校园足球政策执行重心已逐渐下沉至基层，政策执行工作由面到点愈发精准。

校园足球开展以来，全国青少年校园足球工作领导小组陆续出台一系列校园足球政策文件，不断探寻区域范畴下政策落实的现实路径，从国家层面到县域足球，最终落脚点到达基层，校园足球政策执行逐步走向精准化。但国家政策制定注重政策目标的统一性，而无法顾及不同执行场域的差异性，形成顶层目标导向取代基层问题导向的“基层目标困局”。我国校园足球政策体系虽已日臻完善，但未切实考虑整体规划与基层情境的契合程度，缺乏对基层实践中执行资源稀缺、执行异化频生等“无序”状态的总体考量，容易出现执行波动现象，造成政策执行无法达到预期效果。基层组织作为校园足球政策的承接者和执行者，可以根据实际情况合理变通执行，实现国家政策目标与地区实际情境的有效契合，有利于政策内容的有效落实。因此，提高校园足球政策基层执行成效不仅符合新时代校园足球工作要求，也是践行整体战略部署的精准之策。

二　研究目的与意义

1. 研究目的

（1）全面了解我国校园足球政策基层执行情况

2015 年，中国政府网正式公布了由国务院办公厅印发的《中国足球改革发展总体方案》，教育部等部门相继下发《关于加强全国青少年校园足球改革试验区、试点县（区）工作的指导意见》等政策文件，大力推进基层校园足球发展。细数现有政策文本，从总体目标到具体落实，都给出了详细可执行的方略。但是，我国校园足球政策随着时间推移和基层执行检验，依然存在基层组织建构缺失、各方主体利益博弈失衡、政策执行异化、形式主义等问题。为何校园足球政策“最后一公里”的体制沉疴难以破解？为何校园足球政策在基层执行过程中会出现广为社会诟病的“形式足球”与“仪式足球”现象，并陷入低水平重复的怪圈？解答以上问题的前提是全面了解我国校园足球政策基层执行情况，厘清校园足球政策基层执行困境，探寻各个层面的主要问题及影响因素。

本书通过对重庆市沙坪坝区、南通市海门区、六盘水市钟山区、太原市万柏林区等 15 个全国校园足球试点县（区）进行实地调研，在采集官方数据基础上，与实地调查紧密结合，确保实证研究样本选取的均衡性、全面性以及数据收集的真实性。在数据基础上，将史密斯政策执行过程模型作为理论基础，从政策本身、执行机构、执行方式、目标群体等方面对校园足球政策基层执行困境表征进行系统分析，并从多个维度分析政策执行困境的生成逻辑。

（2）理清校园足球政策基层执行的困境成因与形成机制

Eugene Bardach 以利益博弈为研究视角撰写的《执行博弈》对本研究具

有重要的参考价值，尤其是其提出的“利益博弈四分法”研究范式，从辨别利益博弈主体与诉求，确定各主体间利益博弈类型、关系以及策略选择等维度，解析政策基层执行困境的成因与形成机制。本研究按照 Eugene Bardach 的“资源转移—目标扭曲—执行选择两难—能源分散”利益博弈四分法研究范式，以利益博弈为视角，分析校园足球政策基层执行中必然牵涉的相关利益问题，明确不同主体、不同层面之间的博弈关系与策略选择，并结合不同地区调研所得案例进行实证分析，探寻校园足球政策基层执行困境成因与形成机制。

（3）介绍、提炼、总结域外青少年足球政策基层执行治理经验

本书将立足于我国校园足球政策基层执行情况，在探寻各个层面的主要问题及影响因素之下，针对性地实地考察英国伯恩茅斯、曼彻斯特、斯旺西，日本大阪、东京，法国马赛、图卢兹、里昂、波尔多等地区的青少年足球、社区足球发展情况，并搜集整理了英国、法国等青少年足球政策基层执行治理成效显著的国家和地区材料，归纳整理域外青少年足球政策基层执行治理的演进、困境、出路，探讨基层治理的演进规律、困境根源、未来走向，明确青少年足球政策基层执行治理的主体是谁、治理的方式方法是什么、治理效果如何评估等问题，由此，结合自身实际，借鉴域外先进经验，推动我国校园足球更好地发展。

（4）推动“多元参与合作共治”基层治理，探寻校园足球政策基层执行治理路径

近年来，党中央将足球事业提升至国家战略高度，2014 年，国务院印发《关于加快发展体育产业促进体育消费的若干意见》，将青少年校园足球作为重点任务推进。本书立足校园足球政策基层执行困境成因与形成机制，借鉴足球治理与基层治理的研究成果，提出校园足球政策基层执行治理路径。宏观层面，讨论“多元参与合作共治”基层治理理念的实现形式；微观层面，着重探寻校园足球政策基层执行治理路径，主要包括政策体系建构、基层组织改革、目标群体诉求实现、政策环境优化等问题。

2. 研究意义

（1）理论意义

我国校园足球政策基层执行研究不单是解决校园足球政策基层执行困

境，更重要的是，为我国校园足球改革发展探寻新方向。当前，中国足球改革发展已成为一项中央部署的战略工程，青少年校园足球发展被社会民众广泛关注，但是，发展至今尚未明显改善竞技足球后备人才质量和青少年体质健康问题。经过相关部门系统筹划、科学论证，在校园足球政策发布之后，基层没有呈现出应然与实然相契合的执行效果。本书力图剖析我国校园足球政策基层执行中横向与纵向两个维度下不同主体之间利益博弈关系与策略选择，探寻政策基层执行困境的成因与形成机制，在治理体系及治理能力现代化的背景下，立足校园足球新发展理念，阐明校园足球传统基层管理模式向现代化治理模式转变的理论创新，进而完善我国校园足球政策执行理论体系，推动校园足球高质量发展。

（2）实践意义

我国校园足球政策基层执行研究是校园足球改革发展的重要依据，是破解基层校园足球活动“形式足球”与“低水平重复”等怪象的突破口，是我国国民教育改革之下教学理念、教学方式、教学评价等体系革新的探策之举。从基层角度切入我国校园足球政策执行研究，全面调查搜集基层相应数据与实证材料，厘清校园足球政策基层执行现状及问题，探明主要困境表征、主体利益诉求以及政策本身在基层的适用性等，为校园足球政策顶层设计提供重要参考。

同时，作为一项应用性研究，在研究整体进程中部分内容将重点探析15个全国校园足球试点县（区）的历史经验与典型案例，从中提炼出适宜区域乃至全国推广的实践经验，并结合我国校园足球政策基层执行过程中存在的困境进行借鉴性研究，从而归纳形成可供各地借鉴模仿的发展路径，以期加以复制和推广。

第二节　研究对象与研究方法

一　研究对象

本书以我国校园足球政策基层执行为研究对象。在当前校园足球转型发展阶段，借助史密斯模型，通过调查、借鉴等方式对校园足球政策基层执行的现状、困境及其成因机制等进行解析，提出校园足球政策基层执行治理路径。

二 研究方法

1. 文献资料法

通过苏州市图书馆、苏州大学图书馆查阅校园足球、利益相关者理论、政策执行等相关书籍；通过国家体育总局青少司、教育部体卫艺司、全国青少年校园足球工作领导小组办公室、县（区）体育局、县（区）教育局等获取相关政策材料；通过中国期刊网、百链云图书馆、Open J-gate 等网站获取国内外研究文献。其中，所涉及的具体执行方案来自相应校园足球特色学校。

2. 问卷调查法

根据我国校园足球政策基层执行研究需要，结合校园足球政策基层执行现状，编制"中国校园足球政策基层执行情况调查分析问卷"。为保证调查问卷有效性，笔者向 10 名专家发放问卷，对问卷效度进行检验，检验结果分为非常合理、比较合理、一般、不太合理、不合理五个等级，最终选择非常合理 3 人，比较合理 7 人。问卷信度检验采用重测法，笔者在校园足球夏令营期间选取 120 人进行信度检验，两次问卷发放间隔 7 天，数理统计后，信度系数 $r=0.855$，符合社会学问卷调查要求。问卷发放时间为 2020 年 7 月至 2021 年 11 月。发放形式为电子问卷，问卷发放主要通过校园足球夏令营、工作会议、特色学校与试点县（区）复核调研等渠道进行。此外，由于部分人员属于公职人员（如来自国家体育总局青少司、教育部体卫艺司、县区政府），样本量较少，笔者主要通过专家问卷予以补充。最终，调查问卷累计发放 1233 份，实际回收 1097 份，回收率为 88.9%。实际回收有效问卷为 978 份。

此外，在校园足球特色学校问卷设计方面，结合 2020 年全国青少年校园足球特色学校复核调研问卷：《全国青少年校园足球特色学校调查问卷（校长问卷）》《全国青少年校园足球特色学校调查问卷（教师问卷）》《全国青少年校园足球特色学校调查问卷（学生问卷）》《全国青少年校园足球特色学校调查问卷（家长问卷）》，进行相关数据材料的汇集与整理。

问卷集中发放时间为 2020 年 10~12 月。发放形式为电子问卷，调查问卷发放主要借助《全国青少年校园足球工作领导小组办公室关于配合做好对全国青少年校园足球各示范试点项目复核结果进行评估和深度访谈的通知》的工作安排以及中国足协部门领导的推荐，对校园足球特色学校校长、教师、学生、学生家长进行调查（见表 1-1）。

表 1-1　校园足球特色学校问卷发放与回收情况

单位：份，%

问卷名称	发放量	回收量	回收率	有效率
校长问卷	150	150	100	100
足球教师问卷	750	682	91	100
学生问卷	4500	4500	100	100
家长问卷	4500	4320	96	100

3. 实地调查法

为深入了解我国校园足球发展现状，笔者及课题组成员借助《全国青少年校园足球工作领导小组办公室关于配合做好对全国青少年校园足球各示范试点项目复核结果进行评估和深度访谈的通知》的调研工作安排及中国足协部门领导的推荐，依据《中国地理》等教材，把我国 31 个省（区、市）划分为七大自然地理区域，分别为华北（北京、天津、山西、河北、内蒙古）、东北（黑龙江、吉林、辽宁）、华中（河南、湖北、湖南）、华东（上海、江苏、浙江、安徽、福建、江西、山东）、华南（广东、广西、海南）、西南（四川、贵州、云南、重庆、西藏）和西北（陕西、甘肃、青海、宁夏、新疆），除西南地区抽取 3 个县区外，其余每个区域随机抽样 2 个县（区），共 15 个县（区），每个县（区）抽取 10 所校园足球特色学校开展实地调研复查，调研人员 15 名，每 2 名为一组（西南地区 3 名），负责一个区域。每个区域随机抽取的县（区）分别为：华北（太原市万柏林区、包头市青山区）、东北（哈尔滨市南岗区、长春市汽开区）、华中（洛阳市洛宁县、新乡市辉县）、华东（苏州市张家港市、南通市海门区）、华南（广州市天河区、海口市美兰区）、西南（贵阳市观山湖区、六盘水市钟山区、重庆市沙坪坝区）、西北（银川市兴庆区、西宁市大通县）。全面了解我国校园足球试点县（区）、特色学校基本情况，以及“满天星”训练营、改革试验区发展现状，为本研究提供客观、真实的参考依据。

此外，为借鉴足球运动发达国家青少年足球发展的先进经验，笔者及课题组成员通过教育部国家留学基金委赴法、赴英的校园足球教练员、讲师留学项目，地方足协派遣足球精英教练员赴日、赴韩项目，以及校园足球国外培训项目等渠道，实地考察了法国马赛、图卢兹、里昂、蒙彼利埃、波尔多，日本大阪、东京，韩国首尔，英国伯恩茅斯、曼彻斯特、斯旺西，阿根廷布宜诺斯艾利斯等地区的校园足球、社区青少年足球、社会青少年足球青训情况。深入了解发达国家足球发展历程，全面搜集各国青少年校园足球政策，了解与剖析各国政策执行情况，从中学习各国校园足球治理的丰富经验，为本研究“域外经验”部分的系统梳理与撰写提供了充足的材料支撑。

4. 深度访谈法

笔者根据《全国青少年校园足球工作领导小组办公室关于配合做好对全国青少年校园足球各示范试点项目复核结果进行评估和深度访谈的通知》的工作安排，参与了“全国青少年校园足球特色学校复核结果评估和深度访谈”“全国青少年校园足球试点县（区）复核结果评估和深度访谈”。同时，笔者通过此次调研活动以及中国足协部门领导的推荐，对部分县（区）的校园足球工作人员进行了深度访谈。在此过程中，全面了解了全国校园足球特色学校与县（区）校园足球发展的基本情况，广泛听取和记录相关人员提出的问题及意见，并根据研究需要，有针对性地对足球领域专家学者、管理人员、官员等进行深度访谈，采访对象共37名，涉及政府职能部门、大学、协会、俱乐部等，了解基层校园足球的真实发展现状与存在的主要问题，征求基层校园足球发展困境治理的相关建议，以求为本研究提供一定参考。

为深入了解基层校园足球的管理、教学、训练、竞赛、保障等方面情况，笔者及课题组成员对基层校园足球特色学校负责人进行访谈，共计19人。

5. 专家调查法

专家调查法，又名德尔菲法，是一种匿名调查方法，是指经过多轮对专家意见采集、反馈，最终形成专家一致看法的研究方法。本次调查具体步骤为：（1）根据课题方向与研究范围，确定20名专家。（2）依据政策文本以及相关学者的研究结果，从众多对象中初步筛选出22个利益相关者，对其进行归纳整理，设计“校园足球政策基层执行利益相关者识别调查问卷”，并发放第一轮咨询问卷。（3）根据专家对指标提出的完善与修改意见，对指标进行修改，随后进行第二轮咨询问卷的发放与收集。（4）根据第二轮调查结果，将修改意见进行反馈，并进行第三轮调查，专家意见趋于一致后，最终确定利益相关者名单。

6. 数理统计法

利用SPSS统计软件与Excel电子表格软件对研究中所涉及的各项数据进行梳理统计。

第三节　研究动态

一　国内学术史梳理及研究动态

（一）政策执行学术史梳理及研究动态

通过CNKI以“政策执行”作为关键词进行检索发现，相关文献已达2万多篇，其中，学术期刊18400篇，博士论文660篇，硕士论文6430篇，会议论文571篇，报纸文章1220篇。由此可见，学界对于政策执行的重视程度。对文献进行归纳整理发现，学界从多个维度对政策执行进行研究，其中夏书章、田昊等人从历史视角对我国政策执行进行审视，发现我国政策执行发展历程随着历史和环境的演变可以分为两个时期，即计划经济时期和改革开放以后。计划经济时期，中央与地方维持着简单的“命令—执行”模式。改革开放以后，由于经济社会高速转型，中央向地方分权、放权，政策执行受阻。[①] 与西方国家将目光主要聚焦于政策制定阶段不同，我国政策制定相对高效，但由于各执行主体利益存在差异，执行效率低下，因此，学界主要将目光聚焦于政策执行问题。通过对文献进行归纳和整理发现，学界主

① 殷华方、潘镇、鲁明泓：《中央—地方政府关系和政策执行力：以外资产业政策为例》，《管理世界》2007年第7期，第22~36页。

要围绕“理论视角”“现状分析”“执行困境”“影响因素”“路径优化”对政策执行展开讨论。

1. 关于政策执行理论视角的研究

我国政策执行研究的理论视角多元，主要分为以下几种：政策视角、组织视角、网络视角、系统视角等。①政策视角。在政策视角之下，学者大多运用政策执行模式、政策工具对所研究的领域进行分析。对于政策执行模式的选择，学者一般采用既有的或新构政策模式对问题进行研究。例如，骆勇[①]运用现有政府政策制定模式来探讨城乡社保一体化的落实程度，而付昌奎等人[②]则是通过构建新的政策执行模式，从政策执行视角指出了限制政策执行效益的症结所在。也有学者强调政策工具的重要性。例如，钱再见[③]认为，政策工具的选择是政策有效执行的核心，并围绕政策工具的选择，论述政策工具的价值。②组织视角。学界通常围绕组织本身的关系和结构来研究政策执行的效果，也有少部分学者通过搭建理论分析框架对政策执行进行研究。定明捷[④]、汪霞[⑤]将组织视为一种变量，认为无论是组织成员构成还是组织结构都对政策执行的效果产生影响。而孙宗锋等人[⑥]从组织分析视角，构建了“组织分析维度—基层组织运行特征—基层政策执行逻辑—基层政策执行样态”的理论分析框架，对精准扶贫政策在具体执行中存在的问题进行回答。③网络视角。学者通过政策网络视角，认为政策相关者构成政策网络，对政策执行和政策结果产生复杂影响。李元珍[⑦]从政策网络理论入手，对多个执行主体、利益群体构成的政策网络进行分析，以求破解政策执

---

① 骆勇：《发展型社会政策视角下的城乡社保一体化问题研究——以苏州市为例》，复旦大学博士学位论文，2011。

② 付昌奎、邬志辉：《教育扶贫政策执行何以偏差——基于政策执行系统模型的考量》，《教育与经济》2018 年第 3 期，第 75~81 页。

③ 钱再见：《论政策执行中的政策宣传及其创新——基于政策工具视角的学理分析》，《甘肃行政学院学报》2010 年第 1 期，第 11~18+125 页。

④ 定明捷：《政策执行的组织视角》，《理论探讨》2006 年第 2 期，第 141~144 页。

⑤ 汪霞：《我国公共政策自组织执行的价值维度及策略——以被组织与自组织理论为视角》，《天津行政学院学报》2011 年第 1 期，第 68~73 页。

⑥ 孙宗锋、孙悦：《组织分析视角下基层政策执行多重逻辑探析——以精准扶贫中的“表海”现象为例》，《公共管理学报》2019 年第 3 期，第 16~26、168~169 页。

⑦ 李元珍：《政策网络视角下的府际联动——基于重庆地票政策执行的案例分析》，《中国行政管理》2014 年第 10 期，第 95~100 页。

行困境的路径。王春福[①]从政策网络视角对政府执行力问题进行了解析，探讨了政策网络的运行机制对解决政策执行问题的重要作用。④系统视角。在该视角下，学者大多采用系统模型对潜在的影响因素进行系统性分析。杨成伟等人[②]运用米特-霍恩政策执行系统模型对政策执行的各项影响因素进行分析，以期寻觅政策执行的有效提升路径。由上述可知，学界对于理论视角的运用较为灵活，可通过同一视角对不同问题进行研究，亦可通过不同视角对同一问题进行解析。

2. 关于政策执行现状的分析

目前，学界对于政策执行现状的分析多以政策文本为研究对象，对该政策的执行情况进行详细探讨。孔思明[③]、崔自勤[④]通过对不同领域的政策文本内容分析，结合目前政策执行的情况来阐明政策执行过程中存在的问题。不同于以上学者对单个政策文本的分析，杨波[⑤]分析了2006~2018年公共政策文本，通过内容分析法对政策演进的特征、逻辑进行了分析，并对未来公共政策提出要坚持政策工具运用的多元化、政策制定的民主化和法治化、政策执行的协同化等建议。除了对政策文本进行研究外，也有学者通过运用政策工具对政策本身进行分析。例如，周娅、张振改[⑥]对学前政策工具的演变历程进行了深入的剖析，探讨我国学前政策工具使用存在的痼疾，并提出未来改进的方向。此外，部分学者对当前政策执行情况进行了实证研究。吴庆[⑦]对国内学术期刊上发表的文献进行梳理分析，归纳总结出主要观点、方法、内容，对政策执行现状进行大体描述。不同于前者对国内相关文献的分析，

① 王春福：《政府执行力与政策网络的运行机制》，《政治学研究》2008年第3期，第82~89页。

② 杨成伟、唐炎、张赫等：《青少年体质健康政策的有效执行路径研究——基于米特-霍恩政策执行系统模型的视角》，《体育科学》2014年第8期，第56~63页。

③ 孙思明：《上海市垃圾分类政策执行过程研究》，《现代经济信息》2019年第23期，第496页。

④ 崔自勤：《我国异地高考政策执行现状、问题及对策分析》，《教学与管理》2018年第34期，第78~80页。

⑤ 杨波：《论基本公共服务均等化的演进特征与变迁逻辑——基于2006~2018年政策文本分析》，《西南民族大学学报》（人文社会科学版）2019年第5期，第196~202页。

⑥ 周娅、张振改：《我国学前教育政策工具选择的演变分析》，《学前教育研究》2017年第1期，第13~22页。

⑦ 吴庆：《我国政策执行研究现状的实证分析》，《中国青年政治学院学报》2005年第2期，第56~62页。

也有学者通过对某一案例的调查进行分析。如唐文玲等人[①]以上海市 20 所中学为例进行实证调研，并对采集的数据进行分析，根据结果指出政策执行中的问题。由上述研究可知，政策文本分析和实证研究是较为重要的手段。

3. 关于政策执行困境的研究

我国政策执行中存在的问题较多，学界主要从不同主体、分析视角和生成逻辑对我国政策执行中存在的困境进行讨论。①不同研究主体对困境的审视所得出的结论各不相同。例如，陈家建等人[②]以执行力为研究主体，强调执行力不足与执行力过度所形成的波动式政策执行与政策执行环境相关联。刘峥等人[③]则将目光投向政策制定主体和利益主体，发现导致政策执行过程中出现选择性执行、替代性执行、象征性执行等阻滞现象的原因在于，政策制定主体的权威性不够、利益主体之间的冲突、政策执行监管不力等。②从不同分析视角来看，皇甫等人[④]基于史密斯模型分析视角，从政策框架、执行机构、目标群体以及政策环境四个方面来分析政策执行的影响因素。王余生[⑤]、宋林霖等人[⑥]则以集体行动的逻辑为视角，认为横向政府间微观自利性与集体宏观理性矛盾，必然导致政治层面、市场层面、制度层面政策执行的困境。丁煌等人[⑦]、曹永盛等人[⑧]则从利益博弈的视角来看问题，认为政策相关主客体的"经济人"属性所导致的政策执行过程中的利益博弈，是政策执行阻滞生成的主要原因。③相较于从不同主体角度和分析视角对政策执行困境的

---

① 唐文玲、王娟：《中学学校体育政策执行现状实证研究——以上海市 20 所中学为例》，《上海体育学院学报》2014 年第 6 期，第 89~93 页。

② 陈家建、张琼文：《政策执行波动与基层治理问题》，《社会学研究》2015 年第 3 期，第 23~45+242~243 页。

③ 刘峥、唐炎：《公共体育服务政策执行阻滞的表现、成因及治理》，《体育科学》2014 年第 10 期，第 78~82 页。

④ 皇甫、林晓、代蕊华：《义务教育教师绩效工资政策执行困境与破解之道——基于史密斯政策执行过程模型的视角》，《教育科学研究》2020 年第 3 期，第 20~26+45 页。

⑤ 王余生：《横向政府间公共政策执行的博弈分析——基于集体行动逻辑的视角》，《北京理工大学学报》（社会科学版）2017 年第 2 期，第 72~78 页。

⑥ 宋林霖、彭丰民：《横向府际公共政策执行博弈的困境——以集体行动的逻辑为视角》，《国家行政学院学报》2011 年第 4 期，第 60~65 页。

⑦ 丁煌、李晓飞：《公共政策执行过程中道德风险的成因及规避机制研究——基于利益博弈的视角》，《北京行政学院学报》2010 年第 4 期，第 16~23 页。

⑧ 曹永盛、朱娜娜：《利益博弈视角下中央政策执行的科层制损耗》，《领导科学》2016 年第 11 期，第 8~13 页。

研究，也有少部分学者对政策执行困境的生成逻辑进行分析。陈世香等人[①]通过理论框架对各自研究领域政策执行阻滞的生成逻辑进行了探讨，发现政策执行阻滞并非单一因素造成，而是多方因素共同导致的。由上文可知，各主体之间的利益博弈、政策环境仍是造成政策执行困难的重要原因。

4. 关于政策执行影响因素的研究

我国政策执行中存在的影响因素颇为复杂，学界主要从科层结构、激励机制、制度环境等方面展开讨论。①科层结构。宋雄伟等人[②]发现科层结构中还存在“关键学习者”这一重要执行角色，提出“关键学习者”中观分析框架，利用此框架对G省编办推动全省行政审批制度改革的全过程进行观察与分析研究。②激励机制。我国政策执行受多种因素影响，而激励机制是其中的关键性因素。陈佳等人[③]从政治激励、晋升激励以及财政激励入手研究激励机制对于政策执行的影响，皆认为激励机制是影响中央与地方环境政策执行的重要因素。冉冉[④]在此基础上额外提出道德激励对于政策执行的重要作用。而杨宏山[⑤]则在激励理论的基础上引入中央政策的明晰度、地方政府的学习能力两个自变量，为提升创制性政策的执行力提供更为清晰的路线图。③制度环境。制度环境在政策执行过程中扮演着不可或缺的角色，它是产生和限制某种现象和行为发生的关键因素。例如，周雪光[⑥]认为“共谋”现象是所处制度环境的产物，而政策执行偏离政策初衷正是源于“共谋”现象的产生。朱亚鹏等人[⑦]认为在中国城市居民最低生活保障政策的执

---

① 陈世香、邹胜男：《地方政府公共文化政策执行阻滞的生成逻辑——基于制度环境三维度理论框架的分析》，《上海行政学院学报》2019年第3期，第25~36页。

② 宋雄伟、张婧婧：《政策执行与科层结构中的“关键学习者”》，《经济社会体制比较》2018年第3期，第71~81页。

③ 陈佳、高洁玉、赫郑飞：《公共政策执行中的“激励”研究——以W县退耕还林为例》，《中国行政管理》2015年第6期，第113~118页。

④ 冉冉：《道德激励、纪律惩戒与地方环境政策的执行困境》，《经济社会体制比较》2015年第2期，第153~164页。

⑤ 杨宏山：《创制性政策的执行机制研究——基于政策学习的视角》，《中国人民大学学报》2015年第3期，第100~107页。

⑥ 周雪光：《基层政府间的“共谋现象”——一个政府行为的制度逻辑》，《社会学研究》2008年第6期，第1~21+243页。

⑦ 朱亚鹏、刘云香：《制度环境、自由裁量权与中国社会政策执行——以C市城市低保政策执行为例》，《中山大学学报》（社会科学版）2014年第6期，第159~168页。

行过程中，中国的政策执行制度环境限制了基层一线管理者对自由裁量权的使用。此外，也有不少学者将政策执行置于理论模型来对其影响因素进行解析。在理论模型的选择中，史密斯政策执行过程模型在研究中选用得较多。贺红芳①围绕史密斯政策执行过程模型中的政策因素、执行机构、目标群体和环境因素对政策执行的制约因素进行分析。由上文可知，政策执行在不同因素影响下所受阻滞的程度各不相同。

5. 关于政策执行路径优化的研究

我国学者对政策执行的相关研究多数致力于路径优化的提出，不过切入角度不同，得出的对策也存在差异。部分学者通过对某一案例的分析，试图总结出带有共性特征的政策执行优化路径。例如，王诗宗等人②尝试通过对Z省T县环境政策执行案例（群）的分析，找到不同的“行政控制能力”与“社会动员能力”塑造的执行策略及调适逻辑，刻画基层政策执行方式的动态变迁规律，以期对中国的政策科学和基层治理研究产生积极作用。贺东航等人③基于近20年农村林改政策的分析，认为政治势能和激励机制两者间的耦合度以及政治势能主体与机制的制度化能确保中国公共政策的良性落地，使之服务于中国现代化建设。有些学者基于对理论模型的分析和修正，尝试找到打通政策执行阻滞的方法。吴少微等人④通过识别压力型体制和集体主义文化这两种特殊的中国情境，对经典的Matland模型进行一些修正，并提出了三种解决中国政策执行问题的手段。也有学者借助多种理论为政策执行力的提升建言献策。例如，丁煌等人⑤、李屹松⑥借助协同理论，对政策执行优化路径展开研究，力求发挥执行主体的最大协同作用。丁

① 贺红芳：《普惠性幼儿园政策执行的制约因素与路径选择——基于史密斯政策执行过程模型的分析》，《教育科学》2017年第6期，第58~63页。

② 王诗宗、杨帆：《基层政策执行中的调适性社会动员：行政控制与多元参与》，《中国社会科学》2018年第11期，第135~155+205~206页。

③ 贺东航、孔繁斌：《中国公共政策执行中的政治势能——基于近20年农村林改政策的分析》，《中国社会科学》2019年第4期，第4~25+204页。

④ 吴少微、杨忠：《中国情境下的政策执行问题研究》，《管理世界》2017年第2期，第85~96页。

⑤ 丁煌、汪霞：《地方政府政策执行力的动力机制及其模型构建——以协同学理论为视角》，《中国行政管理》2014年第3期，第95~99页。

⑥ 李屹松：《政策协同视角下公共体育服务政策优化路径研究》，《北京体育大学学报》2019年第7期，第74~84页。

煌等人[①]基于多中心治理理论的视角，皆认为多中心治理理论为公共政策执行模式的变迁指明了方向，鼓励公众参与、建立政策执行监督机制是提升政策执行力的有效途径。由上述研究可知，切入角度不同、理论使用不同，对于政策执行路径优化提出的建议亦不相同。

综上所述，学界围绕“理论视角”“执行困境”“影响因素”“路径优化”等方面对政策执行进行了深入剖析，研究成果颇为丰富。然而，针对政策基层执行作为政策跨越“最后一公里”的路径，学界却研究较少。通过 CNKI 以“政策执行”“基层”作为关键词进行检索发现，相关文献仅有 460 篇，其中学术期刊 281 篇，博士论文 5 篇，硕士论文 147 篇，会议论文 7 篇，报纸文章 10 篇等，可见学界对于“政策基层执行”的研究还较为薄弱。

对于政策基层执行学界多从政策文件入手，对政策基层执行存在的问题进行分析。例如，王越[②]、张冬等人[③]通过对国家颁发的政策文件进行分析，归纳出政策基层执行存在以下问题：政策制定的不完善、政策执行的表面化、政策执行的选择性及异化性。而蓝婷[④]试图通过对政策执行过程中的冲突形式进行归纳，找出政策基层执行梗阻的成因，认为冲突形式可以分为目标冲突、结构冲突、过程冲突、功能冲突等，并从基层治理的利益冲突、基层政府与上级政府的目标冲突、不同部门政策间的冲突这三方面来说明政策基层执行过程中的冲突是基层治理困境的成因。不同于蓝婷对于冲突形式的归纳，郭劲光[⑤]等人从组织治理的视角对政策执行力发生演变的主要原因进行了探究，发现“调适性联结”机制是基层政府政策执行力发生演变的主要原因。

---

① 丁煌、周丽婷：《地方政府公共政策执行力的提升——基于多中心治理视角的思考》，《江苏行政学院学报》2013 年第 3 期，第 112~118 页。

② 王越：《精准扶贫政策的基层执行偏差及矫正》，《现代经济信息》2019 年第 10 期，第 482~483 页。

③ 张冬、胡善平：《留守儿童关爱保护政策基层执行困境及优化对策研究》，《渭南师范学院学报》2019 年第 9 期，第 62~69 页。

④ 蓝婷：《基于政策执行过程中的冲突视角分析基层治理的困境》，《中国农业会计》2022 年第 1 期，第 9~13 页。

⑤ 郭劲光、王杰：《“调适性联结”：基层政府政策执行力演变的一个解释》，《公共管理学报》2021 年第 2 期，第 140~152+175 页。

除了对“政策基层执行困境”“政策基层执行梗阻的成因”探讨之外，学界对于“政策基层执行力提升路径”也有所研究。白钰[①]通过分析政策基层执行碎片化组织结构的根本原因，提出其破解之道在于构建以信任与效能为核心的政策执行思维体系、健全以利益补偿与科学考核为中心的政策执行机制、建构以“三级融合式”为重心的政策执行监督机制。而安琪尔等人[②]则以乡镇政府、村委会、村民为切入点，对三者之间的互动关系进行剖析并指出存在的问题，从各主体入手提出以下建议：提高乡镇政府在政策互动中的引领力、村委会充分发挥其纽带作用、提高村民政策参与意识。

由上文可知，有关政策基层执行的研究虽少，但与政策执行研究的方向一致，大多围绕“执行困境”“梗阻成因”“提升路径”展开研究。

（二）足球政策执行学术史梳理及研究动态

通过CNKI以“足球”“政策执行”为关键词进行检索发现，相关文献仅116篇，其中学术期刊69篇，博士论文5篇，硕士论文30篇，会议论文12篇。通过对文献的归纳整理发现，目前国内对于足球政策执行的研究主要集中在执行现状、制约因素、推进路径等方面。

1. 关于足球政策执行现状的研究

对于足球政策执行现状类的研究，学界主要从政策文本入手，对政策文本进行研究。部分学者通过对政策文本的梳理，分析政策变化的特征，以期对当下政策进行调整，明确未来政策设计与选择的方向。学界对于政策文本解析时所运用的方法也较为丰富。例如，散易梅[③]基于内容分析法，对1979~2017年的足球政策文本进行整理分析，发现总体呈现“阶段性曲折式”增长，并指出发展中的问题，提出相对应的改进措施。而任振朋[④]则基于政策学理论，对改革开放以来颁发的青少年足球政策文件进行梳理，运用历史研究法、政策文本分析法等多种方法，通过归纳总结政策文本各个历史

① 白钰：《基层治理政策执行组织结构碎片化的表征与系统性矫治》，《领导科学》2022年第1期，第106~109页。

② 安琪尔、格日勒图：《提高公共政策在基层执行过程中的有效互动》，《智库时代》2019年第27期，第2+4页。

③ 散易梅：《改革开放以来中国足球政策研究》，上海体育学院硕士学位论文，2018。

④ 任振朋：《改革开放以来我国青少年足球政策发展演变研究》，福建师范大学硕士学位论文，2017。

阶段的特征和规律，分析影响政策变化的内、外在因素，为当下政策的调整总结经验。相比于以上学者对历史政策文本的梳理与分析，也有学者利用政策工具对政策进行文本分析。时维金等人①分别针对《中国足球中长期发展规划》《中国足球改革发展总体方案》进行政策文本分析，发现环境型政策工具和供给型政策工具的使用占优，忽视对于需求型政策工具的使用。不同于对单个政策文本进行分析，李军等人②通过整合各省、区、市颁布的"意见"，来探讨我国不同地域的省、区、市在政策工具使用上的一致性和差异性。除了对政策文本的分析外，学界也有学者通过调查政策执行的现状，分析政策执行的效果。例如，游梦佳③通过对 2017 年、2018 年中超联赛 U23 政策执行现状分析，建立中超联赛国内球员出场时间回归模型，对 U23 政策执行效果进行研究。而杨铄④通过比较多个国家职业运动员在国家队和俱乐部的出场年龄和场数发现，自实施 U23 制度后，中超联赛中 U23 运动员的出场人次和时间不增反降。由上述研究可知，对于足球政策执行现状的研究主要围绕政策文本和执行效果展开。

2. 关于足球政策执行制约因素的研究

在对足球政策制约因素的研究中，一些学者对校园足球政策执行阻滞的成因进行了探讨。例如，戴狄夫等人⑤、邱林⑥以利益为主线，探讨了导致校园足球政策执行阻滞的根源，认为各利益主体诉求的冲突是导致政策执行难的重要原因。陈尧等人⑦以我国学校足球相关政策为切入点，通过梳理校

① 时维金、万宇、沈建华等：《基于政策工具视角下的中国足球改革发展总体方案》，《武汉体育学院学报》2016 年第 2 期，第 83~89 页。

② 李军、李传兵：《地域差异性视角下政策工具选择对校园足球改革发展的影响》，《湖北体育科技》2020 年第 7 期，第 579~586 页。

③ 游梦佳：《中超联赛 U23 政策执行效果及提升对策研究》，成都体育学院硕士学位论文，2019。

④ 杨铄：《职业足球运动员出场年龄特征问题研究：国家队、联赛与 U23 政策》，《中国体育科技》2019 年第 4 期，第 49~62 页。

⑤ 戴狄夫、金育强：《我国校园足球政策执行的利益辨识与制度规引》，《武汉体育学院学报》2018 年第 10 期，第 38~43 页。

⑥ 邱林：《利益博弈视域下我国校园足球政策执行研究》，北京体育大学博士学位论文，2015。

⑦ 陈尧、刘志云、胡建忠等：《我国青少年校园足球政策网络分析：变迁、特征、问题与破解》，《第十一届全国体育科学大会论文摘要汇编》2019，第 6053~6054 页。

园足球政策发展的历史脉络、归纳校园足球政策网络特征，分析我国校园足球政策执行的制约因素。而欧阳井凤[①]则从执行主体、执行方式、执行环境等方面对校园足球政策执行异化的成因进行了探讨，结合多方面因素提出纠偏建议。除了对“为什么”产生政策执行阻滞进行探讨外，部分学者还利用不同的理论与方法对“哪些方面”制约足球政策执行进行了分析。梁伟[②]通过搭建中国职业足球改革发展政策传导研究框架，对中国职业足球改革发展政策传导的关键环节及传导效率阻滞因素进行分析，发现政策执行难、实施结果欠佳等因素是制约中国职业足球发展的重要因素，并提出提高职业足球政策传导效率的建议。李亮[③]以公共政策执行理论为基础构建政策执行分析框架，以政策目标与标准、社会环境、目标群体等因素为变量，分析制约归化政策执行的原因。戚海亮[④]从“异化”的哲学视角出发，分析影响校园足球政策执行的异化因素，并提出改进措施。不同于以上学者从整体上对足球政策执行制约因素的分析，任振朋等人[⑤]从单个因素出发，将公共政策学中的内、外部环境因素迁移到校园足球政策环境因素分析之中，发现政策执行中政治环境良好，而经济环境和内部的利益博弈是制约政策执行的重要因素。由上述研究可知，对于足球政策执行多从制约成因入手进行研究。

3. 关于足球政策执行推进路径的研究

学界大多利用模型对足球政策执行的推进路径进行研究。姜南[⑥]运用史密斯模型分别对五人制足球和校园足球政策执行从理想化政策、执行机构、目标群体、执行环境四方面进行分析，以期找到突破发展瓶颈的方法。李锦

① 欧阳井凤：《对我国校园足球政策执行阻滞的审视》，《湖北体育科技》2019年第11期，第958~961+1034页。

② 梁伟：《中国职业足球改革发展政策传导研究》，《体育文化导刊》2017年第4期，第1~5页。

③ 李亮：《我国足球运动员归化政策有效执行的路径研究》，《河北体育学院学报》2021年第3期，第9~14页。

④ 戚海亮：《我国校园足球政策执行的异化现象》，《体育世界》（学术版）2019年第10期，第36~37页。

⑤ 任振朋、崔永衡：《校园足球政策执行环境分析》，《韶关学院学报》2016年第8期，第68~72页。

⑥ 姜南：《我国校园足球政策执行的制约因素与路径选择——基于史密斯政策执行过程模型的视角》，《中国体育科技》2017年第1期，第3~8+26页。

琼等人[1]利用米特-霍恩模型从目标设定、政策效力、政策资源等方面入手提出提高校园足球政策执行效力的建议。除了史密斯模型和米特-霍恩模型这两种常用的政策模型外，也有少量学者利用其他模型对足球政策执行进行分析。例如，曾俊可等人[2]利用爱德华政策执行模型，根据校园足球现存问题提出破解之道。也有学者在治理语境下对政策执行困境提出破解之道。柳鸣毅等人[3]基于路线图方法搭建治理体系，由治理组织指挥系统、政策制定执行系统等构成其核心任务，足球组织创建、足球赛事体系等构成其核心指标，以此构建我国青少年校园足球的现实治理路径。此外，有学者借助政策执行理论为足球政策执行的推进路径提供思路。李亮[4]以公共政策执行理论为基础构建政策执行分析框架，以政策目标与标准、社会环境、目标群体等因素为变量，针对足球运动员归化政策执行难的问题提出改进措施，促进归化政策的有效执行。蒋中伟等人[5]基于善治理论的普适性特点，从善治识别机制、善治政策制定执行机制、善治保障机制、善治监督评估机制四个方面对校园足球治理机制进行研究，为我国校园足球高效运行出谋划策。由上述研究可知，足球政策执行推进路径的研究多借助模型和理论提出相对应的推进建议。

综上所述，学界对足球政策执行的研究主要围绕“执行现状”“制约因素”“推进路径”展开，但目前主要对青少年足球政策执行进行分析，对职业足球政策执行的研究较少。

（三）校园足球政策执行学术史梳理及研究动态

通过 CNKI 以“校园足球”“政策执行”为关键词进行检索发现，相关文献仅有 103 篇，其中，学术期刊 59 篇，博士论文 2 篇，硕士论文 30 篇，

---

① 李锦琼、王德慧、李丽慧：《“米特-霍恩”模型视角下校园足球发展政策执行问题研究》，《体育研究与教育》2018 年第 5 期，第 63~67 页。

② 曾俊可、杨成伟、胡用岗：《我国校园足球政策执行困境及优化策略研究——基于爱德华政策执行模型视角》，《体育科技文献通报》2021 年第 10 期，第 13~16 页。

③ 柳鸣毅、丁煌：《基于路线图方法的我国青少年校园足球治理体系研究》，《武汉体育学院学报》2017 年第 1 期，第 33~38+46 页。

④ 李亮：《我国足球运动员归化政策有效执行的路径研究》，《河北体育学院学报》2021 年第 3 期，第 9~14 页。

⑤ 蒋中伟、刘露、艾志远等：《基于善治理论的我国校园足球治理机制研究》，《沈阳体育学院学报》2019 年第 3 期，第 22~28 页。

会议论文12篇。由于我国校园足球研究起步较晚，对于校园足球政策执行的相关研究较少，学界对于校园足球政策执行的讨论主要集中在“现状分析”“现实困境”“治理策略”等方面。

1. 校园足球政策执行现状分析相关研究

目前学界对于校园足球政策执行的现状分析多从组织、竞赛、训练、教学、保障等方面入手。例如，史强等人①、张振华等人②从组织机构、竞赛体系、教学训练、保障体系等方面入手，对校园足球政策执行的现状进行分析，通过校园足球政策执行现状来分析政策执行所遇到的困难，并提出相应的解决措施。值得注意的是，有部分学者通过构建政策评价体系对当前校园足球政策执行的效果进行评析，以期从中找到优化政策执行的突破点。于文谦等人③以政策学为切入点，从政策执行单位、政策执行外部环境等维度出发构建评价体系，旨在为科学合理地评价我国校园足球政策执行效果提供指标参考与工具选择。相比于文谦从整体构建评价体系，孟青等人④则聚焦于构建单个评价体系，通过构建绩效评价体系，科学地发挥绩效评价在政策执行中的作用，促进校园足球健康、科学地发展。此外，还有学者基于政策文本，分析政策文本特征并提出优化路径。缪律等人⑤、邹月辉等人⑥通过梳理校园足球政策文本的演变历程来归纳政策的演进特征，对未来校园足球政策进行展望。由上述研究可知，虽采用的形式方法各不相同，但都紧紧围绕着政策执行现状进行分析。

2. 校园足球政策执行现实困境相关研究

学界对于校园足球政策执行现实困境的研究多以影响因素为媒介，透过

---

① 史强、胡晨：《校园足球政策执行效果及影响因素分析》，《当代体育科技》2020年第17期，第236+239页。

② 张振华、袁初华、曹泽华：《论我国青少年校园足球政策执行梗阻与革除》，《当代体育科技》2017年第34期，第126~127页。

③ 于文谦、孙法亮、王大鹏：《我国校园足球政策执行效果评价指标体系构建》，《天津体育学院学报》2021年第2期，第134~140页。

④ 孟青、刘鎏、王永顺：《福建省校园足球公共政策执行绩效评价指标》，《体育科学研究》2017年第4期，第12~22页。

⑤ 缪律、史国生、丁永亮等：《我国校园足球政策特征与优化建议——基于2009~2019年政策文本分析》，《体育文化导刊》2020年第8期，第97~103页。

⑥ 邹月辉、解文洁：《我国校园足球政策演进特征及展望》，《体育文化导刊》2021年第3期，第96~103页。

影响因素对问题进行分析。邱林等人[①]运用主成分分析法得出校园足球政策执行效果的主要影响因素，包括执行主体、目标群体、执行方式、政策制定、政策资源和执行环境，以影响因素为载体进行问题分析，发现校园足球政策执行存在执行主体权威不足、目标群体抵制或漠视政策、政策资源不足等现实困境。任振朋等人[②]则基于史密斯模型的四因素论，从整体的视角出发对校园足球政策执行中的影响因素进行分析，认为政策的现实性和超前性、政策所处的社会环境以及传统的观念影响了校园足球政策的执行。相对于任振朋等人的整体分析，吕娜等人[③]则运用史密斯模型，以辽宁省法库市为例，对校园足球政策执行进行举例分析，从政策本身、政策执行人员、政策目标群体及政策执行环境因素切入，得出法库市校园足球政策执行阻滞的问题所在。不同于以影响因素为媒介进行问题分析，也有学者从宏观、微观视角对校园足球政策执行现实问题进行审视。梁朱贵等人[④]从宏观上对校园足球的发展进行探讨，发现校园足球存在执行机制协调不畅、政策执行流于形式、政策执行监督机制不完善等问题。刘宗超等人[⑤]运用罗兹-中观分析模型，从政策网络特征来分析校园足球政策执行情况，认为政策执行困难是政策社群不稳定，府际网络、生产者网络处境尴尬，专业网络内部分歧大等因素导致。肖明[⑥]则以陇南市校园足球特色学校为例，认为陇南市校园足球政策执行力低下的原因在于，执行方式单一、各主体积极性不高、条件保障不足。由上述研究可知，学界对于校园足球政策执行困境的研究多以影响因素为切入点进行分析。

---

① 邱林、戴福祥、张廷安等：《我国校园足球政策执行效果及主要影响因素分析》，《体育学刊》2016年第6期，第98~102页。

② 任振朋、崔永衡、李建伟：《影响校园足球政策执行的因素分析》，《体育研究与教育》2016年第4期，第67~71页。

③ 吕娜、吴明深：《校园足球试点县特色学校政策执行的影响因素分析——以辽宁省法库县为例》，《体育成人教育学刊》2017年第5期，第10~14页。

④ 梁朱贵、李斌：《现实困境与突围策略：中小学校园足球发展研究》，《长沙大学学报》2020年第5期，第155~160页。

⑤ 刘宗超、于冬晓：《政策网络视域下我国校园足球政策执行的问题与出路》，《河北体育学院学报》2016年第4期，第33~36页。

⑥ 肖明：《陇南市校园足球特色学校足球活动执行力调查研究》，西北师范大学硕士学位论文，2019。

3. 校园足球政策执行治理策略相关研究

针对校园足球政策执行中的治理策略，学界大多借助模型进行研究。邱林①使用梅兹曼尼安-萨巴提尔模型对政策目标、政策执行机制、外部变量等因素进行分析，并提出优化路径。刘仕梅②借助“霍恩-米特”模型，围绕校园足球政策执行的目标与标准、政策资源、组织机构、执行环境等方面提出优化策略。而孙锦绣等人③则以史密斯模型为分析框架，从理想化政策、执行机构、目标群体、执行环境四方面入手对我国校园足球政策执行中存在的问题提出相应的改进措施。此外，还有部分学者从不同理论对我国校园足球政策执行的治理提供思路。例如，张兴泉④引入政策执行偏差解释理论的制度环境视角对我国校园足球政策执行的偏差问题进行审视，提出纠正政策执行偏差的策略。姜南等人⑤则应用协同学理论对我国校园足球政策执行的动力系统进行分析，以此提出我国校园足球政策执行效率提高的路径。而李秀萍⑥基于责任原理针对政策执行低效率现象，提出相应建议。由上述研究可知，对于校园足球政策执行治理策略多借助模型和理论进行研究。

综上所述，虽然目前我国学者对于校园足球政策执行的研究视角各有不同，但大多围绕着“现状分析”“现实困境”“治理策略”三个层面展开讨论。然而，校园足球政策基层执行作为更深一步的延展，相关研究还较为薄弱。通过 CNKI 以“校园足球”“政策基层执行”作为关键词进行检索发现，相关文献较少。对校园足球政策基层执行的现有文献进行归纳

---

① 邱林：《我国校园足球政策执行的主要变量与路径优化——基于梅兹曼尼安-萨巴提尔政策执行综合模型分析》，《体育学研究》2020 年第 4 期，第 38~45 页。

② 刘仕梅：《基于霍恩-米特模型的南充市校园足球政策执行研究》，西华师范大学硕士学位论文，2021。

③ 孙锦绣、许九奎、刘军伟等：《基于史密斯模型的校园足球政策执行分析》，《体育文化导刊》2021 年第 2 期，第 103~109 页。

④ 张兴泉：《制度环境视角下我国校园足球政策执行纠偏策略研究》，《沈阳体育学院学报》2020 年第 1 期，第 88~93 页。

⑤ 姜南、侯学华：《我国校园足球政策执行动力系统及优化路径分析——以协同学理论为视角》，《山东师范大学学报》（自然科学版）2017 年第 1 期，第 143~147 页。

⑥ 李秀萍：《责任原理视角下我国校园足球政策执行的问题与路径研究》，《2020 年第四届中国足球文化与校园足球发展论文摘要集》，2020，第 168~169 页。

整理发现，学界对于校园足球政策基层执行的研究领域较窄，有限的文献也仅仅以案例作为切入点，通过个案研究校园足球政策基层执行的问题，并针对问题提出相对应的优化路径。例如，邱林等人[①]以江苏省Z县及下辖F镇为个案，通过构建“需要·组织·制度”分析框架，对政策执行困境的成因展开研究，发现政策执行主体与目标群体的满足程度、政策基层执行组织与制度的完备程度是影响政策执行进程与逻辑生成的最主要因素，进而提出优化政策执行的路径。因此，校园足球政策基层执行的相关研究仍需进一步加强。

二　国外学术史梳理及研究动态

（一）政策执行学术史梳理及研究动态

以“Policy Implementation”为关键词，通过Google Scholar、Microsoft Academic等外文网站搜集、梳理国外有关政策执行文献，发现国外对政策执行研究成果众多。从时间线上来看，西方政策科学研究起源于19世纪末期。公共行政学的创始人伍德罗·威尔逊（Woodrow Wilson）已经将“公共政策”这一概念运用到自己发表的观点中，但人们通常将美国政治学学者哈罗德·拉斯维尔等人[②]于1951年合著的《政策科学：近来在范畴与方法上的发展》作为现代政策科学研究开端的标志。拉斯维尔等人提出的政策科学化的概念得到了较为广泛的认可，科学的公共政策与现代人类的生活质量休戚相关。公共政策的科学性则通过人们运用各种正确的、符合规律的、反映实际的方法来解决人类社会所面临的各类实际问题。第二次世界大战后，具有广泛应用性、较强实验性和社会效应性的公共政策分析成为西方社会科学领域最重要且发展最迅速的学科之一。公共政策的研究之所以短时间内迅速兴起和发展，一方面是因为随着工业化后现代社会的发展，现代政府面临的社会问题由简单变为复杂，由基本稳定变为动态发展，由个别单一变为重复普遍；另一方面是因为社会公众越来越关注政治、经济、文化方面那

---

① 邱林、张廷安、浦义俊等：《校园足球政策基层执行的逻辑辨析与治理策略——基于江苏省Z县及下辖F镇的实证研究》，《上海体育学院学报》2021年第3期，第49~59页。

② Lasswell H. D., Lerner D., Fisher H. H.. The Policy Sciences: Recent Developments in Scope and Method [M]. California: Stanford University Press, 1951.

些与自己切身现实利益密切相关的公共政策问题，如环境污染与保护、文化宣传、安全与犯罪、经济发展等实际问题①。现实问题呼唤理论在政策研究中做出应有贡献的社会背景下，人们对公共政策的制定程序、执行方式以及政策本身质量等问题的研究愈发关注。

有学者认为，公共政策是一个包括制定和执行等若干逻辑阶段的动态行为过程，而要实现政策制定目标、达到政策理想效果，对于处于中心环节的政策执行研究不可或缺。20 世纪 70 年代后，以英美为代表的西方国家的政策研究者越来越关注这一关键环节。其中，《执行——华盛顿的伟大期望为何在奥克兰大破灭》于 1971 年出版，J. 普瑞斯曼和 A. 维尔达夫斯基编著的这一著作成为西方国家关于政策执行兴起的标志。该书的内容是以美国联邦政府为创造就业机会制定的经济政策——“奥克兰计划”的执行跟踪研究报告为主。这也引发了20 世纪七八十年代的“执行运动”兴起，政策执行研究在福利国家和预算危机背景下迅速获得重视。学者陈振明②认为，该运动的兴起有其实践上和理论上的原因。实践方面，20 世纪 60 年代美国兴起一系列“大社会”改革行动，由约翰逊政府发起的政策实施效果不尽如人意，达到预期目标的政策寥寥无几，这也促使研究人员去审视和评估政策执行存在的种种问题。理论方面，研究政策科学的学者，在汲取多种理论后研究视野不断拓宽，对整个政策系统、政策过程的研究更加深入。随着国外学者对政策执行研究的不断发展，研究成果也越来越多，部分学者将关于政策执行模型、理论的梳理划分为不同的研究范式。例如，Goggin 等人③所著的《政策理论与实践：迈向第三代》梳理了过往政策执行的研究，将其划分为第一代研究和第二代研究，并且催生了政策执行的第三代研究。每一代政策执行研究有其相对应的研究范式，即“自上而下”、“自下而上”和“整合模式”，下文将以这三种研究范式为切入点进行综述。

① 张国庆：《公共政策分析》，复旦大学出版社，2004。

② 陈振明：《公共政策分析》，中国人民大学出版社，2002。

③ Goggin M. L., Bowman A. O. M., Lester J. P.. Implementation Theory and Practice: Toward a Third Generation [M]. Glenview, ILL: Scott Foresman & Company, 1990.

1. 20 世纪 70~80 年代："自上而下"

J. 普瑞斯曼和 A. 维尔达夫斯基[①]称在他们研究成果产生之前几乎没人讨论过政策执行这个问题，以 1973 年《执行》的出版为起点直至 20 世纪 70 年代末期为政策执行的第一代研究。Goggin[②] 分析认为这一代的执行研究多以"失败"的政策执行案例进行个案研究为主，因此研究者对政策执行的态度也较为"悲观"。S. Barrett 等人[③]对这一代研究主导途径进行了概括，将这一代的研究归纳为一种"自上而下"式的研究模式。自上而下研究模式代表人物除上述提及的学者外，还有提出政策执行过程概念性框架的米特和霍恩[④]以及提出综合模型的梅兹曼尼安和萨巴提尔[⑤]。

（1）"自上而下"研究范式应用

"自上而下"的研究途径在政策执行研究初期被广泛应用于解释单个政策案例过程或结果的失败及诱因，例如，M. Derthick[⑥] 对 20 世纪 60 年代美国约翰逊政府提出的"新城镇计划"颁布三年后被彻底放弃的原因进行分析，从现实生活中选取真实案例加以分析的 E. Bardach[⑦] 揭示了官僚主义在公共政策执行中会采取"计谋"等行为。这一时期的研究相当关注政策产出和政策实施的准科学测量问题，反映了更多的实证主义政策分析方法[⑧]，而以

---

① Pressman J. L., Wildavsky A.. Implementation: How Great Expectations in Washington are Dashed in Oakland; Or, why It's Amazing that Federal Programs Work at All, This Being a Saga of the Economic Development Administration as Told by Two Sympathetic Observers Who Seek to Build Morals on a Foundation [M]. California: Univ. of California Press, 1984.

② Goggin M. L.. The "Too Few Cases/Too Many Variables" Problem in Implementation Research [J]. *Western Political Quarterly*, 1986, 39 (2): 328-347.

③ Barrett S., Fudge C.. Policy and Action: Essays on the Implementation of Public Policy [M]. New York: Methuen, 1981.

④ Van Meter D. S., Van Horn C. E.. The Policy Implementation Process: A Conceptual Framework [J]. Administration & Society, 1975, 6 (4): 445-488.

⑤ Sabatier P., Mazmanian D.. The Conditions of Effective Implementation: A Guide to Accomplishing Policy Objectives [J]. Policy Analysis, 1979, 5 (4): 481-504.

⑥ Derthick M.. New Towns in-Town: Why a Federal Program Failed [M]. Washington: Urban Institute Press, 1972.

⑦ Bardach E.. The Implementation Game: What Happens after a Bill Becomes a Law [J]. *American Political Science Review*, 1977, 72 (4): 323-1399.

⑧ Schofield J.. Time for a Revival? Public Policy Implementation: A Review of the Literature and an Agenda for Future Research [J]. *International Journal of Management Reviews*, 2001, 3 (3): 245-263.

米特-霍恩、梅兹曼尼安-萨巴提尔为代表的“自上而下”政策执行模型为后来的政策执行研究提供了一种可借鉴运用的研究范式。国外研究者在教育政策、环境保护政策、旅游开发政策、劳动力保障政策以及中小企业发展政策等领域已有运用“自上而下”研究范式的政策执行研究。其中，D. Hernawan 以及 Y. E. Prastawa 的研究认为，政策下放到地方政府执行时，由于其缺乏专业的人力资源、可支配的财力资源和充足的物力资源以及各部门机构之间缺乏灵活的协调机制，地方政府实际执行权力下放受阻，从而造成政策执行质量不佳。

（2）“自上而下”研究范式的评述

B. Cooksey 等人[①]认为“自上而下”的方法是世界各国政府和外国捐助机构在政策执行中最常用的方法。不难看出，“自上而下”的研究范式从政策制定者视角出发，分析影响政策执行的外部因素后，提出具有相对意义的政策建议。然而这种过于关注顶层宏观设计的研究范式，不可避免地存在以下问题。①忽视目标群体的实际情况。Nakamura 等人[②]认为，政策形成的过程给执行者提供了关于公共需求强度的重要线索，如果把注意力集中在中央顶层，那么政策制定者可能就不会考虑到更广泛的公共目标。Baier 等人[③]认为高层管理者易将执行视为一个纯粹的行政过程，政府官员为了追求政绩而制定政策目标忽视了公众的意愿。②束缚政策执行主体的权力。在政策执行中地方政府的“推诿”被认为是一种错误行为，地方政府的自由裁量权被加以控制，降低地方政府执行权力，造成了政策难以执行。E. Thomann 等人[④]认为在“自上而下”研究范式中基层执行者的自由裁量权往往被视为一个控制问题：应该避免自由裁量权的放大，因为它可能意味着政策不会按照

---

① Cooksey B., Kikula I. S.. When Bottom Up Meets Top Down: The Limits of Local Participation in Local Government Planning in Tanzania [M]. Dar es Salaam, Tanzania: Mkuki na Nyota Publishers, 2005.

② Nakamura R. T., Smallwood F.. The Politics of Policy Implementation [M]. New York: St. Martin's Press, 1980.

③ Baier V. E., March J. G., Saetren H.. Implementation and Ambiguity [J]. Scandinavian Journal of Management Studies, 1986, 2 (3-4): 197-212.

④ Thomann E., Van Engen N., Tummers L.. The Necessity of Discretion: A Behavioral Evaluation of Bottom-up Implementation Theory [J]. Journal of Public Administration Research and Theory, 2018, 28 (4): 583-601.

预期执行。

这种以政策制定者为视角来研究政策执行问题的研究途径，虽然是出于保证政策顺利执行以及达到政策目标的目的，且提出了一些改善政策执行的有效途径，但错误地将政策形成和实施理解为一个理性、线性的过程，忽视了执行主体、目标群体等对政策执行的重要影响。如 A. O. Isidiho 等人[①]所言："自上而下的方法应当由政策的专家制定者与执行者、基层群众进行讨论研究的情况下建立和加强一种互动合作关系，对政策产生实际影响，来实现政策的目标。"

2. 20 世纪 80~90 年代："自下而上"

如果说第一代执行研究强烈希望提出规范性建议，那么第二代执行研究则更强调哪些因素导致难以实现既定目标，与之对应的研究途径则被学者们称为"自下而上"研究范式。"自下而上"研究范式主要代表人物及研究有 Lipsky 对街头官僚的研究，指出了街头官僚的自主性及自由裁量权对政策执行的重要影响；Elmore[②] 对追溯性筹划的研究，提出政策执行不是以领导意图而是以现实社会实际问题为出发点等观点；B. Hjern 等人[③]对行政分析单位政策"执行结构"的分析研究，提出了执行结构的概念。这些理论也为学者以"自下而上"的研究途径进行政策执行分析提供了理论基础。

（1）"自下而上"研究范式应用

在"自下而上"的研究范式兴起初期，研究人员主要的政策建议是采用灵活的策略以适应当地的困难和背景因素，例如，P. Berman[④]、C. J. Hull 等学者[⑤]的研究分析了执行者在政策执行时的实际困境，提出了切合政策执

① Isidiho A. O.，Sabran M. S. B.. Evaluating the Top-bottom and Bottom-up Community Development Approaches：Mixed Method Approach as Alternative for Rural Un-educated Communities in Developing Countries［J］. Mediterranean Journal of Social Sciences，2016，7（4）：266.

② Elmore R. F.. Backward Mapping：Implementation Research and Policy Decisions［J］. Political Science Quarterly，1979，94（4）：601-616.

③ Hjern B.，Porter D. O.. Implementation Structures：A New Unit of Administrative Analysis［M］Heidelberg：Realizing Social Science Knowledge. Physica，1983.

④ Berman P.. Thinking about Programmed and Adaptive Implementation：Matching Strategies to Situations［J］. Why Policies succeed or Fail，1980，（8）：205-227.

⑤ Hull C. J.，Hjern B.. Helping Small Firms Grow：An Implementation Approach［M］. New York：Croom Helm，1987.

行主体实际情境的解决路径。Maynard-Moody 等人[①]认为第二代研究具有强烈的归纳性，再加上研究结果显示，各个地点相关因素不尽相同，因此没有较多的明确性政策建议。随着公共政策研究的不断发展，街头官僚（SLB）、追溯性筹划、执行结构理论的研究不断深入。在 SLB 研究领域，已经研究了自由裁量权、决策、组织文化以及政治体制背景等问题[②③]，最近的 SLB 研究中加入了“行政负担”的概念，将其作为公民在政府或契约式官僚职能中经历的一个核心方面[④⑤]。Henderson 等人[⑥]在调查享有高度自由裁量权的罗马尼亚街头官僚现状后，认为要高度重视街头官僚自由裁量权与糟糕的政策执行之间的问题。近年来，借助追溯性筹划理论对政策执行研究涉及领域有卫生医疗、教育政策、地方交通管理政策等方面，Elmore 的追溯性筹划理论为研究政策执行的学者提供了关注执行者对政策影响的新视角。J. Geidne 等人[⑦]，K. Carlsson Stylianides 等研究者[⑧]借助 Hjern 和 Porter 的政策执行结构理论研究了不同执行结构如何实现基层社区对政策更新的影响和基层组织对瑞典的住房和保障政策的影响。

---

① Maynard-Moody S.，Musheno M.，Palumbo D.. Street-wise Social Policy：Resolving the Dilemma of Street-level Influence and Successful Implementation［J］. *Western Political Quarterly*，1990，43（4）：833-848.

② Maynard-Moody S. W.，Musheno M. C.，Musheno M. C.. Cops，Teachers，Counselors：Stories from the Front Lines of Public Service［M］. Michigan：University of Michigan Press，2003.

③ Riccucci N. M.. Street-level Bureaucrats and Intrastate Variation in the Implementation of Temporary Assistance for Needy Families Policies［J］. *Journal of Public Administration Research and Theory*，2005，15（1）：89-111.

④ Riccucci N. M.，Van Ryzin G. G.，Li H.. Representative Bureaucracy and the Willingness to Coproduce：An Experimental Study［J］. *Public Administration Review*，2016，76（1）：121-130.

⑤ Jilke S.，Tummers L.. Which Clients are Deserving of Help? A Theoretical Model and Experimental Test［J］. *Journal of Public Administration Research and Theory*，2018，28（2）：226-238.

⑥ Henderson A.，ȚICLăU T.，Balica D.. Perceptions of Discretion in Street-level Public Service：Examining Administrative Governance in Romania［J］. *Public Performance & Management Review*，2018，41（3）：620-647.

⑦ Geidne J.，Fröding K.，Montin S.，et al. Implementation Structure and Participation at Neighbourhood Level—A Multiple Case Study of Neighbourhood Development in Sweden［J］. Systemic Practice and Action Research，2012，25（4）：305-322.

⑧ Carlsson Stylianides K.，Bejerholm U.，Denvall V.，et al. Implementation Structures at Work. Exploring Implementation and De-implementation Attempts Regarding Housing First and Individual Placement and Support［J］. Social Policy & Administration，2022，56（4）：617-631.

（2）“自下而上”研究范式的评述

相比第一代政策执行研究，“自下而上”的研究途径具有以下特点：①他们关注的是地方执行者的行动，而不是中央政府。②他们关注的不是政策的目标，而是政策所要解决问题的性质。③自下而上的研究模式试图描述执行的网络，这对执行分析做出了重要的方法论贡献。这种研究模式局限在于过分强调了地方政府的自治，要求减少对基层自由裁量权的控制，过于关注执行者的动机和行动，在一定程度上忽视了政策制定者在政策制定中宏观调控地位。J. Schofield① 认为，自下而上的研究途径只是自上而下研究途径逻辑的简单反转。因此，第一代和第二代政策执行研究者无法解决执行的动态和过程方面的问题。R. E. Matland② 和 N. Ryan③ 则认为一些第一代和第二代政策执行研究者未能提供一个全面的综合模型或统一的实施分析方法。这也成为下一代政策执行研究者的研究目标之一。

3. 20 世纪 90 年代末期后：“整合途径”

“自下而上”的方法对“自上而下”的观点提出了质疑，它不仅强调在执行过程中根据当地情况调整政策（例如，Hjern，1982；Hjern 和 Porter，1981），而且将政策直接和与公众互动的执行机构所作的决定和行动联系起来（Lipsky，1980），还有学者试图将这两种方法结合起来（例如，Matland，1995）④。第三代研究者在汲取前两代研究的经验后，试图走一条“中间路线”，即“整合研究”途径。在理论发展需要更加严谨科学的研究设计的执行研究呼声下，借鉴前两代政策执行研究优点、摒弃前两代缺点的第三代政策执行研究出现。“整合研究”途径的支持者相信他们最新的研究能通过使用观察多个地点的案例研究来解决政策执行过程中的动态问题，并

---

① Schofield J.. Time for a Revival? Public Policy Implementation: A Review of the Literature and an Agenda for Future Research [J]. International Journal of Management Reviews, 2001, 3 (3): 245-263.

② Matland R. E.. Synthesizing the Implementation Literature: The Ambiguity-conflict Model of Policy Implementation [J]. Journal of Public Administration Research and Theory, 1995, 5 (2): 145-174.

③ Ryan N.. Unravelling Conceptual Developments in Implementation Analysis [J]. Australian Journal of Public Administration, 1995, 54 (1): 65-80.

④ Sager F., Gofen A.. The Polity of Implementation: Organizational and Institutional Arrangements in Policy Implementation [J]. Governance, 2022, 35 (2): 347-364.

且更加关注和使用设计纵向研究的研究方法。第三代主要研究代表有：D. C. Menzel①、Sabatier② 等学者。

（1）“整合途径”研究范式应用

以组织关系模型（Menzel）、府际关系模型（Goggin）、政策变迁和学习的宣导联盟模型（Sabatier）为代表的“整合途径”在 20 世纪 90 年代后的政策执行研究中得到广泛认可。例如，Goggin 认为在中央政府与地方政府之间既存在合作关系也存在冲突关系，地方政府具有自由裁量权，可以更好地执行政策以实现政策效果，在 1990 年提出了府际关系模型。M. Hill 和 P. Hupe③ 支持了府际关系的观点，探讨了执行研究中多层政府间存在的问题，提出了合理的建议。J. Youm et al. ④ 借助府际关系模型分析了韩国医疗补助政策存在的隐患。越来越多的学者采用“整合途径”研究方式来审视政策执行问题，其理论也在不断丰富和发展。

（2）“整合途径”研究范式的评述

“整合途径”研究有以下特点：①认为政策执行结果并不是“顶层制定者”或“基层执行者”单独决定的，而是由政策制定者、政策执行者以及政策目标群体等多种因素影响共同作用的。②整合式研究途径包含了不同立法层次之间的互动，且表明这种不同层级间的互动以“诱因”和“约束”为框架⑤。③纵向研究设计是“整合途径”研究的重要特点⑥，但是 H. Saetren 研究发现，特别是在 1990 年后的跨国比较，在执行研究中只比以

① Menzel D. C.. An Interorganizational Approach to Policy Implementation [J]. Public Administration Quarterly, 1987, 11 (1): 3-16.

② Sabatier, Paul A., HANK C., Jenkins-smith, eds. Policy Change and Learning: An Advocacy Coalition Approach [M]. Colorado: Westview Press, 1993.

③ Hill M., Hupe P.. The Multi-layer Problem in Implementation Research [J]. Public Management Review, 2003, 5 (4): 471-490.

④ Youm J., Ryoo N.. Institutional Analysis of Intergovernmental Policy: A Case of Medicaid Program [J]. 한국공공관리학보, 2019, 33 (3): 1-28.

⑤ Schofield J.. Time for a Revival? Public Policy Implementation: A Review of the Literature and an Agenda for Future Research [J]. International Journal of Management Reviews, 2001, 3 (3): 245-263.

⑥ Saetren H.. Implementing the Third Generation Research Paradigm in Policy Implementation Research: An Empirical Assessment [J]. Public Policy and Administration, 2014, 29 (2): 84-105.

前略微增长。随着学者们的研究视域不断拓宽，政策理论不断被引入政策执行研究中，例如，制度分析理论、治理理论、政策网络理论等，对政策工具的选择方法、基层政府的权力限度等政策执行研究越来越需要“整合途径”研究发挥作用。

综上所述，国外政策执行研究在经过忽视—萌芽—发展—完善后实现了快速的发展，三种研究范式下的一些政策理论模型已经相对完善、成熟。此外，现行的大多数理论模型是基于西方政治体制构建的，将其应用到中国公共政策分析时要考虑到中国的特殊国情。

（二）足球政策执行学术史梳理及研究动态

以“Soccer/Football Policy Implementation”为关键词，通过 Google Scholar、Microsoft Academic 等外文网站搜集、梳理国外有关足球政策执行文献，发现国外学者对足球政策执行主要有以下研究内容。

1. 竞赛规章政策执行方面

这方面的研究主要聚焦于“足协”或足球主管部门颁布的某一政策规则执行现状、解决路径等方面。例如，2006 年欧洲足球协会联盟（以下简称“欧足联”）为加强和保护有天赋的年轻球员的培养及发展而颁布了“本土球员政策”，即在报名欧战赛事时，需拥有 8 名本土青训球员和至少 4 名本队青训资格球员，否则青训名额不足同样需要削减报名人数。本队青训球员的条件是：在 15~21 岁这个年龄段，至少有三个完整的赛季（或者 36 个月）效力于当前俱乐部。这一政策引起了当时大多数欧洲职业俱乐部的不满，认为其违反了欧盟成员国签订的《申根协议》中协约国之间内部人员自由流动的协议①。为此，2008 年，欧盟委员会专门委托政策咨询组织 INEUM 和 TAJ 联合对欧足联这一政策进行调查研究，研究者认为，应该允许该政策与欧洲条约之间的兼容性，执行该政策所产生的任何最终的间接歧视效应也是合理的，因为它与所追求的合法目标（保护年轻球员利益）是相称的，只要它不导致任何基于国籍的直接歧视。此外，C. Warren 研究了美国职业足球大联盟（MLS）中购买球员政策对球队竞赛实力、市场竞争力

① Amenta C., Ballor C., Di Betta P.. The Role of Financial and Managerial Variables on the Policy towards Home-grown Players in English Soccer [J]. International Business Research, 2012, 5 (11): 28-34.

的影响，认为这一政策的执行可以激励 MLS 的球员在联赛比赛中积极表现，从而提高球队整体成绩。Lenten 等人[①]调查分析了澳大利亚足球联赛（AFL）的“选秀政策”执行情况，此政策采用一种纯粹按照赛季排名的倒序机制，将优秀的新球员的优先选秀权按照倒序依次赋予。此目的是构建 AFL 的竞争平衡，却容易引起成绩差的球队故意“摆烂”等有失公平现象。C. Amenta 等人认为俱乐部与体育部门之间要有积极的沟通政策，建立社会责任感，减少对政策执行不必要的阻碍干预。良好的竞赛体制需要足球政策的制定者和执行者不断地汲取经验、推陈出新，立足本土、取长补短。

2. 选拔培养政策执行方面

一个国家足球人才选拔体系政策的颁布将会影响该国青少年足球运动员、足球教练员以及足球发展的未来。2015 年，美国足球联合会宣布将把运动员出生年份的注册截止日期从 8 月 1 日改为 1 月 1 日。这一政策变化是为了使美国青少年足球运动员注册日期与国际标准保持一致，同时提供更清晰的球员出生日期信息以减少“相对年龄效应”，而突如其来的“年龄新政”使众多足球青少年及教练员措手不及，引发了对新政策的不满。Smith 和 Scarfone 等人[②]研究认为，在政策制定时要通过加强国家层面的沟通且为利益相关者提供发表意见的机会，减少对体育政策执行的阻力。青年球员的识别、培养和管理是职业足球中一个庞大的领域，成千上万的教练、球探、体育科学家、管理人员和年轻球员参与了这一过程[③]。欧洲各国对足球人才培养的政策研究较为普遍，Holt[④] 等人研究了英国足球人才发展政策情况，认为青少年球员缺乏足够的职业性规划、实际

---

① Lenten L. J. A. , Smith A. C. T. , Boys N. . Evaluating an Alternative Draft Pick Allocation Policy to Reduce “Tanking” in the Australian Football League [J]. European Journal of Operational Research, 2018, 267 (1): 315-320.

② Smith K. L. , Scarfone S. , Chittle L. , et al. Confusion Reigns: An Analysis of Responses to US Soccer Age Cut-Off Date Policy Change [J]. Frontiers in Sports and Active Living, 2021, (3): 69.

③ Ford P. R. , Bordonau J. L. D. , Bonanno D. , et al. A Survey of Talent Identification and Development Processes in the Youth Academies of Professional Soccer Clubs from around the World [J]. Journal of Sports Sciences, 2020, 38, (11): 1269-1278.

④ Holt N. L. , Mitchell T. . Talent Development in English Professional Soccer [J]. International Journal of Sport Psychology, 2006, 37 (2): 77.

有效的政策支持。Bennett 等学者[①]以德国和冰岛为例，对比分析了老牌足球强国与新兴足球国家间足球人才识别政策的不同，提出要考虑管理机构如何向提供人才培养过程的体育组织分配财政和后勤资源，新兴足球国家简单地采用老牌足球强国的人才识别政策方法是相当困难的，因为其人才库的规模、系统训练环境的可及性、财政和后勤资源的可用性等方面的差异，会产生一些问题。此外，在教练员培养政策方面，Larsen 等人[②]比较了挪威与法国的不同，认为法国足协的培训政策更倾向于技战术和实战能力的发展，且地区间的文化差异会影响对基层教练员培训政策执行的有效性。

3. 权益保障政策执行方面

这一方面的研究主要分为对球员生命健康及医疗政策执行的研究和对球员、俱乐部利益及维护政策执行的研究。首先，在球员健康及医疗政策执行方面，L. Olsen 等人[③]研究了当时足球伤害预防政策的有效性，确定其是否对儿童和青少年球员具有适用性，认为基于健全的监测数据和高质量的研究的伤害预防政策对于促进足球运动员的生命安全和伤害预防至关重要。类似的研究有，P. Bollars 等人[④]分析了比利时所有登记在案的足球伤害的发生率、地点、时间和严重程度，认为预防伤害政策的引入使足球相关的伤害大大减少，特别是在冬季。然而，如果在季前赛中对球员进行充分的保护，预防政策执行就会变得更加有效。近年来，足球引发脑震荡的研究关注度越来越高，有研究发现在 2014 年国际足联世界杯的 64 场比赛中，有 63%的头部受到碰撞的球员没有被医疗人员进行诊疗就返回球场，这是一种漠视球员生

---

① Bennett K. J. M. , Vaeyens R. , Fransen J. . Creating a Framework for Talent Identification and Development in Emerging Football Nations [J]. Science and Medicine in Football, 2019, 3 (1): 36-42.

② Larsen T. , Van Hoye A. , Tjomsland H. E. , et al. Creating a Supportive Environment Among Youth Football Players: A Qualitative Study of French and Norwegian Youth Grassroots Football Coaches [J]. Health Education, 2015, 115 (6): 570-586.

③ Olsen L. , Scanlan A. , Mackay M. , et al. Strategies for Prevention of Soccer Related Injuries: A Systematic Review [J]. British Journal of Sports Medicine, 2004, 38 (1): 89-94.

④ Bollars P. , Claes S. , Vanlommel L. , et al. The Effectiveness of Preventive Programs in Decreasing the Risk of Soccer Injuries in Belgium: National Trends over a Decade [J]. The American Journal of Sports Medicine, 2014, 42 (3): 577-582.

命健康的行为①。为了减少脑震荡对足球运动员的危害，美国颁布了青少年足球脑震荡政策。Yang 等人②认为美国足球协会的倡议是朝着正确方向迈出的一步，将影响全美数百万年轻的足球运动员，其关于进一步修改足球安全规则的政策决定值得公众关注和采取行动，并且应坚持对足球脑震荡政策执行的有效性进行实证评估。D. P. Connaughton 等人③分析青少年足球脑震荡政策时认为，在提高青少年足球参与度和安全性的同时，必须有适当的降低伤害风险的措施和政策来保护运动员的生命健康。其次，在球员、俱乐部利益及维护政策执行研究方面，主要研究内容有转播权、球队经营和球员收益等政策方面。A. Barajas 等人④分析了西班牙足球职业化历程中政府解决俱乐部财务危机的政策执行情况，认为政府过度的经济援助使得西班牙职业足球俱乐部大多缺乏较好的商业运营能力。A. Baroncelli 等人⑤梳理了意大利职业足球发展中政府对体育场馆、球队经营以及运动员配额等方面的政策控制。

综上所述，国外关于足球政策执行的研究涉及领域较广，多关注分析职业球员、职业俱乐部以及青少年球员有关的政策方面。国外研究者在足球政策执行的相应解决路径、方法工具等方面，可为我国足球政策研究提供借鉴。

（三）校园足球政策执行学术史梳理及研究动态

在 Google Scholar、Microsoft Academic、Web of Science 等外文网站输入“School Football/Soccer Policy Implementation”关键词搜索国外有关校园足球政策执行文献，经过收集、梳理将从以下三方面进行综述。

1. 校园足球政策执行研究现状

关于国外校园足球政策执行的研究现状，多见于亚洲的日本、韩国，欧

① Nikesh B.. The Gaps of Concussion Policy in Soccer: A Visual Review [J]. Neurology, 2018, 91 (23 Supplement 1): S23-S24.

② Yang Y. T., Baugh C. M.. US Youth Soccer Concussion Policy: Heading in the Right Direction [J]. JAMA Pediatrics, 2016, 170 (5): 413-414.

③ Kim S., Connaughton D. P.. Soccer, Concussions, and Safety: Perceptions of Parents of Youth Soccer Participants [J]. *Journal of Safety Research*, 2021, (77): 255-262.

④ Barajas A., Rodríguez P.. Spanish Football Clubs' Finances: Crisis and Player Salaries [J]. *International Journal of Sport Finance*, 2010, 5 (1): 52.

⑤ Baroncelli A., Caruso R.. The Organization and Economics of Italian Serie A: A Brief Overall View [J]. Rivista di diritto ed economia dello sport, 2011, 7 (2): 67-85.

洲的英国、德国、法国和美洲的美国等地区国家的研究学者对本国或他国进行实证研究和比较研究。有学者通过梳理本国校园足球政策文本进行政策执行现状分析，L. Jiang 等人[①]比较了中国与韩国青少年足球政策，发现中国的青少年足球政策常在 2014 年之后颁布且关注点在业余青少年足球和学校学生参与足球方面，而韩国早在 2014 年之前就有众多关于青少年足球发展的政策且主要针对职业青少年足球发展方面。在校园足球相关政策执行现状研究上，部分学者围绕着校园足球与培育学生、足球人才发展计划、职业联赛发展、职业俱乐部建设等之间的关联进行调查研究。S. Atsuo[②] 在所著的《日本学校体育、体育教育和足球文化的发展》中提到，足球作为体育不可或缺的一部分，已经成为日本重要的学校教育内容。이규일等人[③]也认为，足球是学校课后体育的一种良好形式，而早在 19 世纪末，足球便作为日本课外体育或课后活动由高等学校兴起逐步传至中学、小学[④]，起到了促进学生身心良好健康发展的作用。此外，Y. H. Song 等学者[⑤]关注了在足球人才计划下儿童和青少年参与校园足球比赛、训练等活动对身心健康的影响，其研究表明，参与足球活动的学生相较于不参与的学生存在一定的受伤风险，但其体适能、自我控制能力有显著提高。参与校园足球活动学生身心的健康发展，也离不开基层政府、各级足协、职业俱乐部及家长共同构建的校园足球环境。R. Light 等学者[⑥]报告了关于日本 J 联赛的鹿岛鹿角俱乐部在茨城县提供和推广社区足球以及在该地区儿童和青年中推广足球的研究结果，职业

---

① Jiang L., Cho K. M., Choi M. K.. Comparative Analysis on Youth Football Programs in Korea and China [J]. 한국스포츠산업경영학회지, 2019, 24 (5): 49-71.

② Atsuo S.. School Sport, Physical Education and the Development of Football Culture in Japan [M]. London: Routledge, 2004.

③ 이규일, 김경오. 매일 오전 학교스포츠 (축구) 클럽 활동의 교육적 의의와 과제: D 학교 사례를 중심으로 [J]. 중등교육연구, 2013, 61 (4): 1033-1060.

④ Whitfield D.. Education and Football: A History of the Cultural Accommodation of British Association Football into Japanese Society [J]. Sport in History, 2022, 42 (1): 1-23.

⑤ Song Y. H., Ha M. S., Ha S. M.. Effects of Football Talents Program on Body Composition, Physical Fitness, Self-Control and Self-Efficacy in Elementary School Students [J]. Journal of the Korean Applied Science and Technology, 2018, 35 (1): 306-315.

⑥ Light R., Ysaki W.. Winds of Change for Youth and Children's Sport in Japan? A Case Study of the Kashima Antlers' Soccer Development Program [J]. *Asian Journal of Exercise & Sports Science*, 2004, 1 (1): 63-73.

俱乐部进社区、学校的方式促进了基层足球的广泛普及。无独有偶，在欧洲足球发达国家，职业足球俱乐部与学校的合作较为普遍。职业俱乐部提供专业、有趣的课后足球活动，不仅提高学生的足球兴趣、技术，还能促进其身体、心理和社交等各方面的健康发展。这个过程中，俱乐部可以进行相应的人才识别与选材，挖掘有潜力的学生接受俱乐部更加系统专业的训练与培养[①]。

2. 校园足球政策执行困境研究

国外的校园足球常被作为一种学校体育教育手段，以体育课、课后足球俱乐部、周末联赛等形式表现出来，而体育教师、足球教练、家长以及学生等政策执行参与群体对校园足球政策执行效果产生重要影响。A. A. Mouratidis 等人[②]和 H. Gharib 等人[③]研究认为，体育教师课上的教学风格、教学水平将对学生产生深远的影响。这种影响也将波及校园足球政策在学校中执行的实际情况，然而，D. Parnell 等人[④]研究发现学校体育教师的足球教学水平整体不高，不利于校园足球人才发展。韩国学者김선호[⑤]指出，学校体育存在着剥夺学生运动员学习权等问题现象。这种现象常在校园足球的课后足球俱乐部和周末联赛上表现出来，如学生的学训矛盾、家长教练的急功近利。김대욱[⑥]关注了初、高中学生足球运动员的学习与训练情况，称他们由于训练劳累或学习基础差而在课堂上消磨时间，比起

---

① Larkin P., Reeves M. J.. Junior-elite Football: Time to Re-position Talent Identification? [J]. Soccer & Society, 2018, 19 (8): 1183-1192.

② Mouratidis A. A., Vansteenkiste M., Sideridis G., et al. Vitality and Interest-enjoyment as a Function of Class-to-class Variation in Need—Supportive Teaching and Pupils' Autonomous Motivation [J]. Journal of Educational Psychology, 2011, 103 (2): 353.

③ Gharib H., Galavíz K. I., Lee R. E., et al. The Influence of Physical Education Lesson Context and Teacher Behaviour on Student Physical Activity in Mexico [J]. Retos: Nuevas Tendencias en Educación Física, Deporte y Recreación, 2015, (28): 160-164.

④ Parnell D., Buxton S., Hewitt D., et al. The Pursuit of Lifelong Participation: The Role of Professional Football Clubs in the Delivery of Physical Education and School Sport in England [J]. Soccer & Society, 2016, 17 (2): 225-241.

⑤ 김선호. 축구 주말리그제도 운영의 개선방안 연구 [D]. 한국교원대학교 대학원 박사학위논문, 2010.

⑥ 김대욱. 중·고등학교 축구선수들의 학업성취와 진로에 대한 스트레스연구 [D]. [석사학위논문]. 광주: 전남대학교 교육대학원, 2010.

上课他们更重视训练和比赛。B. Schroepf 等人[①]在调查德国青少年球员发展时，发现德国足协及教练为了比赛成绩而有其短视性，忽视了青少年球员长期发展。可见，国外校园足球政策执行困境有其国家政策的特殊性，日本、韩国等亚洲国家的校园足球政策执行困境来自学校体育与学校教育的矛盾，校园足球在学校体育中所处地位、对学校教育作用需要厘清。欧美国家校园足球政策执行困境体现在学生个人未来发展问题上，学校、俱乐部与基层社区建立良好的合作关系，完善人才发现、识别、选拔、培养机制[②]。

3. 校园足球政策执行优化路径

经过梳理国外相关文献资料发现，足球发达地区在推行校园足球政策或青少年足球政策时会根据执行困境的特殊环境或问题，提出相应的优化路径与解决方案。韩国国青队在 2019 年国际足联 20 岁以下男子世界杯大赛中斩获亚军，足以证明韩国的青少年足球水平近年来飞速发展，这也离不开韩国校园足球“周末联赛”制度对国内青少年足球竞赛水平的提高。김선호[③]认为“周末联赛”制度的出现不仅使学校足球比赛变得更加常见、经济（省去一定的远途参赛费用），而且可以使参与校园足球的学生更加自由、公平地参加足球比赛。然而，校园足球竞赛体系发展也使很多学生运动员只重视训练与比赛，而忽视学习的重要性。김대욱[④]调查分析了针对此情况出台的“最低学习成绩”政策对学生的实际影响，发现这一政策会使参与校园足球的学生相比此前更重视学习，但会出现考试作弊或中途辍学的现象。为此，他提出了将足球兴趣班制转为足球俱乐部制、改善学生学业环境、按照学生水平授课授训等改善方案。在授课授训方面，校园足球存在师资水

---

① Schroepf B., Lames M.. Career Patterns in German Football Youth National Teams—A Longitudinal Study [J]. International Journal of Sports Science & Coaching, 2018, 13 (3): 405-414.

② Bidaurrazaga-Letona I., Lekue J. A., Amado M., et al. Progression in Youth Soccer: Selection and Identification in Youth Soccer Players Aged 13-15 Years [J]. The Journal of Strength & Conditioning Research, 2019, 33 (9): 2548-2558.

③ 김선호. 축구 주말리그제도 운영의 개선방안 연구 [D]. 한국교원대학교 대학원 박사학위논문, 2010.

④ 김대욱. 중·고등학교 축구선수들의 학업성취와 진로에 대한 스트레스연구 [D]. 미간행석사학위논문. 전남대학교 교육대학원, 2010.

平不高、数量不足的困境，导致校园足球政策难见成效。为了解决师资质量与数量的问题，英格兰足球协会（又称“英格兰足球总会”，以下简称“英足总”）早在 1997 年就提出青少年足球人才发展纲领——《质量章程》（Charter for Quality），计划在三年内培训和支持一万六千多名小学教师，以在体育课程中开展足球课，并提供急需的设备和迷你足球门来进行比赛，英足总更是为校园足球发展提供了 600 万英镑的资金支持，以期推动英国基层青少年足球发展①。此外，日本以“职业俱乐部进校园”的方式来弥补校园足球师资不足，职业俱乐部球员、教练走进基层社区与校园不仅能提高学生接受足球技能训练的水平，也可以提高人们对当地俱乐部的认同感，从而利于校园足球与职业联赛的协同发展。K. Naglo② 考察了德国甲级联赛的美因茨俱乐部与学校合作培养足球人才的情况，认为这是一种准职业青少年足球运动员的发展途径。校园足球的健康发展离不开各有关方的支持，地方基层足协在建设与发展校园足球中发挥着重要作用。M. Sugiyama 等人③的研究指出，日本基层足球成功与其 47 个县级足球协会的管理、教练教育计划、俱乐部、联赛与学校的合作机会增加的因素有关。L. Howie 等人④在研究英国青少年足球人才发展时发现，英足总为了成功实现《质量章程》中规定的政策目标，将县级足球协会从主要由志愿者领导的组织转变为以有限公司形式发展，拥有了专业且全职带薪的工作人员并规定了其角色和责任，以此促进青少年足球人才发展。

综合上述文献，国外校园足球政策执行在现状分析、执行困境与优化路径的研究方法和提出的观点方案上有值得我们借鉴学习的地方。然而，国外足球发达地区有其各自特殊的青少年足球人才培育模式，所以，借鉴域外经验时需考虑我国校园足球发展的本土情景与客观实际。

---

① Wilkinson H. . The Football Association “Charter for Quality” [J]. British Journal of Physical Education, 1998, 29 (4): 31-34.

② Naglo K. . The Social World of Elite Youth Football in Germany-crisis, Reinvention, Optimization Strategies, and the Role of Schools [J]. Sport in Society, 2020, 23 (8): 1405-1419.

③ Sugiyama M. , Khoo S. , Hess R. . Grassroots Football Development in Japan [J]. The International Journal of the History of Sport, 2017, 34 (17): 1854-1871.

④ Howie L. , Allison W. . The English Football Association Charter for Quality: the Development of Junior and Youth Grassroots Football in England [J]. Soccer & Society, 2016, 17 (6): 800-809.

第四节　研究内容、思路与研究难点、创新之处

一　研究内容

我国校园足球政策基层执行研究包含三个核心问题：①校园足球政策基层执行的困境是什么？②在利益博弈视域下，校园足球政策基层执行困境是如何形成的？成因与形成机制是什么？③如何从基层治理角度探寻政策有效执行的路径？研究内容主要划分为以下部分。

第一部分：基本概念与理论依据

该部分是研究校园足球政策基层执行困境的逻辑前提。在分析校园足球政策、政策基层执行内涵的基础上，提出校园足球政策基层执行的基本概念与价值内涵。梳理相关理论范式，例如，政策执行理论，政策基层执行问题的探讨需要以政策执行的相关原理等作为支撑，这是分析政策执行困境的基础；利益相关者理论，政策执行本质就是利益的一种分配，分析校园足球政策基层执行问题必然牵涉相关利益问题；博弈理论，政策执行本身是一个利益博弈过程，需要明确不同主体、不同层面之间的博弈关系与策略选择等。

第二部分：现状调查与困境表征

任何社会事物和社会活动在发展中都有其外在表现形式，校园足球政策基层执行同样具有一定的表现形式，只有明确这些外在表现，才能进一步深入分析政策基层执行困境的成因与形成机制。该部分将对重庆市沙坪坝区、南通市海门区、六盘水市钟山区、太原市万柏林区等 15 个全国校园足球试点县（区）进行实地调研，并借助史密斯政策执行过程模型，从政策本身、执行机构、执行方式、目标群体等方面对校园足球政策基层执行困境表征进行详细分析，并从多个维度分析政策执行困境产生的效应问题。

第三部分：困境成因与形成机制

遵循 Eugene Bardach 的“资源转移—目标扭曲—执行选择两难—能源分散”利益博弈四分法研究范式，以利益博弈为视角，将分析架构置于本国行政体制基层组织之中，从辨别利益博弈主体与诉求，确定各主体间利益博弈类型、关系以及策略选择等维度，解析政策基层执行困境的成因与形成机

制，并结合不同地区调研所得案例进行实证分析。

第四部分：域外经验

通过文献资料、实地调研等方法，选取英国、法国、韩国、日本四个青少年足球政策执行基层治理成效显著的国家作为研究对象，归纳整理域外青少年足球政策执行基层治理的演进、困境、出路，探讨基层治理的演进规律、困境根源、未来走向，明确青少年足球政策执行基层治理的主体、治理的方式方法、治理效果如何评估等问题，结合自身实际，借鉴域外先进经验。

第五部分：治理路径

立足校园足球政策基层执行困境表征与成因机制，借鉴足球治理与基层治理的研究成果，提出校园足球政策执行基层治理路径。宏观层面，讨论“多元参与合作共治”的基层治理理念的实现形式；微观层面，着重探寻校园足球政策执行基层治理路径，主要包括政策体系建构、基层组织改革、目标群体诉求实现、政策环境优化等问题。

二　研究思路

本研究以“内容决定形式”的哲学思想为指导，遵循“提出问题（校园足球政策基层执行的实际现状如何？存在什么样的困境？）—分析问题（校园足球政策基层执行困境成因与形成机制是什么？解决困境的关键点是什么？）—解决问题（什么样的基层治理路径才能解决校园足球政策基层执行过程中所遇到的问题）”的逻辑思路展开研究。研究路线如图 1-1 所示。

三　研究难点

（1）现有研究大多是从宏观理论层面描述校园足球政策执行问题，本研究重点聚焦政策基层执行领域，并用实证方式证明校园足球政策基层执行的困境成因与形成机制。

（2）实证研究样本选取的均衡性、全面性以及数据收集的真实性问题，既是研究的难点，也是重点。尽可能在采集官方数据的基础上，与实地调查紧密结合，弥补研究中的不足。

（3）域外相关经验，如何与本国基层体制以及校园足球政策执行基层

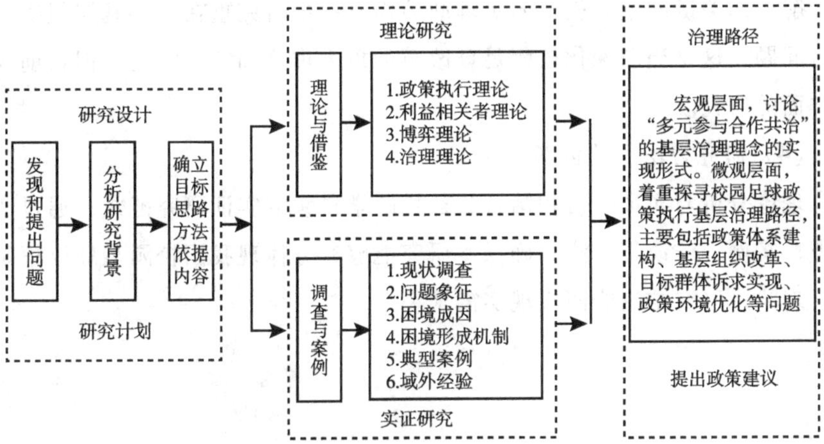

图 1-1　我国校园足球政策基层执行研究路线

机构特点相适应，研究提出的治理路径、政策建议的合理性、可行性至关重要，将是研究的另一难点问题。

四　创新之处

（1）学术思想上的创新

本研究将探讨国内理论界尚未触及的校园足球政策基层执行与治理问题，为政府部门决策提供有益参考。研究将从校园足球政策基层执行现状与问题表征、政策基层执行困境成因与形成机制以及政策执行基层治理三个维度着手，分析深化校园足球改革中的重点难点问题，这是该研究领域的空白。

（2）学术观点上的创新

本研究不盲目照搬西方国家，而是充分考虑到了中国社会的多元性和复杂性。论证得出的观点将置于足球改革的大背景中，总结既有经验之成败得失，指明当前改革之趋势和方向。例如，就校园足球政策基层执行治理而言，研究观点不仅呼吁多元参与合作共治，更是建立在对基层组织深入考察的基础上，提出基层治理不能缺少政府强力主导，重在做好社会组织、市场机构与政府部门之间平衡的观点。

（3）研究对象上的创新

研究对象的选取，具有鲜明时代特色，是我国深化校园足球改革过程中亟须解决的关键问题。就校园足球政策而言，本研究重在考察基层组织政策执行问题，这是当前深化校园足球改革的重大理论和实践问题，但目前少有该方面的研究。

（4）研究方法上的创新

理论分析与实证分析相结合，运用跨学科领域实证研究范式，通过实地调查、案例、访谈等方法，确保本研究能够充分体现我国校园足球政策基层执行现状，研究结论能回应现实需求。

第二章　基本概念与理论依据

第一节　基本概念

一　校园足球

2009 年 2 月，国家体育总局联合教育部在中国足协设立学校足球办公室。在随后学校足球活动筹划中，相关机构领导人提出以“校园足球”代替“学校足球”，认为“校园足球”不仅能体现足球运动的健身、娱乐功能以及全民参与性，更能显示出足球活动在校园中的趣味性、游戏性[①]。经过两个月筹划，国家体育总局与教育部于 2009 年 4 月联合下发《关于开展全国青少年校园足球活动的通知》（以下简称《通知》），“校园足球”一词正式问世[②]。自《通知》下发后，学术界对校园足球概念界定争论不断[③]。经过对相关文献资料搜集整理，笔者认为学术界对校园足球概念界定主要分为以下三类。

（一）教育实践活动

毛振明[④]等人认为校园足球是在国民教育体系内发展高水平竞技体育训练体系的一个突破口和尝试，是探索在国民教育体系内既能健康地发展足球，又能使青少年足球运动员更好地接受国民教育并全面发展的尝试。同

---

① 张辉：《我国布局城市校园足球人才培养体系的研究》，北京体育大学博士学位论文，2011。

② 崔乐泉：《中国校园足球发展的历史考察与经验启示》，《上海体育学院学报》2018 年第 4 期，第 12~18 页。

③ 邱林：《利益博弈视域下我国校园足球政策执行研究》，北京体育大学博士学位论文，2015。

④ 毛振明、刘天彪、臧留红：《论“新校园足球”的顶层设计》，《武汉体育学院学报》2015 年第 3 期，第 58~62 页。

时，李纪霞[①]认为我国校园足球是一项由体育总局与教育部合作，以布局城市、定点学校为依托，以在校青少年学生为参与主体，以足球联赛为杠杆，通过形式多样的足球活动，达到增强青少年体质、普及和推广足球运动、发现和培养足球人才目标的足球教育活动。杨东博[②]的观点与之类似，认为校园足球是以面向学生群体为主，在教育部体系学校（包括幼儿园、小学、初中、高中、大学）范围内，发生的足球相关的体育教育活动，例如，学生对足球理论知识、足球技能的学习，校园足球文化的渗透以及体育价值的养成。董众鸣、龚波等学者[③]认为，校园足球是阳光体育运动的组成部分，是推进阳光体育深入开展的手段和形式，是阳光体育的推广模式之一。校园足球总目标是通过开展丰富多彩的身体锻炼活动（以校园足球为手段），提高广大青少年学生的体质健康水平。此类观点主要强调了校园足球的教育属性，即校园足球对加强我国青少年体育教育、推进素质教育、贯彻党的教育政策方针、培养全面发展的社会主义事业接班人具有重要意义。

（二）校园文化活动

足球是文化的重要组成部分，而校园足球在不断发展过程中逐渐形成了其特有的文化，有学者在研究校园足球发展时便将校园足球界定为一种校园文化活动。例如，蔡广[④]认为在校园内开展的足球活动就是校园足球，同时校园足球属于校园文化的重要元素。具体而言，校园足球是以育人为主，以学生为参与主体，旨在实现其身心统一而围绕足球开展的校园文化活动。根据张兴泉[⑤]对校园足球文化的定义，校园足球文化是在校园场域内形成的，以足球为主题，在代际传承的，具有群体共享倾向的生活方式系统。此类将校园足球界定为一种校园文化活动的观点与《通知》中明确提出的普及足球运动、完善校园足球四级联赛、营造校园足球文化氛围相契合。

---

① 李纪霞：《全国青少年校园足球活动发展战略研究》，上海体育学院博士学位论文，2012。

② 杨东博：《我国校园足球专项教师培训成效评价及优化对策研究》，东北师范大学博士学位论文，2020。

③ 董众鸣、龚波、颜中杰：《开展校园足球活动若干问题的探讨》，《上海体育学院学报》2011 年第 2 期，第 91~94 页。

④ 蔡广：《上海小学校园足球发展的文化制约及治理研究》，上海体育学院博士学位论文，2019。

⑤ 张兴泉：《文化特征论视角下校园足球文化的内涵新释及建设策略》，《沈阳体育学院学报》2018 年第 4 期，第 59~63+104 页。

（三）人才培养活动

李卫东等人[①]认为开展校园足球是在广大青少年中普及足球知识、技能，在扩大足球人口和规模基础上发现并培养有潜力的足球人才。侯学华等人[②]也认为校园足球是在广大学生中全面开展的以增进学生身心健康、培养合格的德智体全面发展的人才为目标的足球相关活动的总称。简言之，校园足球是培育人的活动。相较之下，姜身飞[③]与梁伟[④]的观点更加具体，其认为校园足球是在党中央加强青少年体质精神引领下，国家体育总局与教育部联合推动下，阳光体育运动发展背景下，以培养青少年足球兴趣、团结拼搏精神、促进学生身心发展为宗旨，以普及青少年足球理论知识、技能为目标，以学校为依托来构建我国足球后备人才培养体系的活动。校园足球区别于其他活动的本质之处在于，促进青少年身心健康和培养全面发展的足球后备人才之间的有机结合。刘海元[⑤]认为在教育部牵头校园足球工作后，普及推广，扩大青少年足球人口，夯实人才根基是校园足球的目标定位。此类观点强调了校园足球对体育的作用，在全国大、中、小学广泛开展校园足球活动是培养体教融合型足球人才的新举措。

综合上述观点可知，我国学者界定校园足球概念时，不仅参照官方政策文件，而且分别突出强调了校园足球对体育、教育以及文化的功能作用，而校园足球的概念需要全面反映其功能、性质及特征。部分专家认为校园足球不仅是作为提高足球普及程度和竞技水平、实现足球强国梦的重要支撑，还是作为足球改革发展的奠基工程、教育立德树人的育人工程和全面推进学校体育综合改革的探路工程，正如学者张廷安[⑥]所言："开展校园足球活动不仅肩负着完成提高中国足球运动后备人才质量水平项目发展的战略性任务，

---

① 李卫东、张廷安、陆煜：《全国青少年校园足球活动开展情况调查与分析》，《上海体育学院学报》2011 年第 5 期，第 22~25+31 页。

② 侯学华、薛立、陈亚中等：《校园足球文化内涵研究》，《体育文化导刊》2013 年第 6 期，第 107~110 页。

③ 姜身飞：《上海市杨浦区校园足球开展现状与发展研究》，上海体育学院硕士学位论文，2011。

④ 梁伟：《校园足球可持续发展的系统分析与评价研究》，上海体育学院博士学位论文，2015。

⑤ 刘海元：《我国青少年校园足球改革发展情况及对当前主要问题的思考》，《首都体育学院学报》2018 年第 3 期，第 209~213 页。

⑥ 张廷安：《我国校园足球未来发展中应当确立的科学发展观》，《北京体育大学学报》2015 年第 1 期，第 106~113+131 页。

更承担着全面实施教育体制改革和学校体育革新，促进学生身心健康水平提升的历史重任，校园足球工作身兼重任。”因此，本书将“校园足球”界定为：为贯彻党的教育方针，营造良好的校园足球文化环境，培养身心健康、德智体美劳全面发展的青少年足球人才，教育部、国家体育总局等各部门以学校为依托联合开展与足球相关的各类育人活动。

二　政策基层执行

对政策基层执行进行概念界定，需要先对“基层”和“政策执行”二词有较为清晰的认识。首先，“基层”在不同的领域有不同的内涵，该词通常指事物的基础和底层，而在社会科学中的基层是指组织或社会的最低层。王赛男①认为相对于中层与高层，在整个组织的层级中，基层不仅是组织结构的基础，也是中层与高层的支持力量。基层概念，是在政治生态中由官方文件语言构建产生的，与组织行政层级相联系②。对此，王彦平③认为，具体到社会学或政治学的基层是一个具有明显中国特色的概念，基层的外延主要包括四类：党的基层组织、基层政权机关、基层群众性自治组织、企事业单位，且提出追究考察基层的精准含义必须从宪法和党的文件中详细分析的观点。《中华人民共和国地方各级人民代表大会和地方各级人民政府组织法》（以下简称《组织法》）第八条规定，“省、自治区、直辖市、自治州、设区的市的人民代表大会代表由下一级的人民代表大会选举；县、自治县、不设区的市、市辖区、乡、民族乡、镇的人民代表大会由选民直接选举”。张文汇④据上述《组织法》规定分析认为，与中央、省级和市级相比，县级及以下人大代表均由选民直接选出，其工作与服务也是直接面对人民群众的。由此说来，与群众联系最为广泛和直接的县级及以下区域均为基层。正如邓小平所说，现在我们在基层就是在乡、县两级和城市区一级、不设区的市一级，故而王乐夫⑤将基层的范畴

---

① 王赛男：《基于治理现代化的基层干部治理能力评价与发展研究》，山东大学博士学位论文，2020。

② 沈筱芳：《党的领导与基层社会治理研究》，中共中央党校博士学位论文，2017。

③ 王彦平：《中国基层社会治理及创新研究》，山西大学博士学位论文，2016。

④ 张文汇：《现阶段我国社会基层矛盾化解机制研究》，中共中央党校博士学位论文，2019。

⑤ 王乐夫：《中国基层纵横涵义与基层管理制度类型浅析》，《中山大学学报》（社会科学版）2002 年第 1 期，第 122~127 页。

定义为具有管理活动直接性的县、城市的区、不设区的市的党组织、国家机构和社会团体、企事业单位以及村民委员会。据上述观点，本书将“基层”特指为县（区）及其统辖下的乡（镇）、村以及在此范围的政府机构、社会组织、企（事）业单位等。

其次，关于政策执行的研究兴起于20世纪七八十年代，在以英美的政策学者为代表的理论与实践的作用下成为政策科学研究的焦点话题[①]。国内外对“政策执行”一词的概念界定纷繁多样，虽然呈现一种混乱无序状态，但经过相关文献收集梳理可以发现一定的共性[②]。对政策执行定义较为常见的有行动学派和组织学派观点，J. 普瑞斯曼和 A. 维尔达夫斯基[③]将政策执行看作目标确立与适合实现该目标的行动之间的一种相互作用的过程，这是行动学派代表观点之一。同样为行动学派的米特和霍恩[④]认为政策执行是为了实现政策目标，公民或组织决定采取的行动。组织学派强调政策执行的一切都与组织密不可分、直接相关，组织的原则、结构和运作方式直接影响政策执行实际效率，其中 J. Forester 是组织学派代表人物之一，其认为政策执行是政策执行机构、政策执行人员的预期分析能力的应用[⑤]。相较于国外学者观点，我国也有不少学者对“政策执行”进行相关界定，例如，学者张国庆[⑥]整合组织学派与行动学派的观点，将政策执行界定为政策执行者建立机构组织，统筹规划政策资源，采取解释、宣传、实施与监控等行动，将政策由意识形态转化为现实结果，实现政策目标的一个动态过程。丁煌[⑦]认为作为公共政策过程的决定性环节，政策执行无疑应当成为公共政策研究的重要组成部分，而

---

① 陈振明：《公共政策分析》，中国人民大学出版社，2002。

② 邱林：《利益博弈视域下我国校园足球政策执行研究》，北京体育大学博士学位论文，2015。

③ Pressman J. L. , Wildavsky A. Implementation: How Great Expectations in Washington are Dashed in Oakland; Or, Why it's Amazing that Federal Programs Work at All, This Being a Saga of the Economic Development Administration as told by two sympathetic observers who seek to build morals on a foundation [M]. California: Univ. of California Press, 1984.

④ Van Meter D S, Van Horn C E. The Policy Implementation Process: A Conceptual Framework [J]. Administration & Society, 1975, 6 (4): 445-488.

⑤ Forester J. Critical Theory, Public Policy, and Planning Practice [M]. New York: Suny Press, 1993.

⑥ 张国庆：《公共政策分析》，复旦大学出版社，2004。

⑦ 丁煌：《研究政策执行问题必须遵循科学的方法论》，《北京行政学院学报》2003年第1期，第16~21页。

政策执行本质上是相关政策主体之间基于利益得失进行的一种利益博弈过程[①]。类似地，宁国良等人[②]分析利益集团对政策影响时认为公共政策执行不是公共政策执行主体的单方行动，而是公共政策执行主体与各个利益集团相互作用的互动过程，政策结果产生于一系列政府内部行为者和外部行为者之间的政治竞争。而学者谢炜[③]认为公共政策执行是政策执行主体运作政策资源，通过各级组织机构对政策目标群体进行宣传、解释及服务等行动，将政策文本转化为现实效果，使既定政策目标得以实现的动态过程。此外，在国内外相关研究中，不乏对政策执行与基层展开研究的案例。Lipsky 的“街头官僚”相关理论十分具有代表性，该理论认为由于基层“街头官僚”会运用掌握的各种各样的资源来抵制管理者的控制和束缚，因此，位于高层的管理者难以限制位于基层的“街头官僚”使用自由裁量权。而后，不少国内学者借助“街头官僚”理论研究了中国语境下的基层政策执行情况，试图通过富有中国特色的实证案例找出基层政策执行特有的元素与成因。例如，刘鹏等人[④]对食品安全监管执法的案例研究认为政策基层执行存在着政策变通行为，委托—代理关系不完善，基层政策环境难以保障等因素是该行为主要成因。周定财[⑤]基于“街头官僚”理论认为利益差异是导致我国基层政府政策执行梗阻的内在动因，必须提高基层政策执行人员素质与能力。

综合上述观点，根据研究需要，本书将校园足球政策基层执行界定为：在县（区）及其统辖下的教育、体育等行政机构综合运用政策资源与工具，通过相关组织机构对校园足球目标群体进行解释、宣传、实施、协调与监控等各种行动，将政策观念化的文本、内容转化为实际效果，从而实现校园足球政策既定目标的动态活动过程。

---

① 丁煌：《利益分析：研究政策执行问题的基本方法论原则》，《广东行政学院学报》2004 年第 3 期，第 27~30+34 页。

② 宁国良、陆小成：《利益集团对公共政策执行的影响》，《湖南社会科学》2004 年第 3 期，第 55~57 页。

③ 谢炜：《中国公共政策执行过程中的利益博弈》，上海市社会科学界第五届学术年会文集，2007。

④ 刘鹏、刘志鹏：《街头官僚政策变通执行的类型及其解释——基于对 H 县食品安全监管执法的案例研究》，《中国行政管理》2014 年第 5 期，第 101~105 页。

⑤ 周定财：《街头官僚理论视野下我国乡镇政府政策执行研究——基于政策执行主体的考察》，《湖北社会科学》2010 年第 5 期，第 30~34 页。

三　基层治理

近年来，“治理”一词频繁出现在公众视野里，众多学者对其进行概述与界定，使“治理”成为一个不断丰富的概念。蔡广①认为治理概念最早起源于希腊语（Kybernan）与拉丁语（Gubernare），其均包含着领航、掌舵或指导的意思，而我国“治理”一词也历史悠久，西汉的司马迁就提出过“礼乐刑政，综合为治”的治国理论。然而，古代的治理与统治为同义词，与现代意义上对公共事务的治理不能等同。1989年，世界银行在探讨撒哈拉以南非洲发展问题报告中提出了“治理危机”这一概念，拉开了更强调政府与社会之间伙伴关系的新治理概念的帷幕②。全球治理委员会将治理定义为个人与机构管理者就社会公共事务管理进行合作的多种方式，在合作过程之中将不同利益联合起来的过程③。此外，学者 R. Rhodes④ 认为治理的出现意味着现代社会将以一种新的方法来统治管理，并且全面地给出了治理的六种定义（见表2-1）。

表2-1　治理六种定义

治理对象	目　的
国家管理活动	以最小的成本获得最大的效益
公司管理	控制、协调和监督企业运行，使企业获得最大利润
新公共管理	在政府的公共服务中引入私人部门的管理手段和市场的激励机制
善治	形成一个强调效率、法治、责任的公共服务体系
社会-控制体系	提高政府与民间、政府与公共部门、政府与私人部门之间的合作
自组织网络	在信任与双赢基础上，创造社会协调网络

新治理研究的兴起为我国学术界带来了新的关注点，自20世纪末以来，不少国内学者投身于相关研究之中。对于治理概念的界定，著名学者俞可

---

① 蔡广：《上海小学校园足球发展的文化制约及治理研究》，上海体育学院博士学位论文，2019。

② 余军华、袁文艺：《公共治理：概念与内涵》，《中国行政管理》2013年第12期，第52~55+115页。

③ 曾本伟：《共建共享视域下中国城市基层治理现代化的内在逻辑与实践路径》，吉林大学博士学位论文，2017。

④ Rhodes R A W. The New Governance: Governing without Government [J]. Political Studies, 1996, 44 (4): 652-667.

平[①]强调，治理一词的基本含义是指官方的或民间的公共管理组织在一个既定的范围内运用公共权威维持秩序，满足公众的需要。如此看来，治理是一个公共管理活动和公共管理过程，其最终目的指向“善治”。也有学者试图专门厘清治理概念，例如，曾正滋[②]将公共行政领域中的治理定义为公共治理，是指在自组织网络治理基础之上，政府参与且起到“元治理”的作用，政府与自组织形成互动型治理网络，试图共同谋求公共利益最大化的治理形式。同时，余军华等人[③]也梳理了国内外治理概念，提出了现代治理最重要的一点就体现在它的公共性上的观点，认为公共治理是指公共部门与私人部门以及非营利组织为了达到集体的秩序和共同的目标，形成一种伙伴关系，运用谈判、协商等政策手段提供公共产品与服务、管理公共资源的过程。可见，对于治理概念的研究国内外均已经有相对成熟的界定，可以为本研究提供参考。

习近平总书记指出：“基层强则国家强。基层安则天下安，必须抓好基层治理现代化这项基础性工作。”[④] 党的十九大以来，健全党组织领导的自治、法治、德治相结合的基层管理体系，从乡村发展至城市，为基层治理指明了方向。现今，基层治理已是我国学界关注重点。学者李志军[⑤]认为当代中国基层治理经历了从全能型社会管理到主导型社会管理再到社会治理的演变过程。在此基础上，学者们对基层治理也有了更独到深入的见解。姜晓萍[⑥]从动态的角度来看基层治理，认为基层治理即“治理基层社会”，基层社会公共事务的治理由政党领导，政府主导，通过发挥社会、市场、企业、公民等多元参与主体的作用，以维护群众的利益为重点，改善民生、完善社

① 俞可平：《治理和善治引论》，《马克思主义与现实》1999 年第 5 期，第 37~41 页。

② 曾正滋：《公共行政中的治理——公共治理的概念厘析》，《重庆社会科学》2006 年第 8 期，第 81~86 页。

③ 余军华、袁文艺：《公共治理：概念与内涵》，《中国行政管理》2013 年第 12 期，第 52~55+115 页。

④ 《习近平春节前夕赴贵州看望慰问各族干部群众 向各族人民致以美好的新春祝福 祝各族人民幸福吉祥祝伟大祖国繁荣富强》，《人民日报》2021 年 2 月 6 日。

⑤ 李志军：《社会协同视角下村级治理的理念及路径选择——基于广东省云浮市的实证研究》，《南方农村》2013 年第 4 期，第 62~67 页。

⑥ 姜晓萍：《国家治理现代化进程中的社会治理体制创新》，《中国行政管理》2014 年第 2 期，第 24~28 页。

会福利、促进社会平等、调解社会矛盾，最终促进社会和谐有序发展。王赛男[①]将基层治理界定为地方政府及其他社会主体为实现基层的良性运转而采取的一系列管理理念、方法和手段，从而保障基层公民权利，实现公共利益最大化的过程，涉及以基层政府为基础的国家机构和基层其他权威机构为基层社会提供公共品的活动。不难发现，我国基层治理与国外基层治理有较大差异，不仅具有自身特色的社会自治空间，而且是在党领导下的基层政府、权威机构提供公共品的基层活动。

综合前文对基层的界定以及观点，根据研究需要，本书将校园足球基层治理界定为："在党的领导下，县（区）及其统辖下的教育、体育等基层行政机构主导，通过发挥社会、市场、企业、公民等多元参与主体的作用，以促进校园足球全面发展为出发点，而采取的一系列管理理念、方法和手段。"

第二节 理论依据

一 史密斯政策执行过程模型

（一）史密斯政策执行过程模型的构成要素

20 世纪 70 年代，西方掀起了一场政策执行的研究热潮，这场运动中史密斯政策执行过程模型是其中最具代表性的政策执行模型，由美国著名政治学家 T. B. Smith 在其 1973 年撰写的《政策执行过程》一书中首次提及。正是在这样的背景之下，T. B. Smith 提出一个描述公共政策执行过程的模型，指出在该模型中政策执行过程会产生某种社会张力，并将产生这种社会张力的因素归为四类：理想化政策、执行机构、目标群体和环境因素（见图 2-1）。在政策执行过程中，这四类因素之间彼此互动，从紧张的关系逐步走向协调的状态，并将执行结果进行反馈，产生对政策制定过程的支持或是阻碍，政策在这样的循环往复中不断得到修正和改善，形成一个动态平衡的系统。

通过对模型的运用，可以有效缓解执行中产生的负面效应，使得政策执

① 王赛男：《基于治理现代化的基层干部治理能力评价与发展研究》，山东大学博士学位论文，2020。

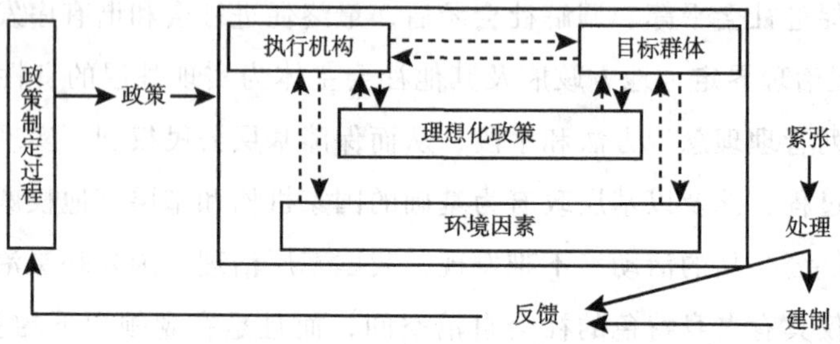

图 2-1 史密斯政策执行过程模型

行结果最大限度地达到预期水平。史密斯政策执行过程模型指出影响政策执行的四大基本要素，进而分析政策执行问题。下文对四大要素做出具体阐述。

理想化政策是政策执行的依据和前提，是政策制定者希望执行达到理想状态的一种政策形式。一项理想化的政策，是影响政策执行的首要因素，需要具备合理性、可行性和稳定性等特征①，其主要体现在政策的构成形式、类型、程序以及对政策的认知等方面。

执行机构是政策落实的直接参与者，主要包括组织结构、职能分工以及执行人员等。执行机构是政策执行的重要载体，在稳定的组织结构中运行，有合理的职能分工和运行机制，这些都将直接影响执行的效果。执行人员是执行的直接行为主体，而人又是执行中最关键、最灵活的因素，因此，尤其需要关注执行人员的能力、素质以及道德理念。

目标群体，即政策执行对象，是政策实施时所针对的群体，是直接受到政策影响从而产生反应的人群。对目标群体的研究主要集中在三方面，首先是该群体的组织化或制度化程度，其次是对于领导的认知和接受情况，最后是以往对政策执行的一些经验状况等。

环境是诸多因素的综合，是政策执行所生存的外部环境，涵盖政治、经济、文化等因素。政治环境主要是政治形势、政治局面和国际关系等情况的总体表现。经济环境则是政策执行的物质基础，为其提供人力、财力、物力

① 潘凌云、王健、樊莲香：《我国学校体育政策执行的制约因素与路径选择——基于史密斯政策执行过程模型的分析》，《体育科学》2015 年第 7 期，第 27~34+73 页。

上的支持。文化环境体现为社会的价值理念、风俗习惯等，对政策执行结果也会产生深远影响。

（二）史密斯政策执行过程模型各要素之间的关系

史密斯政策执行过程模型的本质是四大要素之间的关系从紧张趋于缓和，再到形成建制，最终将执行结果反馈到政策制定的过程。如此循环往复，形成政策制定与政策执行两大过程之间的相互作用，再结合四大要素间相互交织的互动关系，推动政策有效执行。四大要素之间的相互关系包括以下几方面。

理想化政策与目标群体的关系。政策体现的是制定者的价值取向，但政策的内容被合理有效地宣传、解读，被目标群体认同和接受才是执行的关键。此外，目标群体对于政策的态度也是关注的重点，其对待政策是服从、规避、拒绝甚至是违背，都会对执行结果产生直接的影响。

理想化政策与执行机构的关系。政策被制定后需要依托执行机构实施，其目标才能得以实现。政策顺利执行需要保证政策内容与执行机构的利益或是立场相一致。同时，执行机构具备高效的运行机制，执行人员具备对政策的全面了解和强烈认同，也更有利于政策执行。

理想化政策与环境因素的关系。政策执行所处环境是复杂的，涉及政治、经济、文化等多方面的因素。不同地域或不同文化背景都会催生对政策的不同理解，政策内容不符合当地客观环境，也会造成执行效果偏差。

执行机构与目标群体的关系。执行机构对目标群体一般会采取两种行为方式，一是管制，二是服务。在实际执行过程中，对目标群体采用何种方式由执行中基本价值取向决定。无论执行机构的行为方式用到了何种手段和工具，都会影响与目标群体的关系定位。

执行机构与环境因素的关系。执行机构面对不同环境，其执行方式也不尽相同，当面对不利的环境形势时，则会采取更加积极的行动以寻求改变。环境因素同样会影响执行机构的价值取向和执行力。值得一提的是，执行机构还同时扮演着目标群体角色，在复杂环境中处理好这种双重身份间的矛盾也是执行成功的关键因素之一。

目标群体与环境因素的关系。这两大要素之间通过相互依存、相互作用形成统一的整体。一方面，目标群体对政策做出反应时会受到环境因素的影响；另一方面，环境在某种程度上来说，是由目标群体的各种行为和理念集合所构成的。

（三）史密斯政策执行过程模型的适用性分析

公共政策在执行过程中会受到各类因素的影响，使得执行无法始终保持高效运转状态，大量相关因素更是会增加对政策执行问题分析的难度。校园足球政策作为一项公共政策，在分析其政策执行问题时，同样会考虑到大量相关因素，包括政策的制定、执行组织架构、执行人员、目标群体和环境因素等，以及各因素间相互抑制或是促进的情形。校园足球政策执行状况符合 T. B. Smith 所描述的社会特征，因此，运用史密斯政策执行过程模型，可以将政策执行中遇到的复杂问题通过模型简单直观地呈现出来。以史密斯模型作为理论基础，建立四维分析框架，将校园足球政策基层执行置于这样一个动态的分析框架中，能够更清晰地厘清政策执行中各要素及其互动关系。

二 利益相关者理论

（一）利益相关者的基本概念

利益相关者理论在 1963 年由斯坦福研究所的学者们第一次明确提出，利益相关者最早被界定为由于他们的支持，企业组织才能继续生存下去的一类群体。而利益相关者理论的主要奠基人 Freeman，则在其 1984 年出版的著作《战略管理：利益相关者方法》中对利益相关者进行了广义概念界定。随后，经过 Ansoff、Charkham、Clarkson、Mitchell 等学者共同的努力研究，利益相关者理论逐渐形成一个独立理论分支，在诸多领域的应用也取得了不错效果。

对于利益相关者概念，学者从不同视角提出众多观点，存在着广泛争议。但学术界认可的两类分别是利益相关者的广义概念和狭义概念。利益相关者广义概念较为笼统，对概念边界的界定比较模糊。其中最具代表性的是 Freeman[①] 提出的，即一个组织里的利益相关者是可以影响组织目标的实现或受其实现影响的群体或个人。具体而言，Freeman 将供应商、客户、雇员以及扮演代

---

① Freeman R. E. Strategic Management: A Stakeholder Approach [M]. Cambridge: Cambridge University Press, 2010.

理人角色的管理者等都纳入这一群体中，使利益相关者范围扩大到甚至可以容纳任何人。此后，大部分学者受到 Freeman 影响，对利益相关者的定义绝大多数是从其演变而来。利益相关者狭义概念则更为具体。比较有代表性的观点是 Clarkson 提出的，利益相关者之间相互作用构成的系统称为企业，企业则要为所有利益相关者创造价值，利益相关者是与企业所生存的社会系统共同运行的。狭义概念强调的是利益相关者某一方面特征，缩小了利益相关者边界范围，更符合企业现实活动。

（二）利益相关者的分类

20 世纪 90 年代，许多学者从不同角度分别对利益相关者进行了不同分类，其中包括一维细分法和多维细分法。一维细分法是指将利益相关者与企业的紧密程度作为分类依据，但其应用价值较低。而多维细分法逐渐成为常用的分析工具，其从多个维度进行划分，包括与组织的紧密程度、风险程度和是否存在合同等维度。Charkham[①] 以利益相关者与企业间是否存在合同作为依据，将其划分为契约型利益相关者和公众型利益相关者。Clarkson 则提出两种分类方法，以利益相关者在企业中承担风险的类型作为依据，将其区分为自愿利益相关者和非自愿利益相关者；此外，又以利益相关者与企业的紧密程度作为依据，将其区分为首要利益相关者和次要利益相关者。Wheeler[②] 从社会性视角切入，将利益相关者分为四类：主要社会利益相关者，次要社会利益相关者，主要非社会利益相关者以及次要非社会利益相关者，其结果如图 2-2 所示。

随着社会发展，由于缺乏可操作性，这些分类方法的弊端逐渐显现，制约了利益相关者理论在实践中的应用。为此，Mitchell 等人[③]以“权力性、合法性、紧迫性”三种属性作为依据，对利益相关者进行分类，用评分法将其细分为确定型利益相关者、预期型利益相关者以及潜在的利益相关者，

① Charkham J. Corporate Governance：Lessons from Abroad［J］. European Business Journal，1992，4（2）：8-16.

② 大卫·威勒：《利益相关者公司：利益相关者价值最大化之蓝图》，张丽华译，经济管理出版社，2002。

③ Mitchell R. K.，Agle B. R.，Wood D. J. Toward a Theory of Stakeholder Identification and Salience：Defining the Principle of Who and What Really Counts［J］. Academy of Management Review，1997，22（4）：853-886.

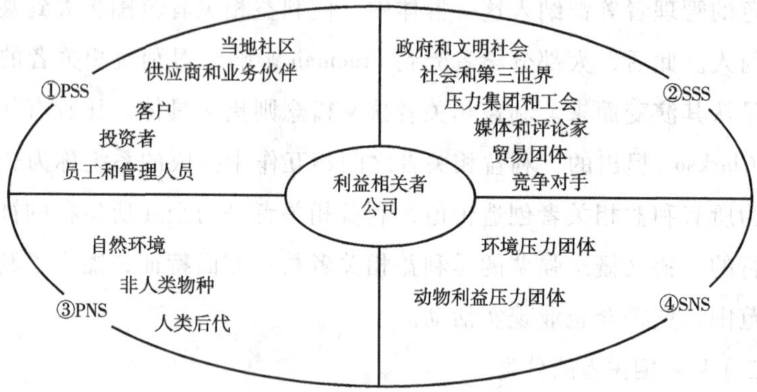

注：①PSS：主要社会利益相关者；②SSS：次要社会利益相关者
③PNS：主要非社会利益相关者；④SNS：次要非社会利益相关者

图 2-2 Wheeler 的利益相关者分类结果

其结果如图 2-3 所示。Mitchell 等人对权力性的定义是指利益相关者具备影响企业决策的能力，合法性是指利益相关者在法律或道义上被赋予对企业的索取权，紧迫性则指利益相关者立即引起企业管理层的注意。这种属性分析法简单易行，有效改善了利益相关者理论的可操作性，一直沿用至今。

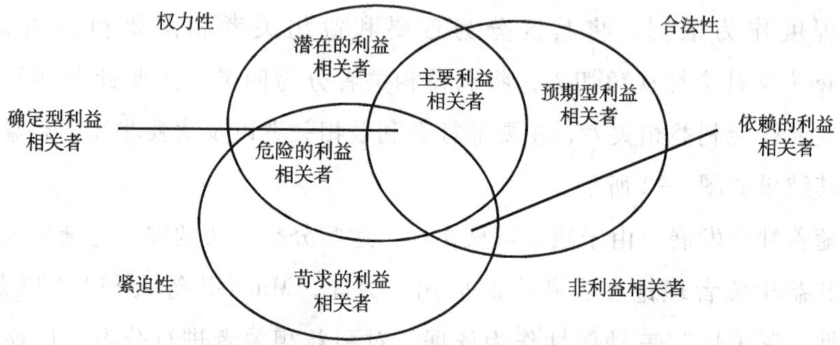

图 2-3 Mitchell 等人的利益相关者分类结果

综上所述，西方学者对利益相关者的研究取得了众多成果，从多维细分法到属性分析法，利益相关者理论具备了很强的可操作性。学者们在应用利益相关者理论时一般采用四个步骤①：（1）识别及界定利益相关者。

① 邱林：《利益博弈视域下我国校园足球政策执行研究》，北京体育大学博士学位论文，2015。

由于不同主题、不同背景，涉及的利益相关者也不同，但对其范围的识别和界定必须符合利益相关者理论。（2）明确利益诉求。对于利益相关者而言，处于不同位置，虽有共同利益诉求，但也必然存在着冲突。（3）厘清利益关系。只有将利益相关者间的利益关系梳理透彻，才能有效平衡各方诉求，缓解各方矛盾。（4）满足利益诉求。利益相关者理论研究的最终目的就是满足各方利益相关者的利益诉求，尤其是核心利益诉求，更是研究价值所在。

公共政策执行领域，政策文件反映的是政策制定者利益诉求，到了执行环节，则是利益相关者对政策利益的重新分配。校园足球政策作为公共政策的一类，利益相关者理论为其提供了一个新的研究视角。通过对利益相关者进行识别，对利益相关者的利益诉求和利益关系展开探寻，可深度剖析校园足球政策基层执行困境成因与形成机制等问题。

三　博弈理论

（一）博弈的基本知识

博弈是指各方为达到某种目的，相互间进行决策、动作或行为的集合。所谓博弈论，是指决策主体在一定的规则之下，做出的决策相互影响、相互作用，以及决策所产生结果的均衡问题①。博弈论原本是运筹学的一个分支，一般被用在数学领域，随着现代理论体系的发展，已广泛应用于各类社会科学领域。

博弈通常由三大要素构成，即参与人、策略以及收益②。首先，参与人即局中人，也就是博弈决策主体，既可以是个人，也可以是组织机构，但都需要独立进行决策，独自承担后果。两个及以上参与人才能形成一场博弈互动，各方目的都是选择有效行动或是手段使得自己的利益达到最大化。其次，策略是指博弈任何一方在决策时做出的所有行为的组合。博弈过程中己方决策者应该了解所选策略对双方造成的影响以及预期结果。最后，收益则是博弈各方在决策后所获得的效用。博弈结束后，各方利益和损失会展现出来，对决策所采用的行动策略都会做出评价。

---

① 林荣日：《制度变迁中的权力博弈——以转型期中国高等教育制度为研究对象》，复旦大学博士学位论文，2006。

② 王则柯、李杰：《博弈论教程》，中国人民大学出版社，2004。

（二）博弈的分类

博弈论的发展经过学者多年的研究，其中最核心的两个特征是信息和时序。根据博弈各方的信息特征分类，可以将博弈分为完全信息博弈和不完全信息博弈。完全信息博弈是指博弈各方对博弈中每个人的类型、策略空间及收益情况都有明确认知，否则，就是不完全信息博弈。根据博弈各方时序特征分类，可以将博弈分为静态博弈和动态博弈。静态博弈是指博弈中参与人同时行动，或是虽然没有同时行动但后行者不知道先行者的行动选择；动态博弈则是指博弈各方行动顺序有先后，且后行者能观察到先行者的行动。将以上两种分类模式进行综合，就会得到四种不同类型的博弈，以及与之对应的四个均衡概念：完全信息静态博弈——纳什均衡、完全信息动态博弈——子博弈精炼纳什均衡、不完全信息静态博弈——贝叶斯纳什均衡、不完全信息动态博弈——精炼贝叶斯纳什均衡①。

1. 完全信息静态博弈——纳什均衡

纳什均衡是一种静态的模式，它有着一个重要前提，即参与人都清楚地知道对方所要采取的策略，能准确地掌握博弈中的所有信息。但纳什均衡以非合作博弈概念为基础，参与各方之间缺乏沟通与合作，每个参与人都认为自己选择的是最佳策略，因此，利益冲突在某一均衡点处达到稳定，致使任何一方都不会轻易地改变策略来打破这一平衡。简而言之，纳什均衡是这样一种策略分布：在一定的博弈规则之下，如果其他参与人不变换自身策略，那么任何一方参与人都无法以单方面变换自身策略的方式来增加其效用。纳什均衡是博弈论研究中的基础内容，其他的均衡概念都是对纳什均衡的完善和发展。

2. 完全信息动态博弈——子博弈精炼纳什均衡

子博弈精炼纳什均衡是博弈理论的进一步扩展，对纳什均衡的不完善进行补充。子博弈精炼纳什均衡是基于完全信息的一种动态博弈，泽尔腾通过附加条件排除不可信的纳什均衡点，进而提出子博弈完美均衡点和颤抖手完美均衡点。子博弈完美均衡点体现出，在动态博弈中决策主体行动具有先后顺序，决策各方通过理性反应，使参与人在每一个子博弈中都达到纳什均衡，最终构成子博弈精炼纳什均衡。颤抖手完美均衡点指参与人由于偶尔犯

① 张维迎：《博弈论与信息经济学》，上海人民出版社，1996。

错偏离均衡策略，此时参与人的纳什均衡点选择应是其他人按最佳反应策略，如同自己未发生错误一样仍选择同样的策略[①]。子博弈精炼纳什均衡是将纳什均衡放在一个动态博弈中，从而剔除出不可置信威胁的纳什均衡点，将博弈论的应用范围进一步扩大。

3. 不完全信息静态博弈——贝叶斯纳什均衡

在现实生活中，博弈各方处于完全信息情况的概率是非常小的，因此，海萨尼将不完全信息引入纳什均衡，扩展出贝叶斯纳什均衡的概念。贝叶斯纳什均衡是不完全信息静态博弈达到基本均衡的一种状态，它是指参与人在博弈对局中并不是掌握了所有信息，即所知道的只有自己的特征类型，对别人的特征一无所知，只能事先预测别人类型的概率分布后做出策略选择，最终参与人同时行动形成均衡的一种博弈。简而言之，贝叶斯纳什均衡是在只知道自己类型和他人类型概率分布的情况下，博弈各方的期望效用达到最大化，从而没有人再改变当前的策略。

4. 不完全信息动态博弈——精炼贝叶斯纳什均衡

事实上，博弈是一场各方动态调整的过程，参与人并不是通过一次性的决策便能达到某种博弈均衡。为此，弗德伯格和泰勒尔进行改进，给出了不完全信息动态博弈基本均衡概念的定义，即精炼贝叶斯纳什均衡[②]。对概念进一步的解释是，参与人依然只清楚自己的特征类型，对他人的类型并不了解，仅仅知道其类型的概率分布。在博弈过程中，参与人的行动此时有了先后顺序，后行者会根据先行者的行动做出应对，先行者预测到自己的行动会被利用，因此，也会设法选择最优的策略。精炼贝叶斯纳什均衡是所有参与人信念和策略的结合，在给定的前提下，每个参与人的策略都是最优选择，在每一个信息集开始的子博弈上都能形成贝叶斯纳什均衡。

综上所述，博弈论体系日益丰富，其应用范畴也越来越广泛，四种不同类型的博弈为我们分析问题提供了不同的视角和方法。根据校园足球政策制定和基层执行的特点，本书主要以不完全信息静态博弈理论作为依据，构建校园足球政策基层执行利益博弈模型并进行相关研究。

---

① 侯经川：《基于博弈论的国家竞争力评价体系研究》，武汉大学博士学位论文，2005。

② 尹庆民：《基于博弈论的中国转轨时期银企关系研究》，河海大学博士学位论文，2004。

第三章　校园足球政策基层执行现状调查与困境表征

第一节　校园足球政策现状调查与困境表征

一　校园足球政策现状调查

（一）政策梳理

1. 国家层面政策

2009年，国家体育总局、教育部联合印发《关于开展全国青少年校园足球活动的通知》，校园足球活动正式开启。此后，政府逐年增加政策发文量，持续助推校园足球发展，至今初步建成校园足球的四梁八柱，取得斐然成果（见表3-1）。经过深入分析发现，校园足球活动依据不同执行主体可初步分成两大发展阶段：第一阶段为国家体育总局主导，该阶段始于2009年《关于开展全国青少年校园足球活动的通知》的印发，随后围绕该文件出台相关政策。2013年，国家体育总局、教育部联合印发《关于加强全国青少年校园足球工作的意见》，在原有基础上进行更为具体的指导规划。2014年，国务院召开全国青少年校园足球工作电视电话会议，在肯定前一阶段发展成果基础上，鉴于校园足球在强化学校体育工作、提高青少年体质健康水平、夯实足球人才根基等方面的重要作用，遂决定由教育部牵头主导校园足球各项事务。由此开启教育部主导下的校园足球第二发展阶段。2015年，国务院办公厅印发《中国足球改革发展总体方案》，将校园足球上升至国家战略高度。同年，教育部联合国家体育总局等6部委印发《关于加快发展青少年校园足球的实施意见》，承袭《中国足球改革发展总体方案》精神并对校园足球相关事宜进行宏观规划。随后，教育部根据文件中的战略部署，出台《全国青少年校园足球特色学校基本标准（试行）》，对校园足球特色学校的建设提出具体意见标准。同时，教育部重视基层校园足球发展的价值作用，为发挥少数地区先试先行作用，探索打造基层校园足球发展样板，先后印发《关于加强全国青少年校园足球改革试验区、试点县（区）工作的指导意见》《全国青少年校园足球试点县（区）基本要求（试行）》等文件，对试点县（区）校园足球工作开展进行统筹规划。2020年，教育部、国家体育总局等6部委联合中国足协印发《全国青少年校园足球八大体系建设行动计划》，将校园足球发展助推至新高度，愈发强调校园足球的高质量发展。需明确的是，本书更多以第二阶段政策为依据进行探讨，具体问题具体分析。至此，校园足球政策顶层设计通过2份发展规划、2份指导意见、2份实施细则初步构成校园足球宏观政策体系。进一步分析发现，在印发单位上，《中国足球改革发展总体方案》的行政级别最高，由国务院办公厅印发。《关于加快发展青少年校园足球的实施意见》《全国青少年校园足球八大体系建设行动计划》则是由多部门联合印发，尤其是后者将归属社会组织的中国足协也囊括进来，为多部门协同治理指明方向。而在其余政策文件中，尤其是实施细则、管理办法等牵涉校园足球具体建设发展时，则由教育部统一制定。

表3-1　国家层面政策梳理

时间	印发单位	文件名称	文件形式	文件类型	执行范围
2009	国家体育总局 教育部	《关于开展全国青少年校园足球活动的通知》	行政决策	发展规划	各级体育、教育行政部门 各级中小学
2013	国家体育总局 教育部	《关于加强全国青少年校园足球工作的意见》	行政决策	指导意见	各级体育、教育行政部门 各级中小学
2015	国务院办公厅	《中国足球改革发展总体方案》	行政决策	发展规划	各级政府部门 各级足协组织 足球职业俱乐部 各级中小学

续表

时间	印发单位	文件名称	文件形式	文件类型	执行范围
2015	教育部 国家发改委 财政部 新闻出版广电总局 国家体育总局 共青团中央	《关于加快发展青少年校园足球的实施意见》	行政决策	指导意见	教育、体育等各级行政部门 校园足球特色学校
2017	教育部	《全国青少年校园足球特色学校基本标准（试行）》	行政决策	实施细则	各级校园足球特色学校
2017	教育部	《关于加强全国青少年校园足球改革试验区、试点县（区）工作的指导意见》	行政决策	指导意见	各级教育行政部门 校园足球试点县（区） 校园足球改革试验区 区内校园足球特色学校
2018	教育部	《全国青少年校园足球试点县（区）基本要求（试行）》	行政决策	实施细则	各级教育行政部门 校园足球试点县（区） 区内校园足球特色学校
2020	教育部 国家发改委 财政部 国家广电总局 国家体育总局 共青团中央 中国足协	《全国青少年校园足球八大体系建设行动计划》	行政决策	发展规划	教育、体育等各级行政部门 各级足协组织 校园足球特色学校

2. 基层层面政策

2015年以来，为持续推动校园足球快速发展，促进青少年体质健康，国家高度重视基层校园足球发展，印发了一系列有关基层校园足球政策的纲领性文件。各省（区、市）也迅速提出有关基层校园足球的具体要求，制定校园足球发展改革的各项政策，推动基层校园足球发展。据此，各基层单位不断加强对校园足球发展的政策研究和具体指导，根据上层政策要求和指标，结合当地校园足球实际情况，制定规划、确定目标、健全体制，并出台了大量地区性校园足球基层政策。

为全面了解全国青少年校园足球试点县（区）的基层政策下发情况，

按照中国七大地理分区划分，在每个地理分区中抽取试点县（区）进行调研。将15个试点县（区）校园足球基层相关政策及基本情况整理如下（见表3-2）。

表3-2　15个试点县（区）的校园足球基层政策文件汇总

时间	印发单位	文件名称	文件形式	文件类型	执行范围
2020	汽开区教育局	《长春汽车经济技术开发区教育局关于中小学校全面推进“校园足球”工作的实施方案》	行政决策	发展规划、实施细则	区属学校与学生
2020	汽开区教育局	《长春汽车经济技术开发区教育局校园足球发展资金管理办法》	行政决策	管理办法	区属学校与学生
2017	包头市青山区教育局	《青山区校园足球运动实施方案》	行政决策	发展规划、实施细则	区属学校与学生
2017	包头市青山区教育局	《青山区青少年校园足球联赛方案》	行政决策	实施细则	区属学校与学生
2016	包头市青山区教育局	《青山区足球特长生招生管理办法》	行政决策	管理办法	区属学校与学生
2018	万柏林区教育局	《万柏林区青少年校园足球工作实施方案》	行政决策	发展规划、实施细则	区属学校与学生
2018	万柏林区教育局	《万柏林区校园足球评估考核办法（试行）》	行政决策	管理办法	区属学校与学生
2018	海门区教育局	《南通市海门区校园足球五年行动计划》	行政决策	发展规划	区属学校与学生
2021	张家港市教育局	《张家港市全国青少年校园足球“满天星”训练营高中主营区校2021年足球特长生招生方案》	行政决策	实施细则	区属学校与学生
2015	张家港市教育局	《关于成立张家港市校园足球领导小组的通知》	行政决策	发展规划	区属学校与学生
2021	张家港市教育局	《张家港市青少年校园足球暨“满天星”训练营工作要点》	行政决策	实施细则	区属学校与学生
2021	张家港市教育局	《张家港市足球改革发展实施意见》	行政决策	发展规划、实施细则	区属学校与学生
2020	张家港市教育局	《张家港市全国校园足球“满天星”训练营建设相关工作调整建设的通知》	行政决策	发展规划	区属学校与学生

续表

时间	印发单位	文件名称	文件形式	文件类型	执行范围
2016	天河区教育局	《天河区青少年校园足球三年实施方案(2017~2019年)》	行政决策	发展规划、实施细则	区属学校与学生
2019	天河区教育局	《天河区青少年校园足球三年发展规划及实施方案(2020~2022年)》	行政决策	发展规划、实施细则	区属学校与学生
2018	美兰区教育局	《美兰区校园足球发展工作方案》	行政决策	发展规划、实施细则	区属学校与学生
2019	洛宁县教育局	《洛宁县足球改革发展实施方案》	行政决策	发展规划、实施细则	区属学校与学生
2017	兴庆区教育局	《兴庆区中小学全面推进校园足球工作实施方案》	行政决策	发展规划、实施细则	区属学校与学生
2018	兴庆区教育局	《兴庆区“全国青少年校园足球特色学校”评估指标体系》	行政决策	实施细则	区属学校与学生
2017	观山湖区教育局	《观山湖区校园足球发展实施方案》	行政决策	发展规划、实施细则	区属学校与学生
2019	观山湖区教育局	《观山湖区校园足球特色学校督导评估方案》	行政决策	实施细则	区属学校与学生
2018	钟山区教育局	《钟山区教育局关于校园足球发展实施方案》	行政决策	发展规划、实施细则	区属学校与学生
2019	钟山区教育局	《钟山区教育局关于校园足球大课间工作实施方案》(钟教局通〔2019〕219号)	行政决策	实施细则	区属学校与学生
2017	沙坪坝区教育局	《沙坪坝区校园足球工作实施方案》	行政决策	发展规划、实施细则	区属学校与学生
2017	沙坪坝区教育局	《沙坪坝区加快发展青少年校园足球行动计划(2018~2020)》	行政决策	发展规划	区属学校与学生
2017	沙坪坝区教育局	《沙坪坝区校园足球联赛规程》	行政决策	管理办法	区属学校与学生

注：资料来自15个试点县（区）的全国青少年校园足球特色学校的总体报告，其中张家港市印发的《张家港市全国青少年校园足球“满天星”训练营高中主营区校2021年足球特长生招生方案》《张家港市青少年校园足球暨“满天星”训练营工作要点》《张家港市全国校园足球“满天星”训练营建设相关工作调整建设的通知》一年印发一次，为了便于文章排版，此处只展示2021年印发的文件。

从印发时间上看，校园足球基层政策均为2015年及以后印发，这说明2015年教育部印发《关于公布2015年全国青少年校园足球特色学校及试点县（区）名单的通知》后，各基层校园足球相关单位才开始响应国家政策，并结合基层实际情况，印发与之配套的基层校园足球政策，用于校园足球发展建设。

从印发单位上看，校园足球基层政策均为基层教育局印发，可以看出校园足球政策仅涉及基层教育部门的工作任务和建设指标，没有形成多部门联合出台校园足球政策的发展格局，其他相关单位可能参与了政策的商讨与建议，但没有实际参与校园足球基层政策的制定与出台。

从政策形式上看，校园足球基层政策均为行政决策，且这些行政决策均为基层教育部门的政策文件。在政策形式中没有涉及“党的政策”“人大立法”“司法执行与监督”等形式，可见基层政策涉面较窄，形式单一。

从政策类型上看，整理得出的26个校园足球基层政策中“发展规划”类型16个、“实施细则”类型18个、“管理办法”类型4个（存在某一个政策文件中包含多种政策类型）。由此可见，在基层校园足球政策的类型上，绝大多数是“发展规划”和“实施细则”，少部分为“管理办法”，但没有“条例法规”“指导意见”类型的政策文件。

从政策范围上看，校园足球基层政策涉及部门均为县（区）属学校，针对群体均为县（区）属学校的在校学生，没有针对校园足球相关部门及群体的政策，可见，政策的辐射面较小。

（二）政策文本解读

1. 国家层面政策文本解读

近年来，国家高度重视校园足球发展，相继印发大量政策文件，政策体系成为带动校园足球发展的引擎动力。2015年3月，国务院办公厅印发《中国足球改革发展总体方案》，对中国足球发展产生了重大影响，将足球建设上升至国家战略层面，足球问题进一步受到关注，其中，校园足球发展问题也被提上重要日程。2015年7月，教育部等6部门印发《关于加快发展青少年校园足球的实施意见》，明确提出把发展校园足球作为立德树人的根本任务，对推进素质教育发展、引领学校体育改革创新具有重要意义。

2017年3月，教育部办公厅印发《关于加强全国青少年校园足球改革试验区、试点县（区）工作的指导意见》，对加快校园足球改革步伐、打造校园足球典型标杆、示范带动全国足球整体发展具有巨大意义。2018年8月，教育部办公厅印发《全国青少年校园足球试点县（区）基本要求（试行）》，对校园足球试点县（区）提出了具体明确的基本要求和量化指标，成为基层单位实施工作的抓手，对加快试点县（区）快速发展有着重要作用。2017年，教育部印发《全国青少年校园足球特色学校基本标准（试行）》，解决了校园足球特色学校界限模糊的问题，让校园足球特色学校的遴选能够有理可依、有据可循，确保遴选工作能够规范有序开展。

这五项政策环环相扣，逐步递进，趋于细化，体现了从国家到基层、从宏观到微观、从整体到具体的发展趋向，对我国校园足球整体发展有着重要推动作用，对于基层校园足球工作实施具有龙头引领作用。故而，选取这五项有关校园足球的国家层面政策文件进行分析解读，可以归纳出国家对于基层校园足球的指导方向变化、建设标准细化、具体工作量化等情况。现从这五项政策文件中摘取涉及我国基层校园足球的指标建设、方向引导等方面的政策目标和政策内容并进行梳理（见表3-3）。

表3-3　有关校园足球国家层面政策的部分内容总结

政策名称	政策目标	政策内容
《中国足球改革发展总体方案》	1. 加强竞赛体系设计 2. 发挥足球育人功能 3. 推进校园足球普及 4. 促进文化学习与足球技能共同发展 5. 促进青少年足球人才规模化成长 6. 扩充师资队伍	1. 注重职业联赛、区域等级赛事、青少年等级赛事、校园足球赛事的有机衔接，实现竞赛结构科学化 2. 把校园足球作为扩大足球人口规模、夯实足球人才根基、提高学生综合素质、促进青少年健康成长的基础性工程，增强家长、社会的认同和支持 3. 加大学时比重。全国中小学校园足球特色学校由2015年的5000多所发展到2020年2万所，2025年达到5万所，其中开展女子足球的学校占一定比例 4. 完善考试招生政策，允许足球特长生在升学录取时在一定范围内合理流动 5. 推动成立大中小学校园足球队，完善四级竞赛体系 6. 通过培训现有专、兼职足球教师和招录等多种方式，提高教学教练水平，鼓励引进海外高水平足球教练。到2020年，完成对5万名校园足球专、兼职足球教师的一轮培训

续表

政策名称	政策目标	政策内容
《关于加快发展青少年校园足球的实施意见》	1. 提高校园足球普及水平 2. 深化足球教学改革 3. 加强足球课外锻炼训练 4. 完善校园足球竞赛体系 5. 条件保障更加有力	1. 支持建设2万所左右青少年校园足球特色学校，2025年达到5万所，重点建设200个左右高等学校高水平足球运动队 2. 足球特色学校可适当加大学时比重，每周至少安排一节足球课 3. 有条件的学校要建立班级、年级和校级足球队，鼓励组建女子足球队 4. 形成“校校参与、层层选拔、全国联赛”的足球竞赛格局，建成纵向贯通、横向衔接和规范有序的高校、高中、初中、小学四级青少年校园足球联赛机制 5. 加强师资队伍建设：组织开展国家级青少年校园足球骨干师资专项培训，聘请国内外高水平足球专家培训校园足球教师、教练员、裁判员 6. 改善场地设施条件：推进学校足球场地向社会开放和社会体育场地设施向学校开放 7. 健全学生参与足球激励机制：允许足球特长生在升学录取时合理流动，增加高校高水平足球运动队数量，适度扩大招生规模
《关于加强全国青少年校园足球改革试验区、试点县（区）工作的指导意见》	1. 健全工作机制 2. 提高普及水平 3. 开展特色教学 4. 完善竞赛体系 5. 畅通成长通道 6. 配齐配强体育师资 7. 加大场地设施建设力度 8. 加大校园足球经费投入	1. 将校园足球纳入地方发展规划和年度工作计划，建立以政府分管领导牵头，教育、体育、足协等多部门共同参加的校园足球工作领导小组 2. 试点县（区）校园足球特色校要占当地学校总数60%以上 3. 所属辖区的足球特色学校每周至少安排一节足球课 4. 构建包括校内竞赛、校际联赛、区域选拔赛在内的青少年校园足球竞赛体系，建成四级青少年校园足球联赛机制，注重校园足球赛事与职业联赛、区域等级赛事、青少年等级赛事的有机衔接 5. 组织当地的校园足球夏（冬）令营和训练营，鼓励高中毕业的校园足球学生运动员报考高校高水平足球运动队和运动训练、体育教育等专业 6. 每年开展校园足球教师、教练员、裁判员的培训。通过各类外籍教师引智计划，提升校园足球教师的教学与训练水平 7. 把校园足球活动的场地建设纳入本行政区域足球场地建设规划。形成教育与体育、学校与社会、学区与社区共建共享足球场地设施的有效机制 8. 设立校园足球专项资金对校园足球改革发展给予支持

续表

政策名称	政策目标	政策内容
《全国青少年校园足球试点县（区）基本要求（试行）》	1. 落实国家政策，加强区域统筹，纳入发展规划 2. 健全工作机制，完善规章制度 3. 配齐配强体育师资，落实体育教师待遇 4. 场地设施完备，体育经费保障充足 5. 保证体育课和体育活动时间 6. 开展科学训练 7. 完善竞赛制度 8. 支持学生发展 9. 成立足球组织 10. 营造校园足球文化	1. 将校园足球工作纳入县（市、区）经济社会发展规划和年度工作要点并严格落实 2. 建立试点县（区）所在地党委和人民政府领导、相关部门共同参与的校园足球工作领导小组，制定完善的校园足球工作组织实施、招生、教学管理、课余训练和竞赛、运动安全防范、师资培训培养、督导检查等方面的规章制度和工作制度。区域内的全国青少年校园足球特色学校数应占本地区中小学校总数的60%以上 3. 确保本地区每个学校至少有1名足球专项体育教师，每年为区域内的学校体育教师和校园足球教练员提供1次以上的专业培训 4. 设立本地区学校体育和校园足球工作专项经费，纳入当地政府年度预算 5. 保证区域内所有学生每天1小时校园体育活动时间。区域内的全国和各级校园足球特色学校把校园足球作为体育课的必修内容，每周用1节体育课进行足球教学 6. 区域内的全国和各级校园足球特色学校应制定系统、科学的训练计划，积极邀请校外专业足球教练员进学校提供专业技术指导 7. 每年组织开展本地区的校园足球联赛 8. 制定校园足球高水平人才入学升学扶持政策。打通区域内注册运动员入学升学通道 9. 区域内的全国和各级校园足球特色学校应成立足球俱乐部或兴趣小组，小学三年级以上建有班级代表队、年级代表队，学校建有校级男子和女子足球代表队 10. 设立试点县（区）校园足球文化节，积极开展以足球为主题的摄影、绘画、征文、演讲等校园文化活动。积极推动区域内全国和各级校园足球特色学校组织开展校园足球联赛
《全国青少年校园足球特色学校基本标准（试行）》	1. 纳入发展规划 2. 健全工作机制 3. 完善规章制度 4. 配齐配强体育师资 5. 体育经费保障充足 6. 保证体育时间 7. 开发足球课程资源 8. 营造校园足球文化	1. 将校园足球纳入学校发展规划和年度工作计划，并严格执行 2. 建立在校长领导下，学校有关部门共同参加的校园足球工作领导小组 3. 学校制定校园足球工作组织实施、招生、教学管理、课余训练和竞赛、运动安全防范、师资培训、检查督导等方面的规章制度和工作制度 4. 至少有一名足球专项体育教师。每年能提供一次体育师资培训机会

续表

政策名称	政策目标	政策内容
《全国青少年校园足球特色学校基本标准(试行)》		5. 设立体育工作专项经费,纳入学校年度经费预算,原则上年生均体育教育经费占比不低于10%,保证体育和校园足球工作的正常开展 6. 每周用一节体育课进行足球教学 7. 根据国家校园足球教学指南,因地制宜,开发和编制足球校本教材 8. 经常开展以足球为主题的校园文化活动(如摄影、绘画、征文、演讲等)

资料来源：教育部等官网。

根据国家层面的五项校园足球政策文件，着重筛选基层校园足球建设发展的目标、内容指标，分析如下。

从政策目标上看，国家高度重视和支持基层校园足球的发展，针对校园足球发展中出现的种种问题，印发了一系列政策文件。其中五项政策主要围绕着推进校园足球普及、健全足球工作机制、建设足球竞赛体系、深化足球教学改革、完善足球设施保障、加大足球经费投入、配齐足球师资队伍、形成足球训练机制、营造足球文化氛围、发挥足球育人功能等方面。通过完善校园足球政策文件，统筹基层校园足球体系建设，引导基层校园足球快速发展。不同政策的目标指向性也有所不同，这五项校园足球政策从目标指向上看，前两项政策更多是宏观把控，整体布局，突出宽泛性；后三项政策是微观细化，具体指导，突出落实性。对比其政策目标可以发现其承袭关系，后三项政策目标是贯彻前两项政策目标而设定的，针对基层校园足球试点县(区)、特色学校的具体目标。相比较前两项政策目标而言，后三项政策目标更具体、更实际、更基层。这五项政策也构成了由广到深、自大到小、从面到点的校园足球政策布局。

从政策内容上看，这是依据政策目标制定的具体性内容。简单来说，针对不同政策目标就需要完成对应的指标任务。从中可以看出国家出台各项政策的宗旨之一是，规范校园足球工作的规则与程序，通过工作机制、文化普及、育人功能等方面的推进，让校园足球发展“快起来”；通过设施保障、经费投入、健全师资等方面的支持，让校园足球发展“动起来”；通过教学改革、竞赛体系、训练机制等方面的政策制定，让校园足球发展“好起来”。在政策内容中也可以明显看出国家对于校园足球发展的重视程度不断提高，对基层校园足球的建设发展不再单单是宏观把控和方向指引，而是制定了具体的细化标准，并提出了相关量化指标和质化要求，用于推动我国基层校园足球的发展。①量化指标助力发展。这五项政策多处以“数字化形式”呈现，能够更直观看出对基层校园足球政策量化指标的设定。例如，在校园足球试点县（区）建设方面，针对学校具体数量，提出基层县（区）的全国青少年校园足球特色学校数应占本地区中小学校总数的60%以上。针对学校体育运动时间，提出保证区域内所有学生每天1小时校园体育活动时间等指标。在校园足球特色学校建设方面，针对学校师资情况，提出确保每个特色学校至少有1名足球专项体育教师，每年提供一次体育师资培训机会。针对学校足球教学，提出保证每个特色学校每周有1节体育课进行足球教学等指标。这些具体的量化指标让基层校园足球单位工作实施有抓手、有参照，也为校园足球上级领导单位实施督查、对标定级提供显性标准，形成一套校园足球实施与监督的闭环，保证其工作开展的力度、准度、速度，助力校园足球向前向上发展。②质化要求凸显成效。校园足球是我国教育事业改革发展的重点工程。为了充分发挥足球育人的特殊功能，国家一直督导校园足球工作“保质保量”地开展，在印发的政策内容中对基层除设定量化的标准外，也提出了许多质化要求。例如，在校园足球试点县（区）建设方面，针对工作规划提出：将校园足球纳入地方发展规划和年度工作计划。针对足球赛事，提出构建基层校园足球联赛机制等。在校园足球特色学校建设方面，针对足球管理，提出成立校园足球领导工作小组。针对足球课程，提出开发和编制足球校本教材等。此外，通过政策引导基层校园足球单位不断创新机制，落实工作，形成氛围，通过这些质化要求的规定让基层校园足球单位工作实施有着力点，以校园足球的特定动态形式助力发展，保障基层校园足球发展的持久性、稳定性、成效性，实现校园足球发展质的飞跃，带动校园足球事业稳健进步。

“没有基层校园足球的春天，就没有校园足球的春天。”基层校园足球作为足球事业的根本，应当受到广泛关注，这五项国家层面的政策真实地还原了校园足球基层管理从笼统到细致、从无序到有序、从引导到指导等动态变化，对本书校园足球基层政策执行研究有重要参考意义。

2. 基层层面政策文本解读

提高校园足球基层政策执行成效的先决条件在于基层行政部门合理制定相关政策文件。同时，受益于顶层政策设计的宏观规划，基层部门在执行政策时拥有一定程度的自由裁量权，可以在不背离顶层设计的前提下结合本地发展现实情况制定相关文件，从而指导本地区校园足球工作。为此，依据国家政策精神，结合基层不同地区政策文件进行系统梳理，从政策目标与政策内容上解读基层校园足球政策文件，进而把握基层政策执行样态。

对基层校园足球政策文件梳理发现，“总体方案+配套政策”的文件体系成为基层校园足球政策制定的常态。除此以外，存在部分地区以制定阶段性工作计划取代整体发展规划的问题，从而通过不同阶段政策任务的完成来推进本地区校园足球发展。例如，江苏省南通市海门区、广东省广州市天河区等地区均采用“三年计划”或“五年计划”的形式制定政策。与之不同的是，有些地区直接根据上级政策要求，围绕教学、训练、竞赛、保障等方面出台相应配套政策，在落实上级政策精神的同时，促进本地区校园足球工作开展。例如，河南省新乡市辉县、黑龙江省哈尔滨市南岗区等地区直接制定出台本地区《足球教学训练手册》《校园足球特色学校督导评估方案》《校园足球大课间工作实施方案》等文件。在此基础上对基层校园足球政策目标进行系统分析发现，无论是总体方案抑或是阶段性计划，其目标不会脱离中央文件范畴，多围绕完善工作机制、强化师资力量、改善资源保障、加强教学训练、提高竞赛水平、发展足球文化等方面制定政策目标。例如，内蒙古包头市青山区在《青山区校园足球运动实施方案》中提出“强化机制保障、夯实发展基础、营造足球氛围、提升师资质量、提高竞技水平”的发展目标。此外，政策内容制定总是在实现政策目标基础上提出相应要求。为此，对基层相关文件的内容指标进行梳理时发现，中央文件中提出的量化指标均在基层文件中直接体现，并作为主要执行方向。例如，中央文件中强调的“每周至少安排一节足球课”，成为基层校园足球政策中普遍出现的内容。与此同时，面对这一量化指标，一些地区受到地理条件与学情限制而进行灵活调整。例如，吉林省长春市汽开区地处东北，冬季户外温度较低，故而在冬季阶段针对足球教学采用集中方式进行阶段性学习。然而，一些存在裁量空间的指标则在基层文件中不能切实体现。例如，《关于加快发展青少年校园足球的实施意见》提出“为退役运动员转岗为足球教师或兼职足球教学创造条件”，由于文件中没有提出明确要求，故少部分基层地区在制定政策文件时提出探索方案，多数地区并未予以体现。

总体来看，基层校园足球政策文件在目标选择与内容制定上均以上级文件为蓝本，在一定框架内结合地区情况进行详细制定，从而指导本地区工作开展。同时，在政策内容上对于顶层设计中的量化指标体现得最为明显，而存在裁量空间的质化指标则呈现选择性制定的情形。

（三）政策制定过程

1. 顶层政策的制定过程

政策制定是公共政策运行的首要环节，其中政策制定主体与政策制定环节对整个政策制定过程产生极其重要的影响。政策制定主体作为能够体现政策利益诉求的逻辑起点，直接决定着对公众观念和行为会产生何种形式的引导。而政策制定环节作为政策制定中的重要步骤，其合理性则决定着整个政策向下落实的有效性。因此，本书将从政策制定主体与政策制定环节两个方面研究顶层政策的制定过程。

（1）政策制定主体

研究政策制定的过程，首先需要研究政策制定的主体，政策是由谁制定？发挥什么样的作用？最重要的是校园足球政策制定主体现状如何？政策制定主体通常被定义为“直接或间接参与政策制定的个人、团体或组织”。通过对校园足球顶层政策梳理后发现，2015 年以前在政策制定中占据主导地位的是国家体育总局，制定主体相对单一。2015 年以后多部门合作制定政策开始出现，国家发改委、财政部、共青团中央、中国足协等也都曾作为政策制定主体参与校园足球政策的制定。政策制定主体由单一向着多元化、全面化发展。

校园足球活动开展初期，国家体育总局与教育部均为校园足球政策制定主体，但实际上教育部只是形式化的主体，并未发挥实际决策作用。2009 年，国家体育总局、教育部联合印发《关于开展全国青少年校园足球活动的通知》，正式拉开校园足球活动序幕。为切实提高校园足球活动的质量与水平，2013 年，国家体育总局、教育部联合印发《关于加强全国青少年校园足球工作的意见》。由于教体两部门利益诉求并不一致，教育部门参与校园足球活动的积极性和主动性不高，这一阶段校园足球实际是由体育部门主导。直至2014年，国务院召开全国青少年校园足球工作电视电话会议，决定由教育部牵头主导校园足球各项事务。随着校园足球活动主管部门的变更，相关政策制定主体也发生了相应变化，教育部成为校园足球政策的制定主体，校园足球政策制定主体逐渐向多元化发展。2015年，国务院印发《中国足球改革发展总体方案》后，教育部作为单独制定主体印发了《全国青少年校园足球特色学校基本标准（试行）》《关于加强全国青少年校园足球改革试验区、试点县（区）工作的指导意见》《全国青少年校园足球试点县（区）基本要求（试行）》三份文件，教育部主导地位日益强化。随着校园足球的深入发展，多部门协同治理成为校园足球的主要诉求，教育部联合国家体育总局、共青团中央、国家发改委、财政部等部门共同印发《关于加快发展青少年校园足球的实施意见》《全国青少年校园足球八大体系建设行动计划》，多主体参与使得政策制定更加具有权威性，在具体实施层面更加具有可操作性。值得注意的是，作为社会组织的中国足协首次作为政策制定主体参与《全国青少年校园足球八大体系建设行动计划》制定与印发，充分反映我国校园足球政策制定由单一主体向多元参与转变（见表3-4）。

表3-4　校园足球顶层政策及制定主体

时间	政策名称	制定主体
2009	《关于开展全国青少年校园足球活动的通知》	国家体育总局、教育部
2013	《关于加强全国青少年校园足球工作的意见》	国家体育总局、教育部
2015	《中国足球改革发展总体方案》	国务院办公厅
2015	《关于加快发展青少年校园足球的实施意见》	教育部、国家发改委、财政部、新闻出版广电总局、国家体育总局、共青团中央
2017	《全国青少年校园足球特色学校基本标准(试行)》	教育部
2017	《关于加强全国青少年校园足球改革试验区、试点县(区)工作的指导意见》	教育部
2018	《全国青少年校园足球试点县(区)基本要求(试行)》	教育部
2020	《全国青少年校园足球八大体系建设行动计划》	教育部、国家发改委、财政部、国家广电总局、国家体育总局、共青团中央、中国足协

（2）政策制定环节

政策制定过程中的每个环节都是重要的，对政策制定结果产生至关重要的影响。因此，厘清政策制定过程中的各个环节，分析不同环节中政策制定特点，有利于提高对政策文本的认识。公共政策制定的主要环节包括分析背景、确定目标、规划方案、政策抉择和合法化等方面。校园足球政策制定环节也是如此，由于每个政策的出台都有一定的背景，因此，不同环节中各方力量参与程度与实际作用也会有所区别。下文根据研究需要，选取校园足球政策中最高级别以及与本研究关系最为密切的3个国家层面政策，即《中国足球改革发展总体方案》《关于加快发展青少年校园足球的实施意见》《关于加强全国青少年校园足球改革试验区、试点县（区）工作的指导意见》，从政策制定的5个主要环节对政策制定过程进行深入剖析。

《中国足球改革发展总体方案》。自20世纪90年代开始，我国足球改革已经历近30年的发展。改革为中国足球带来了巨大活力并取得了一定成绩，但由于对足球运动的价值与发展规律认识不足，急功近利思想严重，组织管理体制落后，我国足球仍落后于世界足球。因此，党的十八大以来，以习近平同志为核心的党中央高度重视足球运动发展，把振兴足球作为发展体育运动、建设体育强国的重要任务摆上日程，国务院也多次专题研究部署足球等体育事业工作。振兴足球是建设体育强国的必然要求，也是人民群众的热切期盼。为贯彻落实党中央、国务院决策部署，特制定本方案。《中国足球改革发展总体方案》由党中央、国务院签署决策实施，由社会各界力量共同参与，历经调研、起草、征集意见和反复修改。最终在2015年1月26日经国务院确定，并于2015年2月27日，在中央全面深化改革领导小组第十次会议上审议通过。

《关于加快发展青少年校园足球的实施意见》。近年来，校园足球事业取得了一定成绩，体制机制不断完善，发展模式不断创新，青少年足球人口不断扩大。但总体来看，校园足球发展还比较缓慢、发展还不够平衡，存在普及面不够广、竞赛体系不够健全等问题。为进一步深化落实教育改革和《中国足球改革发展总体方案》，教育部联合国家发改委、财政部、原新闻出版广电总局、国家体育总局、共青团中央等六部门编写制定《关于加快发展青少年校园足球的实施意见》，对青少年校园足球工作的重点任务、组织领导和保障举措等提出了具体要求，并于2015年7月由六部委印发。

《关于加强全国青少年校园足球改革试验区、试点县（区）工作的指导意见》。为贯彻《中国足球改革发展总体方案》精神，落实《关于加快发展青少年校园足球的实施意见》要求，教育部先后遴选确立了一批校园足球改革试验区与试点县区，但由于概念较为新颖，缺乏实践经验，在实务工作中出现较多困难。因此，教育部为加快改革步伐，积极树立典型，示范和带动全国校园足球整体发展，编撰并印发《关于加强全国青少年校园足球改革试验区、试点县（区）工作的指导意见》，推动和指导改革实验区、试点县（区）工作。该《指导意见》由教育部在2017年2月印发，包含五项重点任务以及四项保障措施。

2. 基层政策的制定过程

基层政策是顶层政策的重要推进动力，也是治理基层问题的现实利益规则。基层政策制定影响着顶层政策的实施和基层建设的发展，而基层政策质量高低取决于基层政策制定过程是否合理。其中，基层政策制定主体是否具有权威性和基层政策制定方式是否具有科学性直接决定了基层政策制定是否具有合理性，并作为重要一环影响着整个基层政策质量，因此，本书从政策制定主体与政策制定方式两个因素论述基层政策制定过程。

（1）政策制定主体

政策制定主体对政策制定有拍板决断的作用，是整个政策制定过程中的主导者。基层政策制定主体的责权划分、重视程度、利益关系等因素直接决定了基层政策制定状况，因此，基层政策制定主体是本书研究的关键。近年来，校园足球受到政府与民众的高度关注，在发展中逐渐成为行业中的“热词”。自2009年国家体育总局、教育部联合印发《关于开展全国青少年校园足球活动的通知》后，校园足球工作正式启动，其办公室设在中国足球协会，各基层足球协会负责具体工作，教育部门的工作职能未在具体实践中予以体现，使得这一阶段基层校园足球缺乏权威性政策指导，存在主体实权模糊不定、政策制定持续滞缓、基层缺乏正常管理等现实问题。从中可以看出，国家层面并未制定具体政策文件引导基层校园足球发展，这一阶段校园足球基层政策制定主体以基层足球协会和教育部门为主，而基层教育部门更多情况下成为基层足球协会的“形式协助者”。2015年以后，足球事业发展上升为国家战略，校园足球得到高度重视，国家出台了一系列校园足球政策文件推动校园足球基层政策制定，这一阶段校园足球基层政策制定的主导权集中于教育部门和体育部门，财政局、人社局、共青团、足球协会等多部门也参与其中。至此，基层校园足球政策制定主体形成了由模糊到明确、由单一向多元变化的趋势。

自 2015 年校园足球改革发展以来，各基层地区的政策制定机制逐渐完善，通过对以上 15 个校园足球县（区）中的 26 项基层政策梳理发现，所有校园足球基层政策制定单位为教育部门。例如，梳理包头市青山区基层政策发现，所有政策文件为该区教育局唯一印发，这足以说明教育部门在基层校园足球政策制定中占据主导地位。虽然绝大部分基层地区成立了校园足球工作领导小组，涉及教育局、体育局、财政局、人社局、共青团、足球协会等多个部门，但由于不同主体的利益藩篱、权限配置等问题，校园足球基层政策制定实权依然归属教育部门，教育部门基本主导校园足球基层政策制定，进而出现校园足球政策基层制定多元主体参与决策的现象，实际上由教育部门“一手抓”。

（2）政策制定方式

校园足球政策制定是一项系统工程，也是一个动态持续的过程，一个复杂的校园足球问题引发政策的调研、制定、实施及反馈，需要经过多项环节及多种方式的调节。根据大量基层政策现状反馈，校园足球基层政策主要是根据国家或省（区、市）出台的校园足球政策制定或延伸调整。那么基层政策制定方式是参照国家和省（区、市）校园足球政策“直接转发实施”，还是“修改后实施”或是根据基层情况“具体制定实施”是本研究的切入点。

按照国家校园足球政策相关要求，基层校园足球政策应在国家政策的基础上，结合基层实际情况，制定相应的基层校园足球政策。对基层政策调研发现，不同类型的政策，制定方式也有所差异。对 15 个校园足球试点县（区）中的 26 项基层政策梳理后发现，其中有 15 项政策具有整体性、广泛化特点，而这些政策都是基于国家或省（区、市）出台的校园足球政策修改后发布（见图 3-1），例如，带有“实施方案”“五年规划”等字眼的政策文件。这类政策文件一般具有迎合性的表征：当国家或省（区、市）制定校园足球政策时，部分基层部门为了响应上级部门也进行相关政策制定，但又不能照搬照抄，于是就基于上级政策进行修改发布，从而保证政策的完整性。在梳理的26项基层政策中还有11项政策具有针对性、特殊性特点，这些政策都是基于国家或省（区、市）出台的校园足球政策，并结合基层实际情况而具体制定的。例如，带有“足球招生”“足球联赛”等字眼的政策文件。这类政策文件一般带有聚焦性的表征：在基层校园足球政策的具体实施中存在很多细分的领域，整体宏观的足球实施方案不利于具体指导实施，而不同领域也需要有既定的规则去执行，于是就产生了基层针对某种聚焦领域而制定细化政策的现象。从以上分析可以看出，基层政策制定方式以修改后发布和具体制定为主，当然，也不排除部分基层单位直接转发国家或省（区、市）相关单位出台的校园足球政策，在政策制定方式上缺乏科学性，没有做到因地制宜，导致部分基层政策缺乏一定的合理性和可操作性。

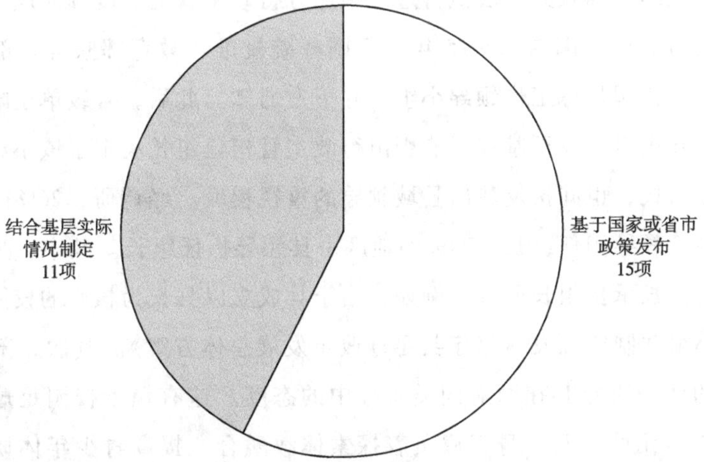

图3-1　基层校园足球政策制定方式

（四）社会对政策认知

心理学认为，认知是个体对行为的解读，这种解读直接影响着个体最终是否采取行动[①]。故而，在公共政策执行中不同群体的政策认知水平决定了

① 李晓雅：《初中生家长对“双减”政策认知的调查与分析——以邯郸市为例》，河北经贸大学硕士学位论文，2022。

其对政策的态度或将会采取的行动。为此，探究校园足球政策基层执行过程中执行人员、目标群体、其他群体的政策认知情况，对提高政策执行效力有着重要作用。

1. 执行人员对政策认知情况

在基层治理资源有限、权责不对等和压力型考核体制之下，基层干部会对政策进行定位，选择执行的方式与力度①。同时，由于政策目标的多元性，单纯依靠某一部门完成相应任务较为困难，故而愈发追求多部门协同。但是，由于政策约束力逐渐减弱，不同部门参与力度与积极性也相应减小、减弱。为此，在基层政策执行过程中争取行政主管的参与成为关键点。在校园足球上升至国家战略高度后，教育部与其他部委形成联合发文的协同形式。教育部门作为校园足球的第一责任主体，是校园足球发展的政绩考评与责任监督对象；而隶属地方行政主管的其他部门尚未形成相关性制度约束。首先，在校园足球政策基层执行过程中地方行政主管的态度倾向成为影响政策执行效力的重要因素。2015 年，经国务院批准，教育部联合多部委成立全国青少年校园足球工作领导小组，并下发通知。此后，各级单位陆续成立相应的领导小组。及至基层，能否由行政主管担任组长决定了该小组在同类事务上话语权，也间接反映出县域领导的重视程度。经调研，26%的县域由教育局主管领导担任组长，74%的地区由县领导担任组长。其中，少部分地区直接由县长承担组长职责。例如，洛宁县成立以县长为核心的校园足球工作领导小组并制定颁发《洛宁县足球改革发展总体方案》。其次，部门领导对政策的认知决定其在面对同类事务中的态度。这有赖于校园足球工程的系统性与多元性，其本身就肩负着探索体教融合、提高青少年体质健康水平的战略任务，故而教育部门较为重视该项活动，基层校园足球工作领导小组办公室主任也多由教育部门主管领导担任。最后，一线执行人员作为政策执行的最终一环，他们对政策的认知情况决定政策执行的积极性与准确性。访谈发现，由于执行人员对政策认知不一，其在具体操作过程中存在一定差异。例如，《关于加快发展青少年校园足球的实施意见》提出建

① 雷望红：《论精准扶贫政策的不精准执行》，《西北农林科技大学学报》（社会科学版）2017 年第 1 期，第 1~8 页。

立政府投入、社会支持、市场参与的多方筹措机制，但是，受限于基层的复杂情况，多方筹措机制的建立举步维艰。H县校足办负责人在采访时说“我们也知道开放学校场地提供服务能够换取资源，但是，出了问题咋办？尤其是受伤后的纠纷很麻烦，学校校长也不想搞，只想求稳”。在这种“不出事”观念下，“等、靠、要”成为部分地区常态。总的来说，从相关领导的重视态度来看，基层地区行政主管与教育部门领导对校园足球政策整体认知良好，但是，一线执行人员受自身观念、专业背景等因素影响，在政策认知上存在明显差异。

2. 目标群体对政策认知情况

政策目标群体即目标团体、政策对象，是公共政策直接作用与影响的客观群体。而目标群体对于政策的了解、熟悉、认知程度也间接作用与影响政策执行。校园足球政策归根到底是通过校长、教师、学生、家长等目标群体对政策产生认同并形成遵从行为来实现的[①]。这些目标群体是基层校园足球政策的关键，一直作用与影响着政策的实施落地。因此，基层校园足球目标群体对政策的认知状况具有重要研究意义，本书通过政策内容认知、政策认知途径两方面情况分析目标群体。

（1）政策内容认知情况

不同目标群体对于政策内容的认知情况存在差异，基层校园足球政策的四大目标群体对于政策内容认知也有所不同。

校长。校长是强化青少年校园足球特色学校建设质量的第一责任人。校园足球活动的顺利开展离不开校长对体育政策的执行和支持，校长的体育态度影响着学校体育和校园足球的发展[②]。校长对体育政策积极执行和支持，将会促进校园足球发展；反之，则会阻碍。从基层校园实质权威的角度看，校园足球其实就是“校长工程”，要发展就要狠抓校长责任，一个真正懂足球的校长才能成就一所高质量的校园足球特色学校。校长作为校园足球政策基层执行主体，对政策内容认知具有一定任务性，在政策执行过程中需要在

① 姜南：《我国校园足球政策执行的制约因素与路径选择——基于史密斯政策执行过程模型的视角》，《中国体育科技》2017年第1期，第3~8+26页。

② 张磊、左晓东、武旭：《校长体育态度视角下校园足球活动质量提升研究》，《体育研究与教育》2020年第6期，第47~54页。

正确解读校园足球政策基础上，向上承接完成上级组织部门分派的校园足球各项指标规划，向下引导分配本校具体的校园足球各项任务安排。况且，校园足球发展已成为大部分地区校长政绩考评的重要内容，校长群体需要坚持不懈抓好校园足球建设工作。例如，河南省郑州市金水区校园足球特色学校一直坚持校本结合、制度规范、树立品牌，做好师资保障工作，普及校园足球活动。从 2012 年开始，金水区在河南省率先实行每日两次共 1 个小时的足球大课间制度，相关教学训练内容纳入校本课程。近年来，金水区教体局实施“一把手”工程，尤其突出“校长负责制”，将校园足球工作和学生体质健康水平作为校长年终考核的重要指标，并对工作失职者进行谈话警告和责任追究，真正将校园足球发展质量和校长责任“捆绑”。

足球教师。足球教师作为校园足球活动推广的关键主体，其对校园足球政策内容的认知与执行影响着校园足球的发展质量。同时，校园足球政策内容与足球教师自身利益也紧密相关。一方面，校园足球政策规定了足球教师教学、训练、竞赛等工作任务，足球教师需完成政策任务指标，方能被学校认可，且校园足球政策内容牵涉足球教师的年度考核、升职加薪等利益。因此，当校园足球政策出台时，足球教师会格外关注政策内容导向，从中寻求与自身利益相关的内容进行研习。另一方面，随着校园足球工作的持续推进，对足球教师的要求也愈发严格，足球教师更加需要加强对校园足球政策的关注和了解，从而清晰校园足球各项任务要求，落实相关工作。例如，张家港市云盘小学在结合国家校园足球政策要求基础上，印发本校校园足球发展管理措施及要求，明确指出足球教师要致力于开设足球课程、组织校内联赛、完善考评方案、推动合作联动、创设足球文化、明确训练制度、支持学生发展七大工作内容，推动本校校园足球健康发展。

家长。家长作为孩子的教育启蒙者和监护人时刻关注着孩子的成长，其所持观点和看法间接影响着孩子参与校园足球活动的意愿和兴趣。对于校园足球政策内容而言，家长群体会本能地从与自身或孩子利益相关的内容出发审视校园足球政策，更多关注孩子在校园足球中的成长。据调查：绝大部分家长对校园足球持支持态度，期望孩子在参与校园足球活动中强身健体、结交朋友、缓解学业压力，甚至以足球为跳板考取名校；也有部分家长认为踢足球影响孩子学习、与其他培优项目相冲突、容易受伤等，对校园足球持否定态度，不支持孩子参与校园足球活动。综上所述，可清晰看出无论家长支持与否，其出发点和落脚点均与孩子的成长密切相关，一切要与孩子的利益挂钩。

学生。学生作为校园足球活动的主体，也是校园足球政策制定的主要目标群体。随着校园足球活动深入开展，学生对校园足球逐渐形成自己的看法和见解，但对相关政策依旧陌生懵懂，主要表现在：中、小学生尚处于身体发育阶段，尚未形成健全心智，绝大部分学生对于校园足球政策内容只会关注“好不好玩”，对自己“有没有影响”，能否帮助自己升学等，只有很少部分学生会考虑其他方面因素。据调查：学生参加校园足球活动主要依靠家长与老师的口头引导、自身对足球的爱好兴趣、同学结伴而行等，而政策内容对学生而言“距离太远”“不太明白”“不想了解”。

综上所述，各目标群体对政策内容的认知情况存在不同程度的利益博弈，对政策内容的关注点贴合自身需求，利益诉求强烈，一定程度上影响着基层校园足球政策内容的全面有效落实。

（2）政策认知途径

政策通过多方面渗透和多层次落实传达至目标群体，不同目标群体对政策认知途径也有所差异，总结为“大同小异”。

“大同”。校园足球各目标群体对于政策认知的途径基本一致，主要通过以下两个方面体现。一是在网络飞速发展的时代背景下，新媒体逐渐渗透同化人们生活，目标群体随时可以通过电脑、电视、手机等电子设备，以网络信息、新闻资讯、软件平台为途径，利用网络媒体对政策内容进行了解认知。二是在日常生活中各目标群体都会通过口头交流、书籍报纸等方式对政策了解认知，这些都是目标群体对政策认知的共同途径。

“小异”。校园足球目标群体由于客观环境因素与主观利益诉求的不同，对政策认知的途径存在差异。校长作为学校的第一负责人，对校园足球政策的认知应当全面到位，便于工作的开展，其政策认知途径主要还有专题会议、上级通知、校际沟通等。足球教师作为教学的第一责任人，对校园足球政策的认知与其自身利益息息相关，其政策认知途径主要还有学校会议、领导传达、教育培训等。家长作为学生的第一监护人，其对政策的认知程度影响着子女的发展方向，其认知政策途径主要还有学校公告、家长会等。学生作为政策的第一受益人，其认知政策途径主要有学校通知、班级会议、同学交流等。

3. 其他群体对政策认知情况

在社会对政策认知方面，除了需要了解执行人员与目标群体对政策认知情况以外，还需了解其他群体对政策的认知情况，如媒体以及社会机构对政策的认知情况。

（1）媒体的政策认知情况

分析媒体对校园足球政策认知情况之前，我们需要先了解媒体与政策之间的关系。在公共政策中，媒体与政策本身就具有天然性的联系，能够将信息整合与传播，为社会各种群体提供了解公共政策、参与决策以及表达自身观点的机会。同时，也方便个体对公共政策执行加以监督，以保证公共政策制定与执行的合法化、民主化与科学化。总之，媒体能够起到政策执行前宣传、政策执行中监督和政策执行后讨论的作用。因此，校园足球宏观政策出台后，国内权威媒体会对其展开客观、全面的分析与报道，教育部也会安排专人进行相关政策解答。在基层校园足球领域，地方媒体对于国家宏观政策大多是转发宣传，而对于涉及本地区校园足球利益关系的政策内容，地方媒体大多持“报喜不报忧”的心态，进行选择性报道，进而导致媒体过度关注赛事成绩等显绩内容。这点在搜集材料的过程中也得到了印证，地方教育局、体育局、足协以及社会媒体对当地校园足球报道大多是某校举办了什么赛事、获得了什么成绩，而对于教学、训练、保障等难以体现业绩的工作则鲜有报道。例如，2015 年，H 市 N 区人民政府官方网站发布 14 篇校园足球报道，其中 9 篇是关于比赛情况的报道，占比 64.29%。2019 年，C 市 S 区人民政府官方网站发布 10 篇校园足球文章，其中有 7 篇是关于比赛情况的报道，占比 70%。事实上，一个社会问题演化为政策问题的过程中，需要借助媒体的力量予以发现与传播。媒体对某个政策问题的跟踪报道会影响公众对该问题的判断，甚至会影响公众的态度和行为①。媒体对校园足球的报

① 杨丽莉：《媒体对公共政策议程设置的影响分析》，《商业时代》2013 年第 18 期，第 111～113 页。

道也将影响其他群体对政策的认知与判断，因此，对媒体政策认知情况的了解显得至关重要。

（2）社会机构的政策认知情况

分析社会机构的政策认知情况前，需要先了解社会机构的利益诉求。近年来校园足球飞速发展，部分家长重燃支持子女参与足球活动的积极性，加之“双减”政策的出台，社会体育机构迎来了发展的大好时机。而社会机构、职业俱乐部以及学校在校园足球方面最大的区别在于其目标不同，职业俱乐部的第一目标是培养优秀足球运动员，学校的首要目标是提高学生身体素质，而社会机构往往把盈利作为其目标，这是分析社会机构政策认知所需考虑的重要因素。当政策内容有利于社会机构发展时，其对政策的态度也会呈现积极支持的一面。2015 年，国务院办公厅印发《中国足球改革发展总体方案》，鼓励更多国有、民营等资本投资足球俱乐部。同年，文化部、财政部、新闻出版广电总局以及体育总局联合印发《关于做好政府向社会力量购买公共文化服务工作的意见》，此项政策是“政府购买”向文化体育领域的细化与延伸，为政府购买体育服务提供了具体的操作指南。在一系列政策指导下，校园足球市场逐步形成，并与足球俱乐部形成了较为成熟的交易模式。2016 年，国家体育总局正式印发《体育产业发展“十三五”规划》，明确提出进一步健全政府向体育社会组织购买体育服务的体制机制，鼓励各类体育社会组织承接公共体育服务。总体来说，国家宏观政策是支持、鼓励社会足球组织参与校园足球，这与社会机构的利益诉求也一致，因此，社会机构对校园足球宏观政策的态度呈现出积极一面。除了国家层面以外，各地方也在积极推动社会足球机构的健康发展。张家口市发布《张家口市鼓励足球俱乐部健康发展管理办法》，通过 20 条鼓励措施，使张家口业余足球俱乐部发展更加规范化、市场化、职业化。重庆市体育局在市足球管理中心召开媒体通气会，整合校园足球财政资源、体育彩票、社会投入几个方面，设立重庆市足球事业发展基金，对校园足球、职业足球、全运会队伍、社会足球进行扶持。总之，无论是国家宏观政策还是基层配套措施都在大力推进社会足球机构健康发展，社会足球机构对相关政策持正面积极态度。

二 基层校园足球政策困境表征

（一）政策体系不健全对校园足球政策基层执行的限制

1. 整体布局有待完善

自2009年国家体育总局和教育部联合开展校园足球活动以来，各级政府相继出台多项政策助力校园足球发展，逐步构建从中央到地方的校园足球政策体系。一方面，“校园足球”作为学校组织师生开展的一项体育活动，执行和受益的直接主体皆为学校；而“校园足球政策”是在学校开展足球活动时，针对出现的各种问题和矛盾逐渐形成的一种规矩或制度总结。因此，校园足球政策制定的最佳状态应当是“自下而上”的基层自发，从而倒逼顶层政策制定与完善。但我国校园足球政策现状表明：校园足球政策执行一直存在“上有政策、下有对策”的问题，形成的“自上而下”政策体系有悖于“校园足球政策”的形成原理，不足以支撑校园足球向高质量发展。另一方面，随着校园足球发展进入“提质增效”时期，相关政策数量逐步增多，校园足球政策体系也呈现出复杂性，对精准施策的要求也越来越高①。在国家的强烈号召和政策推动下，基层校园足球单位虽积极做出回应，但缺乏精准性，多数基层政策陷入“追量少质”的困境。

2. 各级保障有待加强

校园足球政策运行是一项包含多个环节复杂的工程，在校园足球政策制定中必然经过多方位、多角度、多层次的考量，来证明校园足球政策的科学性；也需要通过对指标“增大、增强、增长、增加”科学量化，来达到政策的保障力度，从而让政策科学合理且具有权威性。

通过对校园足球政策梳理发现，我国校园足球政策在涉及维度和力度保障方面还存在很大欠缺。就政策维度而言，顶层设计要做到多方位、多角度、多层次的考量，将宏观把控和微观调控相结合，做到全局兼顾，保证政策的科学性和合理性。基层政策也要全面考虑，做到合理性、科学性、实践性为一体，结合实际情况保障政策的权威性。但目前我国校园足球顶层政策

---

① 部义峰、来鲁振：《协同视角下我国校园足球政策供给特征及其优化研究》，《山东体育学院学报》2022年第2期，第44~52页。

常出现“政策难以落实”“执行效果不佳”等情况，基层政策常暴露“政策印发单位单一”“政策涉面较窄”“缺乏具有法律权威的政策类型”“政策覆盖范围小”等问题。这些问题都使得政策执行不能得到权威保障。要保证校园足球政策正常执行，必须在财务支持、部门协作、宣传推广、法律援助等方面形成顶层和基层的大力保障。但目前各级政府对于校园足球政策重视程度不高、支持力度不足，导致校园足球资金投入不足、部门协作无序、宣传推广力度较小、法律支持薄弱等问题。长此以往，校园足球政策的科学性和权威性得不到根本保证，使得校园足球不能良性发展。

3. 内容表述有待清晰细化

校园足球政策有效执行的前提是要有清晰、合理的政策内容，从而规范基层的执行行为，使基层政策执行朝着合理的方向发展，进而更好地推进校园足球政策实施。然而，我国校园足球政策内容存在不清晰、不明确等问题，阻滞基层主体有效执行[①]。通过政策文本解读不难发现，《中国足球改革发展总体方案》《关于加快发展青少年校园足球的实施意见》中均存在政策内容模糊问题。两份政策文件中“鼓励”“完善”“提高”等模糊性词语使用频率较高，而具体明确操作的政策目标要求较少，为校园足球政策基层执行提供了变通空间。例如，“开展女子足球运动的学校占一定比例”这一政策目标并无具体比例或数量要求，造成基层贯彻落实政策时难以有效执行。这种模糊性的政策内容不仅会造成考核评价指标难以统一，也会使政策执行者产生模棱两可的政策执行心态，引发政策执行“打擦边球”行为[②]。而相关政策执行者会优先执行内容清晰、可量化的政策内容，甚至超额完成任务；对于表述模糊，缺乏清晰、可量化内容的政策，则出现选择性执行甚至不执行现象。

此外，县（市）政府部门作为校园足球政策的基层执行主体，在执行过程中也存在上述类似问题。例如，C 市《凤鸣山中学校园足球三年工作计划》提出“加强教练员培训，提升教练员综合训练管理能力”“继续完善校

① 刘仕梅：《基于霍恩-米特模型的南充市校园足球政策执行研究》，西华师范大学硕士学位论文，2021。

② 曾俊可、杨成伟、胡用岗：《我国校园足球政策执行困境及优化策略研究——基于爱德华政策执行模型视角》，《体育科技文献通报》2021 年第 10 期，第 13~16 页。

足球代表队梯队建设”“加大体育设施硬件投入”，政策文件虽然对校园足球各项推进工作均有所涉及，但“加强”“完善”“加大”等词具有较强模糊性，难以使校园足球相关工作实质性推进。H市《第七中学足球特色发展规划》提出“争取两年内我校足球队参加市、省乃至全国小学生足球赛并获得较好名次”，G区《金华小学校园足球三年发展规划》提出“通过三年的努力使足球骨干日益增多”，通过以上学校校园足球政策内容可见，基层校园足球政策在政策目标要求上缺乏定性与定量指标的有机结合，内容表述过于模糊，导致校园足球政策在本校或本地区执行效果不佳。

4. 机关部门协同有待强化

2015年至今，校园足球政策顶层设计基本完备，初步形成元政策统摄、基本政策布局、具体政策实施三位一体政策体系。其中，在元政策的制定上，确定了六部委联合推动的基本准则，故而对多部门形成政策的宏观约束力。及至基层，政策制定主体转变成教育部门，呈现从中央到地方政策制定主体由多元向单一变化的发展趋势。此外，由于校园足球目标指向的多元性与教育部门资源单一性，在政策执行过程中亟须调动其他部门资源，愈发强调多部门合作协同性。教育部门与其他机构在同一行政级别上属于平行关系，故而基层地区由教育部门制定的政策难以对其他部门形成政策约束。在以上多种因素作用下，校园足球政策基层执行过程中部门协同难以为继。例如，Q省D县校园足球政策文件均由教育局制定印发，校园足球领导小组实际成员均来自教育局及学校体育教师，财政、体育等相关部门并未实质性参与，这便导致政策执行中无法有效获得相关部门的高效协同，造成政策执行效率低下等问题。

5. 制定环节有待增强

通常情况下，政策制定遵循“POACTL”准则，即“问题（Problem）、目标（Objective）、备选方案（Alternative）、方案结果（Consequences）、权衡（Tradeoffs）、合法化（Legitimatize）”①。诚然，对于基层地区来说，如果完全遵循该项准则会导致政策制定周期较长，难以及时对本地区校园足球

① MBA智库：《政策制定》，https://wiki.mbalib.com/wiki/%E5%85%AC%E5%85%B1%E6%94%BF%E7%AD%96%E5%88%B6%E5%AE%9A。

开展发挥指导作用，而以上级政策为依据，结合本地区情况因地制宜出台相关政策应是较为合理的方式。但调研发现，57%的地区采用的做法是，对上级政策略做修改后印发，且存在制定时间较短、过度关注量化指标等问题。例如，2015 年国务院办公厅印发《中国足球改革发展总体方案》，2019 年 J 省印发《关于足球改革发展的实施意见》，2020 年该省 C 市印发《C 市足球改革发展实施方案》，同年 C 市 Q 区印发《关于中小学校全面推进“校园足球”工作的实施方案》。从时间上看，Q 区的快速响应背后其政策制定必然缺乏诸如研判、意见征询、最终定稿等较为基本的环节，而这无疑会使得其政策制定较为仓促，缺乏本土化特征，难以切实有效对本地区校园足球工作开展起到支撑与指导作用。从内容上看，C 市在文件中对机制建设、普及推广、人才培养、竞赛训练、师资培训等方面做出宏观规划，这些方向、目标在 Q 区文件中也得到响应，但是，综观该区政策发现，其对于 C 市明确的指标着墨较多。例如，“每周至少一节足球课”“每校至少 1 名等级足球教练员”等目标均在 Q 区文件中得以体现。然而，对于构建人才流通体系、足球运动员升学、精英人才的协同培养等较为宽泛的指标如何在本地区实现，没有相关明确意见，进而造成基层过度关注量化指标，没有结合本地情况对较为关键的体系建设进行具体规划，致使校园足球政策在从上至下制定中由多维发展转向局部发展，政策指导效力严重缺损。

（二）社会认知不充分对校园足球政策基层执行的困阻

1. 执行人员认知异化，利己观念严重

基层政府部门及其工作人员是校园足球政策基层执行主体，其对校园足球政策的认知态度与执行行为影响着校园足球政策有效执行。结合各地区校园足球政策文件分析，不难发现，相关执行主体对校园足球工程的前瞻性与长久性认识不足，在个人利益考量以及基层地区领导干部轮换制影响下，工作重心放在可在短期内突破性完成的指标任务上。在场地建设、足球竞赛等可量化、收效快的项目中投入大量资金，而对人才培养、师资建设等见效慢的任务重视不足。例如，截至 2020 年，G 省 Z 区累计投入校园足球经费 4325 万元，其中足球场地建设 3676 万元，足球赛事经费 576 万元，而师资培训上仅投入 73 万元。其次，执行人员由于各自专业背景等因素，未能清晰明确校园足球发展理念，从而产生政策执行认知偏差与异化行为。例如，

H省Y县出现个别学校大课间学生手抱足球进行“足球操”，G省M县开展足球舞培训活动，其中大量动作与足球并无任何关系[①]。不可否认，虽然个别执行人员出发点在于推广校园足球，但由于未能正确认知校园足球的育人属性以及足球运动的本质特征与发展规律，误将操化类动作与足球结合作为校园足球普及推广内容之一。此外，在部分基层地区人力资源不足以及执行人员个人政绩凸显需求因素的影响下，执行人员在无法兼顾多项事务情形下只能采用数据填报、材料汇报等“纸面执行”方式完成工作任务。例如，Z县校足办执行人员谈道：“学校里的事情他们校长自己负责。我们的主要工作是把每年几个大型的校园足球活动搞好，汇报材料写好。就像之前的材料汇报中，各项指标都有增长，市里很满意。”[②]

2. 目标群体理解浅显，思维模式固化

政策内容影响着政策目标群体实际利益，目标群体必然要充分关注政策内容与指向。本书将基于校长、教师、学生、家长四大目标群体对政策认知困境进行分析。

作为学校校园足球发展的第一负责人，校长群体承担着上级分派的工作任务与考核压力，且部分校长深受“官本位”等传统政策文化思想的影响，对政策认知较为浅显与固化。当校园足球政策下达印发至学校时，校长可能担忧新政策对自身工作任务与政绩考核的影响，因此对校园足球政策的执行流于表面。教师群体方面，作为政策基层执行者之一，其主观意识与思想高度不够，对于政策的认知熟悉程度和钻研力度不足，对校园足球政策解读主动性较弱。此外，多数领导对校园足球政策的执行仅仅是简单的上传下达，易造成足球教师对相关政策认知不够清晰，无法从宏观上对校园足球政策进行正确理解。家长群体方面，家长作为学生群体的监护人对校园足球政策的关注度反而相对较高，愿意从校园足球政策中找寻契合学生利益的相关条例。家长群体对于政策了解途径日渐增多，但对校园足球政策分析解读并不全面，并且家长群体对政策认知情况较为混杂，易受网络舆论或负面新

① 李强、姜立嘉：《体育强国建设背景下我国校园足球发展困境与对策》，《体育文化导刊》2021年第10期，第103~109页。

② 邱林、张廷安、浦义俊等：《校园足球政策基层执行的逻辑辨析与治理策略——基于江苏省Z县及下辖F镇的实证研究》，《上海体育学院学报》2021年第3期，第49~59页。

闻的影响，从而对校园足球持否定或观望态度。学生群体方面，受教育环境、体制影响，较少有学生对校园足球政策进行积极主动了解，大部分通过家长、教师等群体得知校园足球政策相关内容。如前文所述，家长、教师群体自身对政策认知理解并不全面，因此，学生群体对校园足球政策的认知情况也不理想。例如，与Z县一位学生交谈时，其认为："校园足球就是体育课踢踢足球，我们可以有更多机会去踢球了"。在问及其家长是否同意其参加课外足球训练时，其表示："我家人不支持我踢球，他们觉得踢球再好也考不上好大学。"

3. 社会媒体关注偏离，宣传重点失衡

政策执行中网络媒体是校园足球各项工作传播的重要窗口，也是普及校园足球理念和扩大影响力的主要渠道，对校园足球发展起到重要推进作用。有学者认为，社会媒体将校园足球生态系统中产生的各种信息进行分解与传播，其宣传内容与力度将直接影响公众对校园足球的认知与看法，进而影响校园足球活动的开展效果[①]。因此，媒体对校园足球活动的报道应相对全面，对校园足球发展的各个方面都应有所关注与宣传。但实际上，社会媒体对于校园足球的关注并不平衡，对校园足球活动的宣传力度不足、效果不佳。当前校园足球活动报道的新闻以校园足球竞赛内容为主，至于校园足球教学改革、文化建设、专项训练以及师资建设等方面则鲜有报道。2015年，教育部印发《关于加快发展青少年校园足球的实施意见》等校园足球政策文件，引起国内各大媒体广泛关注，对新时期校园足球发展展开大量报道。据不完全统计，腾讯、凤凰网等新闻媒体在2015~2016年共报道校园足球相关内容11988条，其中赛事类报道数量为3940条，占比32.9%，而教学改革、专项训练、师资建设以及文化宣传类占比尚不足10%[②]。不仅如此，此现象在基层校园足球层面更为严重。例如，黑龙江省哈尔滨市南岗区人民政府官方网站自2015年以来发布的14篇校园足球文章中，有9篇是关于比赛情况的报道，占比64.29%。重庆市沙坪坝区人民政府官方网站自2019年

---

① 王伟、张春合：《网络媒体"新校园足球"报道内容特征研究》，《沈阳体育学院学报》2017年第6期，第7~12页。

② 王伟、张春合：《"新校园足球"报道的时间、因素序列研究》，《湖北体育科技》2018年第12期，第1100~1104页。

以来发布的10篇校园足球文章中有7篇是关于比赛情况的报道，占比70%。河南省洛阳市洛宁县人民政府官方网站自2015年以来发布的22篇校园足球文章中有13篇是关于比赛情况的报道，占比59.09%。当前，校园足球政策目标定位应呈现“普及”“强化”“育成”多元化特征[①]，各方媒体不应仅仅关注校园足球赛事开展情况，还应对校园足球教学、训练、师资、文化建设等方面的内容进行全面关注与报道。总之，校园足球的快速发展需要社会媒体为广大人民群众提供良好的认知导向。

第二节　校园足球政策执行机构现状与困境表征

一　执行机构现状

从组织理论上来说，执行机构是政策执行中所依托的载体，是为实现一定的目标，以某种形式加以编制的集合体，其基本组成要素包括执行组织和执行人员。首先，政策执行必须由相应的执行组织来完成。执行组织是指承担政策任务、落实政策执行的团队、部门、单位等[②]，其设立不仅需要具备完整的结构配置，同时要有合理清晰的职能划分以及运转顺畅的执行机制。其次，执行人员是政策执行中最活跃的因素，直接决定着政策执行的最终成效。执行人员只有具备良好的职业素养，积极的价值理念以及合理的执行方式，才能正确理解政策精神，从而更好地将政策目标落实到位。

（一）执行组织现状

1. 组织配置情况

（1）校园足球工作领导小组的顶层设计

2015年，根据党中央、国务院工作部署要求，教育部印发《关于成立全国青少年校园足球工作领导小组的通知》，并由其牵头正式成立全国青少年校园足球工作领导小组。全国青少年校园足球工作领导小组由教育部、国

① 邱林：《我国校园足球政策执行的主要变量与路径优化——基于梅兹曼尼安-萨巴提尔政策执行综合模型分析》，《体育学研究》2020年第4期，第38~45页。

② 聂展：《地方政府公共政策执行力评估指标体系构建研究》，湘潭大学硕士学位论文，2009。

家发展改革委、财政部、新闻出版广电总局、国家体育总局、共青团中央等6部门共同组成，其办公室设立在教育部，负责日常工作，由教育部体育卫生与艺术教育司司长兼任办公室主任，教育部监察局、体育总局青少年体育司、体育总局足球运动管理中心、教育部大中学生体育协会联合秘书处相关负责同志任副主任，其余成员由教育部、体育总局有关司局（单位）同志充任，所有成员实行专兼职结合的方式开展工作。2017年，中国足协在与体育总局脱钩后，也正式加入领导小组，共同履行校园足球职责（见图3-2）。全国青少年校园足球工作领导小组办公室的主要职责是：提出全国青少年校园足球工作目标、任务和实施方案的建议；组织协调各成员单位共同促进全国青少年校园足球工作；组织开展全国青少年校园足球的全面推广工作；建立与各成员单位日常联络、问题反馈机制；检查督促领导小组决定事项的贯彻落实等。

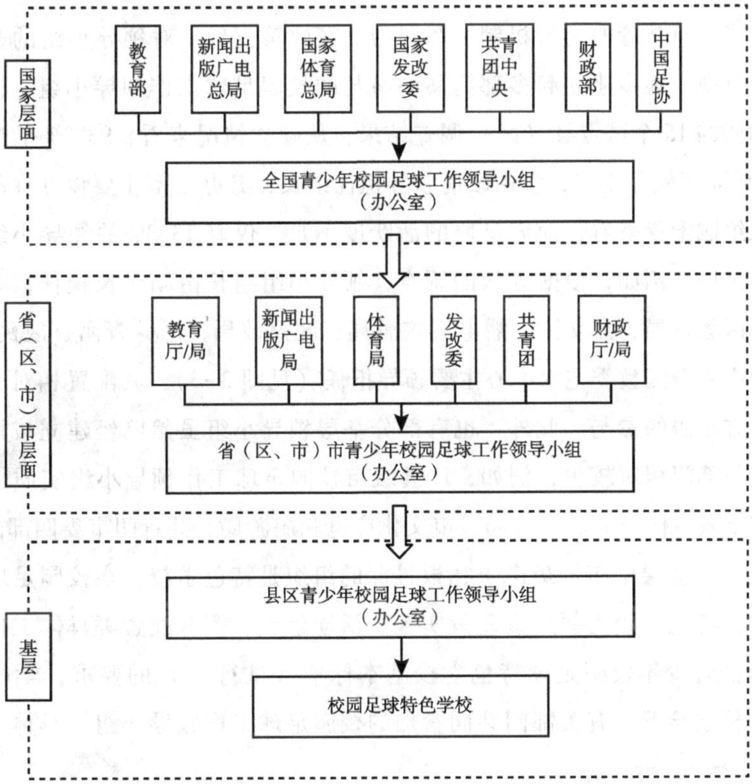

图3-2　我国青少年校园足球工作领导小组组织配置

目前，我国青少年校园足球实行国家、省（自治区、直辖市）市、区（县）、学校逐级管理的方式①。全国青少年校园足球工作领导小组是全国校园足球管理的顶层核心，各省（自治区、直辖市）为贯彻落实中央和上级的要求，参照全国青少年校园足球工作领导小组的组织模式，相继成立省（自治区、直辖市）市级青少年校园足球工作领导小组，从图 3-2 中可以看出我国校园足球政策执行组织体系初具规模，省（自治区、直辖市）市一级组织机构的通道初步建立。据了解，省（自治区、直辖市）市领导小组办公室通常下设在教育厅（局），负责日常工作，一般由体卫艺处处长兼任办公室主任，其主要职责是组织、协调和监督全省（自治区、直辖市）市校园足球工作。

（2）校园足球工作领导小组的基层布局

根据教育部《关于加强全国青少年校园足球改革试验区、试点县（区）工作的指导意见》的要求，各地要建立以政府分管领导牵头，教育、体育、足协等多部门共同参加的校园足球工作领导小组，具体指导当地校园足球工作，形成齐抓共管的运行机制。基层为贯彻政策方针，对领导小组的建设予以高度重视，逐步建立起多部门共同参与的校园足球工作领导小组。根据对基层抽调的 15 个试点县（区）调查结果，从建立情况来看，93.3%的试点县（区）成立了领导小组，多由政府领导担任组长，其办公室主要设立在教育部门；从组成配置来看，地方足协的活跃度不足，仅有 13.3%的领导小组涵盖了地方足协。例如，根据 G 区的调查，领导小组组长由副区长担任，副组长分别由区教育局、区文体广播电视旅游局、区财政局、区共青团、区民政局、区新闻中心、区教委艺术中心主要领导担任（见图 3-3），其配置相对完整但缺失地方足协的参与。此外，也有部分基层领导小组虽然已经建立成形，但实质参与部门相对较少，例如，H 县级市校园足球工作领导小组实质性参与的仅有市教育体育局、财政局、市文化广电和旅游局、共青团市委四部门。

此外，基层中布局最广、扎根最深的组织是特色学校，在校园足球政策执行中，特色学校主要负责政策实施、活动组织、资源配置等具体工作。根据《全国青少年校园足球特色学校基本标准（试行）》的要求，学校要建立在校长领导下，有关部门共同参加的校园足球工作领导小组，具体指导本

① 吴丽芳：《我国青少年校园足球协同治理研究》，福建师范大学博士学位论文，2020。

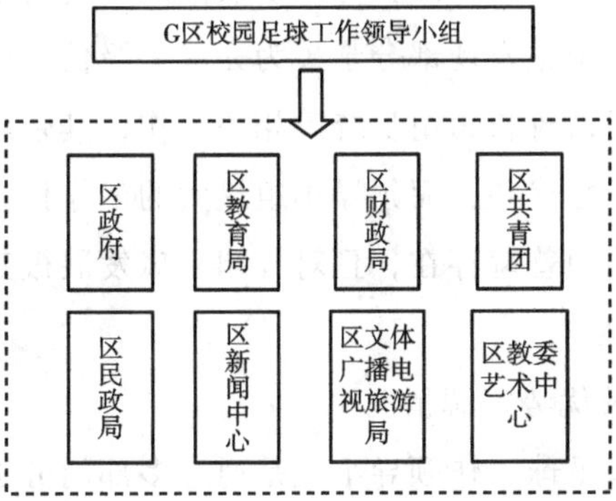

图 3-3　G 区校园足球工作领导小组组织配置

校校园足球工作的开展。本次调研的 150 所校园足球特色学校中成立校园足球工作领导小组的学校占比 78.0%，其中以正职校长为领导核心开展工作的学校占 75.3%。就领导小组的人员构成而言，领导小组含有中层领导、班主任及体育教师的特色学校比重分别为 66.67%、34%、59.3%（见图 3-4）。通过统计数据可知，大多数学校的领导小组配备中层领导，但班主任的参与度相对较低，作为主要执行者的体育教师参与度属于中等水平。各学校领导小组间组织配置上的差异会对校园足球的开展效果产生直接影响。调研中发现有些学校对于领导小组建设十分重视，例如，天河区某特色学校领导小组成员来自体卫艺处、德育处、教务处、体育组、总务处、安保处、校宣传办、教

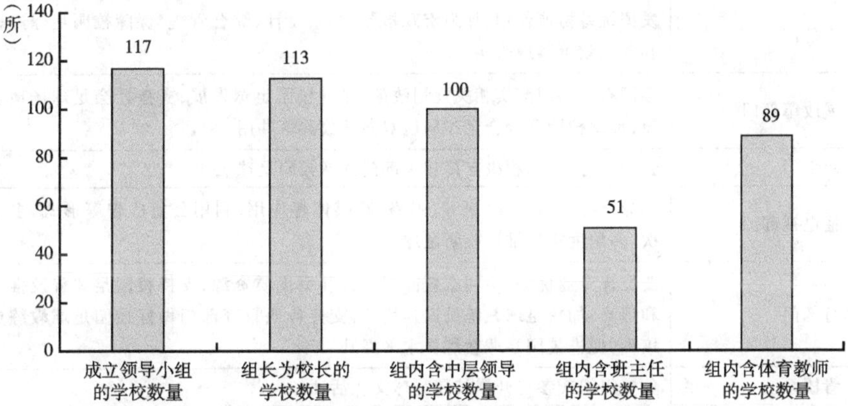

图 3-4　特色学校校园足球工作领导小组的情况统计

科室等部门，如此详尽的组织配置为该校校园足球的后续发展奠定了良好组织基础。但调研过程中也发现部分学校为完成上级任务而草率成立领导小组的现象，仅仅通过任命校长为组长统筹相关工作，其余成员构成则是以相关部门为表述进行模糊性代替，而领导小组最大的工作任务就是不定期召开会议，这种现象在基层中普遍存在，且对校园足球发展极其不利。

2. 职能分工概述

（1）部门职责及优势资源情况

全国青少年校园足球工作领导小组是通过多部门分工、合作的形式开展校园足球治理的执行组织，在工作开展过程中必然会涉及部门间权责划分以及统筹协调的情况。2022 年，全国青少年校园足球工作领导小组印发《2022 年全国青少年校园足球工作要点》，对教育、体育等 7 个部门的职能分工做出清晰界定（见表 3-5）。在此基础上校园足球的具体任务仍然由领导小组下设的办公室负责执行和落实，其最主要职责是全国校园足球的推广工作。但在实际梳理中发现，教育部的直属单位学生体育协会联合秘书处，其主要职责是在国际、国家各级各类学生体育比赛及相关活动中负责组织和策划比赛训练、市场开发等业务，也承担推广发展校园足球运动的工作，其与教育部体卫艺司间存在一些职能重叠的情况。

表 3-5　全国青少年校园足球工作领导小组权责划分

部门名称	权责划分
教育部门	发挥统筹协调作用，加强宏观指导、规划设计、综合管理，保障校园足球经费和各项政策落地落实
发展改革部门	会同有关部门落实相关规划政策，促进校园足球发展，支持社会足球场地建设，推动校园和社会足球场地双向开放共享共用
财政部门	合理安排投入，积极支持相关部门开展校园足球工作
广播电视部门	充分发挥广播电视、报刊、网络、新媒体等作用，利用公益广告等形式，多层次、多角度宣传推广校园足球
体育部门	要发挥专业优势，会同教育部门整合利用优质资源，支持校园足球普及推广和提高；加快足球教练员讲师培养，支持各地教育部门做好校园足球教练员培训，促进校园足球教练员水平提升
共青团系统	负责组织或参与开展校园足球文化活动
足协系统	发挥专业技术作用，对各地校园足球联赛和夏令营遴选的各组别精英足球运动员加强专业指导，跟踪接续培养

虽然校园足球顶层设计的权责划分已经界定清晰且较为合理，各部委在国务院足球改革发展部际联席会议制度下朝着形成通力合作、运行顺畅的工作机制而努力。但在基层，我们仍会发现部门间存在权责划分不明晰等现象。对校足办官员访谈得知，基层领导小组会对当地校园足球工作进行整体部署，但对成员的职责没有进行明确划分，一般是转发上级文件，按照文件要求开展各自任务。经过统计，在成立校园足球工作领导小组的特色学校中仅有35.7%的学校对组内成员职责划分较为清晰，大部分学校是针对领导小组的整体工作目标进行规划，或是对于某个群体的执行人员安排一项任务，将组内各成员的分工做出详细具体的区分是比较少见的。但调研中也注意到，部分学校对此较为重视，例如，重庆市沙坪坝区一学校成立领导小组时，文件中附上了成员工作内容的具体划分：校长负责校园足球活动开展总体工作规划；副校长负责组织校园足球竞赛；教务主任负责对接协调，进行年度考核和评估；体育教师负责竞赛的具体落实工作；团委书记负责宣传动员；总务处负责经费配套保障及学籍注册管理等。

（2）部门之间工作关系

我国行政组织在横向上呈部门“条块分割”网络状结构，纵向上呈中央、省（区、市）、市、县、乡“自上而下”的科层制系统性结构[①]。从横向上看，教育、体育等多部门通过协调配合促进校园足球发展。其中，由于校园足球参与主体为学生，开展主阵地在学校，教育部在校园足球发展中处于核心地位并承担主管责任；国家发改委、共青团中央、国家广电总局、财政部等参与部门根据其部门工作安排、任务重要性以及考核问责机制，视情况决定自身参与程度。从纵向上看，校园足球工作领导小组下级部门受上级约束并直接对上级直属部门负责。其中，地方教育局受上级教育厅管理，并以教育部为核心，直接执行教育部安排的任务；而地方体育局只接受上级体育局的任务指派，且对其余部门影响力较低，因此，在参与校园足球竞赛之外，对教学、师资等方面介入较少，专业技术优势没有得到充分发挥。

校园足球基层部门位于政策执行的末端领域，但其各部门也同样在科层

① 解冰：《新农村基层政权权责制衡重构》，华中农业大学，2008。

结构中开展各项工作。在横向上，对于基层校足办而言，部门间通常采用定期会商、合理利用基层政策资源的方式开展校园足球工作。其中，政策基层执行主要是依托教育和体育两大主体部门，教育部门出现频率最高，其次为体育部门，而其他部门参加实务工作次数则较少，并且教、体两部门分属系统不同，在工作模式和理念上都各有所循。对于特色学校而言，其校内部门各司其职，负责日常教学、运动训练、赛事组织、后勤保障、文化宣传等具体事务，这是基层校园足球特色学校发展的重点工作。但根据实地调研情况，特色学校更加注重校园足球的教学工作而忽视其他建设，导致校内部门间的联系被阻隔。在纵向上，基层校园足球通过"高位推动""职责同构"的行政模式，层层推进校园足球政策。但校园足球政策基层执行中存在着"边缘部门"，且无明确的硬性指标对其工作业绩进行考核，进而出现部门"形式协助"的情形。例如，基层发改委、财政局等部门虽为基层校园足球工作领导小组成员单位，但校园足球工作并不在其考核问责范围之内，这类部门只需完成本职工作，对直属上级负责即可，在面对校园足球工作任务时执行状态较为涣散。

3. 执行机制运转

（1）教学机制

校园足球发展目标重在普及，教会学生足球基本技术是普及的主要内容，因此，教学机制是校园足球推广普及的重要基础。下文将依据政策标准从足球教学时间和课外足球活动时间分析教学机制现状。针对足球教学时间，《关于加强全国青少年校园足球改革试验区、试点县（区）工作的指导意见》提出"每周至少安排一节足球课"[①]。根据基层足球教学调查：73.3%的试点县（区）将足球设为体育课的必修内容，并能够保证每周至少用一节体育课开展足球教学。其余4个试点县（区）无法保证开齐足球课，大多数是由于缺少基础资源配置等因素，如多个班级占用同一块场地同时上课的现象普遍存在，场地无法满足教学所需。另外，不同地区的试点县（区）课程设置情况差异也是十分明显，例如，观山湖区正在依托《中学校

① 教育部办公厅：《关于加强全国青少年校园足球改革试验区、试点县（区）工作的指导意见》，http：//www.moe.gov.cn/srcsite/A17/moe_938/s3276/201703/t20170309_298729.htm。

园足球运动校本课程的开发研究》进行教学质量提升工作，而某试点县却仍无法保证足球课程开齐开足。此外，特色学校的足球课程开设往往伴随着年级升高逐渐下降。调研发现，小学阶段每周开设一节足球课的学校占76.2%，初中阶段占70.7%，高中阶段则仅占到51.7%。

针对课外足球活动时间，《全国青少年校园足球特色学校基本标准（试行）》要求“保证学生每天一小时的校园体育活动”。调查显示：60.0%的试点县（区）能够做到让学生每天进行一小时的校园体育活动，46.7%的试点县（区）将足球运动融入课外活动内容中。而对于课外活动的内容形式，《关于加强全国青少年校园足球改革试验区、试点县（区）工作的指导意见》提出要逐步形成内容丰富、形式多样的青少年校园足球活动体系。部分学校也积极展开探索，逐渐摸索出课间操、早晚课余训练、周末兴趣班、足球文化节等活动形式，为学生营造良好的足球文化氛围。经统计，各校每周开展足球课外活动的平均次数为3.9次，其中54.0%的特色学校每周开展5次以上足球课外活动（见图3-5）。各特色学校每次开展足球课外活动的平均时间为1.2小时，其中58.0%的特色学校每次开展足球课外活动时间在1小时以上（见图3-6）。

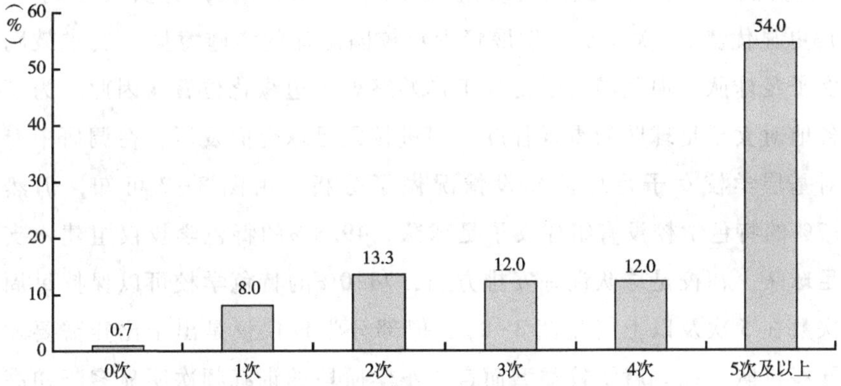

图3-5 特色学校每周足球活动平均次数

（2）训练机制

校园足球的首要目标是普及，其次是提高，训练机制的建设是提高过程中至关重要的一个环节。下文依据政策要求从校园足球运动队建设、训

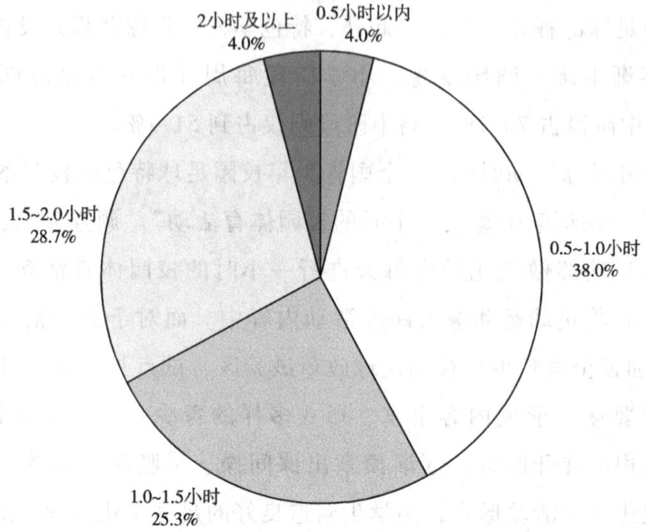

图 3-6　特色学校每次足球课外活动时间分析

练频数和教练员三方面分析训练机制建设现状。在校园足球代表队方面，根据特色学校的调查：平均每所学校拥有 3 支校园足球代表队，其中男队 2 支，女队 1 支，在人数上，相较女队平均 19.8 人，男队（平均 45.2 人）更显优势。《关于加快发展青少年校园足球的实施意见》要求鼓励组建女子足球队，但我国女子足球工作始终处于边缘化位置，因此，为了提高各地对女子足球队的重视程度，促进校园足球全面发展，在调研中专门针对基层学校女子足球队建设情况做了分析。由图 3-7 可知，仍然有 28.7%的特色学校没有组建女子足球队，49.3%的特色学校仅组建一支女子足球队。在校足球队训练安排方面，74.0%的特色学校可以保持每周训练次数在 5 次及以上（见图 3-8），但部分学校仅仅是出于比赛需要才组织开展校队训练。就学校类型而言，小学阶段的训练频次明显多于初高中阶段。在教练安排方面，《全国青少年校园足球特色学校基本标准（试行）》建议定期邀请校外专业教练员提供技术指导。对于基层学校而言，邀请校外专业教练员的举措一方面可以依靠其专业水平提高训练质量，另一方面还可以有效缓解校内师资不足的境况，因此，大多数学校会对该项政策内容进行落实。据统计，82.0%的特色学校会从校外邀请专业教练员对校足球队指导训练，其中，每学期邀请校外专家次数在 5 次以上的学校占 78.0%（见图 3-9）。

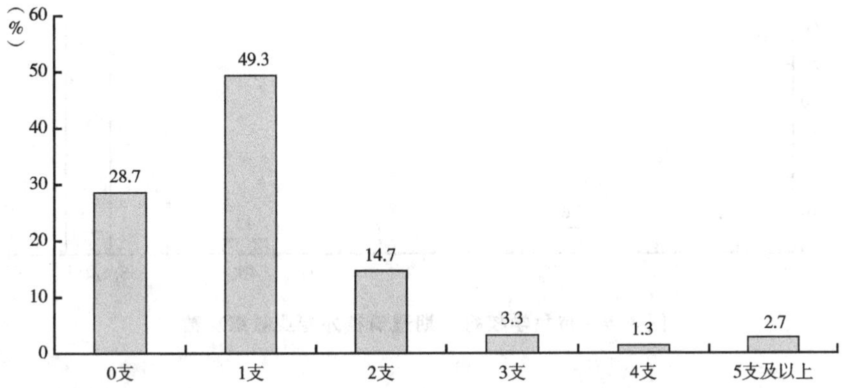

图 3-7　特色学校女队数量分析

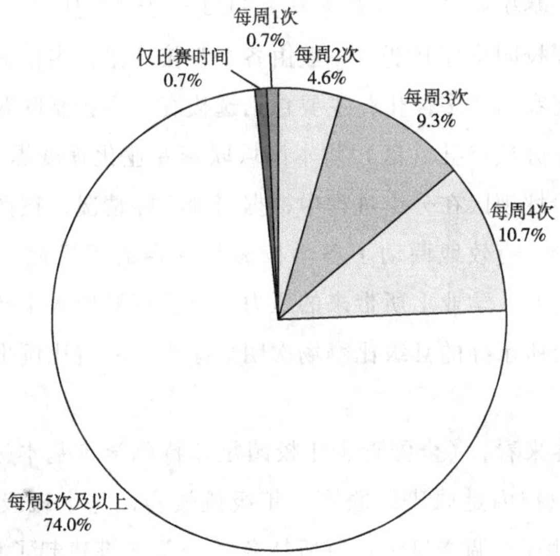

图 3-8　特色学校足球队训练频率

（3）竞赛机制

校园足球发展需要夯实专业基础，也就是常说的普及与提高，但落脚点是在竞赛上，要通过比赛来检验发展成果和水平。依据政策要求，从校外联

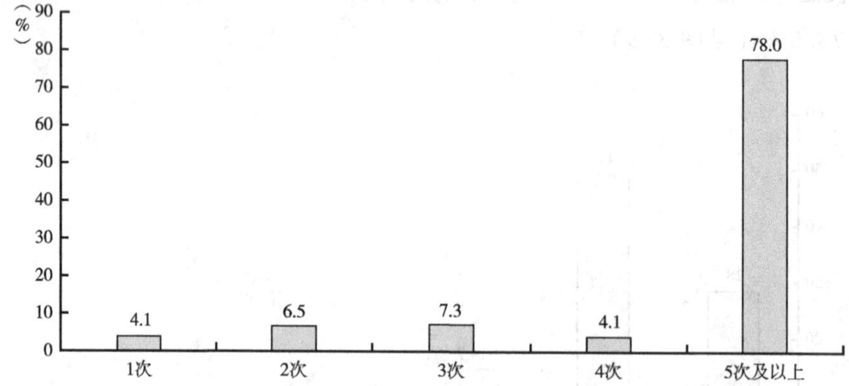

图 3-9　特色学校每学期邀请校外专业教练次数

赛和校内比赛两方面对竞赛机制现状进行分析。从校外联赛来看，《中国足球改革发展总体方案》提出“要建立并完善纵横贯通的大学、高中、初中、小学四级足球联赛机制”①。调查显示：93.3%的试点县（区）每年都能够在本区域内开展校园足球联赛，一般由各个学校选派校内精英球员组成的校代表队参加，比赛形式多样化，主要包括选拔赛、赛会制联赛及周末制联赛等形式，并且部分试点县（区）将本区域联赛专业化程度提升至较高层次。例如，重庆市沙坪坝区在分组过程中根据当地实际情况，按照年龄差异和学校水平进行划分，有效地调动了各学校参与联赛的积极性。此外，调研发现，随着学段上升，学业上所带来的压力会对比赛开展效果产生一定程度的负面影响，基层所承办的县级比赛场次明显减少，所占比例也呈现下降趋势（见图 3-10）。

从校内比赛来看，《全国青少年校园足球特色学校基本标准（试行）》提出“每年组织校内足球班级联赛、年级挑战赛，每个班级参与比赛场次每年不少于 10 场”。调查显示：每所特色学校基本搭建起了校内联赛平台，极大地推动了校园足球的普及，但是部分特色学校开展校园足球活动的力度并未达到要求。据统计，校内足球联赛开展不足 60 场的特色学校占到 62.6%（见图 3-11）。若一个学校以三个年级、每年级两个班进行计算，开

① 教育部：《关于加快发展青少年校园足球的实施意见》，http://www.moe.gov.cn/srcsite/A17/moe_938/s3273/201508/t20150811_199309.htm。

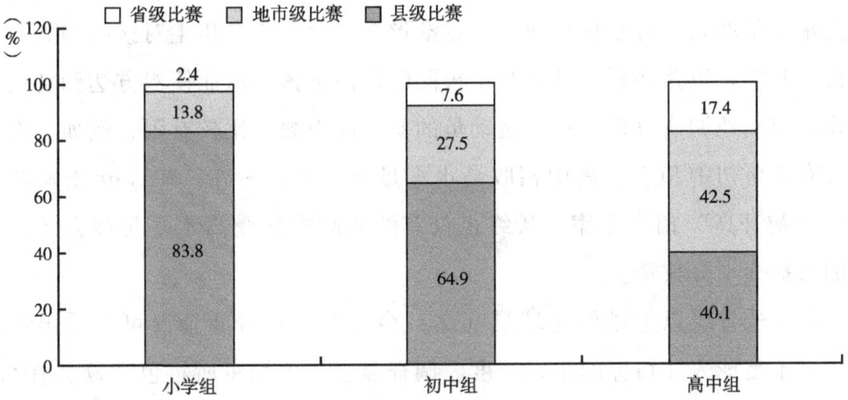

图 3-10　基层校园足球比赛开展情况分析

展 60 场比赛正好能满足政策要求的“比赛场次每年不少于 10 场”，但根据基层调研情况，每所学校的班级数量远不止 6 个，因此，校园足球竞赛体系仍需进一步完善。

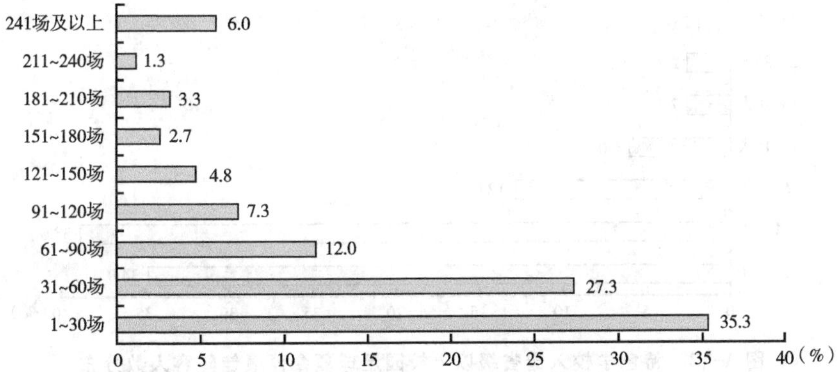

图 3-11　特色学校校内联赛开展场次分析

（4）人才机制

足球人才培养是校园足球建设成果的重要体现，也是校园足球特色学校在人才培养上区别于普通学校的重要标志。下文将从人才上升通道和校园足球夏令营情况对人才机制进行分析。从人才上升通道的建设情况可以看出校园足球的发展现状。《关于加快发展青少年校园足球的实施意见》提出“畅通优秀足球苗子的成长通道”①。调查显示：60.0%的试点县（区）已经制定高水平足球人才升学扶持政策，逐渐形成一套小初高招生对接机制。通常来讲，升学政策是注册运动员与学校间的双向选择，从而使双方达到利益最大化。但实地调研发现，接收运动员的初、高中数量比较有限，例如，汽开区仅有2所初中和2所高中招收高水平足球人才；另外，2021年张家港市出台“初升高”招生方案，最终也仅有两所高中接受高水平足球人才，学生的选择面十分狭窄。

从入选省级以上校园足球夏（冬）令营的人数分布情况可以看出特色学校对于足球人才培养的重视程度。调查显示：平均每所特色学校会有5.6人入选省级以上校园足球夏令营最佳阵容，但有34.0%的特色学校没有任何学生入选过省级以上校园足球夏令营最佳阵容（见图3-12）。另外，特色学校中每年平均有7.6人凭借足球特长升学，但仍有16.7%的特色学校没有任何学生凭借足球特长获得升学机会（见图3-13）。

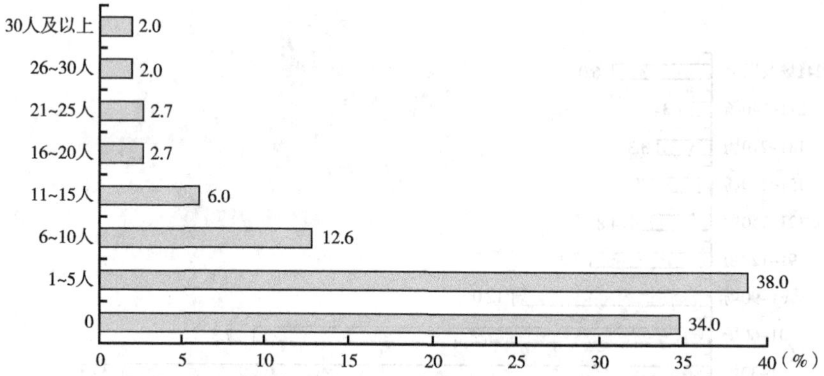

图3-12 特色学校入选省级以上校园足球夏令营最佳阵容人数分布

（5）监督机制

高效的监督执行机构是校园足球政策基层执行的必要保障。《关于加快发展青少年校园足球的实施意见》指出“教育督导部门要将校园足球纳入

① 教育部：《关于加快发展青少年校园足球的实施意见》，http://www.moe.gov.cn/srcsite/A17/moe_938/s3273/201508/t20150811_199309.htm。

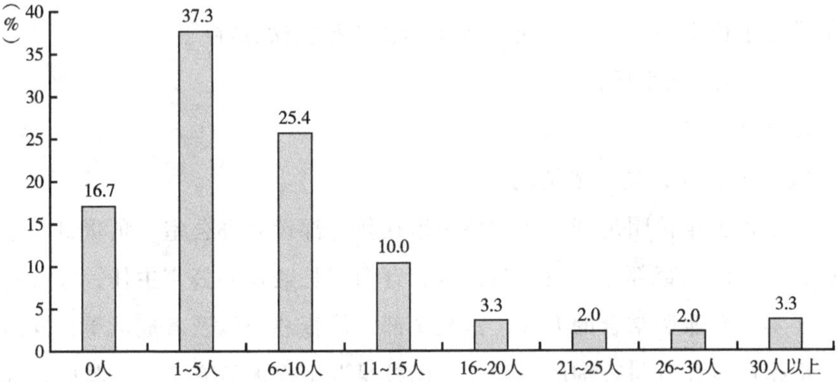

图 3-13　特色学校足球特长生升学情况

教育督导指标体系，制定校园足球专项督导办法，定期开展专项督导”[①]，但调研发现，约75%的省市并未真正贯彻落实此项内容[②]。2018年，教育部印发《关于加强全国青少年校园足球特色学校建设质量管理与考核的通知》，明确了校园足球特色学校建设工作的监督主体和监督责任，并对校园足球特色学校提出质量要求。政策上虽做出明确指示与要求，但基层政策执行与要求大相径庭。例如，根据对校园足球工作领导小组办公室官员访谈结果，2018年，Z县市29所特色学校中，小学的足球课程设置比例为79.0%，满足“每周至少一节足球课”的中学占比不足60.0%，能保证本校每个班级参与比赛频率不少于每年10场的学校占比为72.0%，即使上级部门在基层监督与评价时发现其并未达到要求，这些学校依然被评为校园足球特色学校。针对此现状，基层工作人员表示：“学校有学校的难处，如果我们如实上报，最后被取消特色学校的资格，对我们也不好。”此外，教育部规定：“全国校园足球人口在2020年要达到2000万人”，在指标推动下，各地特色学校强制要求全校学生参与足球活动，出现“足球舞”“足球操”等大课间活动，以求短期内数量激增达到教育部所规定的量化指标。针对此类问题，

① 教育部：《关于加快发展青少年校园足球的实施意见》，http：//www.moe.gov.cn/srcsite/A17/moe_ 938/s3273/201508/t20150811_ 199309.htm。

② 李卫东、刘艳明、李溯等：《校园足球发展的问题审视及优化路径》，《上海体育学院学报》2019年第5期，第19~23页。

基层督导部门在监督评价过程中并未对此形象工程提出整改建议，在一定程度上默许了追求“短、平、快”的指标式执行方法存在。

（二）执行人员现状

1. 素质水平

（1）校足办人员构成情况

全国青少年校园足球工作领导小组在教育部设立办公室，负责日常事务处理，一般由教育部体育卫生与艺术教育司司长兼任办公室主任，办公室成员主要实行专兼职结合的方式，由教育部、体育总局以及各成员单位同志担任。根据调研和资料查询的结果，全国校足办工作人员有 7 人，其中正式员工 3 人，其余均为借调。各地校足办也多数将办公室设在教育部门，且工作人员一般不设编制，而是采用兼职方式执行工作，一线执行人员多数为学校借调的体育教师。此外，在足球发展较为缓慢的地区，如西北、西南等部分地区，由于其他足球赛事举办较少，校园足球成为当地足球事务开展的重点，校足办通常会配备 1~2 名人员负责校园足球工作。但在华东、华南等足球较发达地区，由于竞技足球、社会足球等赛事的举办任务十分繁重，校园足球成为该地区的非重点项目，一般不会派专人负责。基层校足办的机构人员名单中以挂职领导和工作人员为主，经过调查，实际工作人员仅占名单总数的 20%。例如，G 区校足办总共由 18 名工作人员组成，其中从各中小学抽调的体育教师占到 72.2%，再加上两位领导分别兼任主任和常务副主任，实际工作人员仅剩 3 人，分别是区教育局团委书记、团委副书记、区教培中心体育教研员。而华东地区的 Z 县校足办仅由 3 名兼职工作人员组成，其工作任务仍以本部门工作为主，剩余的精力才会被分配至校园足球事务中。对特色学校调查发现，学校中的校足办通常以校长为领导核心，由中层领导、班主任和体育教师等协助共同开展校园足球工作。

（2）校足办成员足球政策执行能力情况

2015 年，全国青少年校园足球工作领导小组正式成立，具有临时性和阶段性的属性，是国家为完成某项任务专门设立的办事机构。由于领导小组是临时性机构，小组内工作人员流动较为频繁，且均为兼职和借调人员构成，执行人员大多保持原部门工作的办事方式和思维模式，对校园足球政策执行能力产生一定影响。经过对试点县（区）校足办执行人员的工作背景调查发现，以往工作经历中没有涉及过足球业务管理的人员占到总数的70%，其中又有54%的人员甚至没有足球相关知识学习经历。对不同背景的工作人员进行访谈发现，他们对校园足球政策解读的侧重点有所区别，部分工作人员认为校园足球就是学校打造一支校足球运动队参加各种校园足球联赛。另外，部分试点县（区）校足办则把培养优秀足球后备人才作为重点工作，将大部分精力集中在开展课外培训、组织训练营等事务上，为完成任务还占用学生文化课的学习时间，引起家长不满。此外，校园足球特色学校中领导小组组长一般由校长担任，但大部分主管领导并非体育科班出身，对校园足球政策理解会存在一定局限性。小组成员主要是体育教师，体育教师的足球运动能力决定着校园足球教学训练水平，但调查显示：足球专业教师仅占体育教师总人数的38.58%。

2. 价值理念

（1）校足办官员的工作观念

国家实行“以县为主”的义务教育管理体制以来，基层校园足球政策执行主要通过以县级教育部门为载体、体育部门协助的方式开展相关工作。我国行政体制中基层处于权力配置最末端的位置，各项权力资源配置往往集中在基层政府官员的职位上。对于基层政府官员而言，政绩是其职位得到晋升的关键因素之一，而如何提升政绩则自然成为其最关注的要点。实地调查发现，基层官员提升政绩的方式一般有两种。第一种是政策刚性执行，取得优异效果，获取政绩；第二种是政策弹性执行，“控制执行成本”，通过政策选择执行凸显政绩①。对Z县市基层官员访谈得知，该县共有8个乡镇34所校园足球特色学校，其校园足球工作领导小组办公室由县教育局、文体广电和旅游局的3名抽调人员组成，工作人员都属于兼职并共同分担工作任务。相较于其他刚性教育政策而言，校园足球政策并未引起其足够重视，因此，兼职人员仍会将本部门原有工作视为首要任务，不会将过多的精力投入校园足球之中，在执行校园足球政策时会将撰写文案材料、统计数据、安排校园足球活动开闭幕式等作为工作重点，严重偏离校园足球政策目标的发展实质。

① 邱林、张廷安、浦义俊等：《校园足球政策基层执行的逻辑辨析与治理策略——基于江苏省Z县及下辖F镇的实证研究》，《上海体育学院学报》2021年第3期，第49~59页。

（2）校长的执行理念

学校是政策基层执行的关键场域，不仅要协调教师、学生、家长等核心目标群体，而且要承受上级教育部门下达的任务压力。校长作为学校的一把手，更是起着承上启下的关键作用，其代表着学校在校园足球政策基层执行中的立场及态度。根据对部分特色学校校长的调查：小学阶段的校长更支持校园足球政策执行工作，认为校园足球对学生的身心健康发展是有利的，并且足球活动能够促进学生坚韧品质及合作精神的培养；而初中阶段的校长则认为校园足球的主要活动就是集中注意力提升校足球队的训练水平，在比赛中取得优异的成绩，为学校争得荣誉；高中阶段的校长却指出，现阶段学校的重点任务还是提高学生升学率，保证学生学习时间，至于校园足球，其只是课外活动的一部分，不需要过于关注。由此可见，各学段的校长对校园足球所持的价值理念有所不同，小学校长对于校园足球发展较为重视，但到初中和高中阶段，学业压力的增加促使校长不得不以文化课学习为主，导致校园足球政策执行工作受阻。除升学压力之外，学校还承担着学生在校园足球活动中意外伤害风险。据调查，对全国 63 起校园足球伤害事故分析，发现有 58 起事故需要学校承担或分担相应的责任和损失，即使是学校无过错的案件中，其依然要分担损失的比例高达 69.2%[①]。因此，规避与降低运动伤害事故风险已成为部分校长开展校园足球活动秉持的“第一原则”。

（3）足球教师的实际需要

足球教师作为政策执行主体，承担着大部分基层校园足球的一线工作，是校园足球政策的直接推动者。《全国青少年校园足球特色学校基本标准（试行）》中提到“保证体育时间，每周用一节体育课进行足球教学，开展科学训练”。政策目标的实现依托的是足球教师的全力配合，但我国足球教师相对匮乏，无法充分保障政策基层执行的顺利实施。根据 2021 年教育部校园足球调研组对全国特色学校复核结果：足球专项教师占体育教师的 38.58%，不少学校需要通过外聘足球专项教师来补充校园师资，其占到体育教师总人数的 15.04%。因此，有限的足球教师就需要面对庞大的学生群

① 赵毅、张学丽：《实证研究视角下的校园足球损害赔偿范围论》，《中国体育科技》2017 年第 5 期，第 37~47 页。

体。根据对中学足球教师的调查：47%的足球教师认为自身的工作量比较大，其原因是足球教师的数量十分有限，除花费主要精力处理繁多复杂的足球训练和竞赛任务之外，还要完成其他相关体育教学任务。此外，教师群体的利益诉求也并未受到足够重视，66%的足球教师表示自己花费空闲时间进行校足球队的课余训练，但是并未得到任何的福利补贴，足球竞赛成绩计入教师职称评定标准的也仅占少数。调查中发现，部分特色学校遵循政策要求，建立相关机制激励足球教师从事教学与训练工作，落实教师待遇。例如，张家港市某特色学校对每名足球教师每学期补助500元，并规定足球竞赛一等奖可以折算为职称评比分数。但仍有部分学校在实际落实中的关注点是足球教师培训和教学能力的提升，对于教师的利益诉求却不予重视。

3. 执行方式

政策文本制定与政策产出效果发生行为逻辑的关键在于政策执行。从事实层面来看，政策执行作为唯一标准可以检验政策方案正确与否，同时其反馈结果是后续决策制定的基本依据①。从价值层面来看，政策执行可以将政策理想转化为政策现实，将政策目标转化为政策效益。在政策实际执行过程中可以依据不同划分标准将政策执行方式进行多维度“切割”。目前，常见的公共政策执行方式有行政方式、法律方式、经济方式、思想教育方式，这四种传统意义上的政策执行方式基本锚定我国校园足球政策执行方式整体框架。

行政方式是校园足球政策执行的主要方式。行政方式的主要表现形式包括行政命令、行政指令、规章制度、工作指标等，校园足球政策行政执行的具体表现为国务院办公厅下发文件，如《中国足球改革发展总体方案》，或是多部门联合发文，如教育部等七部门联合印发《全国青少年校园足球八大体系建设行动计划》等。这种执行方式的优点是在全局层面上实现校园足球活动的协调与统一，集中有限资源实现预定目标。对于基层而言，行政方式的基本特征是政策运行的自上而下，主要形式是信息交流的上令下行。例如，成都市J区校园足球工作领导小组由校足办、专家委员会、监督委员会以及议事委员会构成，任何基层校园足球相关政策都要经这“一室三会”

---

① 谢明：《公共政策概论》，中国人民大学出版社，2010。

审议通过，其流程科学严谨。首先，由领导小组办公室提出政策内容，专家委员会进行内容修订，议事委员会批准；其次，校足办、专家委员会、议事委员会共同对流程检验；最后，经监督委员会审议修改后下发至各个学校，再由各个学校根据上级的要求和指令进行政策执行，这在一定程度上保证了校园足球政策行政执行的规范性。

法律方式是将政府意志转化为法律、法令、司法、法规，并依靠强制力保证施行的一种方式。法律方式除拥有与行政方式相类似的强制性与权威性之外，还具备稳定性与规范性的特点。不过这种执行方式在校园足球政策执行过程中运用不多，只是在政策制定时有些许体现①。例如，全国校园足球办公室、国家体育总局以及中国足球协会的相关政策法务部门联合制定政策等。校园足球政策执行中少见法律方式，主要是因为法律形成周期过长，存在滞后性，因此，校园足球行政部门多是通过行政方式与经济方式代替法律方式执行政策。

经济方式是根据经济规律，利用经济杠杆调节不同经济利益之间的关系，以此促进政策有效实施的方法。相较于行政方式与法律方式，经济方式具备间接性、关联性、有偿性的特点。从作用对象来看，该方式在校园足球政策执行中有宏观体现和微观体现。当作用对象为校园足球本身时，经济方式主要是通过校园足球行政部门出台产业政策来实现；当作用对象为基层目标群体时，经济方式主要体现在教练员工资发放、运动员训练补贴、场地修缮投入等。前国青、国少教练朱金鑫曾在《足球上海滩》栏目中公开表示校园足球经费挪用严重，并举例地方体育局公款买车并私用谋利。从整体上看，校园足球仅在2015~2017年三年间就投入202亿元，其中，中央财政投入校园足球扶持基金累计6.48亿元，各省（区、市）投入校园足球的财政、体彩和社会资金累计196亿元，然而，仍有许多校园足球政策执行目标群体表示经费严重不足。就基层而言，例如，G省D市一中的足球教练表示，虽然D市作为足球之乡，但是一年只有校足办拨款的50万元，省里经费基本没有，其中30万用于购买指定器材，校足办剩下的钱都分给了D市50多所学校。出现这

① 邱林：《利益博弈视域下我国校园足球政策执行研究》，北京体育大学博士学位论文，2015。

种整体经费充足、具体经费短缺情况的关键便是中间环节主观意识异化问题。经费不足导致校园足球特色学校建设不达标，更是致使 2018 年 8 所学校被取消资格，29 所责令整改①。不管是何种经济方式，在校园足球政策执行过程中都需要法律方式合理引导规范市场主体行为，撬动市场机制的自传导功能，借助行政方式突破发展部门的掣肘问题②。

思想教育方式主要是利用宣传、引导、教育等非强制性手段，帮助目标群体领会政策思想，促使政策执行者与政策对象自觉参与政策执行，保证政策顺利实施的方式。此类方式具有多元性、协调性等特点。校园足球政策在基层执行中运用思想教育方式并不多见，也正是由于思想教育环节的缺位，许多家长的应试教育观念与传统体育观念根深蒂固。但随着校园足球的不断推进，加之网络平台、新媒体的使用愈加频繁，越来越多的家长能够理解学生参与足球活动的价值所在。正是根据这一变化趋势，2020 年教育部提出“两年内实现参加足球活动的中小学生超过 3000 万人”，与此同时，基层也积极运用思想教育方式宣传校园足球政策，让更多的家长、学生参与到校园足球活动中来。例如，内蒙古 S 区某农业大学附属中学通过对校园足球政策的正确宣传和引导，在本校足球教练组织训练之外，家长教练也会积极参与其中，进行每周 3 次的义务培训。由此可见，思想教育方式的运用对于校园足球政策基层执行具有十分重要的意义。

二　基层执行机构困境表征

（一）基层执行组织与校园足球政策基层执行尚未契合

1. 组织结构尚不健全，协同治理亟须完善

任何一项公共政策执行都无法脱离组织而单独存在。史密斯认为，组织结构是将各项任务进行合理分工并进行协调合作的结构体系，其本质为通过一种分工合作的结构体系实现既定目标，并要求组织结构必须满足政策执行需求。校园足球政策基层执行的组织机构涉及教育、体育、广电和财政等多

① 《说好的 200 亿“校园足球专项资金”去哪了？监管力度待加强》，腾讯体育，https：//sports. qq. com/a/20190508/004619. htm。

② 张琴、易剑东：《问题·镜鉴·转向：体育治理手段研究》，《上海体育学院学报》2019 年第 4 期，第 16~21 页。

个部门，任何部门的缺位都会导致政策基层执行困境。当前，根据党中央、国务院要求，教育部、国家体育总局等部门组织机构已初步搭建完毕，国家层面的青少年校园足球工作领导小组建设较为完善。省级校园足球工作领导小组联结地市级的向下通道也已初步建成，但到达基层后，出现多数组织机构不健全、部门缺位的局面，导致政策效力衰减，基层执行难以有效推进。对于校园足球政策基层执行而言，主要涉及教育和体育两大部门，对标全国青少年校园足球工作领导小组的组织结构，并经走访发现，新闻广电、发改、财政等部门在基层校园足球活动中实质性参与较少，校园足球政策指标并非这些部门的刚性任务，与其部门工作相比很难显绩，甚至会陷入“投入资源，承担风险，却无收益”的境地。因此，在基层资源不足且监督考核不完善的情况下，此类部门通常会采用敷衍执行的方式应对上级政策要求。2016 年，教育部联合国家发改委、国家体育总局印发《全国足球场地设施建设规划（2016—2020 年）》，涉及校园足球内容中提出“要修缮改造场地 4 万块，中小学足球特色学校均要建立 1 块以上足球场地”的要求。但基层校园足球组织结构不健全的困境，使该项政策无法得到有效落实。例如，某试点县（区）校足办仅由教育局和广电文体旅局组成，由于缺少县发改局、财政局、住建局等相关部门在项目招标、体育场地修建专项经费下拨、用地性质测量与建设标准等方面的实际参与，没有形成部门间会商协作机制，该项政策并未有效执行，2016 年以来，全县修缮校园足球场地仅 3 块，其中 1 块场地费用由学校自行承担①。

校园足球政策执行是一个综合性跨部门活动，其不仅需要健全组织架构，更需要多主体间协同治理。党的十八届三中全会提出国家治理体系和治理能力现代化议题，衍生出的跨部门多元协同治理模式逐渐占据主导地位。所谓协同治理，就是需要通过合作、整合等相应举措来推进政策主体间互动和参与。当前，校园足球工作领导小组在我国基层范围内多部门协同治理中并未发挥其应有效力。根据教育部等相关部门出台的顶层校园足球政策，基层会陆续颁发一些基层政策文件，但这些政策文件发布主体基本为教育部

---

① 邱林、张廷安、浦义俊等：《校园足球政策基层执行的逻辑辨析与治理策略——基于江苏省 Z 县及下辖 F 镇的实证研究》，《上海体育学院学报》2021 年第 3 期，第 49~59 页。

门，在实务工作中也只有基层教育部门将大量资源和精力放在校园足球的建设工作上。由此可见，校园足球基层协同治理模式亟须完善。此外，基层校园足球治理体系中，政府部门主导各项活动的开展，社会力量难以融入其中，多数呈依附状态，无任何话语权，因此，政府部门、社会组织、市场机构的多元化协同治理格局难以形成。

2. 职责划分并未明确，沟通合作深度不足

权责明确程度会对公共政策执行效果产生重要作用，执行机构中各部门需要充分明晰自身职责，履行应尽的义务。当前，全国青少年校园足球工作领导小组的职责划分有据可依，《2022 年全国青少年校园足球工作要点》中虽已明确各部门对应的工作要点，但深入基层组织后，笔者发现基层鲜有界定划分各部门职责的政策文件。在校园足球政策基层执行中，各部门通常依据先前工作经验考量自身与该政策的匹配度和收益率，从而决策自身在政策执行时应处于何种位置或发挥何种作用。由于我国行政组织是科层体制结构，横向上呈条块分割特点，各部门间存在一定联系但又相对独立，若不及时沟通，这种依靠经验却没有明文规定的工作方式极易导致各部门在工作中互相推诿。此外，基层校园足球政策执行涉及众多部门，各部门间诉求不同，工作方式和思维模式也存在差别，再加上部门间职责的不明晰，进一步加剧基层部门间沟通阻滞与利益矛盾。例如，J 区某些特色学校校园足球工作领导小组在校长领导下，分成日常教学、训练竞赛、后勤保障、文化宣传四个职能部门，其中体育教研组主要负责日常教学与训练竞赛工作，此类分工方式可以使体育教师在自身业务范围内展开工作。但部门间良好沟通才是校园足球活动顺利开展的保障，据调查，体育教研组同其他部门的沟通情况并不理想，有 57.8%的体育教师认为体育教研组与其他部门沟通不好，认为沟通一般的体育教师占比 29.3%，只有 12.9%的体育教师认为沟通很好。由于缺乏有效的沟通，学校职能部门间配合程度较低，学生的训练、比赛时间无法得到有效协调而受到挤压，造成文化课抢占体育课时间、学生外出比赛被无故取消等问题频现。

校园足球政策执行过程中，中央掌握校园足球政策制定权，基层相关部门负责贯彻落实，因此，建立合理有效的上下级沟通协调机制对顺畅执行政策尤为重要。校园足球政策执行处于纵向多层级组织体系中，教育部等部委

制定的政策主要通过“上令下行”逐步下放至基层，压力也集中在基层。一方面，基层执行部门并未与上级部门建立有效沟通渠道，未能充分领悟校园足球政策精神，无法保证政策目标的贯彻与落实。例如，《关于加快发展青少年校园足球的实施意见》中提到“加强师资队伍建设，为退役运动员转岗为足球教师或兼职足球教学创造条件”，据调查，该项政策内容并未被准确传达至基层，在基层执行部门调研材料中没有出现与足球退役运动员转岗为体育教师相关的文件，使得政策目标陷入落空的困境；另一方面，由于缺乏有效协调沟通，上级部门无法实时掌握基层具体执行情况，基层执行部门在不违背政策总体要求的基础上通常会自主“选择性执行”政策，主要表现为只执行对自身有利的政策，敷衍执行对自身不利但又必须执行的政策。例如，开展校园足球比赛需要花费大量时间和成本，部分基层学校向上汇报材料时，附有完整的比赛记录和秩序册，但实际中并未组织全部班级参加联赛。

3. 执行机制有待完善，运转体系缺乏连贯

（1）教学趋于形式化

“大幅提升足球普及程度，使更多学生参与足球活动”是校园足球政策目标之一。因此，课堂足球教学成为提高普及程度的有效抓手之一。通过对前文中基层教学机制现状分析发现，多数基层学校能够依据政策保证学生足球课堂教学时间和体育活动时间，但校园足球的普及不仅仅是数量的提升和教学时间的保证，更重要的是提升教学质量，其中包括教学内容和教学形式等。首先，校园足球政策基层执行过程中，如果忽略教学内容与形式建设，极易出现教学趋于形式化的问题。部分基层特色学校将校园足球片面理解为：“组建校足球代表队去参加比赛，为学校争得荣誉”，而将课堂足球教学视为一项应付上级检查的任务，并没有对足球教学内容及形式进行深入研讨与改革。教学的首要任务是“教会”，只有教会学生足球专项技能，这一项任务才算完成，但足球课堂的主旋律仍为传统教学方式，基层教师只让学生做些单调的基础性环节练习，如运球、射门等技术动作，并以此作为考试项目对学生整个学期的学习效果进行评估考核。此种固化教学模式只为让学生接触足球，并不能使学生的足球技能达到相应水平，导致校园足球教学趋于形式化。这种教学形式与比赛情景分离模式只会使学生产生负面情绪和厌

学心理，阻碍学生足球兴趣培养，根本无法培养足球运动员真正所需的技战术能力①。其次，《体育与健康课程标准》《校园足球教学指南》是基层学校足球教学内容选定的主要依据（见表3-6）。有研究表明，基层学校所采用的这两套教材随着教学深入逐渐暴露出一些问题，例如，《体育与健康课程标准》中直接设置11人制的比赛，缺少符合青少年发展规律的过渡，使多数学生不能获得良好的足球体验；《校园足球教学指南》中关于比赛设计的教学内容有待商榷，可能导致学生在体验足球比赛中获得较多沮丧感②。虽然特色学校使用足球校本教材的普及率可达到83.3%，但从基层执行人员访谈中可知，课堂实际教学内容与校本教材关联度并不高，部分足球教师在教学过程中基于教案而非严格遵循足球校本教材标准进行教学，课堂教学缺乏系统安排并存在随意性。

表3-6　校园足球课程参考及使用教材在特色学校普及情况（N=150人）

单位：%

校园足球课程参考及使用教材	普及率
《体育与健康课程标准》	88.0
《校园足球教学指南》	68.0
足球校本教材	83.3
国外青训教材	26.0
没有教材	2.0
其他	14.0

（2）训练水平业余化

"勤练"作为学校体育的教学模式，要求做到巩固知识和锻炼技能。校园足球作为学校体育的一部分，必然需要通过勤练的方式提高学生足球专项技能，因此，勤练是校园足球发展的必然要求。《中国足球改革发展总体方案》要求"推动成立大中小学校园足球队"，基层学校纷纷组建校足球代表

① 邓贤树、张春合：《我国校园足球课程文化的缺失与回归》，《体育文化导刊》2018年第7期，第107~111+6页。

② 张诚、王兴泽：《动作学习视野下校园足球课程设置研究及案例教学分析》，《北京体育大学学报》2017年第5期，第73~80页。

队开展课余训练，但其实际训练水平偏业余化。多数特色学校虽能保证校足球队每周训练频次，但实际训练时间并不固定；从基层执行人员访谈中可知，某些学校通常根据具体情况来安排训练时间，每周训练时间不固定，甚至会出现教练原因一周都不训练的情况；相反，部分学校一周会安排5次以上训练，每天下午进行高强度练习，部分足球教练不会规划训练时长，训练密度不合理，此种训练方式对青少年身体损耗过大。参照《中国青少年儿童足球训练大纲》[①] 的要求（见表3-7），基层多数训练方式缺乏科学性，出现训练频次不规律、训练方式不合理的问题，导致训练水平业余化，不利于基层校园足球长期发展。此外，基层训练水平业余化在训练形式和内容上也有所体现。在训练形式方面，基层校园足球存在集训制和定期式两种训练形式。通过实地调研走访发现，多数学校的功利性较为明显，采用集训制形式。例如，教练员在临近比赛时会通过加大训练负荷来进行突击训练，此行为违背足球人才培养规律，缺乏培养学生基本功的耐心，凸显训练水平的业余化。在训练内容方面，基层学校更偏重技术训练。例如，X市各校园足球特色小学将训练内容分为技术、战术、体能和其他四类，其中技术训练占比47.90%，战术训练和体能训练占比相近，分别为21.03%、23.42%[②]。但由于受自身专业执教能力水平限制，多数基层教练在训练计划制定上缺乏专业性，造成技术训练方式单一重复等问题，无法有效体现不同学龄阶段训练的专属性。

表3-7 《中国青少年儿童足球训练大纲》中训练频次和时长要求

年龄段	训练频次及时长
U7-U8	每周训练2~3次,每次时长45~60分钟
U9-U10	每周训练2~3次,每次时长60~70分钟
U11-U12	每周训练3次,每次时长60~90分钟
U13	每周训练3次,每次时长不超过90分钟
U14	每周训练3~4次,每次时长不超过90分钟
U15	每周训练3~4次,每次时长不超过90分钟

① 中国足球协会审定《中国青少年儿童足球训练大纲（试行）》，人民体育出版社，2013。

② 王京亮：《西安市小学足球课余训练开展现状及影响因素研究》，西安体育学院硕士学位论文，2014。

（3）竞赛机制不完善

科学合理的足球竞赛体系对足球运动普及与竞技能力提升具有巨大推动作用[①]。因此，“常赛”与“教会”、“勤练”构成了校园足球发展的基石。目前，大学、高中、初中、小学校园足球四级竞赛体系已经基本搭建完成，通过采用县、市、省（区、市）、国家级赛事的分级管理制度，多数学校都能参与其中。但是，随着基层赛事的广泛开展，竞赛机制也逐渐暴露出一系列问题。首先，基层校际联赛一般根据区域分组，各校间采取主客场制进行比赛，但由于我国幅员辽阔，地理差异较大，某些区域的部分学校分布相对不集中，实行主客场制比赛时需在交通上花费大量时间，并存在一定安全风险。其次，在某些分组比赛中会出现悬殊比分，此类比赛无法体现校园足球原有价值与意义，同时对足球竞技水平较高的特色学校来说没有起到检验训练成果的作用，对足球基础较弱的学校而言，其已失去比赛的乐趣，自信心受到严重挫伤。最后，校园足球联赛和青超联赛为双轨制发展，两者存在交流壁垒。虽然校园足球队伍可以参加青超联赛，但竞技水平上的显著差距使得只有少数校园足球队伍才可以参赛，如郑州七中、北京人大附中等[②]。此外，校内足球联赛是足球竞赛体系的底层基础，需要让大部分学生参与进来，更要使学生体会足球运动的乐趣。据调查，特色学校开展校内比赛时，游戏类比赛开展较少，组织形式过于单一，参赛选手以高年级学生为主。以 S 市特色学校为例，基本功挑战赛的开展比例为 26.0%，其余全为对抗形式的比赛，其中五人制比赛占到 46.6%，具有游戏趣味的三人制比赛仅占 13.7%。

（4）人才培养通道不顺畅

青少年足球是中国足球未来发展的战略基石，打通青少年足球优秀人才上升通道，构建多渠道、多形式的人才选拔和培养机制，是提高我国足球竞技水平的关键环节。目前，我国足球人才培养主要通过校园足球和职业足球两方面进行，其发展过程中仍存在人才输送渠道构建不顺畅等问题。首先，校园足球人才选拔采用学习成绩与足球竞技水平相结合的方式进行，建构从小学到大学的人才上升渠道，以培养文化成绩与足球竞技能力皆优的全面型

---

① 李卫东：《我国青少年校园足球竞赛体系的研究》，上海体育学院博士学位论文，2012。

② 郝文鑫、方千华、蔡向阳等：《我国新校园足球竞赛体系的运行现状考察与治理路径研究》，《武汉体育学院学报》2020 年第 7 期，第 87~93 页。

人才。但不同学龄阶段的升学衔接体系仍存在“间隙”，未形成“一条龙”校园足球后备人才培养机制。2021年教育部、国家体育总局印发《关于进一步完善和规范高校高水平运动队考试招生工作的指导意见》，规定从2024年起符合生源省份高考报名条件，获得国家一级运动员（含）以上技术等级称号者方可报考高水平运动队并对文化成绩、招生录取机制等方面做出了更加细致的要求，这无疑加大了优秀球员升学的难度。其次，由于体育与教育部门在青少年足球人才培养体系中的“责、权、利”划分不清晰，部门间利益藩篱始终存在，优秀校园足球后备人才流向职业足球领域的接续性不足，足球精英人才匮乏的“断层”结构仍未打破。因此，基层校园足球人才培养的可持续性与优质性无法得到有效保障。

（5）监督体系未成熟

高效监督是防止政策执行失控的必要手段①。目前，基层部门会不定期监督检查基层校园足球政策执行情况，但监督形式过于单一且缺乏常态化监督机制，导致政策执行逐渐偏离预定轨道。基层校园足球各项工作开展的不断深化，迫切需要完善的校园足球政策基层保障制度推动政策有效执行，而监督制度的缺失致使校园足球政策基层执行异化走样，无法达到政策预期目标。基层校园足球监督制度缺失主要体现在以下四个方面：一是监督主体不明确。当前，校园足球政策基层执行并没有特定的监督主体，普遍存在教育系统内部的同体监督。二是监督机制不健全。校园足球政策基层执行过程中没有形成制度化、体系化、常态化的监督运行机制，在监督过程中常常由于监督机制缺漏政策主体间存在利益博弈，暴露出“重形式”“走过场”“不上报”等问题。三是监督形式单一化，缺少行政监督、司法监督、媒体监督等多元化监督形式。四是自我监督不到位。校园足球基层工作人员自我监督机制不完备，加之部分兼职工作人员专业素养与自我约束力不强，致使校园足球政策基层执行“不规范”操作频发。

（二）基层执行人员与校园足球政策基层执行有待嵌合

1. 专业知识不足，职业素养缺失

执行人员的综合素质和工作能力水平是决定公共政策成功执行的重要因

① 潘凌云、王健、樊莲香：《我国学校体育政策执行的制约因素与路径选择——基于史密斯政策执行过程模型的分析》，《体育科学》2015年第7期，第27~34+73页。

素之一[①]。校园足球政策执行同样是一项对执行人员综合素质要求较高的工作，因此，执行人员应具备一定的能力素养来合理协调执行中涉及的人力、物力等各项资源，并不断调整和优化执行方案。但当前我国校园足球政策基层执行人员的能力素质仍存在较大进步空间。自前文可见，全国校足办及基层校足办的构成基本以教育系统工作人员为主，其大部分工作人员无足球管理的相关经历，缺乏校园足球系统知识的积累与储备。

一方面，基层政策执行人员的专业知识储备薄弱，对政策的认知不到位，从而造成校园足球政策基层执行偏离预定目标。以校长群体为例，执行校园足球政策的长期收益是能够促进青少年学生身心健康，足球运动在校园里得到广泛普及。而大部分校长并未重视落实校园足球政策的原因在于未能深刻理解校园足球运动的育人价值，而是格外注重本校学生文化课学习与成绩，以期得到家长等社会群体的认可。体育教师群体同样存在上述情况，由于缺乏足球专业知识，在教学训练中为学生展示的示范动作不够规范，教学训练质量不佳。例如，F 县 W 校副校长曾反映："学校仅 3 名体育教师，其专项分别为田径、篮球、体操。为达成足球教学的要求，体育教师利用课余时间学习足球技术，参与 F 县的足球培训，但是无法从根本上解决体育教师专业化程度低的问题，严重影响了校园足球教学和训练的开展。"另一方面，执行人员职业素养缺失。职业素养应该是每个执行人员所具备的良好基本品质，但由于基层执行人员在工作中肩负着众多的行政任务与压力，校园足球政策执行对于其而言成为一项边缘任务，未给予足够重视。例如，部分基层执行人员申报特色学校的材料存在粗制滥造情况。有评审组专家表示："部分基层特色学校申报材料十分粗糙，实质性内容和支撑性材料很少，可以明显看出来是在敷衍和应付，充分反映出基层执行人员对校园足球政策的不重视。"[②] 此外，部分体育教师的职业素养也有待提高。对于体育教师而言，开展校园足球活动是其本职工作，而体育教师在工作负荷压力较大且待遇未得到相应保障情况下，对校园足球产生排斥与厌倦心理。例如，某些体

---

① 贾倩倩：《基于史密斯模型的南京市"321 计划"执行问题及对策研究》，南京理工大学硕士学位论文，2014。

② 杨献南、吴丽芳、李笋南：《我国校园足球试点县（区）管理的基本问题与应对策略》，《沈阳体育学院学报》2020 年第 5 期，第 40~48 页。

育教师在足球教学过程中仅仅是让学生稍加接触足球，以此完成足球课程的开课率，其没有发挥体育教师应有的指导作用，更没有让校园足球真正达到普及的水平，这种形式化教学也背离了校园足球政策初衷。

2. 价值理念错位，预期目标偏离

价值理念一定程度上会影响一个人的行动方式，在政策执行中执行人员的政策理念将影响政策最终取得的效果。校园足球政策目标主要体现在育人和提高足球普及程度方面，政策执行人员需要保持与政策价值立场的一致性，才能实现预期政策目标。但校园足球政策基层执行过程中，执行人员的价值理念往往会根据自身所处的情境进行相应调整，进而陷入理念错位的困境。

（1）基层校足办工作人员更多考虑校园足球政策对自身政绩影响。一方面，大部分县（区）校足办工作人员以兼职、挂职为主，本地区校园足球政策基层执行情况并非其政绩考核中的重点任务。另一方面，基层教育部门关注重点在学校升学率，权衡利益之下，教育部门执行人员更趋向于执行主学科教育政策。正是执行官员的理念错位，极易引发基层执行主体间的“共谋”行为，即为达到政绩最优而共同应付上级考核检查而采取的行为。例如，校足办与学校间形成一种默契，按照校园足球政策的最低限度完成任务应付上级部门的检查①。

（2）校长是学校工作的主导者，其主要从学校升学率、教学质量、外界认可度等方面考虑学校各项工作安排。校园足球政策基层执行中校长的态度至关重要，部分校长虽然表面上表示支持校园足球发展，但在政策实际执行过程中，其执行行为与态度难免让人质疑。如学校在举行校园足球活动时，趋于“形式足球”“仪式足球”的项目，很难从中看出活动组织的真正意义所在。据了解，校长群体由于担心学生受伤而引发一系列问题，转而秉持“不出事”的理念，采用避重就轻的方式表浅化执行校园足球政策。表面上，学校为应对检查考核而准备好完整的材料并表态要扎实推进校园足球政策，但实际上，校长群体既要综合考量升学率、学生安全等要素，又要降低校园足球政策内在利益受损风险。因此，基层学校大课间频现“足球舞”“足球操”

① 张渊、张廷安：《我国校园足球政策执行推进策略研究》，《体育文化导刊》2018 年第 5 期，第 108~112 页。

等象征性执行问题，导致校园足球参与人数大幅上升但质量堪忧。

（3）体育教师是基层开展校园足球活动的主要力量，直接影响校园足球政策执行效果。对于体育教师而言，其职责就是全力执行上级部门下发的各项教学训练竞赛等相关任务。但在此过程中，体育教师的价值理念持续发生着微妙的变化。面对着校园足球政策在基层的“层层加码”，体育教师的工作量与工作压力陡增，在此情况下，体育教师必然会寻求自身合理利益的实现。但是，基层体育教师职称评定、薪资待遇等方面存在制度性缺陷，加之学生的运动安全风险，严重打击了基层体育教师积极性。此外，部分体育教师认为校园足球政策的目标就是在比赛中取得优异成绩，为完成上级领导要求的成绩，其想方设法采取特殊手段来达成目的。例如，在参赛过程中让球员谎报年龄，通过“以大打小”的方式获得胜利，等等。可见，基层执行人员往往会出于政绩、待遇等实际利益的需求，在校园足球政策基层执行过程中出现价值理念的错位。

3. 执行方式异化，多元融合不足

基层校园足球政策执行复杂化的特点是导致基层校园足球政策执行出现困境表征的逻辑因素之一。加之政策执行主体利益诉求存在差异，致使校园足球政策执行方式易出现异化问题，具体体现在行政方式、法律方式、经济方式与思想教育方式中。

行政方式作为校园足球政策执行的主要方式之一，会出现选择性执行、象征性执行、替换性执行、附加性执行、机械性执行、野蛮性执行等执行异化问题，其主要原因在于执行主体出于政绩与安全的需要以及组织建设不完善等[①]。首先，地方行政部门政策执行过程中的政绩观错位是根本问题[②]。《全国青少年校园足球试点县（区）基本要求（试行）》指出，要“成立本地区青少年校园足球工作领导小组及其办公室，充实工作人员，切实加强组织建设”[③]。但是因客观现实条件制约或主观意图的驱动，在政策执行过

① 邱林、张廷安、浦义俊等：《校园足球政策基层执行的逻辑辨析与治理策略——基于江苏省Z县及下辖F镇的实证研究》，《上海体育学院学报》2021年第3期，第49~59页。

② 王媛媛：《地方行政部门公共政策执行问题研究》，《国际公关》2021年第9期，第13~15页。

③ 教育部办公厅：《全国青少年校园足球试点县（区）基本要求（试行）》，http://www.moe.gov.cn/srcsite/A17/moe_938/s3273/201808/t20180829_346499.htm。

程中为实现“政绩最优化”，基层校园足球政策执行者通常控制执行成本，采取政策弹性执行。例如，Z县校足办主任表示：“受编制影响，只能从各个部门抽调人手，但每人在其单位还有本职工作，只能着重完成某些棘手或者重要的工作。”其次，安全需要服从政绩需要，基层校园足球政策执行相关人员的行为逻辑多与此相关，安全需要的核心在于平稳将校园足球政策贯彻落实。但是，足球运动作为技能主导类同场对抗型运动，容易产生急性运动损伤，而校园足球运动伤害保障机制尚不健全。2021年12月19日，F镇某校园足球特色学校在组织足球比赛时出现意外，虽然根据《民法典》中的规定校方被认为是非主要责任方，但是法院还是认为学校未能尽到安全保障义务，因此承担25%的赔偿责任。最后，组织建设不完善是基层校园足球政策执行的重要困难之一，这主要体现在“权责利”划分不明确导致的事实性缺位。Z区校园足球工作领导小组虽涵盖教育局、体育局、发改委、财政局、宣传部等多个部门，但由于部分部门无法通过校园足球工作展现相应政绩，且各部门之间责任未明确划分，故而Z区校园足球政策执行实际主体仅为教育与体育部门。通过进一步访问Z区校足办副主任得知，由于Z区在开展校园足球活动时仅强调各部门协同配合，未界定各部门尤其教育与体育部门间的权责范围，导致相关权力过于集中至教育部门。

法律方式是公众政策执行中的重要执行方式之一，但在校园足球政策执行中鲜有出现。法律方式的运用需要立法与司法来调整政策执行活动中各种关系，而这点在基层中难以实现。成本高是导致法律方式在基层校园足球政策执行过程中运用较少的重要因素，主要体现在法律方式执行条件较高，形成周期过长，操作难度较大，因而常用行政方式、经济方式以及思想教育方式代替。

基层校园足球政策执行中经济方式异化在于经费数量的不充分与经费使用的不规范。校园足球经费整体上看较为充足，仅在2015~2017年三年间就投入202亿元，折合每年67亿元，但是，我国校园足球特色学校体量较大，平均到基层校足办与特色学校的经费并不多。截至2023年1月，全国共认定241个全国青少年校园足球试点县（区）、32780所全国青少年足球特色校、8310所全国足球特色幼儿园、138个全国青少年校园足球“满天星”训练营；2022年4月，教育部提出5年内新建2万块校园足球场地，这使得校园足球经费面临巨大“供血”压力。此外，校园足球经费使用的不规范主要体现在经费截留与经费他用。上级校园足球经费的截留或是本级校园足球经费的他用都会严重影响教练员薪资发放、运动员训练补贴、场地修缮维护等工作。例如，Y 校负责人曾在教育部领导视察当地校园足球工作时反映："上级每年平均拨款至每个学校应为 1.12 万元，但是实际到手不足 5000 元，以至于参加市级联赛的包车费都不够。"

思想教育方式作为基层校园足球政策执行的非强制性手段，其异化主要体现在思想意识层面。根据产生原因可分为发展前景受限、学训冲突矛盾、应试教育影响、思维定式阻碍、锦标主义的功利思维等。综合来看，校长的锦标主义功利思维与家长的传统教育思想是基层校园足球政策执行异化的关键影响因素。开展校园足球活动的本质在于健全学生人格、增强学生体质、培养优秀足球后备人才，但是，部分基层校园足球特色学校校长过于追求成绩，将校园足球作为显性政绩的重要"筹码"。Y 县 F 校的足球教练员曾表示："为出成绩，本校领导给自己与队员很大压力，如果比赛踢得不行，那自己除了挨批评，奖金绩效还会大打折扣。"相比之下，家长传统教育思想的逻辑起点则是立足于子女"确定式"的未来，而非"创造式"的现在，其根源性因素在于升学。在应试教育背景下，大多数家长跳脱不出传统教育思想的束缚，即学历胜过收获，结果强于过程，这一情况在基层校园足球政策执行中较为常见。例如，雨花台区教育局领导在接受记者采访时曾表示："本地的校长较为重视校园足球，然而很多家长并不支持，要求孩子全力以赴地学习。"整体上看，家长和校长作为基层校园足球政策执行思想教育方式的重要因素，其思想意识产生偏颇的关键在于未能真正认识到校园足球的发展真义。

第三节　校园足球目标群体现状分析与困境表征

史密斯政策执行模型中的目标群体是指受政策影响而必须采取相应反应的组织或个人，而政策目标群体的组织化或制度化程度、服从政策程度和先前政策经验对政策执行起着至关重要的影响①。结合史密斯政策执行模型理

---

① 陈振明：《政策科学——公共政策分析》，中国人民大学出版社，2004。

论可以发现，校园足球政策执行的目标群体涉及范围较广，而校长、家长、足球教师和学生作为该政策的直接利益相关者对校园足球发展起着关键作用。因此，本研究从目标群体组织化程度、服从政策程度和先前政策经验三方面描述校长、家长、足球教师和学生群体对校园足球政策的执行现状，并分析其政策执行的困境所在。

一　目标群体现状

（一）目标群体组织化程度

1. 目标群体构成状况

（1）校长价值观念与对校园足球的看法

校长作为学校的第一负责人，对于学校相关活动的走向起决定性作用，是学校发展的“领头羊”。因此，校长对于校园足球的价值取向很大程度上决定了校园足球发展的情况。根据 150 所校园足球特色学校校长的访谈内容：基层学校校长，尤其是小学阶段的校长，对于校园足球的开展大多持支持态度，认为校园足球活动的开展能够促进学生健康成长，是学校教育必不可少的一部分。例如，T 市 W 区某小学校长明确表示：“学生参与校园足球活动能够培养他们竞争与合作的意识，能够在活动过程中塑造良好的品格，使学生健康成长。”（访谈资料 20201210W01）[①] 然而，有些基层学校校长虽然口头上表示支持校园足球活动开展，却未将工作落到实处。根据《校园足球调研报告（2015—2020）》，有 1.94%的教师认为本校校长对于校园足球工作并不重视，仅将工作重心放在升学上[②]。根据 150 所校园足球特色学校的教师访谈内容：部分学校仅组建足球队参加校际比赛，并未在校内开展相关校园足球活动。例如，某初中体育教师在谈及校园足球活动时表示：“领导非常重视参加比赛的名次，学校对于组建足球队也十分上心，但平时学校内并没有组织足球相关的活动，足球队员也只能通过足球课上学生的表现来进行挑选”。也有部分基层学校校长明确表示不支持校园足球活动，他们认为开展校园足球活动会增加学生运动损伤的风险，从而给学校带来不必

---

① 访谈资料编码规则：日期+地点+对象编号，如访谈资料 20201210W01，为 2020 年 12 月 10 日在 W 区对 01 号人员的访谈。

② 蔡向阳主编《校园足球调研报告（2015—2020）》，人民体育出版社，2021。

要的麻烦。例如，在审核评估 L 省 B 市的某所九年一贯制校园足球特色学校时，校长直言不讳地向评估专家提出请求放弃足球特色学校的荣誉，校长刚刚被一起校园安全事故折磨得心力交瘁，学生家长几次三番找校长、闹学校，严重影响了学校的正常教学秩序，虽然该事故与足球无关，但校长已经意识到校园足球开展过程中的风险，不愿再承担类似的责任风险①。

（2）家长价值观念与对校园足球的看法

家长是子女的启蒙老师，对子女价值观的塑造有着重要影响。家长对于校园足球活动开展的态度影响着子女的参与程度。对调研学校小学、初中和高中的部分家长进行的问卷调查显示：在家长对于子女参加校园足球的支持度调查上，小学学段的家长支持度高于初中学段，初中学段的家长支持度高于高中学段，呈现出随年级增长而下降的趋势（见图 3-14）。

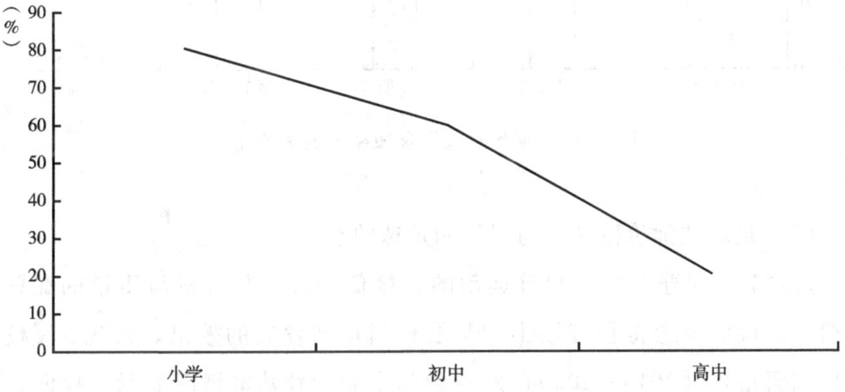

图 3-14　分学段家长对校园足球支持度

另外，家长对子女参加校园足球的期望在一定程度上可以反映出开展校园足球活动的价值所在。调查问卷显示，15 个试点县（区）家长支持自己的孩子参与校园足球活动的期望主要集中在“强身健体”和“心情愉悦”上，分别占比 98.2%和 87.5%，“结交朋友”占比 76.4%，“便于升学”占比 45.9%，“其他”占比 4.5%（见图 3-15）。

① 张兴泉：《制度环境视角下我国校园足球政策执行纠偏策略研究》，《沈阳体育学报》2020 年第 1 期，第 88~93 页。

此外，在跟家长访谈交流中发现，不少家长认为学生应将读书学习放在首位，“现在这个社会环境下，孩子不好好学习考个好大学的话，将来很难出人头地啊。”（访谈资料 20201215Z01）“‘万般皆下品，唯有读书高’，古人说的这句话太对了，读书才是孩子未来发展最好的选择。”（访谈资料 20201215Z02）这种“重成绩、轻体育”的观念不利于足球活动在校园的普及与开展。

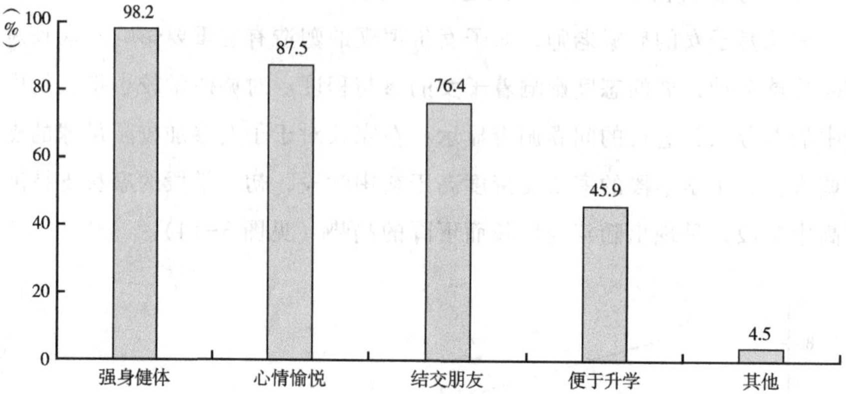

图 3-15　家长对孩子参加校园足球的期望

（3）足球教师价值观念与对校园足球的看法

足球教师是学生学习足球运动的直接负责人，其数量与质量的配置以及树立的价值观念将会直接影响基层校园足球发展的效果。首先，《校园足球调研报告（2015—2020）》中教师专业背景基本情况显示，校园足球特色校共有 51056 名足球教师，平均每所学校 3.4 名；专职教师共 25245 名，平均每所学校 1.7 名；足球专业的教师共 13661 名，平均每校 0.9 名；有中国足协证书的足球教师共 8130 名，平均每校 0.5 名；外聘足球教师共 96256 名，平均每所 6.5 名，外聘教师占比较大（见表 3-8）。在全国校园足球特色校足球师资队伍建设中，平均每校有 3.59 名从事足球教学的教师，共有 4744 名；具有足球专业教育背景的教师平均每校 1.71 名，共有 2231 名[①]（见表 3-9）。可以看出，有限的足球教师承担着繁重的足球教学训练任务。

① 蔡向阳主编《校园足球调研报告（2015—2020）》，人民体育出版社，2021。

表 3-8　校园足球特色校足球教师专业背景基本情况统计

单位：名

	足球教师	专职教师	有足球专业背景	退役运动员	有中国足协证书	外聘教师
数量	51056	25245	13661	3602	8130	96256
平均每所学校数量	3.4	1.7	0.9	0.2	0.5	6.5

表 3-9　校园足球特色校师资队伍建设情况一览

单位：名，%

	从事足球教学的教师	具有足球专业教育背景的教师	具有足球专业教育背景的教师占比
平均每校人数	3.59	1.71	47.63
合计人数	4744	2231	47.03

此外，大部分足球教师对于校园足球政策执行持相对支持态度，在日常训练和教学中也愿意付出更多的精力去发展本校校园足球，但足球教师在校园足球政策实际执行过程中依然面临诸多困境。例如，足球教师访谈中，G市某中学的一名足球教师称："我个人认为校园足球活动开展得很好，我希望学校能够多组织一些足球活动，学生足球训练的时间可以再增加。"而S区山洞小学一名教师讲道："足球场有时候可能会很挤，多的时候 8 个班 300 多人同时在一场地上进行上课，练习时活动不开；200 个左右的学生要由 5 个教练进行带训练，并且分年级和教学班进行训练，课程训练会比较紧张。"由此可见，师资、场地的不足导致足球教师面临着繁重的教学任务，承担着较大的工作压力。

（4）学生价值观念与对校园足球的看法

《关于加快发展青少年校园足球的实施意见》指出，学校要普遍开展足球运动，促进学生广泛参与足球活动，使校园足球人口显著增加，学生身体素质、技术能力和意志品质明显提高，形成有利于大批品学兼优的青少年足球人才脱颖而出的培养体系①。随后，教育部等七部门印发《全国青少年校

① 教育部：《关于加快发展青少年校园足球的实施意见》，http://www.moe.gov.cn/srcsite/A17/moe_938/s3273/201508/t20150811_199309.html。

园足球八大体系建设行动计划》，明确将校园足球特色学校学生体质健康合格率达到95%以上以及中小学生经常参加足球运动人数超过3000万作为工作目标①。而在现今教育环境下，学生群体对教育和体育的认知影响着其参与校园足球活动的实际情况。因此，通过调查学生对文化课成绩、参与体育活动等方面的态度，可以在一定程度上了解学生群体在教育、体育方面的价值取向和现实需求。

对15个试点县（区）走访调查发现，学生对文化课成绩重视程度会随着年级、升学而增加。以G区小学、初中和高中的部分学生问卷调查为例，65%的小学生认为“文化课考试成绩”是衡量评价自己本学期综合表现的第一指标，初中生和高中生分别达85%和95%（见图3-16）。

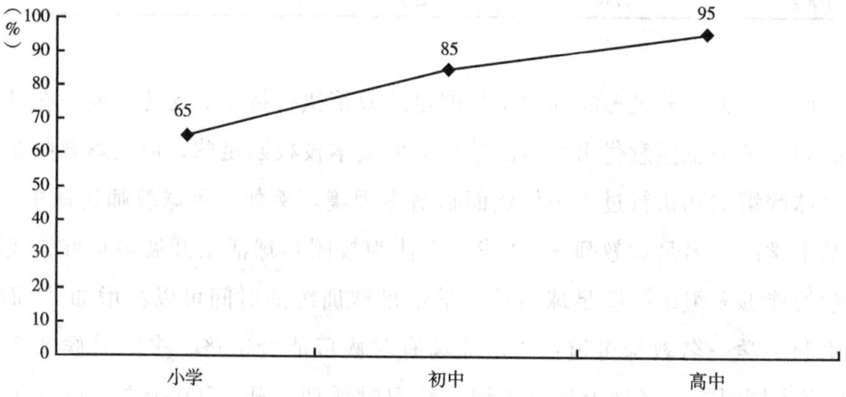

图3-16 文化课成绩作为学生学期自评第一指标情况

此外，对15个试点县（区）部分特色学校学生参与体育活动积极性的调查显示：有55%的学生比较喜欢参加体育活动，仅10%的学生非常喜欢参与体育活动，而不太喜欢参与的学生占28%，还有7%的学生不喜欢参加体育活动（见图3-17）。调查显示，中小学生群体除体育课外每天锻炼时间分布为：9.8%的人不锻炼，27.3%的人每天锻炼半小时以下，36.1%的人每天锻炼半小时至1小时，20.7%的人每天锻炼1~2小时，表示每天锻炼2小时以上的占6.4%。大学生相应比例分别为12.4%、38.4%、31.4%、

① 教育部办公厅：《全国青少年校园足球八大体系建设行动计划》，http://www.moe.gov.cn/srcsite/A17/moe_938/s3273/202009/t20200925_490727.html。

14.6%、3.2%。从锻炼时间的分布变化趋势来看，青少年体育锻炼时间呈分阶段降低趋势。与小学生相比，初中生1小时以上锻炼时间比例大约降低10个百分点，高中生比初中生再降约10个百分点，进入大学之后基本保持高中时水平。每天锻炼1小时以上的比例，小学生为34.7%，初中生为25.0%，高中生为15.4%，大学生为17.8%[①]（见图3-18）。

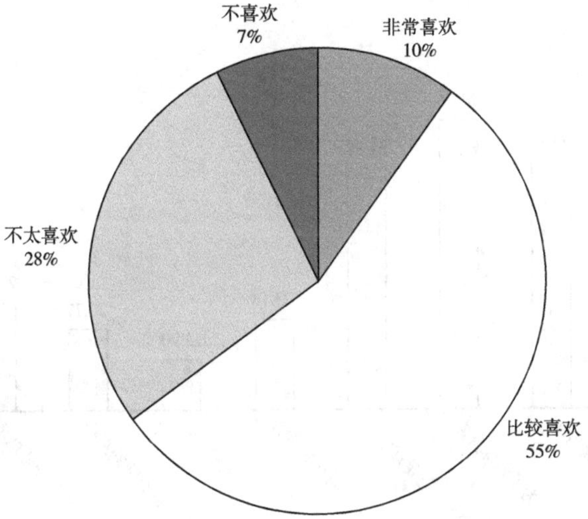

图3-17　学生参与体育活动积极性情况

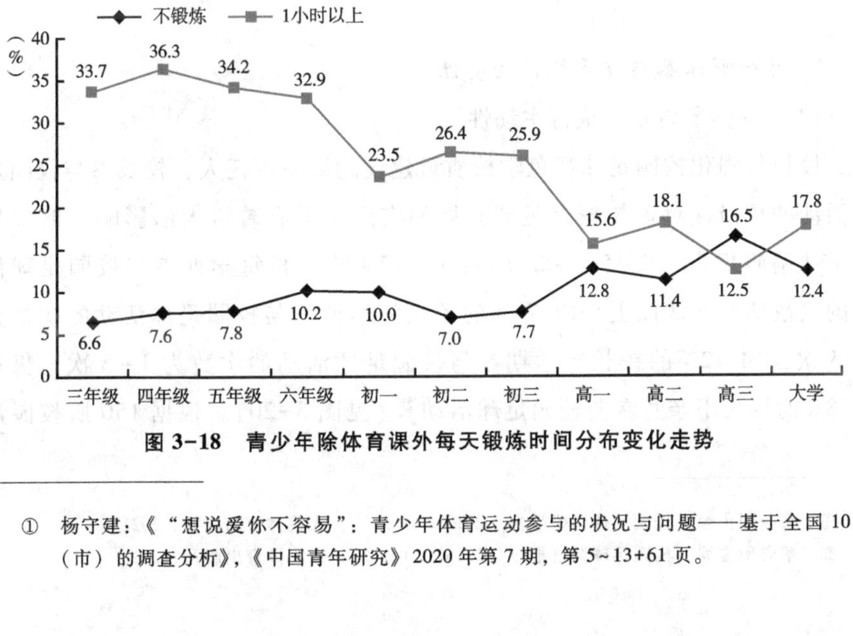

图3-18　青少年除体育课外每天锻炼时间分布变化走势

① 杨守建：《"想说爱你不容易"：青少年体育运动参与的状况与问题——基于全国10省（市）的调查分析》，《中国青年研究》2020年第7期，第5~13+61页。

此外，学生踢球动机可以反映出学生群体参与足球的真实想法，从而了解其真正需求。根据学生踢球动机调查情况①：85.32%的学生踢足球的动机是喜欢足球，想增强自己足球实力的学生占 61.88%，而 74.06%的学生是为了锻炼身体，各有 23.18%、12.9%、20.77%的学生踢球是受到了朋友、亲人、教练员或教师的影响，想考上名牌大学和成为职业球员的学生各占 25.35%、27.70%（见图 3-19）。

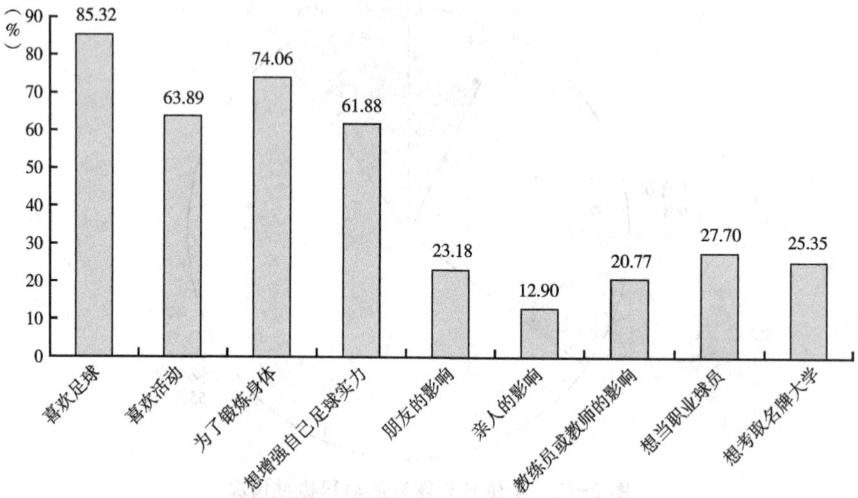

图 3-19　学生踢球动机调查情况

2. 目标群体参与政策执行主动性

（1）校长参与政策执行主动性

校长是强化校园足球特色学校质量建设的第一责任人，校长参与校园足球活动的积极性对该校校园足球开展的实际水平有着极大的影响。据《校园足球调研报告（2015—2020）》：67.17%的校长每学期参与校园足球活动的次数达到 5 次以上，17.73%的校长每学期参与校园足球活动的次数为 4~5 次，14.72%的校长每学期参与校园足球活动的次数为 1~3 次，仍有 0.38%的校长不亲身参与校园足球活动②（见图 3-20）。根据 150 所校园足

① 蔡向阳主编《校园足球调研报告（2015—2020）》，人民体育出版社，2021。
② 蔡向阳主编《校园足球调研报告（2015—2020）》，人民体育出版社，2021。

球特色学校校长的问卷调查可知：每学期参与校园足球培训次数为 1 次的占比 0.67%，每学期参与校园足球培训次数为 2 次的占比 4.00%，每学期参与校园足球培训次数为 3 次的占比 8.00%，每学期参与校园足球培训次数为 4 次的占比 9.33%，每学期参与校园足球培训次数为 5 次及以上的占比 78.00%（见表 3-10）。

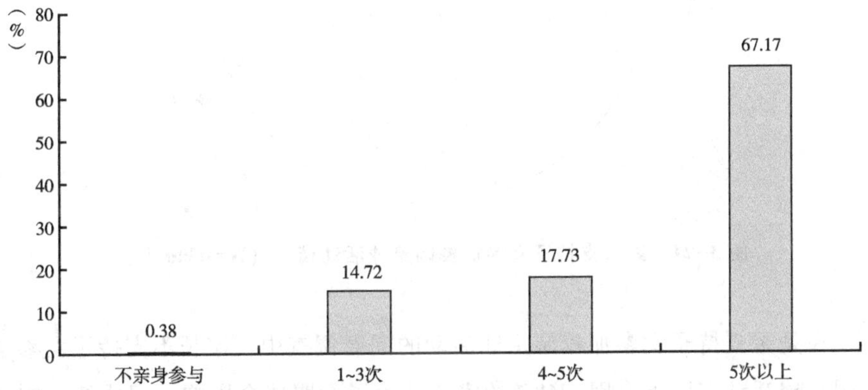

图 3-20　学校校长每学期参与校园足球活动次数统计（N=265 人）

表 3-10　调研学校校长每学期参与校园足球培训次数统计（N=150 人）

单位：人，%

参与培训次数	人数	占比
1 次	1	0.67
2 次	6	4.00
3 次	12	8.00
4 次	14	9.33
5 次及以上	117	78.00

（2）家长参与政策执行主动性

家长支持子女参与校园足球活动、亲自参与校园足球活动等方面的意愿可以反映出家长参与校园足球政策执行的主动性，对 15 个试点县（区）部分家长问卷调查结果显示，家长非常支持子女参加校园足球活动的比例达 21%，有 33%的家长比较支持子女参与，而 46%的家长对子女参加校园足球活动持否定态度（见图 3-21）。

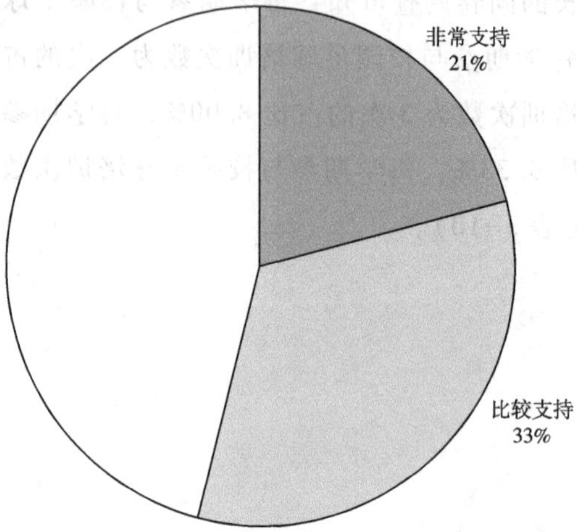

图 3-21　家长支持子女参加校园足球活动情况（N=4320 人）

在是否支持子女参加校园足球活动的问卷调查中，家长不支持子女参加校园足球活动有以下原因：48%的家长认为子女踢球会影响学习成绩，担心考不上高中、大学；还有 21%的家长怕子女在运动中受伤，有家长表示“安全第一，比赛第二”“冬天踢球对子女膝盖不好”等；还有 28%的家长认为参加校园足球活动与其他培优项目冲突，“子女的精力有限”；此外，担心子女在训练或比赛时与他人产生矛盾、影响社交及心理健康的家长占比 3%（见表 3-11）。

表 3-11　家长不支持子女参与校园足球原因（N=1987 人）

单位：人，%

家长不支持原因	N	响应率
影响学习成绩	954	48
担心身体受伤	417	21
与其他培优项目冲突	556	28
影响社交及心理健康	60	3

可见，大多数不支持子女参与校园足球活动的家长主要担心子女学习成绩以及身心健康方面，在与 G 省 L 区家长交谈时，有家长表示：“学校虽然

制定了安全方面的措施，但是还是会有孩子在运动过程中受伤。作为父母，我们是极为担心孩子安全的，希望学校能给予安全医疗保障。”（访谈资料20201205L01）还有家长谈道：“虽然学校安全措施、制度比较完善，但是还是担心孩子踢球时受伤。”（访谈资料 20201205L02）

关于家长自己是否愿意参与校园足球活动的调查显示，22%的家长愿意参与学校校园足球政策建议与制度制定，18%的家长愿意参与学校校园足球活动筹划与举办，12%的家长愿意参与学校校园足球活动教学与训练，而不愿参与任何校园足球活动的家长占 48%，且大部分家长拒绝的理由是工作繁忙和没有兴趣，而亲身参与过校园足球系列活动的家长占比不足 10%（见图 3-22）。

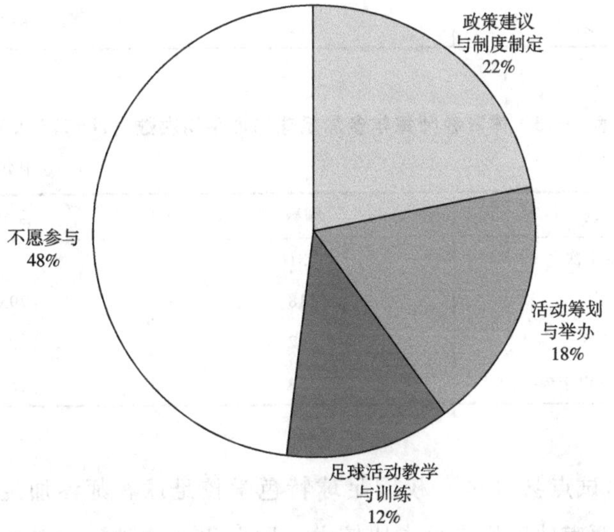

图 3-22　家长参与校园足球活动意愿情况

（3）足球教师参与政策执行主动性

校园足球政策基层执行过程中，无论是发达地区还是相对落后地区，基层特色学校体育教师参与校园足球培训是缓解当前各个县（区）足球专业师资短缺的主要措施之一，也是体育教师参与政策执行主动性的具体体现。《校园足球调研报告（2015—2020）》中体育教师参加校园足球骨干教师培训情况显示，体育教师参加足球专项培训次数中，1~3 次占 71.32%，4 次及以上占 28.68%，大部分集中在 1~3 次（见表 3-12）；体育教师每年平均培训次数中，1 次及以下的占 83.74%，2 次及以上的仅占 16%[①]（见表 3-13）。

表 3-12　体育教师参加足球专项培训情况（N=781 人）

单位：人，%

体育教师参加足球专项培训次数	频数	百分比
1 次	217	27.78
2 次	185	23.69
3 次	155	19.85
4 次	52	6.66
5 次及以上	172	22.02

表 3-13　体育教师每年参加足球培训平均次数（N=775 人）

单位：人，%

次数	频数	百分比
不足 1 次	31	4.00
1 次	618	79.74
1.5 次	2	0.26
2 次及以上	124	16.00

对 15 个试点县（区）校园足球特色学校足球教师参加足球培训情况进行调研，西南地区样本量占比较大，因此以西南地区为基层代表，该地区整体情况与全国青少年校园足球特色学校调查结果基本一致。例如，西南地区 30 所校园足球特色学校足球教师参加足球培训情况调研中，学校足球教师参加足球培训次数在 1~3 次的占比 69%；培训 4~8 次的占比 26%；培训次数为 10 次及以上的占比 5%（见表 3-14）。

① 蔡向阳主编《校园足球调研报告（2015—2020）》，人民体育出版社，2021。

表 3-14　西南地区足球教师参加足球培训情况（N=142 人）

单位：人，%

培训次数	频数	百分比
1 次	33	23
2 次	41	29
3 次	24	17
4 次	11	8
5 次	9	6
6 次	3	2
7 次	3	2
8 次	11	8
10 次	3	2
12 次	4	3

（4）学生参与政策执行主动性

学生群体的足球运动需求能否被满足以及参加校园足球系列活动的意愿、参加比例可以一定程度上反映出其参与校园足球政策执行的主动性。首先，据 2020 年全国校园足球工作专项调研报告①：有 96.89%的特色学校学生认为自己的足球运动需求可以满足，仅 3.11%的学生觉得自己的运动需求没有被满足（见表 3-15）。

表 3-15　特色校学生足球运动需求满足情况（N=9414 人）

单位：人，%

足球运动需求满足情况	频数	百分比
满足	9121	96.89
不满足	293	3.11

在参加校园足球活动意愿方面，15 个试点县（区）特色学校部分学生参与足球活动意愿、参与活动情况的调查显示：52%的学生非常喜欢参与校园足球活动，36%的学生比较喜欢参与校园足球活动，还有 12%的学生不太喜欢参与校园足球活动（见图 3-23）。对此，访谈中学生表示："每次学校

① 蔡向阳主编《校园足球调研报告（2015—2020）》，人民体育出版社，2021。

举办足球比赛我只能在场下看，没什么参与感，别的足球活动也没兴趣参加。”（访谈资料 20201205L03）

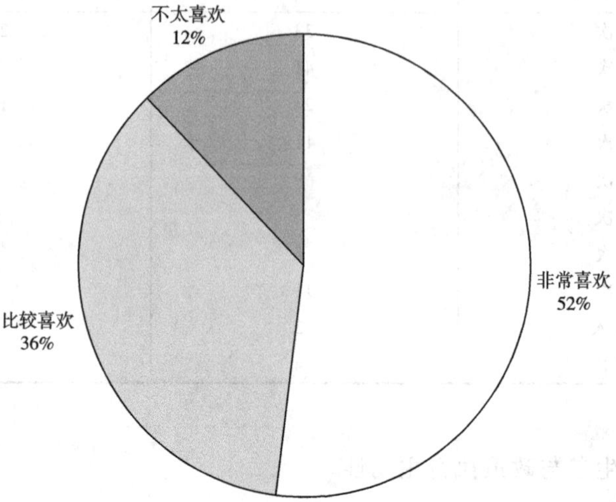

图 3-23 特色学校学生参与校园足球活动意愿

此外，在参加比例上，15 个试点县（区）特色校各班级学生经常参加足球活动的比例如下：26%的班级可以达到全班 100%学生参与校园足球活动，25%的班级学生参与率可以达到 80%~99%，22%的班级可以达到 60%~79%，而参与率在 40%~59%和 20%~39%的班级分别占 14%和 13%（见图 3-24）。

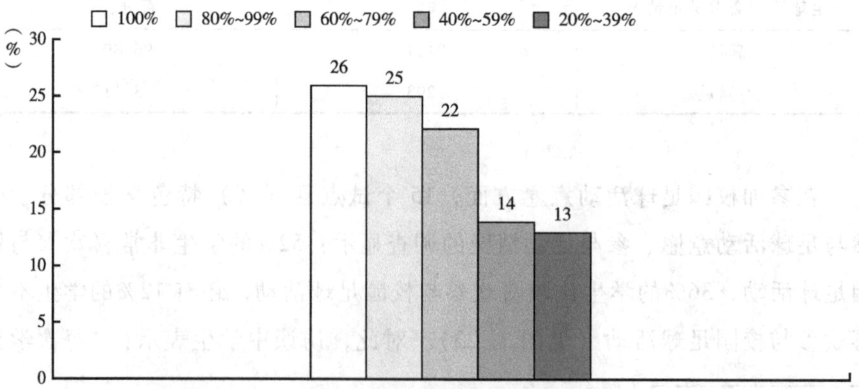

图 3-24 特色学校各班级学生经常参加足球活动的比例情况

（二）目标群体服从政策程度

1. 校长服从政策程度

对学校校园足球工作领导小组成立情况、校园足球工作相关制度建设情况、校长在工作中遇到的障碍以及校长对政策的信心进行调查，能够了解基层学校校长对于校园足球政策的服从程度。《校园足球调研报告（2015—2020）》显示，大部分校园足球特色学校建立了校园足球工作领导小组，仍有一小部分特色学校尚未建立，领导小组组长一般由校长或副校长担任，小组成员主要包括学校的中层领导、班主任和体育教师。大部分学校制定了相应的校园足球工作制度，其中，制定了校园足球工作组织实施制度的学校占比85.95%，招生与教学制度占比55.58%，课余训练和竞赛制度占比90.66%，运动安全防护制度占比80.63%，检查督导制度占比44.76%，师资培训制度占比57.50%，其他占比2.01%（见表3-16）。对于校长来说，开展校园足球活动仍存在诸多困难。根据问卷调查结果将其转化为平均分①的形式显示，其中师资队伍建设工作难度平均分为3.17，场地设施建设平均分为2.80，经费条件保障平均分为2.92，足球课程教学平均分为2.23，校内竞赛开展平均分为1.85，足球文化建设平均分为2.02，运动风险防控平均分为2.94，足球特色发展平均分为2.47（见表3-17）。由此可见，校长开展校园足球工作所遇困阻主要集中在师资队伍建设、运动风险防控、经费条件保障、场地设施建设方面②。此外，对部分基层特色学校校长访谈时，有校长表示："在如今教育体制下，想要将足球运动真正搞起来难如登天，校园足球最后的结局也是不了了之。"（访谈资料20201219S01）校长群体对校园足球政策在基层执行的信心由此可见一斑。

2. 家长服从政策程度

家长群体对校园足球政策的服从程度可以通过其对政策的了解途径、了解程度等方面显示。其中，在校园足球政策了解途径方面，根据对家长调查的结果：6%的家长通过新闻报刊了解校园足球政策，81%的家长通过家长会

---

① 平均分＝（很困难数量×5+困难数量×4+一般数量×3+容易数量×2+很容易数量）÷265。

② 蔡向阳主编《校园足球调研报告（2015—2020）》，人民体育出版社，2021。

表 3-16 校园足球工作制度制定情况（N=1146 所）

单位：项，%

主要制度	小计	比例
校园足球工作组织实施制度	985	85.95
招生与教学制度	637	55.58
课余训练和竞赛制度	1039	90.66
运动安全防护制度	924	80.63
检查督导制度	513	44.76
师资培训制度	659	57.50
其他	23	2.01

表 3-17 调研学校校长对各工作难度评价统计（N=265 人）

单位：人

工作难度	很困难	困难	一般	容易	很容易	平均分
师资队伍建设	17（6.42%）	90（33.96%）	92（34.72%）	52（19.62%）	14（5.28%）	3.17
场地设施建设	13（4.91%）	57（21.51%）	84（31.70%）	87（32.83%）	24（9.06%）	2.80
经费条件保障	24（9.06%）	62（23.40%）	74（27.92%）	79（29.81%）	26（9.81%）	2.92
足球课程教学	3（1.13%）	17（6.42%）	67（25.28%）	129（48.68%）	49（18.49%）	2.23
校内竞赛开展	3（1.13%）	7（2.64%）	32（12.08%）	129（48.68%）	94（35.47%）	1.85
足球文化建设	2（0.75%）	6（2.26%）	55（20.75%）	134（50.57%）	68（25.66%）	2.02
运动风险防控	10（3.77%）	76（28.68%）	86（32.45%）	73（27.55%）	20（7.55%）	2.94
足球特色发展	5（1.89%）	29（10.94%）	89（33.58%）	105（39.62%）	37（13.96%）	2.47

注：平均分越高说明校长认为此项工作开展困难程度越大。

了解校园足球政策，13%的家长通过网络新媒体对校园足球政策进行了解（见图 3-25）。

此外，《2019 年全国校园足球发展调研报告》中家长对校园足球关注度情况显示，对校园足球非常关注的家长占比 43.1%，比较关注的家长占比

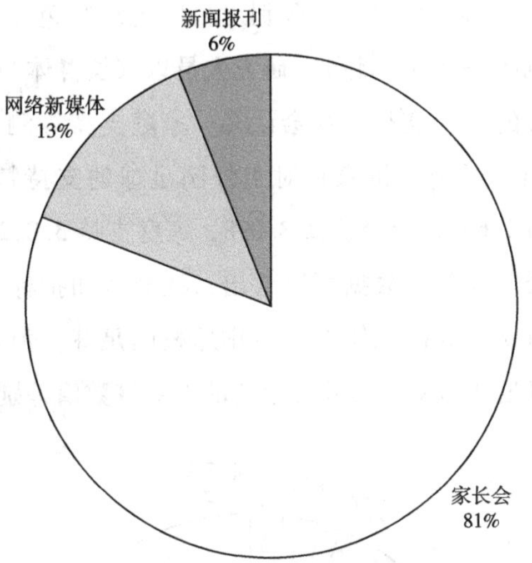

图 3-25 家长对校园足球政策的了解途径

36.8%，不太关注和不关注的家长占比 7.8%和 1.0%[①]（见图 3-26）。有家长谈道："校园足球不仅影响孩子们身体健康，其中一些政策还涉及了孩子的升学。"（访谈资料 20201205L04）

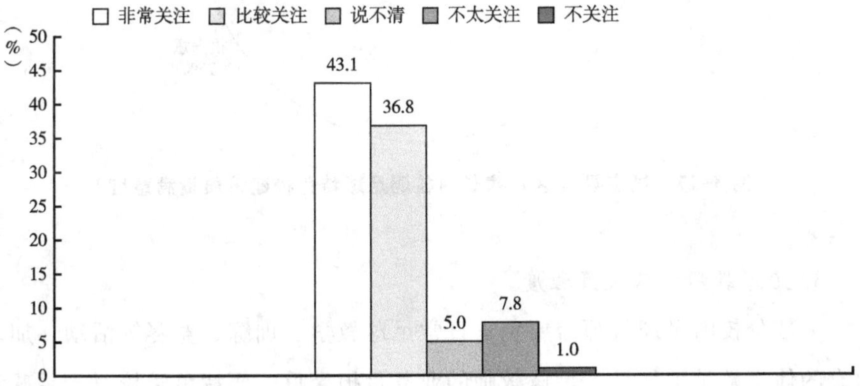

图 3-26 家长对校园足球关注度

而 15 个试点县（区）的家长对校园足球特色学校建设质量满意度调查显示，75%的家长表示很满意，17%的家长表示基本满意，还有 2%的家长认为

① 蔡向阳：《校园足球发展调研报告：2015—2020》，人民体育出版社，2019。

建设质量一般，有4%和2%的家长分别对校园足球特色校建设质量表示不满意和很不满意（见图3-27）。此外，研究人员以家长群体为调查对象，以博格达斯社会距离量表的社会交往、社会认知、家庭支持等测度，以累加题项总分得出的社会距离，用于分析家长对于校园足球的支持特征。其研究表明：社会交往平均值为1.695，社会认知3.098，家庭支持3.022，数值越大说明支持和认知水平越低。从以上数据可以看出，社会认知指标和家庭支持指标的数值偏大，这表明家长群体总体上虽不排斥校园足球，但若以实际行动支持或者鼓励子女从事足球运动，其社会距离的因变量数值差别就非常显著[①]。

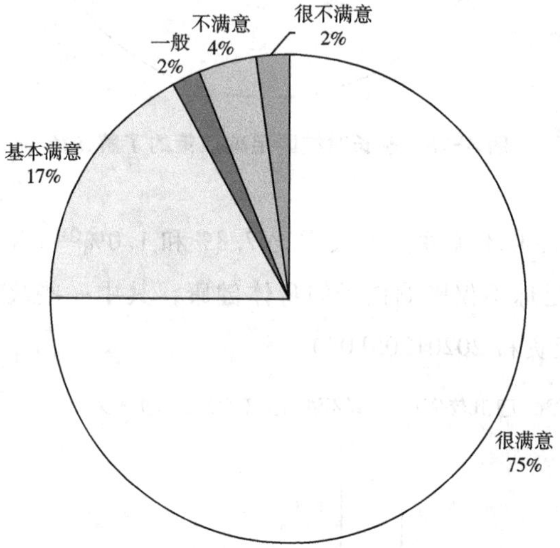

图3-27　试点县（区）家长对校园足球特色校建设质量满意度

3. 足球教师服从政策程度

大部分校内足球教师需要负责日常足球教学、训练、竞赛等活动，加之原有的体育教学工作量，足球教师的业务负担繁重，而特色学校对于足球教师的激励措施可以有效激发教师对待校园足球工作的积极性。因此，学校对足球教师的激励措施以及足球教师对政策预期的信心，可以在一定程度上反映出校园足球特色学校足球教师的服从政策程度。

① 张春合：《社会距离视角下家长对校园足球支持的多维度特征研究》，《北京体育大学学报》2019年第12期，第96~107页。

150所校园足球特色学校的足球教师调查问卷数据显示，将足球培训计入继续教育学时的有86所，占比57.33%；将足球训练计入教师工作量的有43所，占比28.67%；将足球竞赛成绩计入教师评比评优的有51所，占比34.00%；将足球竞赛计入教师职称晋升的有49所，占比32.67%；学校给足球教师发放训练补助的有32所，占比21.33%；但仍有6所校园足球特色学校未制定针对足球教师的激励措施，占比4.00%（见表3-18）。

表3-18　全国青少年校园足球特色学校对足球教师的激励措施（N=150所）

单位：所，%

激励措施	学校数量	比例
足球培训计入继续教育学时	86	57.33
足球训练计入教师工作量	43	28.67
足球竞赛成绩计入教师评比评优	51	34.00
足球竞赛计入教师职称晋升	49	32.67
学校给足球教师发放训练补助	32	21.33
无激励措施	6	4.00

足球教师是提升学生足球运动技能水平和实现以球育人目标的重要群体之一，足球教师对于校园足球政策预期信心，会影响学生学习足球的积极性，也可反映足球教师对足球政策的服从程度。对682名校园足球特色学校足球教师对政策认同程度的调查显示，对校园足球政策非常认同的有424人，占比62.17%；对校园足球政策认同的有118人，占比17.30%；认为校园足球政策一般的有14人，占比2.05%；对校园足球政策不认同的有23人，占比3.37%；对校园足球政策非常不认同的有103人，占比15.11%（见表3-19）。

表3-19　足球教师对政策认同程度（N=682人）

单位：%

信心程度	人数	占比
非常认同	424	62.17
认　同	118	17.30
一　般	14	2.05
不认同	23	3.37
非常不认同	103	15.11

4. 学生服从政策程度

学生对校园足球政策服从程度主要体现在参与校园足球活动的形式、次数等方面。15个试点县（区）特色校学生参与校园足球相关活动次数调查显示，约69%的学生每年参加校园足球相关活动1~3次，24%的学生参加校园足球相关活动3次以上，还有7%的学生未参加过校园足球相关活动（见图3-28）。

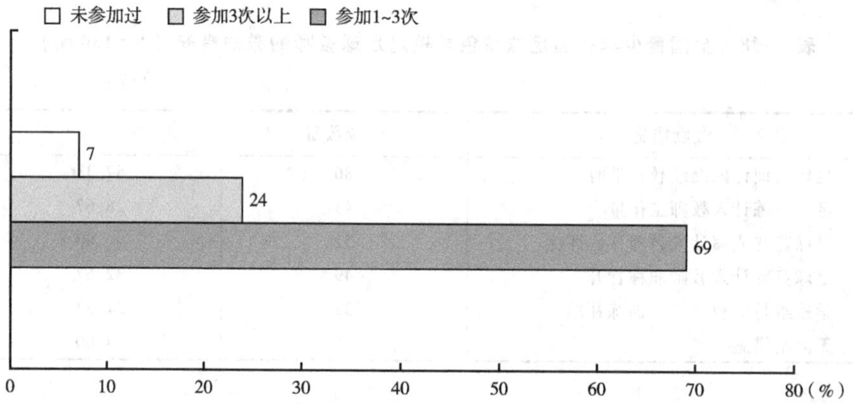

图3-28 学生参加校园足球活动次数情况

此外，在参与校园足球相关活动形式上存在一定的性别差异，32%的男生参加过校园足球竞赛活动，仅25%的男生参加过足球课外训练，38%的男生会参加校园足球相关的绘画、征文等文艺活动，还有5%的男生未参加过相关活动；女生方面，仅15%的女生参加过校园足球竞赛，12%的女生参加过足球课外训练，64%的女生参加过校园足球相关的绘画、征文等文艺活动，还有9%的女生未参与过校园足球相关活动（见表3-20）。

表3-20 男女学生参与校园足球活动情况

单位：%

	男生	女生
足球竞赛	32	15
课外训练	25	12
文艺活动	38	64
未参加	5	9

（三）目标群体先前政策经验

在现代教育对学校体育提出新要求背景下，学校体育要为学生终身学习打下基础，要为学生主动学习体育创造条件①。2006 年 12 月 20 日，教育部、国家体育总局、共青团中央印发《关于开展全国亿万学生阳光体育活动的决定》，并于 2007 年 4 月 29 日在全国范围内全面启动“全国亿万学生阳光体育运动”，简称“阳光体育运动”。其中，足球作为推进素质教育、引领学校体育改革创新的重要突破口，在“阳光体育运动”中发挥着重要作用。例如，《关于加快发展青少年校园足球的实施意见》明确指出，要把足球运动作为学校大课间和课外活动内容，鼓励引导广大学生“走下网络、走出宿舍、走向操场”，积极参加校外足球运动。同时，校园足球政策与阳光体育运动政策同属学校体育政策，政策目标群体相同。而政策目标群体往往会因自身所处的环境、需求而对政策产生相应的看法和认知，这些经验与看法也会对目标群体主动参与政策及政策评价产生重要影响②。因此，以“阳光体育运动”政策为例来分析校长、家长、足球教师、学生等目标群体的先前政策经验具有一定的实际意义。

1. 校长的先前政策经验

校长对于学校体育类先前政策的经验和看法很大程度上可以反映出其对体育运动的重视程度。校园足球与“阳光体育运动”同为学校体育工作的重要举措，调研校园足球特色学校校长对“阳光体育运动”政策的经验有助于更好地把握基层校长对于校园足球相关政策的态度。

校园足球特色学校校长问卷调查结果显示，30%的学校未成立阳光体育运动领导小组，70%的学校成立了阳光体育运动领导小组（见表 3-21）。在政策保障方面，34%的学校仍未达到制度建设要求，66%的学校建立了相应的规章制度和工作制度（见表 3-22）。

① 张洁：《“阳光体育运动”背景下我国中学课外体育活动的理论与实验研究》，上海体育学院博士学位论文，2012。

② 杨霞：《宁夏失业保险政策研究》，华东师范大学硕士学位论文，2012。

表 3-21　阳光体育运动领导小组成立情况（N=150 所）

单位：所，%

是否成立阳光体育运动领导小组	小计	比例
否	45	30
是	105	70
未填写	0	0

表 3-22　规章制度和工作制度建立情况（N=150 所）

单位：所，%

是否建立相应的规章制度和工作制度	小计	比例
否	51	34
是	99	66
未填写	0	0

部分校长认为“体育可搞可不搞”“体育学科是副科，对升学没多大帮助，随便应付一下就行了”①。例如，S 市 W 区某中学校长在谈及“阳光体育运动”时表示：“学校开展阳光体育运动主要为了完成上级的任务，学校需要有但不需要精，在保证学生学业不受影响的前提下可以开展大课间活动。”（访谈资料 20201210W02）

校园足球特色学校教师问卷显示，本校校长非常支持“阳光体育运动”的仅占 20%，一般支持的占 40%，不支持的占 40%（见图 3-29）。对部分体育教师访谈后发现，部分校长对于“阳光体育运动”政策不重视，学校开展“阳光体育运动”形式较为单一。例如，C 市 Q 区某中学体育教师表示：“学校对于阳光体育运动毫不上心，仅仅组织学生上下午进行跑操活动，有的班级因为上节课拖堂甚至不参加跑操。”也有学校教师表示：“临近期末，体育课被其他任课老师借走的现象屡见不鲜，而校长对此更是持默认态度。”（访谈资料 20201225Q01）

2. 家长的先前政策经验

阳光体育运动的开展除了学校的全面推进，还需要得到家长的大力支

① 杨定玉、杨万文、黄道主等：《学校体育政策执行偏差的表现、原因与对策——以“阳光体育运动”的政策分析为例》，《武汉体育学院学报》2014 年第 1 期，第 78~82 页。

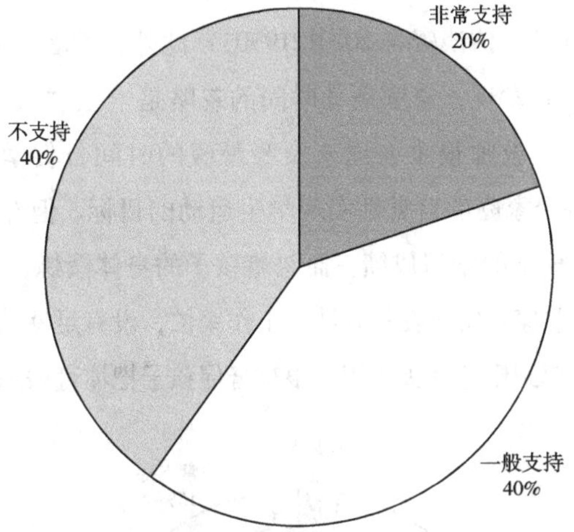

图 3-29　校长对开展“阳光体育运动”的支持程度

持，而家长对阳光体育运动政策的认知和了解对其支持程度有重要影响。因此，从家长对阳光体育运动政策认知出发，调查家长支持情况，以期了解家长群体的先前政策经验。

首先，家长对阳光体育运动的了解情况，15 个试点县（区）部分家长问卷显示，30%的家长对此政策不太了解，12%的家长对此政策非常了解，33%的家长了解，还有 25%的家长不了解该政策（见表 3-23）。

表 3-23　家长对阳光体育运动政策了解情况（N=4320 人）

单位：人，%

	人数	百分比
非常了解	519	12
了解	1426	33
不太了解	1295	30
不了解	1080	25

其次，家长支持度调查上，15%的家长非常支持阳光体育运动，20%的家长比较支持，35%的家长支持，有 27%、3%的家长不太支持和不支持（见图 3-30）。与部分持“不支持”态度的家长沟通时，有家长表示：“阳关体育运动政策也就是让孩子本该学习的时间去操场上玩，真是浪费了孩子大好的读书时间

啊。”（访谈资料 20201219S02）还有家长表示：“本来孩子学习就不好，去发展这些特长更没啥用。”（访谈资料 20201219S03）此外，学者在研究“阳关体育运动政策落实情况”时发现，家庭运动时间的忽略是学生“每天运动 1 小时”无法实现的原因之一。教师很难在周末及寒暑假的时间督促学生进行体育锻炼，此时，只有依靠每个家庭的自觉性实现学生运动的目标。但部分家长教育理念存在偏差，过度关注孩子的学习成绩，而忽略孩子的身体锻炼，一再压缩孩子的休息、锻炼时间。有些家长常年在外奔波，工作繁忙，没有足够的时间陪伴孩子，在体育锻炼方面没有起到模范带头作用，很难督促孩子把体育锻炼落实到行动中[①]。

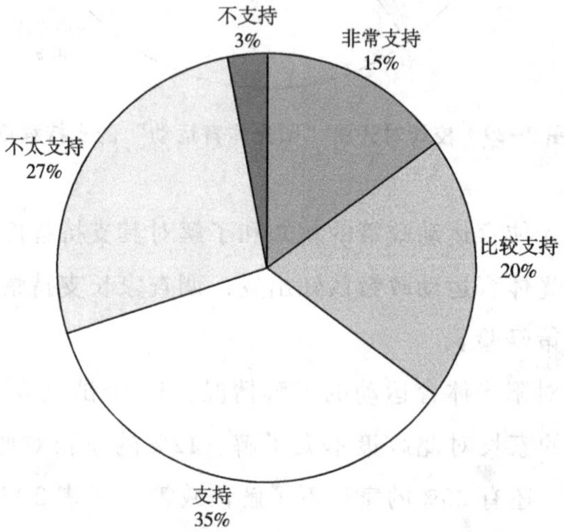

图 3-30　家长支持阳光体育运动情况

3. 足球教师的先前政策经验

体育教学活动是学校教育的重要组成部分，通过体育教师进行专业的体育指导，可以促使学生的身心健康得到全面发展。阳光体育运动的高质量发展，体育教师是执行主力军。但从实施的现实状况来看，许多体育教师存在对阳光体育和学校体育二者概念混淆的问题，大部分体育教师对这一政策的认识存在偏差，认为阳光体育运动基本上就是强化体育课[②]。

---

① 姜莉珍、李臣之：《阳光体育运动 1 小时“缩水”归因及对策》，《教学与管理》2017 年第 30 期，第 21~24 页。

② 何昌贵：《南昌市城区小学生课外体育锻炼现状及对策研究》，江西科技师范学院硕士学位论文，2011。

阳光体育运动政策中足球专项教师产生的政策经验和认知态度对校园足球政策具有一定迁移作用。因此，足球专项教师在体育教师中的占比情况和对先前政策的支持情况可以在一定程度上反映足球教师群体的先前政策经验。《校园足球调研报告（2015—2020）》显示，在编教师占比 81.42%，兼职教师占比 18.58%，足球专项教师占比 38.58%[①]（见表 3-24）。此外，根据对“阳光体育运动”政策支持性调查，足球教师持支持态度的占 78.09%，持不支持态度的占 21.91%（见表 3-25）。

表 3-24　学校各类体育教师数量调查（N=265 人）

单位：人，%

体育教师类别	占体育教师总数比例
体育教师	100
在编教师	81.42
兼职教师	18.58
足球专项教师	38.58

表 3-25　足球教师对“阳光体育运动”政策的支持性（N=682 人）

单位：人，%

对政策的支持性	人数	百分比
支持	533	78.09
不支持	149	21.91

4. 学生的先前政策经验

学生群体的先前政策经验主要体现在参与学校体育政策相关活动的动机、行为态度以及参与方式等方面，这些先前政策经验可能影响后续学校体育政策的有效实施。动机是直接促进学生参与活动的内在动机或驱动力，学生参与了某种运动就表明其内心产生了一定的运动愿望，这种愿望达到一定水平的心理动力可以推动学生参加体育学习与锻炼。15 个试点县（区）部分学生调查结果显示，27%的学生参与阳光体育运动是出于兴趣爱好，25%的学生只是为了遵守学校规定，14%的学生是想结交朋友，

① 蔡向阳主编《校园足球调研报告（2015—2020）》，人民体育出版社，2021。

有 8%的学生是为了缓解疲劳，锻炼身体、学习运动技能分别占 13%、9%（见图 3-31）。

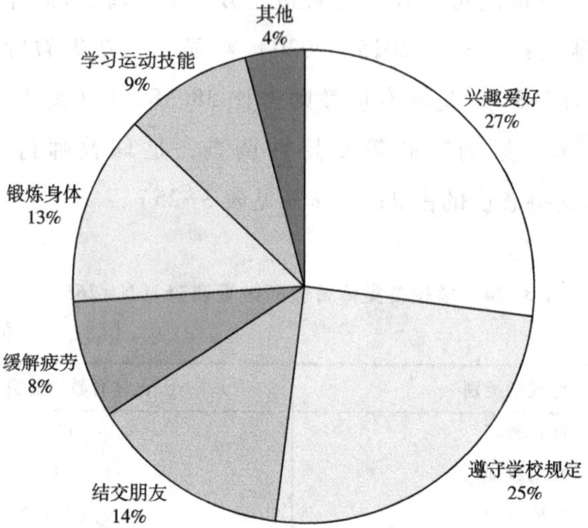

图 3-31　学生参与阳光体育运动的动机

学生是阳光体育运动的主要目标群体，学生对各式各样的体育活动有着不同的兴趣，从而影响其参与积极性。15 个试点县（区）调研发现，球类运动是学生们最喜欢参加的体育活动，有超过 50%的学生喜欢参与其中；喜欢体育游戏、广播操的同学分别占 44%、32%，还分别有 20%、15%的学生喜欢参加武术运动和跑操（见图 3-32）。

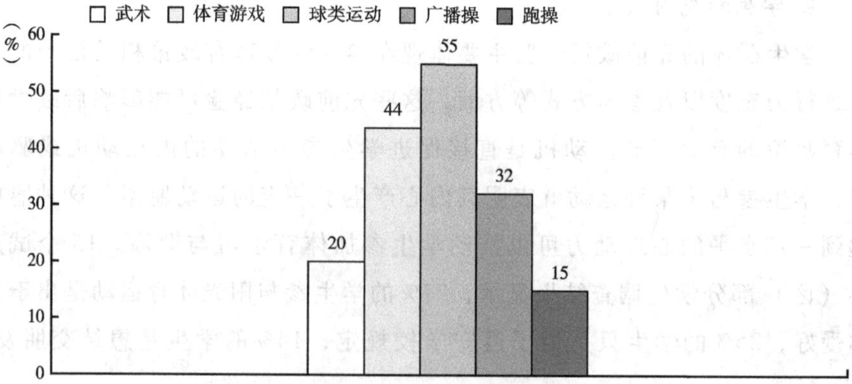

图 3-32　学生喜欢参与的阳光体育运动

二　基层目标群体困境表征

（一）校长群体对校园足球政策基层执行的羁绊

1. 认知理解偏差，发展轨道相偏离

随着校园足球不断发展，越来越多特色学校校长对校园足球政策认知逐渐加深，但仍有部分校长受传统教育观念束缚，对校园足球蕴含的价值功能理解存在偏差，导致政策执行过程中频现与校园足球发展“真义”相偏离的现象。《关于加快发展青少年校园足球的实施意见》明确指出：“把发展青少年校园足球作为落实立德树人根本任务、培育和践行社会主义核心价值观的重要举措，作为推进素质教育、引领学校体育改革创新的重要突破口，充分发挥足球育人功能。”并且在“重点任务”一栏中强调：“提高校园足球普及水平，鼓励支持各年龄段学生广泛参与，积极开展青少年女子足球运动，让更多青少年体验足球生活、热爱足球运动、享受足球快乐[①]。”而部分学校校长在“应试教育环境”和“传统体育观”的影响下，认为校园足球活动是少数人的运动，学生需将更多精力集中在文化学业上，故部分学校校长的工作重心倾向于普通学生的文化学习。如前文所述，1.94%的教师认为本校校长对校园足球工作不重视，将工作重心放在升学率等方面。此外，部分校长将校园足球特色学校的建设看作应付上级的“政治任务”，过度看重校队荣誉等显性成绩[②]，对校内足球课程、课外足球训练及班级联赛等校园足球相关活动的开展质量关注较少，致使校园足球慢慢成为少数尖子生的“训练基地”，与校园足球推广普及任务相背离。这种陈旧认知偏见会影响校园足球的开展形式与发展重心，极易走回“重提高、轻普及”的精英老路。

2. 收益效果不佳，相关政策难遵从

目标群体的遵从态度主要取决于公共政策给目标群体成员带来的遵从收

① 教育部：《关于加快发展青少年校园足球的实施意见》，http：//www.moe.gov.cn/srcsite/A17/moe_ 938/s3273/201508/t20150811_ 199309.html。

② 诸葛浩洋、马玉华：《校长校园足球发展的价值领导力：应然追求与实然困境》，《第十二届全国体育科学大会论文摘要汇编——墙报交流（学校体育分会）》，2022，第1382～1384页。

益和遵从成本[①]。若遵从成本较低，遵从收益较大，会极大提高目标群体遵从政策的动力；若遵从成本较高，遵从收益较小，则目标群体会表现出对政策的不遵从。校长作为学校第一负责人，其利益诉求基本决定了学校的利益取向[②]。而在如今"以分数论成败"的大环境下，无论是从学校利益出发，还是出于个人政绩考量，校长都会把升学率作为优先考虑对象。因此，面对校园足球相关政策时，校园足球政策与升学率的关联度和现实执行难度直接影响校长对政策的遵从度。

根据150所校园足球特色学校校长对于校园足球相关政策的信心程度可知，部分学校校长对校园足球相关政策仍持悲观态度，究其原因，校园足球政策与学生升学率关联度较低，主要表现为高水平运动员招考指标较少，足球运动等级证书考取难度较大，造成普通学生难以顺利通过"高竞技"独木桥[③]，致使校长在政策执行过程中获得的遵从收益低，遵从成本高，逐渐出现不遵从或敷衍执行的现象。此外，校园足球政策执行的现实难度也影响着校长对政策的遵从程度。学校开展校园足球的困阻主要集中在师资队伍建设、运动风险防控、经费条件保障、场地设施完善方面，这些问题非短时间内可以解决，需要耗费学校大量时间和精力倾注其中。而部分校长在功利主义思想的影响下，对于校园足球政策选择性执行，规避政策执行中的关键问题，导致出现"节日足球""形式足球"等异化现象。

3. 消极态度迁移，体育政策低重视

阳光体育运动是教育部、国家体育总局、共青团中央在全国范围内开展的一项鼓励广大青少年学生走向操场、走到阳光下，积极参加体育锻炼、增强身体素质的体育活动。然而，"阳光体育运动"在推进过程中陷入"上面重视、下面漠视"的困局，原因是上级部门与基层目标群体间存在利益博弈。作为学校领航者，校长对"阳光体育运动"的重视程度决定活动是否能够顺利开展。根据对上述150所校园足球特色学校的调研

① 朱光喜：《公共政策执行：目标群体的遵从收益与成本视角——以一项农村公共产品政策在三个村的执行为例》，《云南行政学院学报》2011年第2期，第41~46页。

② 戴狄夫、金育强：《我国校园足球政策执行的利益辨识与制度规引》，《武汉体育学院学报》2018年第10期，第38~43页。

③ 姜南：《我国校园足球政策执行的制约因素与路径选择——基于史密斯政策执行过程模型的视角》，《中国体育科技》2017年第1期，第3~8+26页。

情况，多数学校积极开展“阳光体育运动”并建立阳光体育运动小组及相关配套政策，但依然存在部分校长敷衍执行此项政策。原因在于学生文化成绩关系多数校长的“乌纱帽”，是评判学校教学质量的关键因素。校长在遵从收益考量之下，不得不将体育运动让步于文化课，将学校发展重心向学生文化成绩倾斜。因此，调研发现，学校体育活动时间被严重压缩的主要原因之一是文化课的“强硬占用”，这种行为也是在校长的默许下进行的[①]。

校园足球与阳光体育同为学校体育发展的重要抓手，校长对阳光体育运动政策的遵从态度会影响校园足球等校内体育活动的开展，这种消极态度的迁移也势必会阻碍校园足球政策的有效落实。

（二）家长群体对校园足球政策基层执行的纷扰

1. 群体构成复杂，组织化程度较低

家长参与子女学校教育是影响学生学业成绩的重要因素，不同社会经济地位家庭的家长参与，在一定程度上能够调节和促进学生学业的发展[②]。同时，家长作为学生的监护人，其对孩子的教育观念和学习态度有着重要导向。相较于学校的硬件条件而言，家长所表现出的态度对校园足球的发展起着至关重要的作用。据前文调研结果，家长对孩子参与校园足球活动的支持度会随着学龄上升而不断降低，尤其在高中阶段支持率不足20%。从整体看，很多家长认为在中小学阶段，孩子可以参加一些体育活动，但在高中阶段，应全身心投入文化课学习，其他文体活动尽量少参加[③]。在不支持孩子参与校园足球活动的调查中，近一半家长认为踢球会影响孩子学习，还有家长认为会耽误参加其他培优项目且存在较高受伤风险；访谈时，多数家长将孩子的文化学习放在首位，并希望自己的孩子能够避免运动损伤风险；在家长参与校园足球活动意愿的调查中，近50%的家长表示不会参与校园足球相关活动，而亲身参与

---

① 李晓雷、王永安：《中小学“阳光体育运动”的推进实施与基础教育利益群体的博弈》，《教学与管理》2014年第24期，第141~143页。

② 安桂清、杨洋：《不同社会经济地位家庭的家长参与对子女学业成就影响的差异研究》，《教育发展研究》2018年第20期，第17~24页。

③ 张春合：《社会距离视角下家长对校园足球支持的多维度特征研究》，《北京体育大学学报》2019年第12期，第96~107页。

其中的家长更是寥寥无几。可见，作为基层校园足球政策执行目标群体的家长群体对待“教育”“校园足球”等问题各自秉持不同态度和利益诉求，孩子所处学龄阶段、家长教育背景、家庭经济状况等因素是影响政策遵从态度的主要因素，构成复杂多样的家长群体尚未形成推进校园足球政策执行的有效合力。

2. 缺乏政策认同，相关政策难服从

研究表明，父母的体育行为、体育态度与学生的运动参与、体育行为之间具有正向相关关系[①]。对校园足球政策基层执行目标群体而言，学校、家庭、学生等方面，最大执行阻滞环节可能仍在家庭，若家长对政策内容不认同，就会产生一定博弈行为和阻力，甚至可能转化为对政策的怀疑、否定、规避[②]。目前，家长对校园足球政策认同度较低，虽有43%的家长对校园足球政策非常关注，但其对校园足球政策了解途径较为单一，主要从“家长会”得知，而新闻报刊、网络媒体等宣传平台未起到应有作用，使政策内容很难得到有效宣传与理解。从15个校园足球试点县（区）家长对校园足球特色校建设满意度情况来看，75%的家长很满意校园足球特色学校建设情况，持不满意态度的家长比例不到10%。然而，大部分家长并未实质性参与校园足球活动，对子女参与活动的支持态度缺乏行为支撑，这表明家长对校园足球价值功能的认知还处在浅表层面，对校园足球政策缺乏足够认同[③]。家长对于足球运动培养学生的集体主义荣誉感与团队合作精神、增强心理适应能力和抗挫能力、养成责任意识和竞争意识等方面的育人功能并未产生充分共鸣。特别是，家长群体的“唯成绩论”固化观念严重影响其对校园足球政策的服从态度和支持力度。

3. 误解先前政策，错误观念加深

随着我国社会结构变迁，联合主干家庭开始向核心家庭转化，“脆弱”的独生子女越来越多，优渥环境中成长的孩子不愿“吃苦”，同时，成才与

---

① 陈佳豪、文宽、徐飞：《青少年身体素养与家庭教育、家长体育态度之间的关系研究》，《山东师范大学学报》（自然科学版）2021年第2期，第212~216页。

② 张春合：《社会距离视角下家长对校园足球支持的多维度特征研究》，《北京体育大学学报》2019年第12期，第96~107页。

③ 张春合：《社会距离视角下家长对校园足球支持的多维度特征研究》，《北京体育大学学报》2019年第12期，第96~107页。

就业带来的激烈竞争和高强度学习压力使学生无暇顾及体育锻炼[①]。因此，学生身体素质呈现逐年下滑趋势，表现为近视率及肥胖率高位波动，青少年锻炼行为的养成率和巩固率依旧低迷。2006 年，教育部、国家体育总局、共青团中央决定在全国各级各类学校中开展“全国亿万学生阳光体育运动”。这一学校体育政策的实施是提高青少年体育意识、增强青少年体质的重要战略举措。但是，调查显示：有 55%的家长表示对政策并不了解，近三成家长对“阳光体育运动政策”持否定态度，仅 15%的家长非常支持该政策。部分家长认为长跑等体能项目是造成运动猝死的原因，认为体育运动会对学生身体造成危害，肆意夸大体育运动的外源风险，更有甚者建议取消体育中考。这些先前政策经验与体育教育观念是广大家长群体“误解”体育价值功能的重要原因，并将进一步影响其对待校园足球的认知，成为学生参与校园足球活动的重要阻碍。

（三）教师群体对校园足球政策基层执行的阻滞

1. “质”“量”发展不均衡，专项培训待提高

校园足球高质量发展离不开足球专项教师数量和质量两方面的均衡提升。从全国校园足球特色学校现有专职足球教师数量来看，平均每所学校体育教师 1.7 名，足球专项教师 0.9 名，基本满足《全国青少年校园足球特色学校基本标准（试行）》中“至少有一名足球专项体育教师”的要求。虽然校均 1 名足球教师的师资配置能够保障中小学足球教学的基本需求，但面对特色学校“大班额”“多班级”授课现状，现有足球师资无法有效保障足球教学训练质量。校园足球教师不仅要掌握专业足球技能，还要具备先进的教学理念、足球教学与训练能力。目前，特色学校师资配置在“量”上基本达到国家政策要求，但在“质”上仍有较大提升空间，这也是限制基层校园足球特色学校高质量发展的重要因素。例如，西南地区校园足球特色学校师资配置调研中，“无任何教练员级别证书”的在校足球教师占比高达 44%，这部分足球教师非足球专业出身，是由其他专项的体育教师构成，其在教学中会出现教学技能规范性不足、示范动作正确性有限、讲解和实战教

---

① 杨定玉、杨万文、黄道主等：《学校体育政策执行偏差的表现、原因与对策——以“阳光体育运动”的政策分析为例》，《武汉体育学院学报》2014 年第 1 期，第 78～82 页。

学水平较低等一系列问题①。

目前，我国校园足球师资质量提升的主要路径之一是足球专项培训。截至2021年，全国校园足球特色学校足球教师参加足球专项培训1~3次的占71.32%，4次及以上占28.68%。以西南地区为代表的基层特色学校中参加过1~3次足球专项培训的教师占69%，4~8次占26%。《全国青少年校园足球特色学校基本标准（试行）》要求校园足球特色学校每年至少提供足球教师1次参与足球培训的机会②，虽然绝大多数基层学校已达到政策要求，但多数非足球专业出身的体育教师难以在短时间的集中培训中真正提高足球专项教学训练水平，如何建立分级分类的师资培训体系将是未来校园足球发展的重点与难点问题。

2. 压力动力不匹配，政策预期信心低

“实效政策”是基层足球教师所需。随着校园足球政策的深入贯彻，“教会、勤练、常赛”教学理念的高质量践行离不开足球教师的全力配合，足球教师的执教压力随之上升，但与之匹配的政策激励体系尚未建立。国家相关政策虽提出“建立教师从事足球教学的激励机制，落实体育教师待遇”，但仍过于关注如何“强化师资培训，完善教学能力”，对足球教师的激励措施并未有效落实，相关合理利益诉求未引起足够重视。基层地方实践中，多数特色学校也并未着重考虑足球教师的切身利益，在课余训练、外出竞赛等方面没有形成制度性保障，许多课余足球工作成为教师的“主动奉献”。

通常情况下，当一项关乎自身利益的政策文件印发后，足球教师群体会重点关注，并进行详细解读以确定政策的指向和要求，进而判断其为自身带来的遵从收益和遵从成本，再根据考量结果选择行为策略③。例如，基层足球教师政策认同度调研中，对校园足球政策不认同和非常不认同的足

① 张亚琼：《校园足球背景下足球骨干师资国家级培训现状与对策研究》，华东师范大学硕士学位论文，2016。

② 教育部办公厅：《全国青少年校园足球试点县（区）基本要求（试行）》，http：//www.moe.gov.cn/srcsite/A17/moe_ 938/s3273/201808/t20180829_ 346499.html。

③ 邱林：《利益博弈视域下我国校园足球政策执行研究》，北京体育大学博士学位论文，2015。

球教师占 18.48%。访谈得知，足球教师的合理利益诉求长期得不到满足是该群体缺乏政策认同的主要原因。这种政策设计缺陷与政策目标落空极易挫伤足球教师群体的积极性和主动性，降低目标群体的政策预期信心。

3. 政策经验负迁移，教学质量提升受阻碍

2006 年《关于开展全国亿万学生阳光体育运动的决定》印发后，学校体育事业得到飞速发展。但通过对基层“阳光体育运动”问卷调查显示，部分足球教师对政策解读存在偏差，致使政策执行梗阻问题时有发生。特别是在社会、学校、家庭多元利益的驱动下，教师在执行政策过程中会出现“赶过场”“走形式”或者应付“上面检查”的情况①。例如，15 个试点县（区）调研发现，对该政策持支持态度的足球教师有 533 名，占比 78.09%，但仍然有超过 20%的教师并不支持该项政策。教学质量受制于足球教师的专业素养水平，而在先前政策经验的顺向负迁移催化下，教师群体陷入主观主义泥潭，难以扭转政策认知，教学胜任力不强、素养水平不高，校园足球教学高质量发展受挫。

（四）学生群体对校园足球政策基层执行的困阻

1. 学习压力较大，参与动力不充足

近年来，学生因面临升学、考试压力，身心健康和幸福体验普遍不高，这一现象受到社会、学校和家庭越来越多的关注②。研究表明，我国普遍存在小学生学习压力相对较低，初中生、高中生学习压力过大的社会现象，学习压力过大的学生比例随年级升高而显著增加③。对 15 个试点县（区）校园足球特色学校学生调查发现，学生极其重视“文化课考试成绩”，且重视程度会随着年级升高呈递增趋势，而对体育等方面的关注度逐渐降低。

当前，文化课学习对体育活动时间的挤占依然是限制中小学生参与体育运动的主要因素。上述调查显示，虽然有超过 50%的学生表示自己喜欢体育

---

① 杨定玉、杨万文、黄道主等：《学校体育政策执行偏差的表现、原因与对策——以“阳光体育运动”的政策分析为例》，《武汉体育学院学报》2014 年第 1 期，第 78~82 页。

② 王田、刘启蒙、罗海风：《高中生学习动机、学习压力与主观幸福感的阈值研究——以我国东部 S 省的测评结果为例》，《华东师范大学学报》（教育科学版）2021 年第 3 期，第 59~70 页。

③ 龙安邦、范蔚、金心红：《中小学生学习压力的测度及归因模型构建》，《教育学报》2013 年第 1 期，第 121~128 页。

运动，但实际每天参与课外锻炼超过 1 小时的中小学生比例仍不足 30%。此外，每天锻炼 1 小时的中小学生占比随着学生年级的增加而减少，小学生人数占比 34.7%，初中为 25.0%，而高中生仅为 15.4%。可见，学生学业压力的增加使其参与体育活动的时间越来越少。从调查数据可知（见图 3-18），青少年锻炼时间曲线上有两个明显转折点，初一和高一年级时青少年体育锻炼 1 小时以上的比例相比于前一阶段会出现大幅度下降。当学生面临中、高考压力时，会将大部分时间投入文化课学习，参与体育运动动力严重不足。

2. 活动形式单一，参与率不理想

据全国校足办统计，2015 年以来，全国小学校园足球联赛的参与人数为 534.7 万，平均每年参与的小学生数量为 178.2 万。相比全国 9913.0 万的小学生总体规模，我国青少年校园足球的普及推广水平有待进一步提升①。对 15 个试点县（区）特色校部分学生参与足球活动意愿、参与活动情况调查显示，超过 88% 的学生乐于参与校园足球活动，仅 12% 的学生不喜欢参与。全员参与校园足球活动的班级仅占 26%，参与率在 40%~59% 和 20%~39% 的班级分别占 14% 和 13%。可见，虽然大部分中小学生喜欢参与校园足球活动，但整体参与率仍然较低。校园足球活动形式较为单一是其主要原因之一。访谈中，有学生提到学校每年都举办校园足球比赛，而自己只能以观众的形式参与，体验感较差。目前，校园足球活动参与形式上，参与比赛、训练的男生较多，女生则更倾向参加校园足球征文、绘画和摄影等文化活动。调研发现，大多数校园足球特色学校主要以足球课、课余训练、校园联赛的形式开展校园足球活动，而校园足球文化活动开展频次较低，且关注度不高，较为忽视校园足球文化氛围营造。此外，近年来校园足球急功近利思潮涌现，许多地区将竞赛成绩作为年度考核评价体系核心指标，陷入“锦标主义”认知误区，违背了校园足球“育人”初心。在这种偏离政策目标的错误思想影响下，基层校园足球活动组织形态也发生较大变化，参与率高、普及度高的趣味性活动逐渐消失，许多普通学生难以参与训练与竞赛。

3. 主动意识不强，运动习惯难养成

体育锻炼习惯是个体在长期运动实践中逐渐形成的对运动健身认识不断

---

① 刘振卿、吴丽芳、张川：《我国青少年校园足球特色学校建设的若干问题探讨》，《北京体育大学学报》2019 年第 6 期，第 33~40 页。

升华并将其内化成一种坚定执着的信念①。自“阳光体育运动”政策实施以来，大部分中小学积极推动学校体育事业发展，开展形式多样的校园体育活动，但学生参与体育锻炼主观意愿不强，实际参与体育锻炼的数量与质量并不理想，且尚未形成长期坚持体育锻炼的习惯和意识。如上文所述，超过27%的学生是出于锻炼身体、结交朋友等原因主动参与阳光体育运动，但25%的学生则是由于“学校规定”被动参与。根据学生踢球动机调查，除了喜欢足球、想提高球技锻炼身体外，还有的是为了以体育特长生身份享受升学优惠政策。这种“被动”“投机”式的体育参与，无法从根本上改变学生参与体育运动的认知与习惯，难以养成终身体育的生活方式。此外，当政策寻利空间压缩或消失时，目标群体对政策的遵从也会悄然改变。

第四节　校园足球政策环境现实情况与困境表征

一　政策执行环境现实情况

（一）基层政治环境情况

1. 基层校园足球制度建设

基层政治环境是建设基层校园足球的关键条件，事关基层校园足球教学、竞赛、训练、保障等职能履行效能。长期以来，我国各级政府以科层制作为政府治理的主要组织结构和管理方式②，上级政府通过行政指令下达落实政策内容，但在我国校园足球政策基层执行过程中，基层上下级之间为应付政策落实和考核检查，存在“共谋”行为，导致基层政策执行失真、偏离③。因此，奖惩制度、监督制度、问责制度的建立与完善将对基层校园足球治理水平提升发挥关键作用。

---

① 杨献南、鹿志海、张传昌等：《习惯教育视野下小学生体育锻炼习惯养成机制与策略研究》，《南京体育学院学报》（社会科学版）2016年第1期，第80~85页。

② 詹绍文、宋会兵、李博：《县域治理下议事协调机构如何影响府际关系？——基于陕西省H县的案例研究》，《云南行政学院学报》2022年第1期，第79~88+2页。

③ 邱林、张廷安、浦义俊等：《校园足球政策基层执行的逻辑辨析与治理策略——基于江苏省Z县及下辖F镇的实证研究》，《上海体育学院学报》2021年第3期，第49~59页。

（1）奖惩制度

奖惩制度是国家行政机关对所属机关和公务人员依法进行奖励或惩罚，以强化人事行政的制度，是公务员制度的核心内容之一。李克强总理曾在国务院常务会议上讲，建立奖惩并举机制激励各地竞相推动科学发展，通过“奖勤罚懒”形成大的氛围与机制，调动基层广大干部的积极性。由上述可知，奖惩制度在基层政治环境治理中发挥着重要作用。

基层校园足球活动开展过程中，奖惩制度是促进校园足球工作有效推进、提升校园足球工作领导小组成员及一线工作人员积极性的核心机制。从奖励方面来看，基层校园足球奖励制度主要包括对主管干部、工作突出单位或个人进行表彰奖励。从惩罚方面来看，基层校园足球惩罚制度主要包括对工作领导小组的通报批评，对校园足球特色学校的限期整改甚至“摘牌”等。因此，基层奖惩制度的建设情况从客观上反映出基层政府及相关部门对校园足球活动开展的重视程度。表3-26通过对抽样县区调研报告和汇报材料进行系统梳理，体现各县（区）校园足球奖惩制度的建设情况。

表3-26　抽样县（区）校园足球奖惩制度建设情况

区域划分	抽样县(区)	相关奖惩制度
东北大区	黑龙江省哈尔滨市南岗区	要求各校制定《运动员守则》《运动员奖罚制度》等一系列规章制度
	吉林省长春市汽开区	暂无
华北大区	内蒙古包头市青山区	建立校园足球考核激励机制，将校园足球开展情况列入学校办学水平考核体系
	山西省太原市万柏林区	校园足球多层级评价奖励机制
华东大区	江苏省南通市海门区	建立优秀足球教师轮岗走教制度和激励评价机制；每学期评定优秀交流足球教练员，并进行表彰激励；制定海门区校园足球特色学校考核制度，定期开展专项督导，以奖代补，鼓励督促“全国青少年校园足球特色学校”“江苏省足球幼儿园”发展
	江苏省苏州市张家港市	推动班级联赛和足球课扎实开展，杜绝“重创建、轻建设”现象。特色校制度建设：《凤凰中心小学人事制度改革方案》《凤凰中心小学学生每天1小时体育活动细则》《张家港市贝贝足球学校管理制度汇编》《张家港市贝贝足球学校教练员管理考核方案》等

续表

区域划分	抽样县(区)	相关奖惩制度
华南大区	广东省广州市天河区	暂无
	海南省海口市美兰区	暂无
华中大区	河南省洛阳市洛宁县	暂无
	河南省新乡市辉县	暂无
西北大区	宁夏银川市兴庆区	先后研究印发《兴庆区关于进一步加强学校体育工作的指导意见》《兴庆区中小学全面推进校园足球工作实施方案》《兴庆区"全国青少年校园足球特色学校"评估指标体系》等配套政策制度
	青海省西宁市大通县	暂无
西南大区	贵州省贵阳市观山湖区	校园足球多层级评价奖励机制，对成绩突出的学校、教师及学生给予表彰奖励，不断完善各级各类校园足球比赛活动开展奖励机制
	贵州省六盘水市钟山区	暂无
	重庆市沙坪坝区	在现有足球专业教师中，培养了一支校园足球裁判员队伍；保障了足球教师在职务评聘、福利待遇、评优表彰等方面与其他学科教师同等待遇，保障教师组织课外足球活动、课余足球训练、竞赛等并计算工作量；在足球教师的职务评聘、福利待遇、评优表彰等方面做好保障

以上的调研报告和汇报材料，客观反映出基层校园足球制度建设中奖惩制度的建设水平参差不齐，主要体现为建设缺失、建设模糊、效力轻微等共性问题。

（2）监督制度

监督作为现代社会最为常见的政治管理机制之一，确保政府在管理社会公共事务方面的高效性，尤其在政策执行过程中发挥着重要作用。监督的形式内容比较丰富，既包括国家机关的立法、行政、司法的监督，也包括政党监督、群众监督和社会舆论监督等。

在基层校园足球监督制度的建设过程中，首先需要明晰监督主体与监督对象，在两者明晰的基础上，制度才是运行监督的关键。现阶段，基层校园足球领导工作主要由政府分管领导牵头，教育、体育相关行政部门，足协等多部门共同参与，因此，以上部门为各个地方校园足球政策执行过程的监督主体。校园足球的落脚点在于遍布基层的各个校园，因此，监督的对象为校园足球特色学校。从国家政策文本的梳理结果来看，目前尚未出台针对校园足球监督机制的专项制度文件[①]，但《全国青少年校园足球特色学校基本标准（试行）》等文件为基层制定相应的监督考核机制提供了参照标准。从15个试点县（区）的调研报告及汇报情况来看，校园监督制度建设较为完善，多数试点县（区）都结合相应要求建立跟踪监测和考核评估机制。例如，东北大区的长春市汽开区成立领导小组、业务指导组、督导评估组；华北大区的青山区建立相应的校园足球考核激励机制，将校园足球开展情况列入学校办学水平考核体系；太原市万柏林区着重提出强化绩效考核，出台万柏林区校园足球评估考核办法，根据评估结果对学校实行动态管理并将评估结果纳入学校年度综合考核内容，建立监管体系，健全能上能下的考核机制；华东大区苏州张家港市校足办同步建立动态管理监督机制，每年底组织对全市校园足球特色学校和“满天星”训练营营区进行检查考核，确保校园足球和“满天星”训练营各项工作稳步推进；华南大区广州市天河区把“足球素养”纳入学生综合素质评价，将校园足球作为立德树人的重要载体；华中大区新乡市辉县以建立工作例会、督导检查等制度，全面抓好领导小组确定的工作内容；西北大区的银川兴庆区出台了《兴庆区“全国青少年校园足球特色学校”评估指标体系》，教育局将校园足球工作纳入学校年度考核内容；西南大区重庆市沙坪坝区要求区教委结合教育系统实际，完善政策制定标准，加强监督管理和科学指导。

（3）问责制度

从“政策执行”视角审视基层场域问责制度时发现，在政策执行过程中政策相关单位主要通过对基层一线政策执行人员自由裁量权的规范与调控来减少政策执行的非意图后果。但基层政策执行人员受制于现实环境与资源条件，当面临等同的政策目标的情况时，不得已对规定寻求非原则性变通，能动地调适政策执行的方针。因此，系统剖析基层校园

① 邱林、张廷安、浦义俊等：《校园足球政策基层执行的逻辑辨析与治理策略——基于江苏省Z县及下辖F镇的实证研究》，《上海体育学院学报》2021年第3期，第49~59页。

足球问责制度，有助于理解我国校园足球政策基层执行的行为逻辑与内生动因[①]。基层校园足球问责制度主要包括问责主体（谁来问责）、问责客体（向谁问责）、问责范围（问什么）、问责程序（怎么问）[②] 等方面，相应内容的明晰与否对于政策执行进程影响颇多。但调研发现，地方校园足球政策文本、汇报等相应材料关于基层校园足球问责制度建设的情况并不清晰，且鲜有真实问责情况发生。

2. 基层校园足球权责体系

（1）基层校园足球（部门）权责划分

2015 年，教育部印发《关于成立全国青少年校园足球工作领导小组的通知》，以推进全国青少年校园足球工作为目标，确立《全国青少年校园足球工作领导小组工作职责及议事规则》，履行校园足球工作的宏观指导、统筹协调、综合管理等职责和任务。从全国校园足球工作领导小组办公室这一顶层设置来看，教育部会同国家发展和改革委员会、财政部、原新闻出版广电总局、国家体育总局、共青团中央等五部门，共同加强全国校园足球工作领导、规划与管理。不同于“行政管理”语境下对机关事务管理的传统认知，由专兼职人员组成的办公室负责制无疑为校园足球推进工作的实践创新创设了全新的时代语境。如果仅仅依托教育系统中传统的事务管理模式，各个职能机构将得不到有效保障，各项对外管理职能可能会遭到削弱，最终将影响校园足球发展的整体进程。唯有科学、精准定位校园足球领导小组在校园足球工作推进过程中的角色，切实做好各项运行保障工作，使各级校园足球相关职能机构高效运转并充分发挥工作效能，才能从整体上有序推进校园足球工作。

从我国校园足球政策执行组织机构来看，其层级划分主要依托我国现有行政管理体制，从国家、省（区、市）、市、县区再到乡镇层面，自上而下将青少年校园足球工作领导小组（办公室）制度一脉相承。以基层视域审视县（区）青少年校园足球工作领导小组（办公室），绝大多数基层领导小组依托教育局、广电文体旅游局设立，下辖各个校园足球特色学校。

---

① 邱林、张廷安、浦义俊等：《校园足球政策基层执行的逻辑辨析与治理策略——基于江苏省 Z 县及下辖 F 镇的实证研究》，《上海体育学院学报》2021 年第 3 期，第 49~59 页。

② 杨帆：《基层清单法问责制度创新的成就与限度——以浙江省 Y 区“清单法”为例》，《社会主义研究》2022 年第 2 期，第 125~132 页。

（2）基层校园足球权力体系运转

基层青少年校园足球工作领导小组将具有专业性的校园足球工作事务统筹协调部署，交由组织经验丰富的教育局相关科室进行实际运行。在此运行背景之下，基层校园足球权力运转体系需日趋完善，纵向层级间的垂直指导关系以及横向事务部门的职权边界均要加以明晰。结合基层调研情况，系统审视基层校园足球权力体系构成情况及事务管理的独立程度、专业化进程（见表3-27）。

表3-27 调研地区校园足球权力体系运转情况

地理分布	地区	组织领导情况
东北大区	南岗区	成立南岗区发展校园足球领导小组，由政府主要领导和分管领导分别担任正、副组长，教育局成立“校园足球”专项工作领导小组，主管副区长任组长，局长任副组长，领导小组下设“校园足球”专项工作办公室，主任由分管副局长担任，成员由体艺科人员、各校主管副校长、体育教师组成。体艺科牵头具体负责“校园足球”日常工作，加强对校园足球的指导，各校园足球特色学校要实行校长总负责、分管副校长具体负责的工作机制，成立校园足球工作小组，认真开展足球教学、足球训练和足球课内外活动，着力营造浓厚的校园足球氛围
	汽开区	成立了领导小组、业务指导组、督导评估组，各尽其职，共同研讨，协同管理，共同推进
华北大区	青山区	青山区委、区政府高度重视校园足球发展，成立了由区领导任组长、区相关部门领导为成员的校园足球工作领导小组。区教育局成立了校园足球管理办公室，各中小学、幼儿园分别成立足球工作推进小组，形成了“三级”联动、“三级”管理、多方协调、全力推进的工作格局
	万柏林区	万柏林区加强顶层设计，成立万柏林区青少年校足办，成立校园足球工作领导小组，加强体育、足协、学校等部门协调，合力推进建设，统筹推进校园足球工作
华东大区	海门区	海门区委、区政府高度重视校园足球工作，将校园足球纳入全区发展规划和年度工作计划。主要领导心系校园足球发展，多次现场调研指导。建立了以政府分管领导牵头，教育、团委、足协等多部门共同参加的校园足球工作领导小组，成立了专门的校足办，具体指导校园足球工作，形成了齐抓共管的运行机制
	张家港市	2015年11月，市政府印发《关于成立张家港市校园足球领导小组的通知》，由市政府主要领导任校园足球领导小组组长，办公室设在教育局，目前由高冰峰副局长兼任校足办主任。2021年9月，市校足办成立工作专班，明确2名专班人员专职从事校园足球工作。市校足办每年制定印发《全市青少年校园足球暨“满天星”训练营工作要点》。与此同时，市校足办全面整合市足协各项业务职能，真正形成全市足球工作一盘棋的发展局面

续表

地理分布	地区	组织领导情况
华南大区	天河区	成立以分管副区长为组长的天河区校园足球领导小组，统筹部署全区青少年校园足球工作，制定特长生招生、运动安全防范等规章制度；成立"天河区体育与健康专委会校园足球分会"，开展校园足球竞赛、科研、教练员和裁判员培训等工作，形成区政府主管、区教育局主抓、"足球分会"指导、各足球特色学校落实的联动机制
	美兰区	区委、区政府认真贯彻落实国家体育总局和教育部关于开展全国青少年足球活动的通知精神，把发展校园足球写进了全区"十三五"体育事业发展规划和年度政府工作报告，制定美兰区校园足球发展工作方案，全力推动青少年校园足球活动
华中大区	洛宁县	为持续推动校园足球快速发展，洛宁县委、县政府不断加强对校园足球发展的政策研究和具体指导。一是成立机构，明确职责。县政府成立了以县长为组长的校园足球领导小组，印发了《洛宁县足球改革发展实施方案》。二是制定规划，确定目标。建立健全发展体制，落实配套政策与资金投入，使洛宁足球运动项目在洛阳市取得领先地位
	辉县	健全组织机构，实施有力领导。辉县市委、市政府高度重视校园足球工作，将校园足球工作纳入全市教育、社会发展规划和年度工作要点，认真贯彻落实《国务院办公厅关于印发中国足球改革发展总体方案的通知》《教育部等6部门关于加快发展青少年校园足球的实施意见》精神，成立了由辉县市教育体育局、辉县市发展和改革委员会、辉县市财政局、辉县市文化广电和旅游局、共青团辉县市委五部门组成的校园足球工作领导小组，市长任组长，明确了责任分工，以增强学生体质，培养青少年拼搏进取、团结协作的体育精神为宗旨，深入推进足球运动进校园工作。成立日常办事机构，领导小组下设校园足球办公室，负责全市校园足球工作的活动开展。积极组织各校开展校园足球活动、协调优秀足球教练员送教下乡，合理调配各校足球教师，建立工作例会、督导检查等规章制度，全面抓好领导小组确定的工作内容
西北大区	兴庆区	为了切实做好校园足球的推广普及工作，兴庆区政府成立了由兴庆区主管副区长任组长，教育局局长任副组长，学科教研员、各学校校长为成员的校园足球工作领导小组，设立办公室在教育局，全面负责校园足球推广普及工作，先后研究印发《兴庆区关于进一步加强学校体育工作的指导意见》《兴庆区中小学全面推进校园足球工作实施方案》《兴庆区"全国青少年校园足球特色学校"评估指标体系》等配套政策制度。在兴庆区校园足球工作领导小组的指导下，各学校均成立了校园足球工作领导小组，由校长任组长，副校长分管，团支部、少先队、后勤、教研组等多部门参与，责任明确，分工到位，并将推进校园足球工作纳入学校发展规划和年度工作计划，制定相应的实施方案并严格落实，教育局将校园足球工作纳入学校年度考核内容
	大通县	2015年，教育部实施校园足球战略以来，大通县在省教育厅、省校足办和西宁市校足办的具体指导下，成立由主管副县长为组长、教育局局长为副组长的大通县校园足球工作领导小组

续表

地理分布	地区	组织领导情况
西南大区	沙坪坝区	沙坪坝区委、区政府高度重视校园足球工作，始终坚持政府主导，教育主管体教结合，2011年在全市率先召开体教结合工作会，探索体教结合模式，区委政府牵头成立校园足球工作领导小组，负责规划、领导全区校园足球工作的开展。建立由区政府分管区长牵头、相关单位参加的校园足球工作小组联席会议制度，定期研究全区校园足球重大政策和发展事项。成立校园足球协会，具体负责组织、管理和指导全区校园足球运动发展，推进校园足球运动普及与提高
	观山湖区	成立以区政府分管区长为组长的校园足球工作领导小组，下设办公室在区教育局，由区教育局主要负责人兼任办公室主任，并隆重举行区校足办揭牌仪式；区政府把推动“全国青少年校园足球试点县（区）工作”作为全区一项重要工作来抓，一年召开不少于两次专题会，研究部署校园足球相关工作
	钟山区	健全工作机制和完善规章制度。成立了以分管副区长为组长的校园足球工作领导小组，定期召开校园足球工作会议，印发《钟山区教育局关于校园足球发展实施方案》、《钟山区教育局关于校园足球大课间工作实施方案》（钟教局通〔2019〕219号），做到任务明确，责任到人

通过对调研材料解析得出，基层各单位多数以所属地政府主要领导出任青少年校园足球工作领导小组组长，于教育局设立校园足球领导小组办公室，两者间形成纵向的垂直领导关系。但青少年校园足球活动仍主要是地方教育局着力推动；横向上，绝大多数基层校园足球领导小组办公室内机关与机关之间权力边界尚未以文件或章程加以明确。

（二）基层经济环境情况

经济基础决定上层建筑。校园足球政策执行离不开经济、物质条件保障，基层健康的经济环境是校园足球政策有效执行的关键。基层校园足球政策执行中，经济环境主要表现为校园足球经费条件与场地设施条件。经费条件可直观体现基层的经济环境状况，场地设施条件通过一定要求的价值估量，在一定程度上也可反映出基层的经济环境状况。

1. 基层校园足球经费条件

经济发展水平、教育支出与体育产业密切相连，高水平的经济发展能够为体育运动的开展奠定坚实的物质基础。2021年我国人均GDP为1.25

万美元，超过1.21万美元的世界人均GDP，全国居民人均可支配收入稳步增长，较上年增长8.1%[①]。我国教育支出排在民生首位，2021年全国一般公共预算支出为246322亿元，教育支出为37621亿元，所占比例为15.27%[②]。2019年全国体育产业产出体育货物与服务的总价值为29483亿元，即将实现《体育产业发展“十三五”规划》中30000亿元目标。社会经济发展水平客观反映出群众体育的社会总投入，同时决定了社会群体的体育消费水平，是体育运动快速发展的必要物质基础。足球作为世界第一大运动，社会经济发展水平对其也具有重要的影响。校园足球作为提高国家整体足球水平的基础性工程，更是离不开经济的支撑。基层校园足球经费的投入受地区经济发展水平，教育、体育相关费用支出影响。因此，本研究选取3个具有代表性的校园足球试点县（区），对其相关经济情况进行如下分析。

①苏州市张家港市

《关于2019年苏州市本级财政决算（草案）的报告》指出，2019年苏州市“文化旅游体育与传媒”支出148838万元，完成预算的98.6%。《2021年苏州市国民经济和社会发展统计公报》数据显示，苏州市全年居民教育文化及娱乐消费价格比上年上涨3.7%。通过阅读《2020年张家港市国民经济和社会发展统计公报》发现，2020年张家港市实现地区生产总值（GDP）2686.60亿元，按可比价格计算，比上年增长3.9%。从人民生活和社会保障方面来看，全年常住居民人均可支配收入60623元，同比增长4.6%；全年常住居民人均消费性支出32179元，比上年下降1.9%。《张家港市文体光旅局2020年度部门决算》指出，2020年张家港市“文化旅游体育与传媒”支出17768.41万元，占所有支出的70.71%，较上年支出增加365.54万元，比上年增长2.1%。

②重庆市沙坪坝区

《2019年重庆市决算报告》指出，2019年重庆市“文化旅游体育与传媒”支出18615万元，“彩票公益金安排”用于体育事业的彩票公益金支出

---

① 《经济总量114.4万亿元、超世界人均GDP水平……2021年中国经济亮点》，中国政府网，http://www.gov.cn/xinwen/2022-01/17/content_5668815.htm。

② 《2021年财政收支情况》，http://gks.mof.gov.cn/tongjishuju/202201/t20220128_3785692.htm。

15953万元。《2020年重庆市国民经济和社会发展统计公报》数据显示，重庆市全年居民教育文化及娱乐消费价格比上年上涨1.8%。通过阅读《2020年沙坪坝区国民经济和社会发展统计公报》发现，2020年沙坪坝区实现地区生产总值（GDP）1013.9亿元，按可比价格计算，比上年增长3.0%。从人民生活和社会保障方面来看，全年常住居民人均可支配收入43213元，同比增长5.7%；全年常住居民人均消费性支出31888元，比上年增长4.3%。《重庆市沙坪坝区体育局2019年度部门决算情况说明》指出，“文化旅游体育与传媒”支出1392.65万元，占所有支出的88.48%，较年初预算数减少628.98万元，下降31.11%。

③西宁市大通县

《2020年西宁市本级财政总决算报表》中，2020年西宁市“文化旅游体育与传媒”支出为21042万元，比上年下降14.9%。《西宁市2021年国民经济和社会发展统计公报》数据显示，西宁市全年居民教育文化及娱乐消费价格指数较上年上涨2.9%。通过阅读《大通县2020年国民经济和社会发展统计公报》发现，2020年大通县实现地区生产总值（GDP）118.6亿元，按可比价格计算，比上年增长4.5%。从人民生活和社会保障方面来看，全年常住居民人均可支配收入23157元，同比增长8.4%；全年常住居民人均消费性支出13756元，比上年增长1.6%。《大通县文体旅游局2020年度部门决算》指出，“文化旅游体育与传媒”支出3170.31万元，占所有支出的75.92%，比上年增长3%。

（1）基层校园足球经费来源

新时代校园足球是中国足球改革的奠基工程，也是我国学校体育改革的探路工程，具有公益与非营利的性质。基层校园足球经费主要分为县（区）经费和学校经费两类，主要来源于中央财政拨款与地方财政拨款、社会参与或自筹。①政府主导，层级分配校园足球经费。当前，我国教育行政管理体制采用较为集中统一的管理方式，由政府主导进行教育资源配置。基层校园足球经费主要来自中央专项资金。例如，洛宁县向中央申请专项资金用于足球基础设施建设。部分基层校园足球经费由省、市级配备专项经费。例如，观山湖区每年可获得省、市匹配经费。大部分基层校园足球经费由市财政，区委、区政府，教委，教育局进行专项拨款。例如，兴庆区委、政府每年投入 50 万元用于校园足球经费。②社会多元主体参与，补足财政短板。部分地区采用多元主体参与的经费投入机制，例如，南通海门区成立足球发展基金会，每年投入不少于 500 万元；重庆沙坪坝区获得中国足球发展基金会经费 70 万元；海口美兰区政府与海南省足球协会合资 1.5 亿元，共建足球训练基地。但存在少部分地区单纯依靠政府经费投入，无法保证校园足球经费可持续输出，出现“失位”现象。例如，2009 年教育部、国家体育总局联合印发《关于开展全国青少年校园足球活动的通知》，明确要求各布局城市的校园足球经费应按不少于 1∶1 的比例配套，但 80%以上的布局城市并未实行[①]。③当地自筹，解决“燃眉之急”。基层校园足球经费严重缺乏，当地财政“捉襟见肘”，无法获取社会群体的有效参与，仅能依靠基层自筹经费，解决开展校园足球所必需的物资保障。例如，某县通过部分企业或教育支教捐赠形式，获取校园足球资金或物质资源，仅能解决当前校园足球开展的迫切需求，难以从根本上解决校园足球经费紧缺的问题。

整体上，调研的各地区经济发展水平差异明显，对于校园足球专项经费投入有着“云泥之别”。在年度经费投入方面，海门区、万柏林区、观山湖区、沙坪坝区每年分别投入 500 万元、180 万元、150 万元、300 万元，而天河区仅 2019 年就下拨 872 万元。在校园足球活动开展方面，辉县市累计投入 200 余万元，兴庆区每年投入 50 万元、汽开区教育局 2017~2018 年累计投入 30 万余元。综合考量，华东地区、华南地区、华北地区和西南地区投入校园足球专项经费额度要高于华中地区、东北地区和西北地区。区域性经济发展不均衡，在一定程度上扩大了基层校园足球经费投入差距。试点县（区）下拨的生均体育经费，华南地区的天河区生均体育经费逐年递增，2020 年达到 307 元，而汽开区在努力做到教育局与学校资金以 5∶5 比例分配，校园足球资金专款专用的情况下生均体育经费为100 元[②]，仅为天河区的 1/3。张家港市凤凰中心小学，每年学校

---

① 李纪霞、何志林、董众鸣等：《全国青少年校园足球活动发展瓶颈及突破策略》，《上海体育学院学报》2012 年第 3 期，第 83~86 页。

② 张岩：《关于“校园足球 根在育人”的实践与思考》，《吉林教育》2019 年第 15 期，第 21~23 页。

年度工作专项经费（含市、镇、校）近150万元，与很多没有专项经费做支撑的基层学校相比差异凸显。

局部上，存在同一地区的试点县（区）投入校园足球专项经费失衡现象。例如，西南地区足球场地设施建设经费投入方面，西南地区的沙坪坝区投入2.58亿元，而观山湖区和钟山区仅分别投入2500万元和3600多万元。尽管中央财政在校园足球资金上“鼎力相助”，但基层校园足球依然存在资金短缺的现象。经过实地调研发现，观山湖区虽然每年投入150万元的足球经费，但下拨到各学校的足球专项资金仍存在不足情况；沙坪坝区每年投入高达300万元的足球经费，对域内61所校园足球特色学校（含全国、区级）进行考核拨款，但资金仍存在较大缺口①。目前，基层校园足球经费尚存在一些县市还未设立足球试点县专项资金的情况。

当前，我国基层校园足球尚未统一设立足球专项经费，经费来源结构各不相同。根据《校园足球调研报告（2015—2020）》中的数据，70.98%的足球特色学校有专项经费。通过实地调研发现，部分特色学校并未设立校园足球专项经费，还存在学校误认为校园足球专项经费就是学校体育工作专项经费的现象。根据调研校园足球特色学校的足球专项经费来源数据统计发现：试点县（区）中有71.3%的学校设立学校体育工作专项经费；有57%的学校足球经费来自本校的经费预算，足球经费包含于学校体育工作专项经费，当足球经费不足时，学校会通过行政公用经费来弥补。仅有20%的学校足球经费来自政府拨款，主要形式为省、市级设立的校园足球建设专项经费、补贴，当地政府和教育局的考核奖励、拨款“改薄”（改善贫困地区义务教育薄弱学校的基本办学条件）专项资金。有23%的学校足球经费是通过自筹获取，学校通过为队服冠名、赞助商资助、社会捐赠等形式自筹足球经费（见图3-33）。

（2）基层校园足球经费支配

新时代校园足球已升级至2.0版本，经费支配成为校园足球增量提质

① 全国青少年校园足球工作领导小组：《促进校园足球蓬勃发展——重庆市沙坪坝区青少年校园足球工作情况介绍》，《校园足球》2020年第3期，第21~25页。

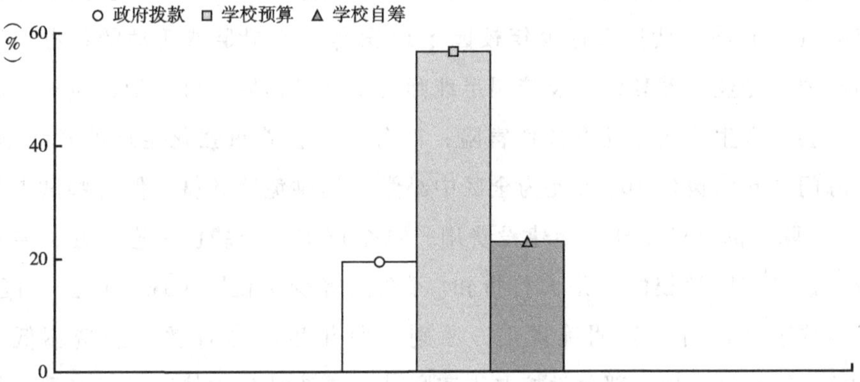

图 3-33　校园足球特色学校专项经费来源

的关键手段。目前，基层校园足球经费主要用于足球场地设施等硬件建设和青少年足球训练竞赛方面。首先，基层校园足球用于场地设施建设费用占费用总支出的比例最高，其是开展校园足球活动所必要的物质条件保障。同时，足球场地是校园足球活动的亮丽“名片”，也日渐成为专家考核的“第一印象分”。对于校园足球经费充足的基层地区，例如，海门区、美兰区、青山区会选择投资上亿元建设多功能、专业化的校园足球训练基地。对于足球场地设施不足的基层地区会投入大量资金新建场地。例如，洛宁县是典型的山区农业县，坚持校园足球发展，申请中央资金、改薄资金和自筹资金建设足球场地，达到“平均每万人拥有超过 1 块足球场地”的建设水平①。对于足球场地设施老旧或存在安全隐患的学校，则投入部分资金进行翻修或改造，或为当地没有足球场地的学校进行场地设施建造。其次，足球竞赛成绩是衡量校园足球建设成效的显性指标，而足球课余训练水平的提升又是获得好成绩的关键因素。很多试点县（区）将足球经费用于辖区内开展青少年足球训练与竞赛。例如，美兰区花费 1.5 亿元建设校园足球校外训练基地，沙坪坝区区教委每年投入一定经费用于开展“满天星”训练营工作，南岗区先后投入 1100 余万元经费用于训练和比赛。

① 《足球助力山区孩子筑梦前行——河南省洛宁县青少年校园足球工作情况介绍》，《校园足球》2019 年第 11 期，第 40~43 页。

基层校园足球可支配经费越多，使用途径越广，反之亦然。大部分试点县（区）将经费投入青少年校园足球竞赛、校园足球活动的举办、聘请国内外专业足球教练以及校园足球师资培训等领域。可支配经费充足的地区会为学生购买运动意外伤害险，部分县区会着重强化足球课堂教学，如海门区政府拨付 105 万元为全区中小学生提供免费教材。但有些试点县（区）除去高额的足球场地建设费用，剩余可支配经费已寥寥无几，专项资金拨到基层学校的更是大打折扣。《全国青少年校园足球试点县（区）基本要求（试行）》明确提出，原则上每年生均体育教育经费不低于10%，但调研发现，部分学校并未实际计算或统计生均体育教育经费，根据有明确体育经费记录的学校数据统计，实际达到每年生均体育教育经费不低于 10%的学校所占比例为 62.7%，且中心城区学校的平均经费普遍高于非城区学校的平均经费。通过对基层学校可支配校园足球经费的使用比重进行三级划分，发现可支配经费少的学校仅能达到三级目标，为学生购买保险，购买或补充体育器材设施，聘请教练员使用的训练经费，报销比赛中的相关费用；足球经费紧张的学校甚至只能完成三级目标中的一两个项目。可支配经费多的学校能够达到二级目标，设立师资培训、课题研究费用等。可支配经费充足的学校，会更加重视校园足球运动员的条件保障，为其购买丰富的营养餐、消耗量大的医疗器械用品，定期组织参加足球夏令营活动（见图 3-34）。

图 3-34　学校可支配经费使用情况

2. 基层校园足球场地设施条件

2014年，《第六次全国体育场地普查数据公报》显示：截至2013年12月，全国10年间新建三大球场地中，篮球类场地476900个，排球类场地30700个，足球类场地7100个。新建场地中足球类场地数量约为篮球类场地数量的1.49%，约为排球类场地数量的23.13%。足球场地设施是校园足球活动开展所必要的基本保障，但《第六次全国体育场地普查数据公报》数据表明，当时的足球场地数量与建设速度难以满足校园足球活动的开展需求。2015年，《关于加快发展青少年校园足球的实施意见》提出将校园足球活动所需的场地建设纳入当地行政区域场地建设规划；鼓励学校和社会相互开放场地设施。2016年，国家发改委等四部门联合印发《全国足球场地设施建设规划（2016—2020年）》，建设任务明确指出全国改造新建约60000块足球场地，其中社会足球场地20000块，校园足球场地40000块。同时，要求每个中小学特色学校至少建有1块足球场地①。2017年，《教育部办公厅关于加强全国青少年校园足球改革试验区、试点县（区）工作的指导意见》在加大场地建设力度中要求校园足球改革试验区、试点县（区）认真执行足球场地相关政策要求。2018年《全国青少年校园足球试点县（区）基本要求（试行）》要求试点县（区）的学校体育场地设施达到国家标准。

通过观察相关政策中足球场地设施建设标准变化发现，2015~2017年，全国足球场地紧缺，提升足球场地数量是首要任务。至2018年，教育系统改造新建校园足球场地32432块，已经完成《全国足球场地设施建设规划（2016—2020年）》中校园足球场地建设任务的81.08%。到2020年底，全国足球特色学校足球场数量为33868块，平均每所足球特色学校拥有1.1块足球场地②。2021年，全国体育场地统计调查数据显示：全国共建有足球场地126500块③，已完成《全国足球场地设施建设规划（2016—2020年）》

① 国家发展改革委：《中国足球中长期发展规划（2016~2050年）》，http：//www. Xinhuanet. com/sports/2016-04/11/c_ 128883907. html。

② 新华社：《校园足球七年间》，http：//sports. news. cn/c/2022-01/25/c_ 1128300201. html。

③ 体育经济司：《2021年全国体育场地统计调查数据》，https：//www. sport. gov. cn/jjs/n5043/c24251191/content. html。

中到2020年超70000个的建设目标。其中5人制足球场地数量最多，所占比例为44.09%，11人制足球场和7人制足球场地所占比例为55.01%，沙滩足球场所占比例为0.90%（见图3-35）。

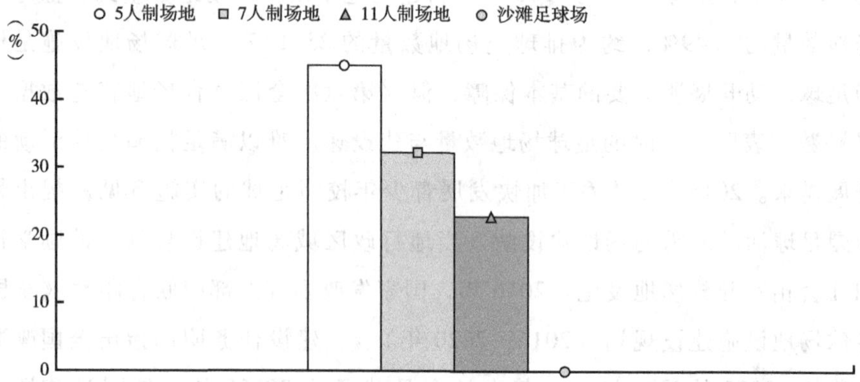

图3-35 全国足球场地类型统计

（1）基层校园足球场地概况

足球场地是振兴足球事业的重要物质基础、推进校园足球活动有序开展的核心硬件设施。随着我国青少年校园足球特色学校遴选数量的快速扩增，校园足球即将迈入高质量发展的关键阶段，进而对我国基层足球场地供给数量与质量提出了新的标准与要求。

《校园足球调研报告（2015—2020）》对校园足球特色学校足球场地数量、类型分中心城区和非中心城区的不同学段进行统计比较，结果显示：小学阶段建设的三种类型足球场地数量上区域差异比较小，5人制与7人制足球场地建设数量较多；初中学段建设的三种类型足球场地数量上区域差异较大，7人制足球场地建设数量较多；高中学段在7人制与11人制足球场地数量上区域差异较为明显，11人制足球场地建设数量最多。

调研的试点县（区）足球场地建设主要存在三种情况。第一，整体推进，全面覆盖。试点县（区）综合考量当地整体状况，根据足球场地建设资金预算，实现域内中小学塑胶运动场全覆盖建设目标。例如，海门区、沙坪坝区、青山区整体推进地区学校场地建设，实现域内办学单

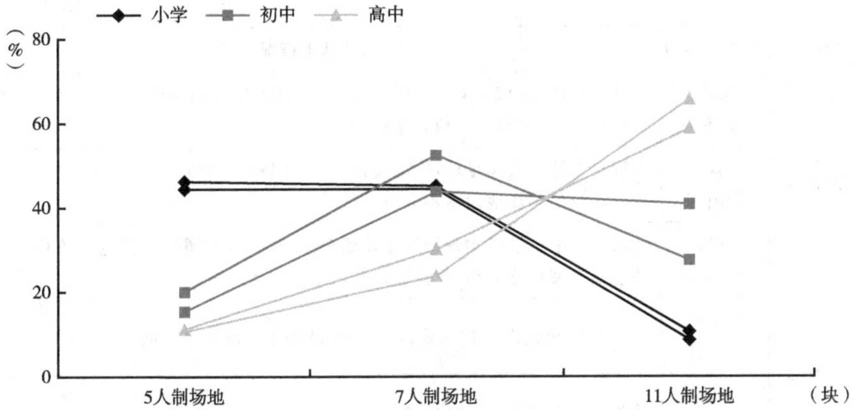

图 3-36　特色学校足球场地数量、类型分区域及学段统计

位均有塑胶化操场或人造草坪，观山湖区也已实现88%的覆盖率。第二，维修改造，提档升级。部分地区借着"改薄"建设工程的契机，对严重老化的学校足球场地设施进行维修和改造，使场地条件达到国家标准，基本满足在校师生开展校园足球活动需求。第三，没有场地，投资兴建。对于没有足球场地的学校，试点县（区）根据学校开展校园足球活动、办学条件等情况，拨款建设校园足球场地，为今后开展校园足球活动打下坚实的硬件基础（见表3-28）。

表 3-28　试点县（区）足球场地建设情况

地区	选取县(区)	场地基本概况
华东地区	苏州张家港市	仅2014年全市中小学共有200米以上塑胶田径场95块，其中标准足球场13块，累计投入3000余万元用于改造和新建足球场地36块，笼式足球场地17块
	南通海门区	投入6500万元，用于学校操场塑胶化全覆盖 投入7200万元建青少年足球训练基地
华南地区	广州天河区	建有中小学足球场地87个 当地体育中心和高校可提供38个11人制足球场地
	海口美兰区	海南省足协与美兰区政府合作，计划投入1.5亿元，规划建设足球训练基地，改造和新建足球场地共30块

续表

地区	选取县(区)	场地基本概况
西南地区	贵阳 观山湖区	现共有足球场地55块,其中11人制足球场5块,标准场地紧缺;134所中小学拥有塑胶田径场地,覆盖率达88%
	六盘水 钟山区	有政策支持的校园足球场51块,校园足球特色校共有15块 部分学校足球场地设施不完善
	重庆 沙坪坝区	目前全区中小学已实现塑胶运动场全覆盖,各级校园足球特色学校均有运动场地开展足球活动,但校园足球场地标准化水平低
东北地区	哈尔滨 南岗区	30多所学校铺设足球场地,但校园足球场地标准化水平低
	长春 汽开区	教育局为18所学校铺设足球场地
华北地区	太原 万柏林区	累计投入6800余万元,用于当地中小学体育场地的新建与维修,建有2块校园足球训练基地,但目前仅有1块标准足球场地,其余均为5人制和7人制足球场地,缺乏标准场地
	包头 青山区	实施校园建设工程,实现域内办学单位均拥有人造草坪
西北地区	银川 兴庆区	区教育局向政府争取资金,用于改造和新建校园足球场地
	西宁 大通县	2017~2020年共建成足球场地5块,企业捐赠2块5人制足球人造草坪,很多学校依然是土操场
华中地区	洛阳 洛宁县	累计投入4600余万元,先后共建61块足球场地 平均每万人拥有超过1块足球场地
	新乡 辉县市	共建有足球场地72块,其中11人制足球场11块、7人制足球场17块、5人制足球场44块

在国家宏观政策引领下，试点县（区）加大足球场地建设力度，快速推进足球场地建设，足球场地数量得到显著提升。据不完全统计，调研的15个试点县（区）共有足球场地739块，平均每个试点县（区）拥有49.3块足球场地。其中，5人制、7人制足球场地数量最多，11人制足球场地建设数量最少。华东地区、华南地区、华中地区足球场地数量远高于平均水平，西南地区足球场地数量略高于平均水平。有1/3的试点县（区）达不到平均场地数量，主要位于华北地区、东北地区和西北地区（见图3-37）。

足球场地是校园足球政策执行必备条件之一。但是，当前校园足球场地条件依然无法完全满足现实所需。对W省13个地市215所校园足球特色小

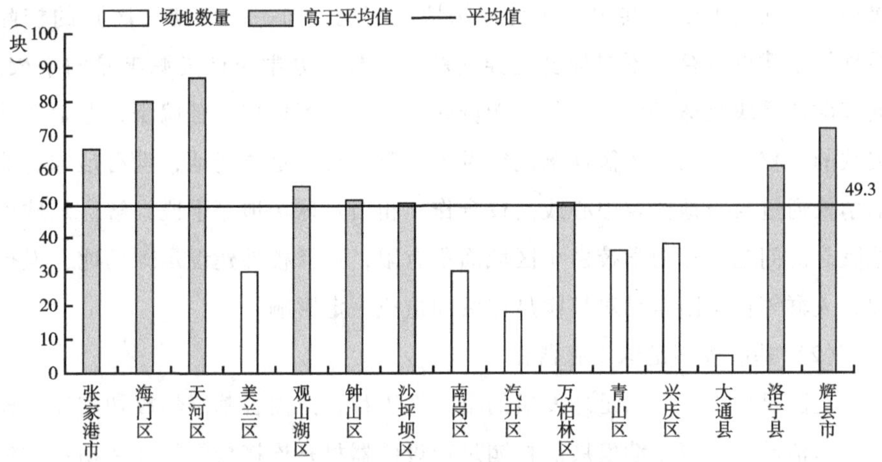

图 3-37　试点县（区）足球场地数量

学调研发现，足球场地资源不足，11 人制足球场地仅占 54%。对四年级进行抽样调查时发现，一块足球场地上多班级同时上课是普遍现象，上课人数为 150~200，场地设施无法满足教学训练①（见表 3-29）。

表 3-29　W 省部分校园足球特色小学足球课程开展情况

调研内容	基本情况
场地设施	足球场地 257 块。400m 跑道足球场 139 个，占 54%；300m 跑道足球场 63 个，占 24.6%；其他 55 个，占 21.4%
组织形式	各校四年级足球课上课情况：两个班级同时上课占 12.6%，三个班级同时上课占 44.7%，四个班级同时上课占 29.3%，其他占 13.4%
班级人数	各校四年级各班平均人数：0~40 人占 7.9%，41~60 人占 81.9%，60 人以上占 10.2%

实地调研中，基层足球场地的建设标准与质量参差不齐。例如，张家港市、海门区部分学校足球场地建设数量可达到 2~3 块，标准化程度高，设施设备齐全。天河区、美兰区足球场地建设空间有限，部分学校足球场地较小。钟山区、观山湖区、沙坪坝区、南岗区、万柏林区均存在标准化程度低、场地设施不完善的现象。资金来源无保障的大通县，很多学校依然是土

① 邱林：《我国校园足球政策执行的主要变量与路径优化——基于梅兹曼尼安-萨巴提尔政策执行综合模型分析》，《体育学研究》2020 年第 4 期，第 38~45 页。

操场，存在两个学校共用一块足球场地的情况。同一试点县（区）的校际足球场地建设也存在不同程度差异。新建学校、办学条件资源丰厚的学校，能够建造多块足球场地，而位于老城区、山脚下等地理位置偏僻、办学条件欠缺的学校，有的利用篮球场地铺设人造草坪自建足球场地，没有足球场地的学校通过与当地体育中心或高校合作、租借足球场地等手段，解决足球场地匮乏的问题。有的学校由于区域面积有限，选择校外建设足球场地，但行程、人群等社会因素易对校园足球活动造成一定影响。

（2）基层校园足球设施器材

校园足球作为中国足球发展的根基性工程，急需各基层学校切实保障校园足球活动健康可持续发展。校园足球设施器材是连接校园足球活动各方参与者的重要媒介，是教学、训练的主要载体，是校园足球活动开展不可或缺的物质条件保障。教师有效发挥足球设施器材功能与特性，能够提高学生足球学习兴趣、课余训练效率，对学生足球技能学习与提升起到重要作用。基层校园足球设施器材主要从学校配备与补充情况、器材的更新与维护、科学化与专业化三个方面进行调研。

《全国青少年校园足球特色学校基本标准（试行）》明确要求足球设施器材基本达到国家标准，基本的训练、竞赛器械数量充足。对于学校体育器材设施的配备标准，教育部先后在 2016 年印发《小学体育器材设施配备标准》《初中体育器材设施配备标准》的通知，2020 年印发《普通高中体育与健康教学器材配备标准》《小足球场地建设与器材配备规范》，对不同学段所必配足球设施器材进行如下梳理（见表 3-30）。

表 3-30　基础教育足球设施器材配备标准

学段	小学	初中	高中
足球规格	3 号、4 号足球	4 号、5 号足球	5 号
足球数量	两种规格各配 46~92 个	26~52 个	51~102 个
足球门	根据场地规格选择 1 号、2 号、3 号 1~4 副	根据场地规格选择 1 号、2 号、3 号 1~2 副	根据需要选择 5 人制、7 人、11 人制 1~2 副
足球网	根据实际选择 2~8 件	根据实际选择 2~16 件	与足球门配套使用
分队服	至少两种颜色，40 件	—	4 种颜色，各 20~30 件
角旗	4~8 面	—	1~2 套角旗杆（含角旗）

续表

学段	小学	初中	高中
手旗	每套含2只,4~8套	—	1~2套
红黄牌	红黄各1块,4~8套	—	1~2套
足球换人牌	4~8个	—	1~2个
标志杆	至少4种颜色,50~80个	—	50~60个
标志桶	至少4种颜色,50~80个	—	—
标志盘	至少4种颜色,20~60个	—	—
敏捷圈	至少4种颜色,50~80个	—	—
敏捷梯	3~6m,10~20个	—	—
守门员手套	4~10副	—	—
队长袖标	便于识别,4~10副	—	—
足球战术板	2套	—	—
足球记分牌	防风防雨,4~8个	—	—

研究发现，2016年，对于足球设施器材的配备仅局限于有场地、足球、足球门，能够正常开展足球活动的基本要求。2020年，教育部对于小学和高中阶段的足球设施器材的配备提出了更高的要求，除了基本的“硬件”外，多样性的辅助教学、训练、竞赛设施器材配备也必不可少，例如，多色分队服、标志杆、角旗杆等，大大提高了足球教学、训练内容的多样性与趣味性，丰富教学、训练手段，保证比赛安全有序进行，为提高足球活动质量发挥了功能性作用。

根据基层校园足球设施器材调研统计发现，15个试点县（区）中有9个试点县（区）超过70%的足球特色学校可以做到校园足球设施器材配备达到国家标准，例如，张家港市增购大量足球器材装备且设施器材配备达到国家标准，有6个试点县（区）低于60%的足球特色学校配备能够达到国家标准。例如，W区、Z区部分学校体育器材设施不完备，不能满足体育教学实际需求。关于足球设施器材满意度调查，王程[①]对滨州市中小学校园足球调研发现，58名教师中有39.66%的教师认为所在学校的足球设施器材不

① 王程：《滨州市中小学校园足球高质量发展的对策研究》，曲阜师范大学硕士学位论文，2021。

能满足其教学、训练需求；704 名学生中有 44.32%的学生对学校的足球设施器材感到不满意。

校园足球器材设施定期的维护与更新是延长器材使用寿命、减少学生足球运动安全隐患的重要手段。例如，天河区场地器材完备，与时俱进地更新校园足球教学与训练器材、设施设备；大通县每年根据当地学校实际情况不断补充和更新学校体育教育教学设施；张家港定期对学校安全设施进行检查，避免设施器材老化带来校园活动安全问题。同时，也存在部分学校“两套器材，两种用法”的不端行为。一套使用年限长、功能性缺失的老旧器材，依然“活跃”在操场上，而另一套崭新的设施器材整齐地堆积在仓库，仅仅用来应对“上级领导”检查，使足球设施器材得不到及时更新，造成学生不得不面对破旧器材的窘境，并伴随着潜在的安全隐患。

随着现代化科学技术发展，科技在足球运动中的应用层见叠出。科学技术手段的创新与更迭，使足球运动得以高质量发展。信息化设备与新型足球设施器材在基层校园足球中投入使用，极大提高了校园足球教学、训练、竞赛的水平与质量。《小足球场地建设与器材配备规范》提供了具有参考价值的信息化设备的配备，例如，电子战术板、智能足球发球机、可穿戴设备（包括手环、臂环、胸带）、足球教学系统（包括 PC 端、平板端）等。在实地调研过程中发现，基层校园足球在进行足球活动时，以传统的、基本的足球设施器材为主，仅有少部分地区能够使用信息化设备或新型足球设施器材。例如，兴庆区为当地各级足球特色学校购买整套足球训练器材以及 KT 足球比赛场地（便携式充气足球场）。KT 足球比赛场地有效解决了传统场地投资大与维护成本高甚至部分学校没有场地的问题，周围的充气气囊提高了足球运动的安全指数，具有便携、安全、成本低的特点，有利于培养青少年足球控球技术与兴趣。南岗区采购了“一刻校园足球管理平台”，利用平台进行校园足球活动的宣传报道与工作经验交流。“一刻校园足球管理平台”主要从大数据管理、足球教学训练竞赛、政策法规、大课间、校园文化五方面为当地教育管理部门、学校管理部门、教师等群体提供不同的智能信息化服务，极大提高了校园足球管理工作的便捷度。

（三）基层社会环境情况

1. 基层基础教育环境解析

（1）学校体育课开展情况

“蓬生麻中，不扶而直；白沙在涅，与之俱黑。”事物的存在、变化受作用于其所处的环境条件。基层校园足球政策执行处于基层教育环境中，因此，基层教育环境的各类条件影响着校园足球政策执行。受社会用人机构的学历歧视、评价性考试制度等现实因素影响，“万般皆下品，唯有读书高”成为学校、家长与学生普遍而又自然的观念。中国基础教育质量监测协同创新中心在全国31个省（区、市）和新疆生产建设兵团对18万余名学生和3万余名班主任的调查数据显示：四、八年级学生认为家长对自己最关注的方面是“学习情况”（79.8%、79.9%）；四、八年级班主任认为家长最关心孩子的“考试成绩”（88.3%、90.1%）；四、八年级家长与班主任沟通最多的内容均为“学习习惯”（57.2%、47.3%）和“考试成绩”（52.3%、61.4%）[①]。

《全国青少年校园足球特色学校基本标准（试行）》要求每周用一节体育课进行足球教学。而“文凭社会”背景下，学生将精力更多地投入智育，无暇顾及体育，反映在体育课开课情况中，即“缺课时”问题严重，且随年级升高而加剧。华东师范大学课程与教学研究所对全国31个省（区、市）（不包括港澳台）的148715名学生调研数据显示，开设了体育课程但周课时数少于各省（区、市）课程计划规定的班级比例高达36.1%，一至五年级“符合标准”的班级比例均高于全国平均水平（58.0%），而六至九年级“符合标准”的班级比例却低于全国平均水平[②]（见图3-38）。

（2）基层校园足球布点特征

重智轻体的教育环境下学校体育语境不足，足球是体育的下属概念，故而校园足球开展受到制约。笔者对部分基层校园足球特色学校（除幼儿园）数量进行调查发现，截至2022年1月，按照我国七大地理区域划分，以15

① 《全国家庭教育状况调查报告（2018）》，中国基础教育质量监测协同创新中心网站，https：//cicabeq. bnu. edu. cn/zljc/jcjgbg/84e865474 fd642b3b7397ecb8f6c6c66. htm。

② 毛玮洁、崔允漷：《义务教育阶段体育课程实施的问题、成因与对策》，《教育科学》2021年第2期，第22~30页。

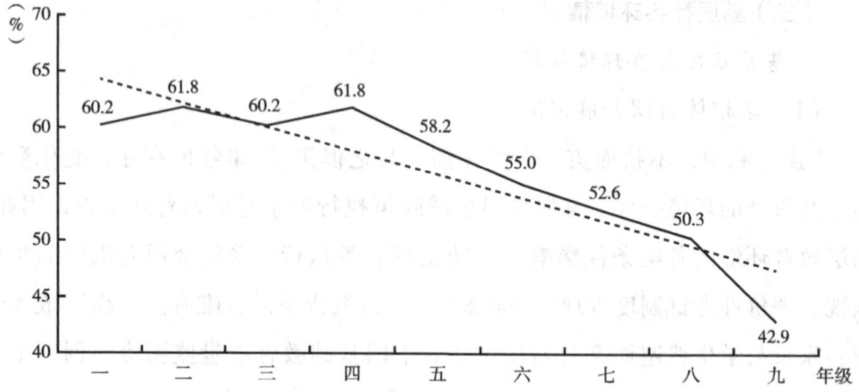

图 3-38 不同年级体育课“符合标准课时”比例

个试点县（区）为例，各地特色校数量如下。华东地区：苏州张家港市校园足球特色校 37 所，小学 21 所，初中 6 所，高中 4 所，9 年一贯制学校 4 所，12 年一贯制学校 1 所，中学（含完全中学和职高）1 所；南通海门县校园足球特色校 50 所，小学 25 所，初中 11 所，高中 6 所，9 年一贯制学校 2 所，12 年一贯制学校 0 所，中学（含完全中学和职高）6 所。华南地区：广州天河区校园足球特色校 26 所，小学 15 所，初中 0 所，高中 0 所，9 年一贯制学校 4 所，12 年一贯制学校 0 所，中学（含完全中学和职高）7 所；海口美兰区校园足球特色校 17 所，小学 10 所，初中 2 所，高中 0 所，9 年一贯制学校 1 所，12 年一贯制学校 0 所，中学（含完全中学和职高）4 所。西南地区：贵阳观山湖区校园足球特色校 22 所，小学 15 所，初中 5 所，高中 0 所，9 年一贯制学校 1 所，12 年一贯制学校 0 所，中学（含完全中学和职高）1 所；六盘水钟山区校园足球特色校 21 所，小学 9 所，初中 5 所，高中 3 所，9 年一贯制学校 1 所，12 年一贯制学校 0 所，中学（含完全中学和职高）3 所；重庆沙坪坝区校园足球特色校 29 所，小学 21 所，初中 2 所，高中 0 所，9 年一贯制学校 0 所，12 年一贯制学校 0 所，中学（含完全中学和职高）6 所。东北地区：哈尔滨南岗区校园足球特色校 29 所，小学 18 所，初中 5 所，高中 3 所，9 年一贯制学校 2 所，12 年一贯制学校 0 所，中学（含完全中学和职高）1 所；长春汽开区校园足球特色校 15 所，小学 6 所，初中 2 所，高中 2 所，9 年一贯制学校 5 所，12 年一贯制学校 0 所，中学（含完全中学和职高）0所。华北地区：太原万柏林区校园足球特色校22所，小学15所，初中2所，高中1所，9年一贯制学校0所，12年一贯制学校0所，中学（含完全中学和职高）4所；包头青山区校园足球特色校22所，小学13所，初中7所，高中1所，9年一贯制学校1所，12年一贯制学校0所，中学（含完全中学和职高）0所。西北地区：银川兴庆区校园足球特色校30所，小学20所，初中6所，高中0所，9年一贯制学校2所，12年一贯制学校0所，中学（含完全中学和职高）2所；西宁大通县校园足球特色校10所，小学4所，初中2所，高中0所，9年一贯制学校1所，12年一贯制学校1所，中学（含完全中学和职高）2所。华中地区：洛阳洛宁县校园足球特色校22所，小学13所，初中6所，高中1所，9年一贯制学校2所，12年一贯制学校0所，中学（含完全中学和职高）0所；新乡辉县市校园足球特色校21所，小学9所，初中5所，高中4所，9年一贯制学校3所，12年一贯制学校0所，中学（含完全中学和职高）0所。综上所述，基层校园足球特色学校布点呈现随年级增高而数量减少的特征。

此外，《校园足球调研报告（2015—2020）》数据显示，2018年基层校园足球校际联赛场次分布呈现“高（年级）少低（年级）多”的特征（见图3-39），试点县（区）校际联赛的调查数据呈现“高（年级）少低（年级）多”和“男多女少”的特征（见图3-40）。

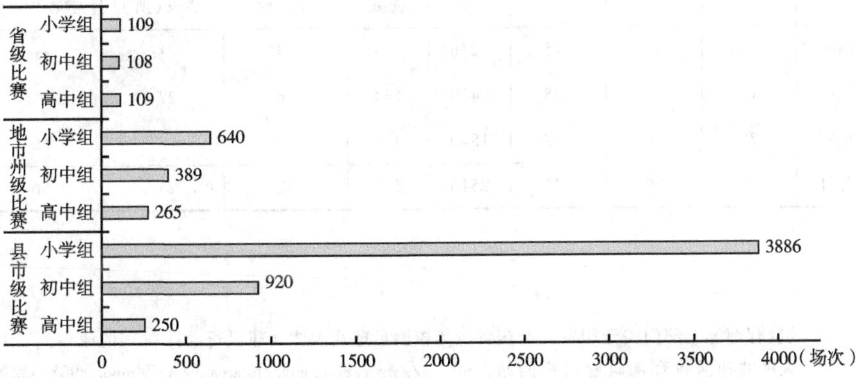

图3-39　2018年基层校园足球校际联赛场次分布情况

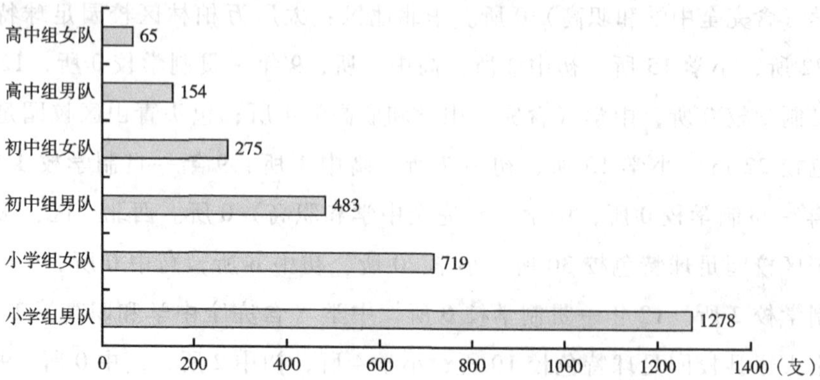

图 3-40　2018 年校园足球试点县（区）校际联赛队伍数量统计

2020 年 8 月，教育部等七部门联合印发《全国青少年校园足球八大体系建设行动计划》，提出 2022 年中小学生经常参加足球运动人数超过 3000 万的工作目标①。参与校园足球的学生人数增加是普及成果的体现，然而校园足球人口随年级增长体现出一定的“衰减性”。以梅州市、深圳市两个全国校园足球布点城市为例②，从小学到初中，再到高中，参加校园足球的学生人数逐级减少（见表 3-31、表 3-32）。

表 3-31　梅州市校园足球开展现状

学段	全市学校数量（所）	足球布点学校（所）	球队数量（支）	参加人数	每年比赛场数	拥有 11 人制足球场学校（所）	拥有 7 人制足球场学校（所）	拥有 5 人制足球场学校（所）
高中	64	15	15	256	24	14	1	—
初中	172	28	28	420	144	6	22	—
小学	782	56	92	1840	340	—	—	56
合计	1018	99	135	2516	508	20	23	56

---

① 《教育部等七部门关于印发〈全国青少年校园足球八大体系建设行动计划〉的通知》，中华人民共和国教育部政府门户网站，http：//www.moe.gov.cn/srcsite/A17/moe_938/s3273/202009/t20200925_490727.html。

② 黄德沂、丘乐威、焦峪平：《完善我国青少年校园足球培养体系的对策研究》，《体育文化导刊》2014 年第 6 期，第 124~127 页。

表 3-32　深圳市校园足球开展现状

学段	全市学校数量(所)	足球布点学校(所)	球队数量(支)	参加人数	每年比赛场数	拥有11人制足球场的学校(所)	拥有7人制足球场的学校(所)	拥有5人制足球场的学校(所)
高中	118	11	14	291	36	100	118	—
初中	135	27	28	593	196	—	135	—
小学	355	65	101	1309	604	150	300	302
合计	608	103	143	2193	836	250	553	302

（3）高中足球特长生升学情况

普通高等学校运动训练、武术与民族传统体育专业招生（简称体育单招）及高校高水平运动队招生属于普通高等学校特殊类型招生，是国家教育考试的组成部分，亦是高中足球特长生考入大学的常见方式。2016~2020年体育特长生报考人数逐年增加，从2016年报考的22661人增加到了4.4万人，报名人数增加了94.1%；录取人数从2016年的13728人，增加到了2020年的15750人，录取人数增加了14.7%；录取率从2016年的60.58%下降至2020年的39.77%①（见表3-33）。

表 3-33　2016~2020 年我国高校体育特长生的报考和录取人数及录取率

单位：人，%

	2016年	2017年	2018年	2019年	2020年
报考人数	22661	24486	27901	33573	44000
录取人数	13728	14464	14716	14649	15750
录取率	60.58	59.07	52.74	43.6	39.77

足球项目中，高中升入大学的升学竞争愈发激烈。2022年，全国高等院校设立运动训练专业的共有101所，其中招收足球专项的有88所高校。招收高水平足球特长生的高校有188所，其中，招收高水平男子足球特长生的高校仅有164所。对体育总局科教司关于2022年普通高等学校运动训练、

① 吴永慧：《内蒙古自治区高中男子足球特长生培养及对策研究》，首都体育学院硕士学位论文，2021。

武术与民族传统体育专业招生及高水平运动队招生部分项目考生报名资格信息进行研究，结果显示：2022 年，足球项目（体育单招和高水平运动队招生）总考生人数为 12944 人，比 2021 年增加 2423 人，增幅约为 23%。2022 年，各高校足球项目高水平运动队的招生总计划数是 1903 人，比 2021 年（2500 余人）减少 600 余人[①]。

2. 基层足球文化现状

（1）基层职业足球、草根足球发展情况

基层校园足球发展情况与当地足球文化发展水平密不可分，职业足球发展规模和水平在当地足球文化氛围的营造过程中发挥主要作用。地区足球职业化发展较好，当地足球氛围也强于其他地区，校园足球在这些地区更容易开展[②]。笔者将 15 个试点县（区）所属省级行政区的男女足球职业队数量（包含中国足协承办超级联赛、甲级联赛和乙级联赛的男队和女队）和校园足球特色学校数量的数据进行对比（见表 3-34、图 3-41）。其中，江苏省的苏州张家港市和南通海门区特色学校数量分别为 37 所和 59 所，江苏省职业队数量均为 7 支；青海省西宁大通县特色学校数量为 10 所，青海省职业队数量 0 支。

表 3-34　区域足球职业队与校园足球特色学校数量统计

地区	选取县/区	校园足球特色校数量(所)	所属省级行政区	省职业队数量(支)
华东地区	苏州张家港市	37	江苏	7
	南通海门区	59	江苏	7
华南地区	广州天河区	26	广东	6
	海口美兰区	17	海南	2
西南地区	贵阳观山湖区	22	贵州	1
	六盘水钟山区	21	贵州	1
	重庆沙坪坝区	29	重庆	2

① 《体育总局科教司关于 2022 年普通高等学校运动训练、武术与民族传统体育专业招生及高水平运动队招生部分项目报名考生报名资格信息的公示》，中国运动文化教育网，https://www.ydyeducation.com/index/new/news_detail/id/10972.html。

② 杨志鹏：《2016 国家级校园足球特色学校布局现状与发展对策的研究》，首都体育学院硕士学位论文，2017。

续表

地区	选取县/区	校园足球特色校数量(所)	所属省级行政区	省职业队数量(支)
东北地区	哈尔滨南岗区	29	黑龙江	1
	长春汽开区	15	吉林	2
华北地区	太原万柏林区	22	山西	1
	包头青山区	22	内蒙古	2
西北地区	银川兴庆区	30	宁夏	0
	西宁大通县	10	青海	0
华中地区	洛阳洛宁县	22	河南	2
	新乡辉县	21	河南	2

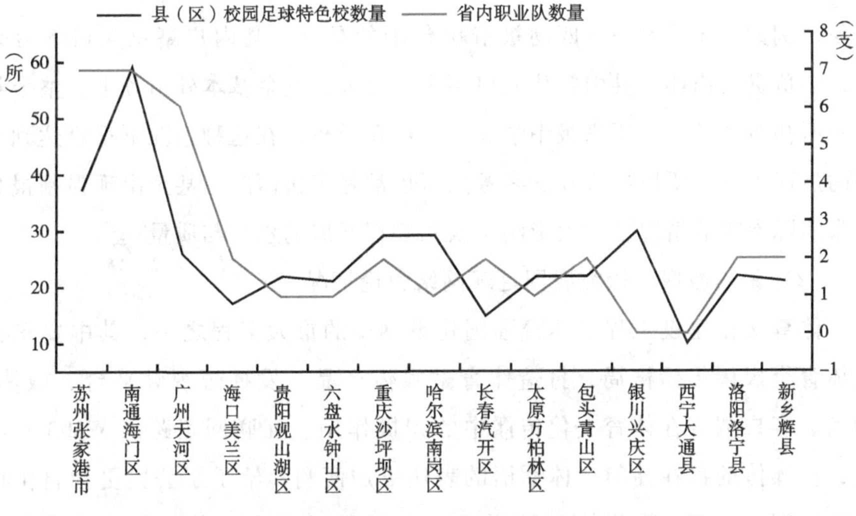

图 3-41　区域足球职业队与校园足球特色学校数量统计

草根足球是指生长于民间，没有经过主流竞技足球的疏导和规划，没有经过足球精英的加工改造，充满民间气息，蕴含丰富的足球共识的平民足球、大众足球①。我国草根足球俱乐部、草根足球人群参加的官方最高级别赛事即是中国足球协会会员协会冠军联赛（以下简称“中冠联赛”）。中冠联赛始于 2008 年，其预赛阶段为各会员协会省市联赛。

① 邱林、施志社：《我国“草根足球”发展研究——以“加油中国冠军联赛”为例》，《河北体育学院学报》2012 年第 1 期，第 18~22 页。

笔者聚焦陕西省草根足球发展情况：2019 年 1 月，陕西省人民政府办公厅印发《陕西省群众足球三级联赛实施方案》[①]，标志着陕西省群众足球三级联赛创建。联赛分乙级、甲级、超级三个阶段，陕乙联赛由各县（市、区）政府主办，县级体育部门和足协具体实施，乡镇（街道）、社区、企事业单位、社会团体自由组队参赛；陕甲联赛由各市政府主办，市级体育部门和足协具体实施，参赛队伍为各县（市、区）陕乙冠军队；陕超联赛由省政府主办，省级体育部门和省足协具体实施，参赛队伍为各市陕甲冠军队。陕超联赛冠军将代表陕西参加中冠联赛。截至 2020 年，陕西省群众足球三级联赛在全省 10 个城市、114 个县区进行，报名参赛球队达 829 支、参赛球员 19162 人，比赛 2000 余场。然而，各地区陕乙联赛存在发展不均衡的现象，例如，H 县是一个四周被群山包围的县城，县内户籍总人口 5 万余人，据负责人描述，县内常住人口不足 2 万人，其余基本外出务工，整个县有一所初级中学、一所高级中学及一所职业学校，在这种情况下很难达到相应的足球人口，所以导致 6 支参赛队伍也都是东拼西凑，甚至出现强制报名并未实际参赛的情况，大大影响了陕乙联赛开展的水平与质量[②]。

（2）聚焦微博，探究我国足球网络舆论情况

体育文化建设工程是体育强国建设纲要的重大工程之一，其中要求构建体育全媒体传播格局，打造体育融媒体产品，发挥短视频平台、微博、微信、客户端等在体育文化传播中的积极作用。互联网正跨入 Web3.0 时代，自媒体的存在使得个体话语的表达更加便利，给予了公民更为自由的表达空间。然而，自媒体“熵增式”的发展过程中，由于知识结构以及媒介素养的差异，网络时评“不可避免地漂浮着大量个人主观言论、情绪极化标签、未经证实的信息片段及轻率的判断”。[③] 2022 年亚冠联赛中，代表中超出战的广州队 0∶5 输给马来西亚球队柔佛 DT，山东队 0∶7 输给

① 《陕西省人民政府办公厅关于印发群众足球三级联赛实施方案的通知》，陕西省人民政府官网，http：//www.shaanxi.gov.cn/zfxxgk/zfgb/2019_3941/d7q_3948/201904/t20190419_1637287.html。

② 高培尚：《陕西省群众足球三级联赛赛事协调发展研究》，陕西师范大学硕士学位论文，2020。

③ 比尔·科瓦奇、汤姆·罗森斯蒂尔：《真相：信息超载时代如何知道该相信什么》，陆佳怡、孙志刚译，中国人民大学出版社，2019。

韩国球队大邱 FC。别有用心的自媒体作者故意将两场比赛比分加总，编造了“国足 0：12 马来西亚”的谣言，使得“#国足 0：12 马来西亚#”迅速成为抖音等短视频平台的热门话题。同样，在微博平台，中国足球的舆论环境仍旧复杂。笔者以“中国足球”为话题，检索 2022 年 2 月至 3 月末的微博历史热搜数据（见表 3-35），发现“中国足球”在微博平台产生的话题与中国足球男子国家队和女子国家队的战绩直接相关。中国足球网络话题乱象丛生，甚至从体育板块跨向娱乐板块，在社会中营造出不良的足球文化氛围，中国足球公信力的下降不利于未来校园足球的价值树立与良性发展。

表 3-35　2022 年 2 月至 3 月末“中国足球”在微博平台的话题数据

话题	在榜时长（分钟）	最高排名	热度
#中国足球 20 年未进世界杯#	197	15	452027
#董路呼吁改善中国足球舆论环境#	537	18	443210
#韩乔生说中国足球在亚洲沦为孙子辈#	106	27	334173
#嘲讽中国足球也该有底线#	579	1	5624687
#冯潇霆说中国足球不需要键盘侠#	275	22	536055
#这才是中国足球该有的样子#	426	22	803220
#中国足球最美的样子#	1	48	378393
#请支持暂时遇到困难的中国足球#	691	1	4407019

二　政策基层执行困境表征

（一）基层政治生态虚置对校园足球政策基层执行的阻塞

1. 制度建设疏失，执行效果不佳

（1）显绩环境致使奖惩缺失

我国基层政治生态中主管领导在具有决策属性政策的制定与分配环节占据主导地位。因此，基层政府主管领导对于校园足球政策的基本认知与落实态度直接影响基层校园足球活动开展效果。调研发现，目前，基层校园足球领导职务主要由政府副职领导（区委副书记、县委副书记等）担任，其对校园足球政策的认知和态度主要取决于客观存在条件和主观意识判断。例如，我国部分基层政府副职领导在五年有限的地方任职期内，过分追求显性

政绩，导致其在落实校园足球政策过程中注重政绩考核，将大量政策资源集中到“创建”工程中，真正有利于基层校园足球发展的奖惩制度建设被忽视。调研中发现，部分县区对于校园足球一线工作人员、运动员等没有系统化的奖惩制度建设信息。

（2）材料失真下的监督乏力

20世纪末至今，在“压力型体制”和“行政发包制”约束下，我国基层政府接受来自上级政府加码下压的行政指令，被要求在规定时间内完成具体任务目标已为常态①。我国县域之下校园足球政策内容落实仍侧重以强制性为主的管制类政策工具，依托行政力量层层推进②。在上级目标责任约束下，下级只能想方设法完成任务。2015年，Z县申报获批全国校园足球特色学校11所，整体质量有所保障。后期为完成S市的申报指标和年度考核任务，许多学校被“强行申报”，申报材料存在失真。2018年，教育部对校园足球特色学校复核，取消8所特色学校资格，责令29所学校限期整改，其中26所为县域特色学校。新华社撰文表示，在河北唐县、贵州玉屏县等地普遍存在“重创建、轻建设”问题，导致足球课和班级联赛难以保证而被取消③。在压力型科层制下，上级部门通过任务摊派，将政策任务以数量化评价的模式逐级下放至基层。但在实务工作中，基层并不具备相应基础条件，迫于完成上级政策指令，通过“掺水”材料应付政策落实。作为监督主体的领导部门同样迫于上级行政指令的压力与出于自身工作的考量，对于材料失真的情况进行选择性忽视。

（3）利益“共谋”致使问责无果

在公共管理领域，问责机制是特定委托者促使代理者为其决策和行为后果承担责任的机制设计，已成为公共部门确保下级机构正确行使权力并改进

---

① 杨帆：《基层清单法问责制度创新的成就与限度——以浙江省Y区“清单法”为例》，《社会主义研究》2022年第2期，第125~132页。

② 邱林、张廷安、浦义俊等：《校园足球政策基层执行的逻辑辨析与治理策略——基于江苏省Z县及下辖F镇的实证研究》，《上海体育学院学报》2021年第3期，第49~59页。

③《体育“摘牌”整改为哪般？校园足球特色学校整顿背后凸显人、财及理念问题》，新华网，http://www.xinhuanet.com/sports/2018-04/16/c_1122690117.htm，2020年3月2日。

绩效的基本手段[①]。"共谋行为"是基层问责主体在问责过程中的无奈表现。从理论上讲，问责制度的核心功能是通过对问责对象行为的约束，来维护问责主体的管理秩序与相关利益。因此，其决定了基层问责主体的问责边界，即不能损害自身管理秩序及关联利益[②]。在基层校园足球开展过程中，基层问责主体面临上级的考核压力，基于对自身利益的维护，与责任客体采取"共谋行为"，在化解上级考核压力的同时，亦是疏解自身的管理压力。例如，特色学校申报材料失真，依然获批资格；特色学校缺课少课，隐瞒不报。2018 年，Z 县 29 所校园足球特色学校小学足球课开课率为 79%。初中每周上 1 节足球课的学校比例不足 60%；能够满足"每个班级参与比赛场次每年不少于 10 场"要求的学校占 72%，这与《全国青少年校园足球特色学校基本标准（试行）》存在一定差距。

2. 权责归属失衡，运转过程割裂

（1）基层校园足球（部门）权责归属失衡

由上文可知，校园足球基层领导小组多由教育局、文体广电和旅游局设立，统辖区域内全国校园足球特色学校。部分基层校园足球领导将权力上收、责任下放，基层校园足球（部门）权责归属出现失衡现象。究其原因，在我国科层制背景下，基层校园足球领导小组掌握着校园足球政策执行权，其与基层校园间的权力边界、权力种类、权力清单尚未界定清晰，很多事务处于一种"上传下达""上下全管"的模糊状态，致使部分基层校园足球工作领导小组利用权威将职责和压力向下转移，导致特色学校承担过多与其财力不对等的责任，具体总结为"球在哪儿踢、钱从哪儿来、教师队伍怎么建、运动风险怎么防范"这四大症结。

（2）基层校园足球权力运转过程割裂

剖析基层校园足球权力运转过程，应以部门间事权与财权为主要抓手。我国校园足球政策执行主体的事权结构以教育部门和体育部门为主要依托，但多数领导小组缺乏明确的制度性安排，进而导致体育部门自主决策权限受

---

① Schillemans T. Calibrating Public Sector Accountability: Translating Experimental Findings to Public Sector Accountability [J]. *Public Management Review*, 2016, 18 (9): 1400-1420.

② 李伟南：《当代中国县政府行为的"实然逻辑"》，《武汉科技大学学报》（社会科学版）2010 年第 5 期，第 24~32+42 页。

到挤压，在足球专业领域具备的天然优势无法展现，造成“教育部门全面主导，体育部门形式协助”的权力运转割裂局面。调研发现，事权与财权配置不均衡在横向上造成教育与体育部门的职能割裂，纵向上致使领导部门与基层校园的关系对立。

（二）基层经济环境失序对校园足球政策基层执行的掣肘

1. 经费渠道有限，经济配置失衡

（1）经济动力持续输出有限

进入新时代，在以习近平同志为核心的党中央坚强领导下，国务院于2021年印发《全民健身计划（2021—2025年）》，体育逐渐成为人民日益增长的美好生活刚需，人民对体育服务的需求持续上升，中国足球事业得以快速发展。如今，受疫情影响，体育产业经济发展短期下行，足球资金筹措渠道变窄，基层政府支持力度有限，投资拉动上急而下徐，导致基层校园足球经费投入较少，校园足球活动开展条件难以得到有效保障。

我国基层校园足球经费来源单一，基层资金筹措渠道狭窄。由于校园足球具有公益性质，经费投入主要依靠中央或地方政府的财政专项拨款，企业选择性投入以及学校多方自筹的形式。目前，存在主要困境为政府支持力度有限、社会企业利益回馈机制不健全、学校筹措资金渠道逼仄。一是政府支持力度有限。无论是2009~2015年国家体育总局每年划拨5600万元，还是2015~2018年中央财政累计投入8.98亿元，单一政府财政资金已难以满足当前49个改革实验区、201个校园足球试点县（区）、3万余所特色学校发展所需的校园足球经费①。沙坪坝区每年对61所校园足球特色学校（含全国、区级学校）进行考核，拨款300万元足球经费，资金仍存在较大缺口。二是社会企业利益回馈机制不健全。企业主要通过政府与基层校园足球“牵手合作”，例如，“校企合作”模式，最直接的参与形式是为基层学校提供足球经费支持，学校多以“冠名”“颁奖”等形式扩大企业影响力，回馈企业经费支持。但企业会选择利益性参与，当其权衡实际利益达不到期望值时会选择停止合作。三是学校筹措资金渠道逼仄。上级部门普遍设立体育专

---

① 邱林、王家宏：《国家治理现代化进程中校园足球体制革新的价值导向与现实路径》，《上海体育学院学报》2018年第4期，第19~25页。

项经费助推基层学校体育发展，很少单独设立足球专项经费，使得多数学校不得不从原有体育专项经费或学校人均体育经费中划出一部分作为校园足球资金。当基层学校存在足球经费不足情况时，还需从其他预算中“东添西补”，甚至只能“一坐、二等、三要”被动寻求社会可筹措资金渠道，难以保障校园足球活动顺利开展。

（2）经济资源配置失衡

中国作为最大的发展中国家，采用财政分权手段实现区域经济协调发展。地方政府通过自主预算支出规模和结构，打破中央计划束缚，产生自我强化的内生机制，但同时也带来经济资源配置失衡、区域发展差异扩大等问题，此类问题在基层校园足球经费分配中同样存在。各地经济发展水平对足球运动普及有着重要影响，基层经济发展状况好的地区，可以投入充足专项经费推动地区校园足球发展。上文中对苏州市张家港市、重庆市沙坪坝区、西宁市大通县三个地区的相关经济指标统计发现：张家港市、沙坪坝区各项经济指标显著优于大通县，且地区校园足球经费远超大通县。

中央通过对设立的校园足球改革试验区、试点县（区）足球发展的各项指标进行综合考量，依据考核结果评定下一年度对其财政拨款的数额，这就使得部分发展质量极佳的地区可以优先获得更多的资金保障与资源支持，与部分发展差强人意的地区逐渐拉开差距。这种资源配置形式看似合理，但真正落实到基层执行过程中不可避免地引起区域与区域之间、县区与县区之间、学校与学校之间的经济资源配置失衡，产生资源聚集效应，加剧基层校园足球发展不充分、不平衡的矛盾。此外，就校园足球特色校而言，公立学校与私立学校、小学与中学在资金投入、场地设施、师资力量等方面也存在较大的资源差异，并且经济资源的倾斜还会受到办学水平、办学规模、办学质量等客观指标的影响，愈发加剧资源的不合理分配。那么如何破解基层校园足球经济资源配置失衡，推动校园足球合理发展，是当下亟须解决的关键问题。

2. 场地建设受限，设施供需错位

（1）区位因素限制场地建设

我国基层校园足球场地建设工程较为复杂，受诸多因素的影响。而在诸多影响因素中，区位因素是影响各地校园足球场地数量和质量的关键因素，主要分为自然因素、社会经济因素、技术因素三方面。第一，自然因素，主要包括地理位置、地形等，我国地形复杂多样，在地势起伏的山岭、盆地等地区建设校园足球场地的难度远高于地势平坦的平原地区。例如，观山湖区是以山地、丘陵为主的丘原盆地地区，在此地建设足球场地所消耗的人力、物力、财力远高于其他地区；洛宁县是典型的山区农业县，地处山区，基础场地设施布局较为困难，场地建设任务艰巨。部分基层学校位于山脚下、老城区，加上学校场地供给面积有限，仅能对其场地设施进行改造修建，难以建造标准化足球场地。此外，受城市化影响，部分城市的土地面积有限，远达不到现有校园足球场地数量要求。例如，广州市部分中心城区建设空间有限，足球场地建设数量难以满足众多学校需求[①]。第二，社会经济因素，包括资金、政策等，而经济水平在很大程度上影响着政策执行力。调查结果显示，仅有部分基层经济较发达地区能够按照政策要求，将足球场地建设纳入行政区域建设规划，城镇化、新农村总体规划中。而对于经济欠发达的基层地区，在没有完善区域基础设施的前提下，其很难有较多精力与实力严格执行校园足球政策。伴随着校园足球政策逐步向低强制性转变[②]，经济水平较低的地区对于足球场地建设相关政策的执行力更是无法保障。第三，技术因素，校园足球场地建设过程中场地技术运用不够全面。目前基层足球场地建设以天然草坪、人造草坪为主，水泥和泥地材质也占据一定比例[③]。而由于基层校园足球场地检测技术较为简单，并不能严格检测场地质量标准，使得场地存在安全隐患。实际调研发现，有些学校足球场天然草坪与土操场并无太大区别，草坪质量不过关，草壤稀疏，操场多细碎石子。部分学校人工草坪使用年限长，得不到及时修整，足球场地坑坑洼洼，场地的质量难以保证。

（2）器材设施供需错位

我国基层校园足球器材设施供给与校园足球活动人群需要仍存在一

---

① 全国青少年校园足球工作领导小组办公室：《推进校园足球改革试验区治理体系现代化建设》，《校园足球》2020 年第 11 期，第 12~19 页。

② 王大鹏、戴文豪、王湘怡等：《我国校园足球政策工具有效选择的影响因素研究》，《四川体育科学》2022 年第 1 期，第 104~109 页。

③ 屈丽蕊、高飞：《我国中小学校园足球场地器材管理研究》，《体育文化导刊》2014 年第 8 期，第 123~126 页。

定矛盾，主要表现为器材设施配备供需错位、供求关系失衡。首先，基层足球器材设施配备供需错位具体表现为中低端产品供给过剩，高端产品供给不足。足球发展较好、资金配备充足的学校仍只配置最基础、较为低端的足球设施器材，如标志盘、标志杆等，而对于多功能足球训练房、运动手环、KT 足球比赛场地等高端设施配备不足，学校仅保证足球活动的正常开展而不关心足球活动开展的效益。此外，我国足球高端器材研发能力有待加强，目前只有少数学校有能力采购国外高端器材，大多数学校由于资金等因素影响只能“望而却步”。其次，基层足球器材设施供求关系失衡。部分学校缺少明确的足球器材补充机制，仅依靠教育局下拨资金添置器材或借助足球比赛契机更换足球器材。但比赛用球少，辅助性训练器材种类不齐，硬件设施陈旧，消耗严重的器材得不到及时更换的现象依然存在。

（三）基层社会环境俗化对校园足球政策基层执行的制约

1. 教育观念陈旧，发展问题凸显

(1)“重智轻体”是沉疴，加剧学校体育地位下滑

培养德智体美劳全面发展的社会主义建设者和接班人是新时代党的教育方针。目前，政府教育政绩观在经济发展至上的社会环境中逐渐片面化，学生的升学率和清北率成为衡量学校教育质量的“硬指标”[①]，“唯分数论”和“唯升学论”仍是基础教育的“老大难”问题。例如，部分基层政府部门为追求教育“政绩”，对学校违规办学、违规补课的现象持纵容态度，将升学考试作为教学组织的落脚点，将升学率作为衡量学校优劣的标尺，导致“五育并举”未得到有效落实。在“知识改变命运”“千军万马过独木桥”思维下，家长与学生卷入激烈的学业竞争，将过多精力投入智育，导致学生参与体育等其他非智育活动的自源性动力不足。

通过体育课开展情况透析学校体育工作，发现体育课正处于“政策里很重要、平日里被挤掉、升学时被砍掉”的窘境，达到体育课课时标准的班级少之又少。在各种主客观因素限制下，学校体育课呈现出“三无七不”

---

① 草珺：《社会主义教育公平观及其实践对策研究——以我国西北地区基础教育为例》，兰州大学博士学位论文，2017。

的特征，即无难度、无强度、无对抗；不喘气、不心跳、不出汗、不奔跑、不扭伤、不擦皮、不长跑[①]。此皆为体育教师在体育课上不作为的表现。究其原因，通过对体育教师的“权力、责任、利益”进行分析得出：其一，体育教师作为体育课的“总导演”，对体育课开展形式具有“自由裁量权”；其二，当学生体育课受伤后，上级对体育教师的过分问责，使体育教师在体育教学中无法“施展拳脚”，也无法真正提高学生身体素质；其三，学生体质状况不像文化成绩那样被作为显性考核指标，学生体质水平与体育教师的津贴奖励并不挂钩，导致体育教师的惰性不断提升。总之，在“体育课不出事”的基层逻辑下，受“三无七不”体育课的惯性思维影响，校园足球课堂教学更是难以取得实质性成效。

（2）校园足球呈外延式发展，发展不均衡问题凸显

“外延式发展”是通过适应外部需求而表现出的外形扩张，其追求数量增长、规模扩大以及空间拓展；反之，“内涵式发展”追求结构优化、质量提高、实力增强。2015 年，校园足球发展上升至国家战略，致力于搭建校园足球改革发展的“四梁八柱”，将“普及”作为校园足球工作的出发点。教育部办公厅印发《关于开展 2020 年全国青少年校园足球特色学校、试点县（区）和“满天星”训练营创建工作的通知》，要求全国青少年校园足球特色学校的高中、初中和小学按 1∶3∶6 的比例进行合理分配。但调研数据显示：15 个校园足球试点县（区）的高中、初中、小学特色校建设数量分别为 25 所、66 所、214 所，比例为 1∶2.64∶8.56，与教育部要求的“1∶3∶6”相比，初高中校园足球特色学校建设数量明显不足，即存在不同学段的特色校数量分布不均衡问题，导致基层校园足球参与人数、联赛结构、特色校分布均呈现“高少低多”的特征。究其数量不足且分布不均的原因如下。首先，各地小学、初中、高中学校数量分布比例差距较大。例如，2020 年教育统计数据[②]显示：全国各地的高中、初中、小学数量分别为 7202 所、34895 所、157979 所，比例为 1∶4.84∶21.94，可创

---

① 《学校体育仍是教育短板　专家：体育课地位依然有待提升》，人民网，http：//sports.people.com.cn/n1/2020/0520/c382934-31716603.html。

② 《2020 年教育统计数据》，中华人民共和国教育部政府门户网站，http：//www.moe.gov.cn/jyb_ sjzl/moe_ 560/2020/。

建特色校的学校基数相对下降。其次，由于初高中学生的学习和升学压力逐渐增加，学校、家长、教师、学生将更多精力投入智育。初高中学校只有足球特长生等少部分学生群体参与足球学练赛，校园足球在初高中呈精英化特征，初高中学校无法达到校园足球特色学校的申报标准，导致校园足球特色学校建设数量增长受限。

此外，校园足球目标群体的性别差异悬殊，“男多女少”特征在校园足球的学、练、赛中均有体现。主要原因如下。一是足球活动的特征使然。人类性别差异造成男女生不同的生理和心理特点，同场对抗型的足球运动在男性群体中更受欢迎。综观世界各国的男女足建设与发展情况，男足普遍优于女足。二是基层部门对校园足球比赛未提出明确的性别要求，导致学校、教练将更适合身体对抗的男学生作为重点培养对象。例如，在S省青少年校园足球比赛的赛制设置中，根据不同年龄段，在小学足球比赛中设置甲乙组，仅在初高中设置男子组和女子组，导致S省的区（县）级小学组校园足球比赛成为男生的专属赛场，仅有个别队伍配备女生守门员。纵观校园足球发展历程，数量与规模的扩大是发展主旋律①。然而，校园足球数量与规模的扩大是横向维度的普及，纵向维度的“提高”应以高质量发展为要义。我国经济发展正从高速增长阶段迈向高质量发展阶段，可以为校园足球发展转型提供思路：校园足球从数量提升为主的“外延式发展”转变为质量提升为主的“内涵式发展”。

（3）足球升学机制不完善

招生数量方面，足球特长生数量不断增加，升学竞争形势逐渐严峻，我国招收足球特长生的高校数量不足。以高校足球高水平运动队招生为例，经过招生数量累积，队伍搭建趋于完善，致使高校球员的招生数额减少。招生要求方面，2021年，在足球特长生数量迅速增加的形势下，招收男子足球运动员的24所“一流大学建设”高校中已经有5所高校将报名门槛提高，包括运动员等级、比赛成绩等硬性要求，使学生足球运动员升学的竞争更加激烈。此外，足球单招考试的折返跑、踢准、绕杆射门等一系列考核内容饱受争议，“足球特长生”通过短期的重复性动作练习，机械地完成技术测量

① 傅鸿浩：《我国校园足球内涵式发展研究》，北京体育大学博士学位论文，2016。

动作，基本可以通过单招考核，“如何科学测量学生足球运动员专业水平”的问题亟须解决。

2. 足球文化落后，舆论氛围偏激

(1) 校园足球文化建设滞后

足球所蕴含的独特魅力不仅使其成为世界第一运动，亦使其成为一种文化现象。校园足球文化建设既是在校园环境下的足球文化塑造与传扬，又是依照足球文化传统对校园足球的改造和映现①。李卫东等人指出，建设校园足球文化，增强校园足球文化影响力是校园足球优化发展的路径之一②。当前我国校园足球文化建设发展中仍存在众多与校园足球本义与初衷相背离的行为。

首先，校园足球行为文化畸形发展。有学者认为，校园足球要注重行为文化的培育，足球的行为文化主要包含三方面，即价值取向、行为方式和行为环境，通过看、听、玩、学、练足球等方式规范引导青少年学生，不仅有助于形成良好的足球行为文化，而且对青少年及幼儿发展起到直接或间接的影响作用③。而当前青少年及儿童足球教学训练普遍存在“成人化”现象，过于强调专项示范教学，游戏化程度不够，难以激发青少年尤其是幼儿学习足球的兴趣。另外，千篇一律的模式化、形式化教学，导致个性化不足，忽略了学生足球意识的培养，与校园足球文化的真正含义相去甚远。其次，校园足球物质文化尚欠缺。校园足球物质文化是开展各项校园足球活动的物质载体，具体可以划分为保障性层面（场地器材、足球教师数量与质量、教学训练书籍及视频材料、专项经费）、宣传性层面（文化宣传栏与文化墙、校园广播系统、学校班级横幅口号）和符号性层面（足球雕塑、队徽队标、班徽班旗）等④。由前文可见，当下我国校园足球文化在保障性层面存在专

① 曹大伟、曹连众：《我国校园足球文化建设的本然要求、实然困境和应然举措》，《沈阳体育学院学报》2020 年第 1 期，第 118~124 页。

② 李卫东、刘艳明、李溯等：《校园足球发展的问题审视及优化路径》，《上海体育学院学报》2019 年第 5 期，第 19~23 页。

③ 孙科：《生态 · 场域 · 习性——第二届中国足球文化与校园足球发展论坛研讨对话录》，《体育学研究》2018 年第 4 期，第 82~94 页。

④ 曾桂芳、樊超：《顶层设计背景下青少年校园足球文化内涵研究》，《青少年体育》2021 年第 12 期，第 42~45 页。

项经费筹措渠道有限、各地区配置失衡、场地建设受限、师资不足等物质文化保障缺失问题，导致校园足球物质文化建设尚不理想。此外，校园足球精神文化未受重视。精神文化建设作为一个学校足球文化建设的内核，构建起来难度相对较大，从当前我国校园足球发展和实践情况来看，足球精神文化建设可谓任重而道远[①]。研究发现，我国校园足球精神文化建设极易被忽略，相较于只注重表面成绩的物质文化建设和行为文化建设，缺乏目标性的精神文化建设难以受到基层负责人的重视。以学校为例，若学校领导缺乏清晰的校园足球发展思路与认知，易导致本校校园足球建设趋于形式化，重视成绩建设，忽略内在精神文化建设[②]。

（2）社会舆论引导偏移

在各种大众新闻传播等媒介高强度、无死角、全方位地映射背景下，“中国足球”已然成为一个社会全民性焦点话题，是我国公民社会生活的各个领域中最为透明、舆论监督参与力度最强的一个焦点领域，并借助传统主流媒介平台与新兴主流媒介平台来引发有关中国足球议题的“全民大讨论”[③]。2022 年，中国男足又一次止步于世界杯预选赛亚洲赛区，在 1∶3 负于越南队后再一次将中国足球推上了舆论的“风口浪尖”。从微博、抖音等大众社交平台可见，当下形成的足球舆论氛围尚缺乏足够理性。失利固然失望，但充斥着恶意谩骂和诋毁的社会舆论环境，易使部分家长和学生群体对中国足球产生怀疑，对校园足球产生抵触。例如，有一位家长讲道，自己的孩子因为放学后要参加足球培训而被同学嘲笑为“小海参”，导致小球员对学习足球产生抵制情绪，该家长也不太愿意让孩子再去踢球。正是由于缺乏正确的校园足球舆论宣传引导，广大群众对校园足球认知并不深刻全面，逐渐形成了格外注重校园足球竞技以及培养精英人才的社会舆论环境。这种舆论环境也间接导致学校过度重视竞技比赛成绩与后备人才输送，进而忽视培养学生足球兴趣、提高学生身体素质等育人价值。

---

① 王勇：《高校足球文化建设“热”的“冷”思考》，《教育评论》2017 年第 7 期，第 139~142 页。

② 王艺然：《青岛市校园足球特色学校足球文化建设研究》，山东体育学院硕士学位论文，2020。

③ 刘桦楠：《中国足球媒介话语对公共话语空间的构建》，《成都体育学院学报》2020 年第 5 期，第 67~73+81 页。

第四章　校园足球政策基层执行困境成因与机制

长久以来，公共政策发展过程中始终贯穿着利益博弈，其在执行过程中就是对不同群体利益的确认与调整①。而在足球领域，尤其是校园足球领域，政策执行是对校园足球资源重新配置及利益再分配的一个过程。随着治理重心的下沉，政策基层执行逐渐成为校园足球发展过程中至关重要的环节。通过前文的现状与困境分析发现，校园足球政策传达至基层后会出现不同程度的执行异化现象，其中的一个重要原因就是不同层级、群体间利益诉求无法得到有效表达和满足，从而引发群体间的博弈行为，导致政策基层执行陷入困境。由此可知，校园足球政策基层执行本身就是一个利益博弈的过程，在这一过程中涉及政策执行主体、政策目标群体以及执行中相关的第三方利益者等群体，而执行成效就是这些群体之间各自利益相互博弈的结果。正是在各自利益的驱使下，群体之间通过互动、谈判等行为形成博弈局面，最终促使政策基层执行达到某种意义上的平衡。笔者认为，当前校园足球发展不均衡的重要因素是政策基层执行间的差异，而造成这种差异的根本原因就是多元利益格局下的利益博弈。因此，本书从利益相关者理论和博弈理论的角度出发，进一步梳理不同群体间的利益关系，建立利益博弈模型，认识其利益博弈行为，有效分析校园足球政策基层执行困境的根源性因素，进而厘清校园足球开展的本质问题。

---

① 谢炜：《中国公共政策执行中的利益关系研究》，学林出版社，2009。

第一节　校园足球政策基层执行中利益相关者的识别与分析

一　利益相关者的识别

（一）利益相关者的初步选定

笔者通过对政策执行和利益相关者理论的相关文献进行研读，结合自身工作学习经历以及对校园足球的理解，从众多对象中初步筛选出22个利益相关者，这22个利益相关者是在校园足球政策及专家学者的研究报告中出现频率较高的词语，对其进行归纳整理如下：教育部体卫艺司、教育部大体联、教育部中体协、国家体育总局青少司、中国足协、全国校足办、县（区）体育部门、县（区）教育部门、县（区）校足办、县（区）政府、国家体育总局体育彩票管理中心、校长、学生、家长、教练员、足球俱乐部、培训机构、裁判员、观众、媒体、赞助商、学校。

初选结果确定后，笔者希望进一步缩小范围，确定校园足球政策基层执行中的核心利益相关者。于是，通过与25位校园足球专家及相关机构领导的深度访谈，从中选取20位对本研究了解程度更深的专家及有关机构领导进行问卷调查，并设计《校园足球政策基层执行利益相关者识别调查问卷》，进行第一轮问卷调查。在问卷调查前，向各位专家表明本研究对校园足球政策基层执行中利益相关者的概念界定，然后，专家及有关机构领导可以根据自身理解在问卷中选择多个校园足球政策基层执行的利益相关者。

从调查结果可知，虽然专家们都从事校园足球相关工作多年，但其背景、经历各有所别，使得对利益相关者的理解也各不相同。对专家观点整理归纳如下：第一，部分专家表示，中国足协虽然已和国家体育总局脱钩，但其利益诉求在某种程度上仍然和国家体育总局保持一致，可以与国家体育总局合并为同一利益相关者。此外，对于基层学校而言，校长负责制已经成为常态，往往校长态度也就代表了学校立场，因此，也可以将二者合并为同一利益相关者。第二，校园足球政策基层执行中，执行主体及目标群体在前文中已经有所提及，而基层的足球俱乐部、培训机构、裁判员、观众等群体虽然对于校园足球发展具有一定推动作用，但在校园足球政策基层执行中的作用十分有限。第三，部分专家认为对教育部的划分过于细致，将其分为教育部体卫艺司、教育部大体联、教育部中体协，需要考虑的是后续分析是否能够顺利进行。但是，笔者对教育部做此详细划分的依据是，教育部近些年主导校园足球发展，是政策主要制定主体和执行主体，但其内部存在部门间利益诉求冲突问题，由于三部门之间职责权限划分不明，利益矛盾凸显，对校园足球政策基层执行产生较大影响。因此，需要对其做详细划分，分别探讨教育部内不同部门的利益诉求。在此基础上，专家提出可以将教育部大体联、教育部中体协合并为教育部学生体育协会，其是教育部大体联和教育部中体协的常设办事机构，可以代表二者的利益诉求。此外，将国家体育总局青少司单独列出，是因为其在校园足球政策制定中主要代表体育总局负责起草工作，基本上可以代表国家体育总局的利益诉求。第四，国家体育总局体育彩票管理中心被多数专家质疑作为利益相关者存在的必要性，虽然其为校园足球提供一定的资金支持，但在校园足球政策基层执行过程中并没有起到多大作用。

根据专家建议，结合自身理解，笔者对 22 个利益相关者进行相应修改，进一步调整为：教育部体卫艺司、教育部学生体育协会、国家体育总局青少司、全国校足办、县（区）政府、县（区）体育部门、县（区）教育部门、县（区）校足办、校长、学生、家长、教练、媒体、赞助商。

（二）利益相关者的最终确定

为进一步确定利益相关者名单，根据第一轮调查结果，将第一轮意见整理后反馈予各位专家，并对 20 位专家进行第二轮问卷调查。从调查问卷结果可知，多数专家对于利益相关者的选定意见基本趋于一致，尤其是对于教育部体卫艺司、国家体育总局青少司、全国校足办、县（区）体育部门、县（区）校足办、校长、家长的选定率是 100%，只有在县（区）政府和赞助商这两项上，专家意见出现分歧，选定率仅为 70%（见表 4-1）。通过电话访谈进一步了解到，专家认为赞助商虽然为校园足球提供资金支持，但其对校园足球政策基层执行影响微弱，在此作为利益相关者来考虑或许有些牵强。但是，笔者认为校园足球政策基层执行对经费有着明显的依赖关系，由于我国地缘因素，各地区经济发展不平衡不充分，校园足球经费划分到基层则相应表现出不平衡现象，部分基层学校甚至还需要通过自筹经费来开展校园足球活动，这严重影响校园足球政策在基层的顺利执行。此外，县（区）政府选定率低的原因在初选阶段已经提及，但笔者依然将其列为利益相关者，是由于在校园足球政策的基层执行中，县（区）政府的作用非常明显。另外，教育、体育部门是政府组织机构，政府对校园足球重视，自然会带动下属部门积极性，更有利于校园足球政策基层执行。基于此，笔者根据第二轮问卷调查结果，并结合自身对相关问题的理解，将整理结果再次反馈给每一位专家，并进行第三轮调查。经过三轮征询，专家意见一致。

综上所述，最终明确本研究的利益相关者：教育部体卫艺司、教育部学生体育协会、国家体育总局青少司、全国校足办、县（区）政府、县（区）体育部门、县（区）教育部门、县（区）校足办、校长、学生、家长、教练、媒体、赞助商。

表 4-1　校园足球政策基层执行中利益相关者问卷统计（N=20 人）

单位：人，%

利益相关者	选定人数	选定率
教育部体卫艺司	20	100
国家体育总局青少司	20	100
全国校足办	20	100
县（区）校足办	20	100
县（区）体育部门	20	100
校长	20	100
家长	20	100
教育部学生体育协会	19	95
县（区）教育部门	19	95
学生	17	85
教练	17	85
媒体	15	75
赞助商	14	70
县（区）政府	14	70

二　利益相关者的利益诉求

利益诉求是利益相关者的行为根源，无论是个人或是群体，造成其行动逻辑的决定性因素都源自各自的利益诉求。在校园足球政策基层执行过程中必然会触及各类利益相关者的不同利益诉求，在处理好不同利益相关者间关系的同时，同样值得关注的是，需要把握好同一利益相关者多种利益诉求的优先顺序，进而有效平衡各方利益。为此，笔者设计调查问卷，对校园足球政策基层执行利益相关者的利益诉求展开分析，并用 SPSS 26.0 软件对问卷调查结果进行数据分析，所用方法包括描述性统计和配对样本 T 检验，以此探寻本研究中利益相关者的核心利益诉求。调查问卷设计上，对利益诉求的重要性主要采用李克特五分制形式，1 分表示重要性最低，5 分表示最为重要，分值越大代表重要性越强。

（一）教育部体卫艺司

教育部体卫艺司的工作职责是指导大中小学体育、卫生与健康教育、艺术教育、国防教育工作；拟订相关政策和教育教学指导性文件；规划、指导相关专业的教材建设以及师资培养、培训工作；协调大中学生参加国际体育竞赛和艺术交流活动[①]。从中可知，教育部体卫艺司的工作重点是在学校体育方面，主要负责校园内体育工作，通过政策拟定、师资培训等形式推动学校体育发展。2015 年，根据党中央工作部署，校园足球工作领导小组成立，下设办公室在教育部体卫艺司。教育部体卫艺司希望借此契机，能以校园足球作为学校体育改革的突破口，在普及校园足球的同时，提升学生身体素质。此外，通过校园足球政策的基层执行，丰富基层学校体育活动，构建起满足学生运动需求的校园足球特色课程，创造出健康活跃的校园体育环境。通过访谈得知，校园足球工作开展也能凸显政绩，得到认可，从而让教育部体卫艺司收获一定社会效益。

通过表 4-2、表 4-3 可知，提高学生身体素质和扩大校园足球学生人数两大利益诉求之间并无显著差异，说明两者关联性较强且重要性一致，但二

---

① 《中华人民共和国教育部》，http：//www. moe. gov. cn/s78/A17/，2022 年 7 月 29 日。

表 4-2　教育部体卫艺司利益诉求评分的描述性统计

利益诉求	有效样本	最小值	最大值	均值	标准差
提高学生身体素质	33	3	5	4.30	0.81
扩大校园足球学生人数	33	3	5	4.24	0.83
强化师资培训力度	33	2	4	3.36	0.74
丰富学校体育活动	33	1	5	3.12	1.05
获得专项资金	33	1	3	2.48	0.76
构建足球特色课程	33	2	3	2.48	0.51
创造健康活跃的校园体育环境	33	1	3	2.06	0.75
赢得社会效益	33	1	2	1.55	0.51

表 4-3　教育部体卫艺司利益诉求评分均值差异配对样本 *T* 检验结果

利益诉求	1	2	3	4	5	6	7
提高学生身体素质							
扩大校园足球学生人数	0.061 (0.291)						
强化师资培训力度	0.939 ** (4.238)	0.879 ** (5.256)					
丰富学校体育活动	1.182 ** (4.561)	1.121 ** (4.723)	0.242 (1.161)				
获得专项资金	1.818 ** (8.817)	1.758 ** (10.087)	0.879 ** (5.087)	0.636 ** (3.371)			
构建足球特色课程	1.818 ** (10.627)	1.758 ** (11.644)	0.879 ** (5.889)	0.636 ** (3.130)	0.000 (0.000)		
创造健康活跃的校园体育环境	2.242 ** (12.486)	2.182 ** (11.670)	1.303 ** (6.615)	1.061 ** (5.088)	0.424 * (2.701)	0.424 * (2.701)	
赢得社会效益	2.758 ** (15.354)	2.697 ** (15.749)	1.818 ** (13.587)	1.576 ** (7.896)	0.939 ** (5.782)	0.939 ** (8.857)	0.515 ** (3.400)

注：表中上方数值为两者均值之差，下方括号内数据为 *T* 值，* 表示 $p<0.05$，** 表示 $p<0.01$；以下各表形式相同。

者与其他利益诉求之间存在显著差异。综上所述，提高学生身体素质和扩大校园足球学生人数是教育部体卫艺司的核心利益诉求。

（二）教育部学生体育协会

教育部学生体育协会（以下简称学体联）是教育部的直属事业单位，主要工作职责是承担全国及国际各级各类学生体育比赛及学生体育相关活动的组织、策划、研究、比赛训练、市场开发及其他相关工作。学体联在教育部直接领导下，在国家体育总局业务指导下，贯彻执行国家的教育、体育方针，积极配合和协助教育行政部门，开展学校学生体育训练工作，为国家培养优秀体育后备人才，推动学校体育工作开展，提高我国学生体育运动技术和身心健康，增进与世界各国学生体育协会和运动员的友谊，加强与国际大体联和亚洲大体联的联系与合作①。同样作为教育部下属部门，体卫艺司职责侧重于对政策文件的拟定以及对教材的设计和规划，而学体联的侧重点是大中学生的赛事组织、策划、市场开发等一些相关工作。随着校园足球近几年的蓬勃发展，教育部内部的职责权限划分逐步细致，同时也伴随着部门间利益冲突加剧。对学体联而言，由于隶属于教育部，提高学生身体素质仍然是其一大利益诉求，但深度探寻，其更希望能够维持当前利益，保有对赛事的控制权，从而提高本协会影响力。通过访谈得知，学体联是独立的办公机构，具有社团性质，其经费基本通过自筹获取，因此，学体联也希望能在校园足球政策基层执行过程中获得政策和资金上的支持，赢得经济效益。

通过表 4-4、表 4-5 可知，表格中前三大利益诉求之间并无显著差异，说明三者关联性较强且重要性一致，但这三者与其他利益诉求之间存在显著差异。综上可知，维系本协会在校园足球中原有利益、赢得经济效益和获得政策与资金支持是教育部学生体育协会的核心利益诉求。

表 4-4　教育部学生体育协会利益诉求评分的描述性统计

利益诉求	有效样本	最小值	最大值	均值	标准差
维系本协会在校园足球中原有利益	41	2	5	3.98	0.88
赢得经济效益	41	1	5	3.98	0.96
获得资金和政策支持	41	2	5	3.95	1.00

① 《教育部学生体育协会》，https：//baike.baidu.com/item/教育部学生体育协会/7988210? fr=aladdin，2022 年 7 月 30 日。

续表

利益诉求	有效样本	最小值	最大值	均值	标准差
提高本协会主办赛事影响力	41	1	5	3.34	1.21
提高学生身体素质	41	2	4	2.78	0.76
获得校园足球话语权	41	1	4	2.51	0.90
培养优秀校园体育后备人才	41	1	3	1.83	0.80

表 4-5　教育部学生体育协会利益诉求评分均值差异配对样本 T 检验结果

利益诉求	1	2	3	4	5	6
维系本协会在校园足球中原有利益						
赢得经济效益	0.000 (0.000)					
获得资金和政策支持	0.024 (0.124)	0.024 (0.108)				
提高本协会主办赛事影响力	0.634* (2.601)	0.634* (2.410)	0.610* (2.523)			
提高学生身体素质	1.195** (6.815)	1.195** (6.331)	1.171** (6.131)	0.561* (2.206)		
获得校园足球话语权	1.463** (7.639)	1.463** (7.906)	1.439** (6.863)	0.829** (3.584)	0.268 (1.298)	
培养优秀校园体育后备人才	2.146** (10.307)	2.146** (10.771)	2.122** (9.354)	1.512** (6.594)	0.951** (6.098)	0.683** (3.382)

（三）国家体育总局青少司

国家体育总局青少司主要工作职责是指导和推进青少年体育工作，拟定青少年体育工作的有关政策、规章、制度和发展规划草案；指导竞技体育高水平后备人才培养工作；参与指导全国青少年体育竞赛工作，参与审核全国青少年比赛计划和竞赛规程，参与指导青少年运动员注册和运动技术等级管理；指导开展青少年体育工作研究和相关培训等①。青少司是体育总局中负责校园足球的主要部门，在校园足球政策基层执行中可以代表体育总局的利

① 国家体育总局青少年体育司，https：//www.sport.gov.cn/qss/n5017/c637039/content.html，2022 年 8 月 4 日。

益诉求，而体育总局最重要的任务是培养青少年足球后备人才。此外，在教育部主导的校园足球活动中，体育总局也希望能够维系和增加自己的原有利益。同时，借助开展基层校园足球的契机，青少司可以推广群众体育工作，提升校园足球人口数量，提高学生身体素质，扩大足球群众基础。

通过表 4-6、表 4-7 可知，表格中前两大利益诉求之间并无显著差异，说明二者关联性较强且重要性一致，但二者与其他利益诉求之间存在显著差异。综上所述，培养青少年足球竞技后备人才、提升校园足球人口数量是国家体育总局青少司的核心利益诉求。

表 4-6　国家体育总局青少司利益诉求评分的描述性统计

利益诉求	有效样本	最小值	最大值	均值	标准差
培养青少年足球竞技后备人才	33	3	5	4.45	0.67
提升校园足球人口数量	33	3	5	4.39	0.75
维系和增加原有利益	33	2	5	3.45	1.00
扩大足球群众基础	33	2	5	3.27	1.00
提高学生身体素质	33	1	5	3.12	1.14
赢得社会效益	33	1	4	2.61	0.93

表 4-7　国家体育总局青少司利益诉求评分均值差异配对样本 T 检验结果

利益诉求	1	2	3	4	5
培养青少年足球竞技后备人才					
提升校园足球人口数量	0.061 (0.373)				
维系和增加原有利益	1.000** (4.791)	0.939** (4.608)			
扩大足球群众基础	1.182** (6.908)	1.121** (5.523)	0.182 (0.683)		
提高学生身体素质	1.333** (5.625)	1.273** (6.197)	0.333 (1.283)	0.152 (0.530)	
赢得社会效益	1.848** (9.242)	1.788** (7.798)	0.848** (4.055)	0.667* (2.345)	0.515 (1.893)

（四）全国校足办

2015 年 1 月，教育部印发《关于成立全国青少年校园足球工作领导小组的通知》，提出由教育部牵头成立全国青少年校园足球工作领导小组，并下设办公室（以下简称全国校足办），设在教育部体卫艺司，负责校园足球日常工作。全国校足办主要工作职责是提出全国青少年校园足球工作目标、任务和实施方案的建议；组织协调各成员单位共同促进全国青少年校园足球工作；组织开展全国青少年校园足球的全面推广工作等①。从全国校足办办事机构设在教育部体卫艺司可以看出，其在某些方面与教育部体卫艺司的利益诉求是相一致的，增强学生身体素质，丰富学校的体育活动。此外，全国校足办由教育部、国家体育总局等七个部门联合构成，其余部门的利益诉求无疑也要被纳入考虑，如扩大足球群众基础，在普及的基础上提高青少年足球水平，培养出优秀足球竞技后备人才等。在当今多元共治的议题下，校园足球政策基层执行强调多部门协同合作。因此，健全组织机构，协调部门间利益关系，赢得社会效益，也是全国校足办需要考虑的重点。

通过表 4-8、表 4-9 可知，表格中前三大利益诉求之间并无显著差异，说明三者关联性较强且重要性一致，但三者与其他利益诉求之间存在显著差异。综上所述，提高学生身体素质、培养青少年足球竞技后备人才、获得体育部门政策支持是全国校足办的核心利益诉求。

表 4-8　全国校足办利益诉求评分的描述性统计

利益诉求	有效样本	最小值	最大值	均值	标准差
提高学生身体素质	39	3	5	4.26	0.79
培养青少年足球竞技后备人才	39	3	5	4.26	0.82
获得体育部门政策支持	39	2	5	4.21	0.89
赢得社会效益	39	2	4	2.69	0.73
健全组织机构	39	1	5	2.51	1.17
维持主导性	39	1	5	2.44	1.02
扩大足球群众基础	39	1	4	2.31	0.80

① 《教育部关于成立全国青少年校园足球工作领导小组的通知》，中华人民共和国教育部，http：//www.moe.gov.cn/srcsite/A17/moe_ 938/s3276/201501/t20150112_ 189308.html。

表 4-9 全国校足办利益诉求评分均值差异配对样本 T 检验结果

利益诉求	1	2	3	4	5	6
提高学生身体素质						
培养青少年足球竞技后备人才	0.000 (0.000)					
获得体育部门政策支持	0.051 (0.291)	0.051 (0.259)				
赢得社会效益	1.564** (9.570)	1.564** (8.383)	1.513** (7.183)			
健全组织机构	1.744** (6.871)	1.744** (7.942)	1.692** (6.781)	0.179 (0.840)		
维持主导性	1.821** (8.778)	1.821** (9.743)	1.769** (8.726)	0.256 (1.122)	0.077 (0.279)	
扩大足球群众基础	1.949** (10.034)	1.949** (9.693)	1.897** (11.609)	0.385* (2.364)	0.205 (0.870)	0.128 (0.565)

（五）县（区）体育部门

县（区）级是我国行政体系中重要行政级别，处于中央、省（区、市）、市之下，因此，县（区）体育部门隶属于国家体育总局，其利益诉求本质上与国家体育总局相类似。在校园足球政策基层执行中同样以提高学生身体素质、培养足球竞技后备人才为主要任务。但是，作为政策落实的最后一公里，县（区）体育部门又具有一定独立性，具备一定程度的自由裁量权，在这一层面更多的是代表基层体育部门的利益诉求。通过访谈得知，运动成绩是县（区）体育部门最关心的指标，成绩优劣与基层体育部门的地位、后续经费和领导政绩都密切相关。为此，县（区）体育部门希望能通过校园足球活动的开展为各市队、省队或是国家队输送优秀足球后备力量。此外，在调研县（区）体育部门时，部分工作人员表示，足球作为团体运动项目，其投入高和产出的回报率较低，导致县（区）体育部门更愿意将经费投入回报率更高的单人运动项目中。因此，通过校园足球政策的基层执行，县（区）体育部门希望能从中获得资金和政策上的支持，满足基层足球运动的发展需求，同时获得上级领导的关注，赢得一定政治收益。

通过表 4-10、表 4-11 可知，表格中培养足球竞技后备人才与其他利益诉求之间均存在显著差异，其为县（区）体育部门的核心利益诉求。但是，通过实地调查和访谈发现，获得资金和政策支持及提高市运会成绩同样是县（区）体育部门的重要利益诉求。因此，将这三者作为县（区）体育部门的核心利益诉求。

表 4-10　县（区）体育部门利益诉求评分的描述性统计

利益诉求	有效样本	最小值	最大值	均值	标准差
培养足球竞技后备人才	65	3	5	4.26	0.76
获得资金和政策支持	65	3	5	3.94	0.73
提高市运会成绩	65	1	5	3.63	1.08
提高学生身体素质	65	1	4	2.52	1.03
赢得政治效益	65	1	5	2.12	0.99

表 4-11　县（区）体育部门利益诉求评分均值差异配对样本 T 检验结果

利益诉求	1	2	3	4
培养足球竞技后备人才				
获得资金和政策支持	0.323* (2.600)			
提高市运会成绩	0.631** (3.825)	0.308 (1.947)		
提高学生身体素质	1.738** (10.762)	1.415** (9.232)	1.108** (5.949)	
赢得政治效益	2.138** (13.950)	1.815** (11.175)	1.508** (8.795)	0.400* (2.379)

（六）县（区）教育部门

县（区）教育部门在纵向上是教育部基层行政主体，直接关系国家政策落实。校园足球发展是由教育部主导，政策推进至基层有效落地，县（区）教育部门发挥着重要作用。为推动基层校园足球发展，县（区）教育部门需要深入基层学校，依托学校开展工作，通过向上级部门汇报在基层校园足球上取得的成果，获取教育和政治资源的倾斜。此外，部分县（区）教育部门工作开展并未进一步下沉到基层学校，而是浮于表面做一些形式上的汇报、统计等工作。访谈得知，由于受到人员编制不足的束缚，县（区）教育部门的工作进度缓慢，校园足球政策基层执行受阻。为此，借助校园足球政策基层执行的契机，对编制人员进行相应增补，由专人负责校园足球工作，减轻县（区）教育部门的执行压力，也是其利益诉求之一。

通过表 4-12、表 4-13 可知，最后两项利益诉求之间不存在显著差异，其他利益诉求之间均存在显著差异，而提高学生身体素质是其核心利益诉求，但通过实地调查和访谈得知，县（区）教育部门更多的需求是获取教育资源，因此，将提高学生身体素质、获取教育资源作为县（区）教育部门的核心利益诉求。

表 4-12　县（区）教育部门利益诉求评分的描述性统计

利益诉求	有效样本	最小值	最大值	均值	标准差
提高学生身体素质	63	4	5	4.52	0.50
获得教育资源	63	3	5	3.81	0.80
增加人员编制	63	1	4	2.54	0.86
提高地区教育影响力	63	1	3	2.13	0.73
获得政治资源	63	1	4	2.06	0.88

表 4-13　县（区）教育部门利益诉求评分均值差异配对样本 T 检验结果

利益诉求	1	2	3	4
提高学生身体素质				
获得教育资源	0.714** (6.260)			
增加人员编制	1.984** (16.427)	1.270** (9.200)		
提高地区教育影响力	2.397** (21.382)	1.683** (14.356)	0.413** (2.827)	
获得政治资源	2.460** (20.612)	1.746** (12.205)	0.476** (3.253)	0.063 (0.462)

（七）县（区）校足办

县（区）校足办作为基层校园足球活动开展的组织机构，其主要工作职责是在当地宣传推广青少年校园足球，组织县（区）的竞赛、培训等活动。根据实地调研结果可知，县（区）校足办基本设立在教育部门，少数设立在县（区）政府，换言之，绝大多数的县（区）校足办在利益诉求上与县（区）教育部门相一致，即提高学生身体素质。通过县（区）校足办上交全国校足办的名单得知，实际工作人员仅占名单总数的20%，其余均为挂职领导，校园足球基层工作开展受制于人员因素而无法高效执行。此外，随着校园足球特色学校数量的增多，基层开展的竞赛、培训等活动也更加多样化，县（区）校足办专项经费已逐渐无法满足现实所需。例如，J省Z县的经费在2016~2017年大幅缩减，在此条件下，Z县校足办为完成任务不得不压缩经费支出，出现将主客场制改成赛会制的情况。因此，对于县（区）校足办而言，从全国校足办获得政策和资金上的支持，寻求商业资金赞助，进而推动基层校园足球发展，这是其迫切需要满足的利益诉求。

通过表4-14、表4-15可知，提高学生身体素质与其他利益诉求之间均存在显著差异，而排名第二、三、四的利益诉求之间不存在显著差异，但与其他各项之间存在显著差异。结合实地调查和访谈结果，将提高学生身体素质、获得政策和资金支持、增加人员编制、培养青少年足球后备人才四项列为县（区）校足办的核心利益诉求。

表4-14　县（区）校足办利益诉求评分的描述性统计

利益诉求	有效样本	最小值	最大值	均值	标准差
提高学生身体素质	136	2	5	4.02	0.87
获得政策和资金支持	136	1	5	3.76	1.11
增加人员编制	136	2	5	3.74	0.96
培养青少年足球后备人才	136	2	5	3.72	0.91
获得足够自主权力	136	1	5	2.54	1.00
健全组织机构	136	1	4	2.27	0.91
寻求商业赞助	136	1	4	2.23	0.91

表 4-15 县（区）校足办利益诉求评分均值差异配对样本 T 检验结果

利益诉求	1	2	3	4	5	6
提高学生身体素质						
获得政策和资金支持	0.265* (2.119)					
增加人员编制	0.287* (2.552)	0.022 (0.176)				
培养青少年足球后备人才	0.301** (2.856)	0.037 (0.283)	0.015 (0.131)			
获得足够自主权力	1.485** (15.086)	1.221** (9.527)	1.199** (10.362)	1.184** (8.852)		
健全组织机构	1.750** (15.721)	1.485** (11.543)	1.463** (14.026)	1.449** (13.304)	0.265* (2.214)	
寻求商业赞助	1.794** (15.430)	1.529** (12.955)	1.507** (13.295)	1.493** (14.026)	0.309** (2.718)	0.044 (0.391)

（八）校长

校园足球政策基层执行的场所是在学校，而校长是学校的负责人，校长的政策执行意愿和决心将在很大程度上决定校园足球政策基层落实的情况。校园足球政策基层执行能够提升学生身体素质，促进学生身心健康成长，这同样是校长的意愿。但是，基于当前我国教育部门干部考核标准，升学率是校长考虑的首要指标，为在政绩上有所表现，校长必然会选择提高学生学业成绩以获得当地良好口碑，建立学校教育品牌来提升自我形象，从而规避易发生伤害事故且政绩见效慢的校园足球活动。通过对部分校长访谈得知，如果校园足球活动开展的事故风险能够有效降低，同时将校园足球政策基层执行业绩纳入教育评估机制，那么校长对校园足球政策执行意愿将显著提高。此外，学校是在当地教育部门的引领和指导下开展具体工作的，在教育部门主导的校园足球活动中校长是学校的第一负责人，也希望能够迎合上级部门领导的发展思路，在完成上级任务与要求后获得工作上的肯定，同时获取一定的教育资源。

通过表 4-16、表 4-17 可知，提高学生身体素质与其他利益诉求之间均存在显著差异，而排名第二、第三的利益诉求之间不存在显著差异，但与其他各项利益诉求之间存在显著差异。结合实地调查和访谈，将提高学生身体素质、校园足球业绩被纳入教育评估机制、获得教育资源三项列为校长的核心利益诉求。

表 4-16　校长利益诉求评分的描述性统计

利益诉求	有效样本	最小值	最大值	均值	标准差
提高学生身体素质	79	2	5	4.06	0.84
校园足球业绩被纳入教育评估机制	79	1	5	3.57	0.93
获得教育资源	79	1	5	3.51	0.93
获得政策和资金支持	79	1	5	2.77	1.00
降低校园足球伤害事故	79	1	5	2.76	0.91
建立学校教育品牌	79	1	5	2.49	1.16
迎合上级领导发展思路	79	1	5	2.00	0.73

表 4-17　校长利益诉求评分均值差异配对样本 T 检验结果

利益诉求	1	2	3	4	5	6
提高学生身体素质						
校园足球业绩被纳入教育评估机制	0.494** (3.302)					
获得教育资源	0.557** (4.428)	0.063 (0.390)				
获得政策和资金支持	1.291** (8.213)	0.797** (5.167)	0.734** (4.402)			
降低校园足球伤害事故	1.304** (10.746)	0.810** (5.851)	0.747** (4.836)	0.013 (0.089)		
建立学校教育品牌	1.570** (9.149)	1.076** (7.150)	1.013** (5.876)	0.278 (1.980)	0.266 (1.685)	
迎合上级领导发展思路	2.063** (17.008)	1.570** (11.093)	1.506** (10.545)	0.772** (6.064)	0.759** (6.488)	0.494** (3.126)

（九）学生

校园足球活动主体是学生，校园足球政策的核心群体是学生，相关政策基层执行过程中尤其需要关注学生的利益诉求。问卷调查结果显示，学生的主观能动性并不高，学生们不会过多思考自身在校园足球政策基层执行中的利益诉求。对于学生而言，参与校园足球活动更多的是希望在足球运动中寻求快乐，通过自己运动表现得到别人的肯定和认可，从而获取成就感和自信心来满足精神需求。此外，对中学阶段的学生进行访谈得知，部分学生参与校园足球是希望通过足球特长生身份获得升学机会。

通过表 4-18、表 4-19 可知，提高身体素质与其他利益诉求之间均存在显著差异，而获得快乐也和其他利益诉求间存在显著差异。结合实地调查和访谈结果，将提高身体素质、获得快乐两项均列为学生的核心利益诉求。

表 4-18 学生利益诉求评分的描述性统计

利益诉求	有效样本	最小值	最大值	均值	标准差
提高身体素质	150	2	5	4.11	0.85
获得快乐	150	1	5	3.49	1.04
获得良好教育的机会	150	1	5	2.69	1.03
成为体育特长生	150	1	5	2.64	0.84
获得成就感和自信心	150	1	5	2.49	0.88

表 4-19 学生利益诉求评分均值差异配对样本 T 检验结果

利益诉求	1	2	3	4
提高身体素质				
获得快乐	0.620** (6.278)			
获得良好教育的机会	1.427** (13.210)	0.807** (6.326)		
成为体育特长生	1.473** (14.671)	0.853** (7.782)	0.047 (0.435)	
获得成就感和自信心	1.627** (17.411)	1.007** (8.374)	0.200 (1.884)	0.153 (1.540)

（十）家长

对于家长而言，其利益诉求基本上会反映在学生身上，相对来说，家长所表达的利益诉求也会更加全面。家长鼓励学生参与校园足球活动不仅仅是希望孩子们能从中获得快乐，更期望通过足球运动提升学生身体素质。随着科技的进步，电子产品充斥当今社会，越来越多的孩子将课余时间耗费在网络游戏等领域，导致青少年身体素质下滑。通过参与校园足球可以有效改善青少年生活方式，使其走到户外，培养健康的生活习惯，还可以借助足球项目团体性的特征，增强孩子们的人际交往能力，磨炼其团队精神和抗挫能力。此外，随着学校体育改革的推进，家长们逐渐认识到体育的重要性。校园足球作为学校体育的重要组成部分，也成为各种体育测试的项目之一，因此，家长希望孩子们能掌握足球技能，享受高校运动员招生政策，获得相应的升学机会。

通过表 4-20、表 4-21 可知，表格中的前两大利益诉求之间并无显著差异，说明二者关联性较强且重要性一致，但二者与其他利益诉求之间存在显著差异。综上可知，孩子获得快乐和提高孩子身体素质是家长的核心利益诉求。

表 4-20　家长利益诉求评分的描述性统计

利益诉求	有效样本	最小值	最大值	均值	标准差
孩子获得快乐	116	3	5	4.29	0.80
提高孩子身体素质	116	2	5	4.23	0.83
享受升学优惠政策	116	1	5	3.86	1.10
孩子获得良好教育的机会	116	1	5	3.56	0.87
培养孩子健康生活习惯	116	1	5	3.39	0.85
增强孩子团队精神和受挫能力	116	1	5	3.28	1.08
孩子获得成就感和自信心	116	1	5	3.22	1.21

表 4-21　家长利益诉求评分均值差异配对样本 T 检验结果

利益诉求	1	2	3	4	5	6
孩子获得快乐						
提高孩子身体素质	0.060 (0.572)					
享受升学优惠政策	0.431** (3.368)	0.371** (2.919)				

续表

利益诉求	1	2	3	4	5	6
孩子获得良好教育的机会	0.733** (6.940)	0.672** (5.554)	0.302* (2.306)			
培养孩子健康生活习惯	0.905** (8.115)	0.845** (8.392)	0.474** (3.753)	0.172 (1.602)		
增强孩子团队精神和受挫能力	1.017** (7.177)	0.957** (7.213)	0.586** (4.166)	0.284* (2.063)	0.112 (0.840)	
孩子获得成就感和自信心	1.078** (7.408)	1.017** (8.393)	0.647** (4.171)	0.345* (2.488)	0.172 (1.300)	0.060 (0.401)

（十一）教练

教练员的专业程度直接决定校园足球的发展水平，校园足球教练员主要包括编制体育教师和外聘教练员。对教练员而言，其任务之一就是提高学生足球运动水平，为学校赢得荣誉，因此，大部分体育教师希望能够获得更多学习和培训机会，提升执教水平。但实际情况是，校园足球经费的短缺及教育评估机制的缺陷，导致教练员课余训练未能得到应有经费补贴，在职称评比之中也没有凭借运动会的优异成绩获得相应优势，其积极性严重受挫，因此，部分教练员希望能够将课余训练纳入教学课时量，另一利益诉求则是能够获得相应经费补贴，并在职称评比中得到与其他学科老师相同的待遇。此外，对于校外聘请的教练员而言，其最大的利益诉求就是能够转为学校内在编体育教师，获得相应的薪资待遇。

通过表4-22、表4-23可知，表格中前两大利益诉求之间并无显著差异，说明二者关联性较强且重要性一致，但二者与其他利益诉求之间存在显著差异。综上所述，工作业绩被纳入职称评比和课余训练被纳入教学课时量是教练的核心利益诉求。

表4-22 教练利益诉求评分的描述性统计

利益诉求	有效样本	最小值	最大值	均值	标准差
工作业绩被纳入职称评比	108	1	5	3.63	0.97
课余训练被纳入教学课时量	108	1	5	3.51	0.97
增加课余训练经费补贴	108	1	5	3.20	0.85

续表

利益诉求	有效样本	最小值	最大值	均值	标准差
获得优异运动成绩	108	1	5	3.08	0.97
转为在编体育教师	108	1	5	2.75	1.06
获得更多培训机会	108	1	5	2.70	1.10
增加学生日常训练时间	108	1	5	2.63	0.97

表 4-23　教练利益诉求评分均值差异配对样本 T 检验结果

利益诉求	1	2	3	4	5	6
工作业绩被纳入职称评比						
课余训练被纳入教学课时量	0.120 (0.866)					
增加课余训练经费补贴	0.426** (4.072)	0.306* (2.365)				
获得优异运动成绩	0.546** (4.208)	0.426** (3.157)	0.120 (1.031)			
转为在编体育教师	0.880** (6.442)	0.759** (5.690)	0.454** (3.359)	0.333* (2.313)		
获得更多培训机会	0.926** (6.601)	0.806** (5.935)	0.500** (3.736)	0.380** (2.755)	0.046 (0.330)	
增加学生日常训练时间	1.000** (9.502)	0.880** (6.326)	0.574** (5.404)	0.454** (4.170)	0.120 (0.882)	0.074 (0.493)

（十二）媒体

基层校园足球发展需要借助媒体来提升社会影响力，让更多的人了解校园足球，同时，媒体也能起到社会监督和舆论导向的作用。在媒体宣传报道下，校园足球的市场价值得到挖掘，吸引到更多的赞助，也能有效提升媒体自身的发展定位，获得社会关注。但是，相较于职业足球的高流量高关注，校园足球的社会影响力远远不够，其媒体关注度较低。当前，与基层校园足球开展合作的网络媒体主要有腾讯体育、华奥星空，传统媒介则包括《足球》、《中国体育报》和中国教育电视台、地方电视台。例如，河南教育广播制作了《豫见足球》，对校园足球进行多维度的宣传报道，但仍有部分媒体需要收取一定版面费和流量费才会对校园足球活动进行长期跟踪报道。

通过表 4-24、表 4-25 可知，获得社会经济效益与其他利益诉求之间均存在显著差异。结合实地调查和访谈，将获得社会经济效益列为媒体的核心利益诉求。

表 4-24 媒体利益诉求评分的描述性统计

利益诉求	有效样本	最小值	最大值	均值	标准差
获得社会经济效益	53	4	5	4.55	0.50
扩大社会影响力	53	3	5	3.94	0.72
提高社会关注度	53	1	5	2.87	1.26
获得校足办经费补贴	53	1	4	2.36	0.90

表 4-25 媒体利益诉求评分均值差异配对样本 T 检验结果

利益诉求	1	2	3
获得社会经济效益			
扩大社会影响力	0.604** (5.723)		
提高社会关注度	1.679** (8.663)	1.075** (5.076)	
获得校足办经费补贴	2.189** (17.706)	1.585** (12.422)	0.509* (2.219)

（十三）赞助商

校园足球作为一项公共事业，有政府部门的专项经费支持，但随着基层特色学校数量的增多，活动形式多元化，经费划拨和使用日益紧张。在此情况下，赞助商经费支持则是校园足球政策基层执行的重要经费来源。对于企业而言，赞助基层校园足球发展不仅有助于提升企业社会形象，给政府、民众留下良好的印象，获得好评和关注，还能够提高企业知名度。现阶段与全国校园足球建立合作伙伴关系的企业有卡尔美、爱高、蒙牛、阿迪达斯等，在基层校园足球发展过程中，也有众多赞助商参与其中。但企业是以经济利益为目标的市场机构，其对校园足球投入人力、物力和财力，希望获得经济及社会效益上的增长，例如，能够在校园足球竞赛中得到冠名、广告或是特许经营等权益。

通过表4-26、表4-27可知，获得经济效益与其他利益诉求之间均存在显著差异。结合实地调查和访谈，将获得经济效益列为赞助商的核心利益诉求。

表4-26　赞助商利益诉求评分的描述性统计

利益诉求	有效样本	最小值	最大值	均值	标准差
获得经济效益	47	3	5	4.11	0.87
提高企业知名度	47	2	5	3.64	1.11
提高企业社会形象	47	2	5	3.11	0.87
获得社会效益	47	1	5	2.62	1.01
校园足球健康发展	47	1	4	2.06	0.90

表4-27　赞助商利益诉求评分均值差异配对样本T检验结果

利益诉求	1	2	3	4
获得经济效益				
提高企业知名度	0.468* (2.535)			
提高企业社会形象	1.000** (6.105)	0.532** (3.375)		
获得社会效益	1.489** (7.393)	1.021** (4.391)	0.489** (2.614)	
校园足球健康发展	2.043** (11.358)	1.574** (7.415)	1.043** (5.971)	0.553* (2.577)

（十四）县（区）政府

校园足球政策基层执行过程中，需以县（区）政府为基层主导力量，只有县（区）政府积极推进校园足球发展，基层教育、体育等部门才能紧紧围绕校园足球开展相关工作。县（区）政府在落实一项公共政策时，通常从社会、经济等整体利益进行考量。县（区）政府对于校园足球政策的基层落实，一方面要考虑在当前教育评估机制下，保证学校升学率与学生文化课学习成绩；另一方面，也要权衡基层校园足球在足球后备人才培养中的引领作用。政府希望校园足球培养出优秀足球后备人才，向上源源不断地输送人才，打造当地特色名片，提升地区知名度。此外，校园足球发展需要政府的经费支持，但政府也希望能用最少的资金投入换取更多的社会效益。

通过表4-28、表4-29可知，提高地方知名度和获得社会效益两大利益诉求之间并无显著差异，说明两者关联性较强且重要性一致，但二者与其他利益诉求之间存在显著差异。综上所述，提高地方知名度和获得社会效益是县（区）政府的核心利益诉求。

表4-28　县（区）政府利益诉求评分的描述性统计

利益诉求	有效样本	最小值	最大值	均值	标准差
提高地方知名度	15	1	5	4.07	1.10
获得社会效益	15	1	5	4.00	1.13
提高学生身体素质	15	1	5	2.73	1.10
推进教育改革	15	1	5	2.60	0.99
培养足球后备人才	15	1	5	2.53	1.06

表4-29　县（区）政府利益诉求评分均值差异配对样本T检验结果

利益诉求	1	2	3	4
提高地方知名度				
获得社会效益	0.067 (0.186)			
提高学生身体素质	1.333** (3.452)	1.267** (3.020)		
推进教育改革	1.467** (4.036)	1.400** (3.729)	0.133 (0.521)	
培养足球后备人才	1.533** (4.075)	1.467** (4.036)	0.200 (0.612)	0.067 (0.323)

第二节　校园足球政策基层执行不同层面利益博弈关系分析

借助利益相关者理论，结合不同类型群体在校园足球政策基层执行过程中所扮演的角色，将利益相关者划定为制定主体、执行主体、目标群体三类。此三者以自身利益为核心和出发点，借助相互之间“两两博弈”或“多人博弈”方式维护既得利益，而其中尤以“一对一”的两两博弈最为常见。为此，基于校园足球政策基层执行博弈特征，本书仅对“一对一”的两两博弈关系进行分析。此外，在政策执行过程中，博弈主体之间的关系可以通过纵向、横向两种维度进行分析：纵向间可以分成上级部门与下级部门之间的委托—代理关系；下级部门与目标群体之间的监督—管理关系。横向间主要涉及同级主体间的“竞争—合作”关系。这几种博弈关系可整合为“监督—管理”和“竞争—合作”关系，为此，本书将在两两博弈模式下，依据利益相关者的划分，系统分析校园足球政策基层执行过程中“监督—管理”和“竞争—合作”两个层面的博弈关系，剖析其利益关系及博弈焦点所在，为纾解校园足球政策基层执行困境提供一定理论支撑。

一　校园足球政策基层执行“监督—管理”层面利益博弈关系分析

以科层制为主要架构的行政体系下，我国公共政策执行呈现条块分割的网络结构，致使政策目标指向多元化与层级化，从而加剧执行情境的复杂性。多元主体之间基于相互依赖与资源交换的博弈互动成为政策执行网络的主要特征之一[①]。作为依附于该政策执行网络架构的校园足球势必会因层级间目标制定与利益划分产生博弈。其中，就纵向“监督—管理”层面利益博弈关系而言，其利益博弈关系可概括为对称性隶属关系，如全国校足办与地方校足办的博弈关系，或非对称性工作关系，指不具有隶属关系执行主体间的竞争。

（一）校园足球政策基层执行“监督—管理”层面利益关系

1. 教育部体卫艺司与全国校足办的利益关系

2015 年，教育部印发《关于成立全国青少年校园足球工作领导小组的通知》，由教育部牵头联合国家体育总局等 6 部门共同组建全国青少年校园足球工作领导小组，并下设领导小组办公室，由教育部体卫艺司司长担任办公室主任，抽调各部委相关成员担任工作人员。自此，教育部体卫艺司与全

① 袁梦、孟凡蓉：《利益博弈视角下的“科创中国”政策执行：制约因素与推进策略》，《中国科技论坛》2022 年第 8 期，第 9~17 页。

国校足办形成切实有效的委托—代理关系，二者拥有共同的利益追求：促进学生身心健康，大力普及足球运动。从某种意义上来说，全国校足办成为教育部的“代言人”。因此，在政策制定过程中教育部愈发强调足球参与人口的扩大，并将“每周每班至少一节足球课”“开展班级足球联赛”“学生体质健康优良率”等具有普及性质的指标任务作为对校园足球特色学校考察的硬性标准，对未达标的学校实施“一票否决”。2018 年 4 月，教育部印发《关于加强全国青少年校园足球特色学校建设质量管理与考核的通知》，对质量复核不合格的校园足球特色学校进行公示，其中 8 所被取消资质，29 所限期整改。

虽然教育部体卫艺司与全国校足办有着共同的利益追求，但是全国校足办组建的初衷在于，通过临时机构促使六部门在校园足球政策执行过程中形成合力，发挥各部门职能资源优势。但是，学生体质健康与足球人口普及仅涉及教育部门利益诉求，且与国家体育总局青少司“提高青少年足球竞技水平”的诉求存在分歧。再加上，其余部门的工作方向与重心并不在此，有无成果并不会触及自身利益，进而导致其余部门人员参与力度不足，使得内部利益多元，博弈形式复杂。

2. 国家体育总局青少司与全国校足办的利益关系

国家体育总局青少司主要工作职责是提高青少年竞技体育运动水平。故而，在校园足球方面，其核心诉求在于培养青少年足球竞技后备人才。而 2014 年以后全国校足办改组，其办公室由中国足协迁至教育部体卫艺司，由教育部直属领导。全国校足办的核心诉求由先前趋同于国家体育总局的“竞技后备人才培养”，转变为与教育部相一致的“提高学生身体素质，大力普及足球人口”。再加上教育部与国家体育总局之间固有的行政壁垒，难以进行通力合作。因此，全国校足办在政策执行过程中更加符合教育部的利益倾向。例如，在竞赛方面，全国校足办另起炉灶打造独属教育系统足球联赛，而国家体育总局青少司则运营自身的精英联赛。联赛种类的增多对青少年球员本有益处，但二者并未考虑赛程冲突问题，在这种情形下，校园足球队伍更多倾向教育系统联赛，但同体育系统联赛相比，教育系统联赛质量相对不高，对球员竞技能力的提升略有不足。此外，二者之间壁垒严重，球员不能自由选择参与赛事。最终，两类联赛阻力大于合力，并未取得预期效果。

3. 全国校足办与县（区）校足办的利益关系

校园足球工作领导小组办公室虽为临时机构，但为了工作有效开展，地方根据上级文件精神也纷纷组建相应层级的校园足球工作领导小组办公室，县（区）校足办与全国校足办构成严密的上下级关系，其作为全国校足办的下属办事机构，受全国校足办直接领导，两者之间是一种典型的中央与地方的委托—代理关系。县（区）校足办主要工作职责是推进当地校园足球活动有序开展，工作任务是组建校园联赛，开展师资培训，扩大足球人口。从这一点来说，地方校足办与全国校足办的利益诉求是完全吻合的。但是，两者之间所掌握的信息是不对称的，这便导致在央地博弈过程中出现执行偏差。通常情况下，全国校足办主要是通过县（区）校足办的书面报告（年度总结、经费预结算、各项活动数量等）了解地方校园足球开展情况，从而产生县（区）校足办对全国校足办的信息优势，致使全国校足办只能凭借书面报告与工作经验来判断县（区）校足办所提供的政策执行信息真伪并做出相关决策。为了能够顺利获取下一阶段的资源投人，县（区）校足办必然会利用自身信息优势提供有利信息，规避或隐瞒不利信息。例如，县（区）校足办会根据政策指标要求，高质量完成可量化的硬性指标任务，尤其是一些能够体现自身工作业绩的项目。同时，将上级经费重点倾斜在各项赛事活动以及场地改造方面，从而在能够获得直观感受的项目上取得优势成果，以获得下一阶段的专项经费扶持。而在隐形且不可直接测量的指标上进行选择执行，并在书面报告中极力包装或避而不谈。这种选择性执行方式所产生的报告和数据往往缺乏科学性，进而影响政策目标的实现和下一阶段目标的制定。

4. 县（区）体育部门与县（区）校足办的利益关系

县（区）体育部门在校园足球政策执行中的核心利益诉求是培养足球竞技后备人才、提高市运会成绩和获得资金与政策支持。而县（区）校足办作为全国校足办的隶属机构，他们的核心利益诉求趋于一致，而这与县（区）体育部门利益诉求存在一定矛盾。基层校足办在其组建过程中，人员更多的是由教育部门工作人员与各学校体育教师组成，较少吸纳其他相关部门人员。此外，许多省市的基层体育部门已进行机构改革，与其他相关部门进行合并，例如“教体局”等，这便造成体育职能或权力被“部分稀释”，无法完全满足自身诉求。这些因素叠加起来，导致地方体育部门游离于校园足球事务之外，仅在一些活动中选派嘉宾出席，以表明其与教育部门的“合作”，其他时间并未给予切实有效的支持。

5. 县（区）校足办与校长、足球教师、学生及家长的利益关系

政策执行过程中目标群体对政策的态度在一定程度上决定其最终成效。目标群体对政策持正向态度，则政策执行成效颇佳；相反，政策很难取得预期成果。校园足球政策基层执行过程中，校长、足球教师、学生及家长是其直接目标群体。其中，中小学管理过程中校长负责制是主要制度，校园足球特色学校的校长是第一负责人，校园足球政策最终落实的载体也在各级学校，为此，校长对政策落实程度决定了校园足球在学校内部的开展力度。就利益倾向而言，学校与县（区）校足办在提升学生身体素质上较为一致，但就校内开展足球活动、推进足球普及这一诉求而言，则需要根据学校是否受到学业压力困扰而定。受“主智主义”影响，随学段升高学业成绩愈发受到重视，其中尤以高中为甚。为此，高中校长在校内推进足球普及的意愿最低，更倾向于走精英路线，组建校队参加校际比赛。学生是校园足球活动主体，其主要目的是在足球运动中获得快乐和提高身体素质。在这一方面他们和家长诉求趋于一致，但是，应试教育下升学才是家长们的内在诉求，他们更希望能够搭建完善的升学通道，否则其支持意愿势必下降。足球教师的核心利益诉求是将工作业绩纳入职称评比、将课余训练计入教学课时量，但这些诉求并非地方校足办职权所在。总而言之，县（区）校足办在政策执行过程中能否妥善处理目标群体利益诉求，决定政策最终的执行成效。

（二）校园足球政策基层执行“监督—管理”层面利益博弈表征

为追求自身利益最大化，公共政策执行主体在政策制定和执行之间以及政策执行中形成了利益博弈，这种利益博弈产生了不同表征的利益博弈现象，进而加剧政策执行风险[①]。当前，我国校园足球“监督—管理”层面政策执行主要分为中央与地方、上级与下级之间以及执行主体与目标群体之间

① 张伟、刘晓梅：《西方公共选择理论与实现机制评价》，《中共中央党校学报》2003 年第 2 期，第 54~58 页。

的利益博弈，中央与地方的利益博弈主要表现在以下几个方面。

1. 政策文本截留

国家制定的校园足球政策在层层传达贯彻过程中会出现中途截留的情况，导致原有政策精神或内容出现递减，无法切实传达至政策目标群体，甚至出现政策信息垄断现象，从而利用信息差谋取利益。这种信息截留导致目标群体不能理解政策真正的出发点与落脚点，形成群体性误解或曲解，造成目标群体不配合，影响政策目标实现。例如，《关于加快发展青少年校园足球的实施意见》提出“从小学 3 年级以上到初、高中学校，要组织班级、年级联赛，开展校际邀请赛、对抗赛等竞赛交流活动”，但部分地方校足办为节约赛事经费，只要求特色学校组建一支校队参加地区性的城市联赛，从而扭曲校园足球的发展宗旨。

2. 政策选择执行

基层部门在政策执行中往往立足于本地区、部门利益，大力执行易评估、见效快的显性政策，消极执行或不执行不易衡量、见效慢的隐性政策，即出现所谓的“上有政策、下有对策”的现象。基层校足办更倾向于将资金投入场地建设与各项校际赛事活动中，而对于开展校内联赛、加强师资培训、夯实学生基础等工作资金投入较少。

3. 政策敷衍执行

地方部门无视政策内容中的时间、程序以及执行目标，在政策执行过程中只做表面文章和政策宣传，并无实质性工作进展，使政策目标落空，严重损害政策权威性。2012 年，全国校足办印发《关于开展 2012—2013 年度全国青少年校园足球活动各类人员培训的通知》，明确要求各国家级布局城市校足办在 2012 年 9 月至 2013 年 8 月至少举办 1 期校长管理干部班、1 期中级指导员培训班、1 期中国足协校园足球 C 级或 D 级教练员培训班。但直至 2013 年 7 月，尚有 17 个国家级布局城市未完成相关任务。此外，通过对校园足球讲师访谈得知，部分地区校足办碍于人情面子，在学员不符合培训基本要求的情况下，仍然颁发结业证书，严重影响培训效果。

一项公共政策的执行成功，很大程度上取决于目标群体的态度。在校园足球政策执行过程中，执行主体与目标群体之间的利益博弈则主要表现在以下两个方面。

1. 目标群体意愿与执行主体行为相左

由于政策目标多元化，在公共政策执行过程中目标群体组成较为复杂，既有个人又有团体，其整体利益诉求也因个体倾向不同而有所差别，往往表现为在某些方面利益诉求与政策执行选择不一致，从而与政策执行主体在认识上无法达成一致。校园足球政策执行中家长利益诉求之一是子女能够享受升学优惠政策，而在我国现行教育体制下，能够通过体育特长获得中考或高考加分的学生仍为少数，尤其是随着高水平招生名额缩减与报考人员比例不断提升，能否在高考中享受升学优惠成为家长关注焦点。2014 年，H 省高考体育加分“保过协议事件”中，L 市高级中学 74 人获得国家二级运动员高考体育加分，占 H 省此项加分总人数的 1/10，其中足球 12 人全部通过。据调查，家长曾与学校、考官签订协议，每位学生缴费 1.2 万元，保证学生拿到国家二级运动员证书①。家长为获取自身利益，使用各种手段享受政策优惠。

2. 执行主体行为选择滞后于目标群体意愿

此种利益博弈表现归结为三方面。第一，执行主体服务意识淡薄。校园足球政策采用由上而下执行模式，政策执行中目标群体之间缺乏利益诉求表达渠道，其想法意见难以向上传递，造成执行主体往往只考虑工作的政绩和便利性而忽视目标群体的利益诉求。第二，执行能力欠缺。校园足球政策执行机构的“临时性”特征导致其难以与各相关部门进行平等对话，再加上人员多是抽调而来，兼职属性突出，人员业务能力参差不齐。第三，部门利益难以割舍。体育部门与教育部门之间的利益博弈一定程度上掩盖了目标群体的利益诉求，这种执行主体的利益分割严重侵害了目标群体利益，从而导致两者之间的不和谐甚至敌对关系。

二 校园足球政策基层执行“竞争—合作”层面利益博弈关系分析

随着“条块分割”不断加深，不同部门利益分化明显，其在政策制定或执行过程中局限于本部门利益，缺乏整体观念和全局意识，进而造成不同部门间的利益冲突②。该问题同样存在于校园足球政策执行过程中，在“竞

① 邱林：《利益博弈视域下我国校园足球政策执行研究》，北京体育大学博士学位论文，2015。

② 陈谦：《地方政府部门利益化问题成因与治理》，《求索》2010 年第 2 期，第 63~64 页。

争—合作”层面，利益群体之间地位基本对等，但分属系统不同，因此，对同一项政策的认识和理解都会基于各自群体利益。

（一）校园足球政策基层执行“竞争—合作”层面利益关系

1. 教育部与国家体育总局的利益关系

校园足球政策基层执行过程中部门间利益博弈最具代表性的是教育部与国家体育总局的博弈。从两部门职能及核心诉求来看，国家体育总局在校园足球政策制定和执行过程中更加注重青少年足球后备竞技人才培养，而教育部则是提升学生身体素质、大力普及校园足球。故而，两者在校园足球发展诉求上存在导向性区别，这也是其利益博弈核心所在，但这种利益博弈仅是二者对校园足球发展工作重心的追求不同，最终主旨相同。换言之，两部门在校园足球发展中的利益是相辅相成的关系，青少年足球后备人才竞技水平的提升离不开足球人口的普及，而足球人口的普及需要通过竞技足球的带动，只是在发展思路上二者存在差异。起初，我国校园足球发展战略是基于我国足球竞技水平日益下滑的不利局面提出的，发展初衷是提升我国足球竞技水平，这也是2009~2015年校园足球发展重心所在。随着校园足球战略地位的不断提升，2014年11月，国务院召开校园足球电话会议，明确表示校园足球主导权由体育部门转向教育部门，探索教育部门主导下的“体教融合”发展模式，不断提高学生身体素质，大力推进足球普及。新发展趋势下，体育部门主导形成的利益格局受到冲击与调整，并逐渐在政策制定与执行中予以体现。

2. 县（区）校足办之间的利益关系

自2015年始，教育部着手建构县域校园足球发展体系，试图通过部分县域校园足球发展样板的“先试先行”作用，积极探索校园足球高质量发展的推进路径。截至2022年，全国已遴选校园足球试点县（区）241个，这些试点县（区）的校足办相较同级基层校足办而言，在权力划分与资源调动上具有较高优先级。进而，基层普通地区校足办与试点县（区）校足办之间为从上级获得更多资源倾斜展开利益博弈。这种利益之争主要体现在省内校园足球专项经费划拨以及师资培训名额划分等方面。全国校园足球试点县（区）的创建，带动一批地方校园足球试点县（区）的快速发展，涌现出重庆市沙坪坝区、江苏省张家港市（县级市）、河南省金水区等发展较好的试点县（区）。针对这些试点县（区），上级校足办往往会倾入更多的校园足球资源，供其优化提质，但这种政策资源的过度倾斜造成了非校园足球试点县（区）校足办的强烈不满，校园足球试点县（区）校足办与非校园足球试点县（区）校足办的矛盾激化，争端不断。例如，为获得优秀的足球后备人才，A市下的试点县（区）B县作为县级市，其经济政治条件发展较好，受到上级校足办的重点关注，B县下的C校拥有招收足球特长生的资质，通过政策优势吸引相对落后的县（区）优秀学生到本校学习，这些学生在之前已经进行多年的足球训练且足球技能过硬，对C校的校园足球发展起到重要作用，但对于生源地来说就是一种人才的流失，这种“挖墙脚”的人才引进方式造成试点县（区）校足办与非试点县（区）校足办之间的利益纷争。

3. 县（区）教育部门与县（区）体育部门的利益关系

在某种意义上，我国公共政策执行是指相关部门对政策理论进行解构、决策的过程。在此过程中，执行部门会受利益因素影响进行不同的行为选择。由于部门之间职责权限模糊，为各部门谋取利益创造了客观条件。县（区）教育部门与县（区）体育部门作为我国校园足球政策执行的基层单位，在核心利益诉求方面存在较大差异，进而造成两部门政策执行侧重点和实现目标的路径有所不同。地方教育部门发展目标趋向于校园足球活动开展，培养学生足球兴趣，扩大足球人口基数，促进学生身心健康发展；而地方体育部门发展目标则趋向于为专业足球竞技体制服务，培育高水平青少年足球运动员。在现行绩效考核评价体系下，为获得上级部门青睐，体、教两大部门致力于各自利益的实现，但在实务工作中两者关系密切，相辅相成，需要发挥各自独特工作优势，形成资源互通共享。

4. 校长与家长的利益关系

校园足球政策执行能否达到预期目标，很大程度上取决于目标群体的态度，而家长作为学生的监护人，一定程度上能够全权做出决定，他们的态度对孩子参与校园足球活动具有极大的影响力。由于受应试教育影响与体育遭受智育的排挤，许多家长并未充分认识到校园足球的教育意义，更加关注学生的升学，并期冀子女通过读书改变命运。为此，当学生进入中学，尤其是高中后，多数家长并不支持他们参与校园足球活动。校长作为校园足球特色学校的首要负责人，希望通过校园足球活动来提升学生身体素质和获得一定的教育资源，而这一前提是越来越多的学生参与到校园足球活动中，这与家长的现实期盼存在矛盾。但是，在升学率的绩效考核下，多数校长会与学生家长达成共识。例如，某校园足球特色学校在连续两年获得本城市校园足球联赛亚军的情形下，面对升学率略有下滑和学生家长反对孩子外出比赛，该校决定解聘外聘的足球教练，取消课余足球训练，进而造成该校联赛成绩和校园足球人数大幅度下滑。

（二）校园足球政策基层执行“竞争—合作”层面利益博弈表征

校园足球政策基层执行“竞争—合作”层面，同级主体之间都会基于自身利益考虑，出现不同程度的利益博弈行为。其利益博弈主要表现为以下几个方面。

1. 政策执行主体职权重叠的矛盾

2015 年全国校足办重组以后，教育部与国家体育总局联合开展校园足球活动，教育部以足球普及为目的倾力打造全国青少年校园足球四级联赛，并积极构建相关低级别联赛；国家体育总局则举办竞技属性更强的青少年精英联赛。原则上二者不会相互抵触，但在实际执行过程中存在赛程重合、互设报名壁垒的现象，严重影响校园足球活动的开展。而这些问题产生的根本原因在于主导部门间的职权交叉与重合。

2. 政策执行主体之间缺乏合作

在当前推进国家治理体系与治理能力现代化背景下，作为政策执行主体的各政府部门要主动以协商合作的方式来执行目标愈发多元化的国家政策。同样，校园足球政策的有效执行也急需教育和体育部门等政府部门的共同联手，合力推进校园足球发展。然而，在追求利益最大化驱使下，教育、体育等部门作为政策主体往往形成部门利益藩篱，其间联系并不紧密。例如，国家政策文件多次提出“要推动退役优秀运动员进校园”，各地教育和体育部门可借此契机建立长效合作机制，不仅满足退役运动员“再就业”需求，而且可弥补校园足球专业师资的缺口。但现实中，由于各部门之间横向沟通联动不足、缺乏协同与合作机制，这一推动校园足球发展的政策难以有效执行。

3. 政策主体“搭便车”行为

美国经济学家曼库尔·奥尔森指出，“集团中个体成员在不受任何条件约束下不断追求集团利益的观点是不正确的。实际上，只有在集团成员人数很少时，或者存在强制或其他特殊手段迫使集团成员共同追求集团利益，否则，具有理性判断意识的集团成员是不会自觉采取行动实现集团利益的”①。奥尔森认为个体“搭便车”行为产生的主要原因包括两个方面，一方面是成员可以在不承担任何成本前提下即可获得公共利益；另一方面，群体内部的利益纠纷以及个体自利行为，会使个人产生“我不做自然有人做”的自私态度。当前，这种“搭便车”行为在校园足球政策执行中较为普遍。例如，某省校足办设立在省教育厅体卫艺处，通过多年努力逐渐培养出一批优秀足球后备人才并在省运会中获得佳绩，但最终的荣誉和政绩却归体育部门。

4. 区域政策倾斜的矛盾

由于国家内部不同地区条件不一，在经济运行规律下势必会出现地区之间发展不均衡。而政府在进行宏观调控时会从全局考量，借助政策执行，在一定程度上缩减这种不平衡，或者鼓励某区域率先发展，这种以区域为重心的政策选择被称为区域政策倾斜②。在我国，由于幅员辽阔，东中西部经济发展差异化明显，再加上校园足球资源人均不足，这种区域政策倾斜颇为常见，其倾向于向优势地区倾注更多资源。例如，北京市某所校园足球特色学校能够每年获得30万元的资金支持，而海口市某所学校一年只有3万元的专项经费，更有甚者，G省某乡村学校仅有当地教育局的体育教学拨款（2万元左右），其从未见过校园足球专项资金。而这种政策倾斜对于弱势地区而言可以视作一种政策歧视。

第三节　建构校园足球政策基层执行利益博弈模型

一　校园足球政策基层执行利益博弈要素

博弈模型被广泛应用于政策执行分析研究中，主要是利用博弈理论的原

① 曼库尔·奥尔森：《集体行动逻辑》，陈郁等译，上海人民出版社，1995。

② 邱林：《利益博弈视域下我国校园足球政策执行研究》，北京体育大学博士学位论文，2015。

理及方法对政策执行中的要素和关系进行梳理，再设置相应的条件量化和参数假设，从而对博弈主体间的得失关系有清晰的认知。在校园足球政策基层执行中利益博弈模型可以划分为四大要素，分别是博弈主体、博弈策略、博弈规范和博弈标的。

（一）博弈主体

博弈主体既可以是个人也可以是组织机构，但其都需要能够独立决策并独立承担后果。校园足球政策基层执行中的博弈主体就是上文所确定的 14 个利益相关者。通过分类标准的设定，可以将众多的博弈主体分为不同的类别。以博弈主体的公共权利具备情况为标准，将其分为官方主体与非官方主体。官方主体包括教育部学生体育协会、国家体育总局青少司、全国校足办、县（区）体育部门、县（区）教育部门等国家行政部门。非官方主体则包括校长、学生、家长、教练、媒体、赞助商等。再者，依据博弈主体在政策基层执行中的活动特征，将其分为政策制定主体、政策执行主体、政策监管主体、政策评估主体及目标群体。结合校园足球政策基层执行的特征，综合考虑借助博弈模型进行后续分析的可操作性和对博弈结果的影响，将本研究的博弈主体界定为政策制定主体、执行主体和目标群体三类参与人员。

（二）博弈策略

博弈策略是指在整合各方信息后，博弈任何一方参与人在决策时所采取的行动和手段。依据博弈活动的类型可以将博弈策略划分为纯策略和混合策略。其中，纯策略又可以归为混合策略中的一种特殊形式，是指对博弈中其他参与人的类型有了初步认知后，在博弈中选择的唯一的最优策略，其主要以效用来代表收益。混合策略则是纯策略在空间上的概率分布，是指通过概率选择后续行为的方法，主要用预期效用来表示收益。在校园足球政策基层执行中，博弈策略则指博弈主体即参与人根据执行过程中获得的信息集合而采取的行动方案。博弈主体首先要从各方渠道获取具有价值的信息，通过信息整合权衡效用情况进而形成相应的博弈策略。最终，在博弈规范的范围内朝着博弈标的做出相应的博弈策略选择，从而与各方主体展开博弈。

（三）博弈规范

博弈规范是指将博弈主体的行为选择限定在某一范围内的规章制度。在校园足球政策基层执行中，博弈规范则是奖励惩处等形式的制度规范。博弈规范是做出任何策略选择前所要考虑到的基础，更是博弈主体之间效用发生变化的重要变量。一般来说，可以将博弈规范分为正式制度规范和非正式制度规范。在校园足球政策基层执行过程中更依赖的是正式制度规范，其特征是以强制性为主，主要涉及法律条文和政策文件等。其中博弈主体间的权力关系是最具代表性的，包括纵向关系和横向关系，如上下级间的领导和监督关系，同级别部门间的竞争与合作关系等。而非正式制度规范涉及的则是道德标准、地缘文化、社会意识和风俗习惯等。

（四）博弈标的

每一项公共政策从制定到落实，其目标都是实现社会利益的最大化，即调整以公共利益为核心的社会整体利益。在此目标的引领下，政策基层执行中必然会触碰到利益相关者的利益，造成一定程度的损失。校园足球政策作为一项公共政策，在其基层执行过程中各方利益相关者会不断调整策略维护自身利益，从而展开各方之间的利益博弈，博弈标的在校园足球政策基层执行中则是各方之间的利益关系。博弈标的所涉及的政策利益又可以分为多种类型，按利益的时效性可分为短期利益和长远利益；按利益的趋同性可分为私有利益、共有利益和混合利益；按承载者类型可分为个体利益、团体利益、组织利益和公共利益；按社会领域可分为政治利益、经济利益、社会利益等。

二 校园足球政策基层执行利益博弈模型

校园足球政策基层执行过程中博弈参与人能够完全了解各方信息的概率是非常小的。博弈主体通过各自的渠道获取相关信息，一方面，各方的信息收集和准确情况不尽相同；另一方面，即使各方收集到相同的信息，由于立场的不同也会有不同的理解。基于此，笔者将校园足球政策基层执行的利益博弈活动归为不完全信息类别。此外，校园足球政策的博弈主体通常是在博弈开始前就已经预设好行动方案，按照博弈各方的时序特征分类，可以将其归为静态博弈类别。因此，本书将校园足球政策基层执行的利益博弈简化为不完全信息静态博弈模型。

为使研究更符合实际，结合校园足球政策基层执行特征，根据研究需要，提出校园足球政策基层执行的“比较利益人”假设。区别于传统人性假设研究中的“经济人”和“公共人”假设，“比较利益人”假设更贴近校园足球政策基层执行的现实特征。由于公共政策领域的研究对人的行为动机进行了简化，“经济人”假设代表了“完全理性”的思维特征，“公共人”假设则是另一个极端，代表了“完全非理性”的思维决策，二者都无法满足当下的现实社会条件。综合考量校园足球政策的公益性和个人、组织的利益性特征，研究过程既不能忽视实现社会整体利益的宗旨，也不能否定经济人自利的特征。因此，提出“比较利益人”假设，将自利限制在一定范围之内，把握好自利与他利的平衡关系。该处所提及的“利益”，既包括了整体利益，又代表个人或是团体利益，通过引入利益诉求因子，关注博弈过程中利益相关者的利益诉求，使得政策基层执行主体在实现政策社会利益的同时也能够满足个人或是团体利益，达到自利与公利的完美平衡。综上可知，本书将“比较利益人”假设作为博弈模型研究的基础。通过前期准备工作和分析梳理，将校园足球政策基层执行的利益博弈模型归为两类：“监督—管理”博弈模型和“竞争—合作”博弈模型。

（一）校园足球政策基层执行“监督—管理”博弈模型

1. 校园足球政策基层执行“监督—管理”博弈模型构建

条件 1：假设博弈参与人用 P 来表示，P 值分别为 1、2，1 代表监管者，2 代表被监管者。在政策执行主体的博弈中，上级部门是监管者，下级部门则是被监管者；而在政策执行主体和目标群体的利益博弈中，执行主体是监管者，目标群体则是被监管者。

条件 2：假设被监管者有两种行动方案选择，即执行政策和抵制政策。监管者相应地也具备两种策略选择，即监管和不监管。这里提及的监管和不监管是对校园足球政策基层执行的一种简要概括，其中包括惩罚或不惩罚、检查或是不检查，以及放松监管或是严格监管等措施。

条件 3：“比较利益人”假设下，利益诉求因子被引入监管者和被监管者的效用函数中，其利益诉求包括：提高学生身体素质、培养足球后备人才、获得经济效益等。

条件 4：在“监督—管理”博弈模型中，根据研究目的和博弈参与人的现实情况考虑，利益诉求因子只在被监管者的效用函数中分析使用。

条件 5：博弈参数的假设

$A1$ 为被监管者采取“执行政策”策略时，监管者在此过程中获得的实际效用；

$A2$ 为被监管者采取“执行政策”策略时，自身在此过程中获得的实际效用；

B 为监管者采取“监管”策略时所要付出的成本；

C 为被监管者采取“抵制政策”策略时，监管者继续选择“监管”所能挽回的损失；

D 为被监管者采取“抵制政策”策略时，付出的谅解补偿成本（$D<F\theta$）；

E 为被监管者采取“抵制政策”策略时，自身在此过程中获得的实际效用；

F 为被监管者采取“抵制政策”策略时，受到监管者“监管”后造成的损失；

θ 为被监管者采取“抵制政策”策略时，监管者“监管”成功的概率；

Ui 为第 i 个参与人的效用函数，$i=1$，2。

条件 6：设 η 为“利益诉求因子”，假设 η 反映的就是被监管者的执行意愿，则 η 越大，被监管者“执行政策”的意愿就越强烈。但是，被监管者的利益诉求因子数值并非被监管者掌握，在这里我们给定其一个数值范围，设 $\eta\in$ $[0,\ t]$，$t>0$，$\eta\sim f\ (\eta)$，其他博弈参数为共同信息。

条件 7：本书所构建的是不完全信息静态博弈模型，被监管者执行政策和抵制政策是博弈前随机选择的结果，我们假设被监管者“执行政策”的概率为 μ，则“抵制政策”的概率为 $(1-\mu)$，贝叶斯均衡变量值为 η^*。

综上所述，校园足球政策基层执行“监督—管理”博弈模型搭建完毕（见图 4-1）。

		被监管者：执行	被监管者：抵制
监管者	监管	$A1-B, A2+\eta$	$(C+F)\theta-B, E-F\theta$
	不监管	$A1, A2+\eta$	$D, E-D$

图 4-1 校园足球政策基层执行“监督—管理”博弈模型

2. 校园足球政策基层执行“监督—管理”博弈模型求解

一般来说，博弈主体采取何种策略取决于该策略下其所能得到的实际效用，对于校园足球政策基层执行的“监督—管理”模型而言，其中包含纯策略和混合策略两种情况。

被监管者“执行政策”的实际效用为 $A2+\eta$，“抵制政策”时的实际效用为 $E-F\theta$ 或是 $E-D$。已知 $\eta\in[0,t]$，当 $E-F\theta>A2+t$，$(C+F)\theta-B\geqslant D$ 时，由于 $D<F\theta$，则 $E-D>E-F\theta>A2+\eta$，此时被监管者采取“抵制政策”策略所获得的实际效用更大，则贝叶斯均衡为（监管，抵制）；当 $E-F\theta>A2+t$，$(C+F)\theta-B<D$ 时，由于 $D<F\theta$，则 $E-D>E-F\theta>A2+\eta$，同样的，被监管者采取“抵制政策”策略所获得的实际效用更大，贝叶斯均衡为（不监管，抵制）；当 $E-D<A2+0$ 时，由于 $D<F\theta$，则 $E-F\theta<E-D<A2+\eta$，此时被监管者采取“执行政策”策略所获得的实际效用更大，则贝叶斯均衡为（不监管，执行）。当 $(C+F)\theta-B\geqslant D$，且 $A2+0<E-F\theta<A2+t$ 时，被监管者的策略选择出现混合策略的情形，此时贝叶斯均衡取决于“利益诉求因子”的数值。构建模型时已规定贝叶斯均衡变量值为 η^*（$\eta^*\in[0,t]$），则当 $\eta\geqslant\eta^*$ 时，被监管者采取“执行政策”策略所获得的预期效用更大；当 $\eta<\eta^*$ 时，被监管者采取“抵制政策”策略所获得的预期效用更大。因此，被监管者的博弈策略选择取决于“利益诉求因子”η 的数值。

综上所述，首先假设被监管者的博弈策略已定，监管者处于混合策略下，选择“监管”（1 表示监管）或是“不监管”（0 表示不监管）的预期效用分别为：

$$\begin{aligned} U1(1)&=\mu(A1-B)+(1-\mu)[(C+F)\theta-B] \\ U1(0)&=\mu A1+(1-\mu)D \end{aligned} \quad ①$$

由于贝叶斯均衡变量值为 η^*，且 $\eta^*\in[0,t]$，由此可以计算出被监管者执行政策的概率 $\mu=(t-\eta^*)/t$，抵制政策的概率 $(1-\mu)=\eta^*/t$，将其代入上述两个公式可得：

$$\begin{aligned} U1(1)&=[(t-\eta^*)/t](A1-B)+(\eta^*/t)[(C+F)\theta-B] \\ U1(0)&=[(t-\eta^*)/t]A1+(\eta^*/t)D \end{aligned}$$

因为贝叶斯均衡变量值为 η^*，即被监管者的博弈策略选择的临界值为

η^*，所以当 $\eta=\eta^*$ 时，$U1(1)=U1(0)$，求解公式得：

$$[(t-\eta^*)/t](A1-B)+(\eta^*/t)[(C+F)\theta-B]=[(t-\eta^*)/t]A1+(\eta^*/t)D \quad ②$$

$$\eta^*=(tB)/[(C+F)\theta-D] \quad ③$$

由于被监管者执行政策的概率临界值为 $\mu=(t-\eta^*)/t$，最终得到：

$$\mu^*=1+B/[D-(C+F)\theta] \quad ④$$

其次，我们假设监管者的博弈策略既定，其采取“监管”策略的概率设为ϕ，采取“不监管”的概率则为（$1-\phi$）。此时，被监管者处于混合策略下，选择“执行政策”（1 表示执行政策）或是“抵制政策”（0 表示抵制政策）的预期效用分别为：

$$U2(1)=\phi(A2+\eta)+(1-\phi)(A2+\eta)=A2+\eta$$
$$U2(0)=\phi(E-F\theta)+(1-\phi)(E-D)$$

同理，监管者在“监管”与“不监管”之间存在一个临界点$\phi=\phi^*$，使得 $\eta=\eta^*$ 时，$U2(1)=U2(0)$，求解公式得：

$$A2+\eta^*=\phi^*(E-F\theta)+(1-\phi^*)(E-D)$$
$$\phi^*=A2+\eta^*+D-E/D-F\theta \quad ⑤$$

由上述两种假设可知，被监管者选择“执行政策”的概率为 μ^*，选择“抵制政策”的概率为 $1-\mu^*$；而监管者采取“监管”的概率为ϕ^*，采取“不监管”的概率为 $1-\phi^*$。结合到具体实践过程中，也可以将其定义为比例分布，例如，有百分比为 μ^* 的被监管者采取“执行政策”的策略，百分比为 $1-\mu^*$ 的被监管者采取“抵制政策”的策略；而对监管者而言，可以选择百分比为ϕ^* 的被监管者对其采取“监管”策略，对 $1-\phi^*$ 比例的被监管者采取“不监管”策略，从而实现双方效用的最大化。

3. 校园足球政策基层执行“监督—管理”博弈模型分析与结果

综上可知，有以下四种均衡状态，当 $E-F\theta>A2+t$，$(C+F)\theta-B\geqslant D$ 时，由于 $\eta\in[0, t]$，$D<F\theta$，则 $E-D>E-F\theta>A2+\eta$，则贝叶斯均衡为（监管，抵制）；当 $E-F\theta>A2+t$，$(C+F)\theta-B<D$ 时，由于 $\eta\in[0, t]$，$D<F\theta$，则 $E-D>E-F\theta>A2+\eta$，贝叶斯均衡为（不监管，抵制）；当 $E-D<A2+0$ 时，由

于 $\eta\in[0, t]$，$D<F\theta$，则 $E-F\theta<E-D<A2+\eta$，则贝叶斯均衡为（不监管，执行）；当 $(C+F)\ \theta-B\geqslant D$，且 $A2+0<E-F\theta<A2+t$ 时，被监管者“执行政策”的概率为 $\mu=1+B/[D-(C+F)\ \theta]$，而“抵制政策”概率为 $B/[D-(C+F)\ \theta]$。

从以上条件假设及博弈模型分析可知，校园足球政策基层执行中监管者如何选择博弈策略主要受几方面因素影响，包括“执行政策”策略下监管者所获实际效用 $A1$，监管的付出成本 B、“抵制政策”策略下监管所能挽回的损失 C、“抵制政策”策略下的谅解补偿成本 D 等参数。在“抵制政策”策略下监管所能挽回的损失 C 越大，采取监管策略的可能性就越大；在“执行政策”策略下监管者所获实际效用 $A1$ 越大，监管付出的成本 B 越大，“抵制政策”策略下的谅解补偿成本 D 越大，采取监管策略的可能性就越小。而被监管者的博弈策略选择则受其他因素影响，如“执行政策”策略下被监管者所获实际效用 $A2$、“抵制政策”策略下的谅解补偿成本 D、“抵制政策”策略下所获的实际效用 E、“抵制政策”策略下监管造成的损失 F、监管成功概率 θ 以及“利益诉求因子”η 等参数。在“执行政策”策略下被监管者所获实际效用 $A2$ 越大，“利益诉求因子”η 越大时，被监管者采取“执行政策”的概率就越大；在“抵制政策”策略下所获的实际效用 E 越大，“执行政策”的可能性就越小；当“抵制政策”策略下的谅解补偿成本 D 越小、“抵制政策”策略下监管造成的损失 F 越小，监管成功概率 θ 越小时，采取“执行政策”的概率也越小。

4. 校园足球政策基层执行“监督—管理”博弈模型案例检验

《全国青少年校园足球特色学校基本标准（试行）》中提到要建立竞赛制度，每年都要组织校内班级比赛，完善校内足球竞赛体系。虽然政策文件已明文规定，但是在基层难以得到落实，一方面是因为基层学校的人力、物力及财力较为薄弱，校园足球政策执行受到一定限制；另一方面是因为监督机制的缺失，基层政府与学校存在互为共生的关系，基层学校即使抵制政策也不会受到相应惩罚，当上级部门进行视察时，基层学校会采取相应的措施予以应付。此类发生在校园足球政策基层执行中的现象，正是典型的“监督—管理”博弈。基层学校采取执行校园足球政策策略的可能性取决于“利益诉求因子”的类型及满足程度，其“利益诉求因子”包括提高学生身体素质、校园足球业绩纳入教育评估机制等。当基层学校的某一项“利益诉求因子”所占比重较大，且无法得到满足时，学校倾向于采取抵制政策的博弈策略，反之，则会采取执行政策的博弈策略。

条件 1：假设博弈参与人用 P 来表示，P 值分别为 1、2，1 代表县（区）校足办，2 代表学校。

条件 2：假设学校有两种行动方案选择，即执行政策和抵制政策。县（区）校足办相应地也具备两种策略选择，即监管和不监管。

条件 3：“比较利益人”假设下，县（区）校足办和学校的利益诉求因子都较为明晰。

条件 4：博弈参数的假设

$A1$ 为学校采取“执行政策”策略时，县（区）校足办在此过程中获得的实际效用，包括校园足球普及、获得政绩等；

$A2$ 为学校采取“执行政策”策略时，自身在此过程中获得的实际效用，包括提高学生身体素质、获得社会效益等；

B 为县（区）校足办采取“监管”策略时所要付出的行为成本，包括人员、差旅费用，工作安排、人员协调所花费的精力等；

C 为学校采取“抵制政策”策略时，县（区）校足办继续选择“监管”，责令改正所能挽回的损失；

D 为学校采取“抵制政策”策略时，为获得县（区）校足办谅解，学校付出的谅解补偿成本（$D<F\theta$），包括人际关系走动的经济成本等；

E 为学校采取“抵制政策”策略时，自身在此过程中获得的实际效用，包括节省经费开支，有效避免人身伤害；

F 为学校采取“抵制政策”策略时，受到县（区）校足办“监管”后造成的损失，包括通报批评等；

θ 为学校采取“抵制政策”策略时，县（区）校足办“监管”成功的概率；

Ui 为第 i 个参与人的效用函数，$i=1$，2。

条件 5：设 η 为“利益诉求因子”，假设 η 反映的就是学校的执行意愿，则 η 越大，学校“执行政策”的意愿就越强烈。但是，学校的利益诉求因子数值并非被县（区）校足办掌握，在这里我们给定其一个数值范围，设 η

$\in$ [0, t], t>0, $\eta \sim f$ (η), 其他博弈参数为共同信息。

条件 6：假设学校“执行政策”的概率为 μ，则“抵制政策”的概率为 ($1-\mu$)，贝叶斯均衡变量值为 η^*。

综上可知，涉及校内联赛的校园足球政策基层执行“监督—管理”博弈模型如下：

		学校 执行	学校 抵制
县(区)校足办	监管	$A1-B, A2+\eta$	$(C+F)\theta-B, E-F\theta$
	不监管	$A1, A2+\eta$	$D, E-D$

图 4-2　涉及校内联赛的校园足球政策基层执行“监督—管理”博弈模型

该博弈模型的求解过程同上，其分析与结果为：根据校园足球政策基层执行的现状，学校执行政策所得到的实际效用 $A2$ 是比较低的，当前文化课学业繁重、家长对政策的支持度不足、学生的人身伤害保险上险率不高等问题依然存在。其次，校内联赛举办并无经费补贴，抵制政策既能节约支出又能缓解学训矛盾，在一定程度上体现出抵制政策下学校获得的实际效用 E 更大。并且，县（区）校足办的监管力度明显不足，对于抵制政策的处罚力度较轻，即 $F\theta$ 较小，学校的实际利益诉求 η 也无法得到满足。因此，$E-F\theta>A2+t$，由 $D<F\theta$ 可知，$E-D>E-F\theta>A2+\eta$，对于学校而言采取“抵制政策”策略是更加优化的方案。而县（区）校足办的策略选择由（$C+F$）$\theta-B$ 和 D 来决定，当（$C+F$）$\theta-B\geqslant D$ 时，贝叶斯均衡为（监管，抵制）；当（$C+F$）$\theta-B<D$ 时，贝叶斯均衡为（不监管，抵制）。但是，目前县（区）校足办的配置并不完善，采取监管所付出的成本 B 较大，且基层学校具有较大的自由裁量权，即使县（区）校足办采取“监管”策略，其能挽回的损失 C，抵制造成的损失 F 及监管成功概率 θ 都不会太高。此外，学校与县（区）校足办存在相关的利益关系，可以通过支付谅解成本 D 来弥补抵制政策的部分损失以求县（区）校足办的谅解。基于此，县（区）校足办的收益实际上符合（$C+F$）$\theta-B<D$，采取“不监管”是更优策略，贝叶斯均衡为（不监管，抵制）。

上述情况的分析基本符合校园足球政策基层执行利益博弈的现实结果。

（二）校园足球政策基层执行“竞争—合作”博弈模型

1. 校园足球政策基层执行“竞争—合作”博弈模型构建

条件 1：假设博弈参与人用 P 来表示，P 值分别为 1、2。在政策执行主体的博弈中，1 代表甲执行部门，2 代表乙执行部门，二者属于同一级别的部门或单位；而在目标群体间的博弈，1 代表甲目标群体，2 代表乙目标群体。

条件 2：假设博弈参与人之间形成了一定的竞争与合作关系，在校园足球政策基层执行中，执行主体即县（区）校足办、县（区）教育部门、县（区）体育部门等单位之间存在竞争与合作关系；目标群体即学生、家长、教练等群体之间存在竞争与合作关系。

条件 3：“比较利益人”假设下，利益诉求因子被引入博弈双方的效用函数中，其利益诉求包括：提高学生身体素质、培养足球后备人才、获得教育资源等。

条件 4：假设执行政策的总成本为 X，若博弈双方共同执行政策，则需要各自承担一半成本；若博弈参与人 P 中只有一方执行政策，其需要承担全部的成本 X。假设博弈参与人中有一方执行校园足球政策，则博弈双方均可获 M 单位的效用；若双方均抵制政策，则双方均损失 N 单位的效用。此外，设博弈参与人 P 的利益诉求因子分别为 m、k，当 m、k 值越大时，执行政策的动机就越强烈，但 m、k 均是私有信息，是博弈参与人属于何种类型的体现；其他参数、博弈规则、支付函数都为共有信息。

条件 5：政策执行具有一定的外部经济性，且执行政策需要付出直接成本或机会成本等，因此存在仅有一方执行政策，但另一方可以享受“搭便车”的现象。

条件 6：博弈参数的假设：

执行政策策略下博弈双方获得的期望效用 M；

执行政策的总成本为 X，博弈双方约定各自承担一半，X 值的范围为［a，b］（$0 \leqslant a \leqslant b$），且 $X \sim f(X)$ 是连续性随机变量均匀分布函数；

Ui 为第 i 个参与人的效用函数，$i=1$，2。

条件 7：假设“利益诉求因子”m、k 都有定义在［0，T］（$T>0$）上的连续性随机变量均匀分布函数 $m \sim G(m)$，$0 \leqslant m \leqslant T$，$k \sim G(k)$，$0 \leqslant k \leqslant T$。

条件 8：假设 x、y 分别是博弈参与人 1、2 在均衡状态下执行政策的概率，则参与人相应地抵制政策的概率为（$1-x$）、（$1-y$）。m^*、k^* 分别为参与人 1、2 在选择执行政策和抵制政策时的临界值。

综上所述，校园足球政策基层执行“竞争—合作”博弈模型搭建完毕（见图 4-3）。

		参与人 2 执行	参与人 2 抵制
参与人 1	执行	$M-X/2+m, M-X/2+k$	$M-X/2+m, M$
	抵制	$M, M-X/2+k$	$-N, -N$

图 4-3　校园足球政策基层执行“竞争—合作”博弈模型

2. 校园足球政策基层执行“竞争—合作”博弈模型求解

假设该博弈模型中的贝叶斯均衡组合为（$a1^*$，$a2^*$），对博弈参与人 1、2 而言，ai^* 是最优化的博弈策略，有以下两种纯策略的情况。

对于博弈参与人 1 而言，当 $m \geqslant m^*$ 时，参与人 1 选择执行政策；当 $m < m^*$ 时，参与人 1 抵制政策。

对于博弈参与人 2 而言，当 $k \geqslant k^*$ 时，参与人 2 选择执行政策；当 $k < k^*$ 时，参与人 2 选择抵制政策。

由上述可知，x、y 分别是博弈参与人 1、2 在均衡状态下执行政策的概率，则参与人相应地抵制政策的概率为（$1-x$）、（$1-y$）。m^*、k^* 分别为参与人 1、2 在选择执行政策和抵制政策时的临界值，且 $0 \leqslant m \leqslant T$，$0 \leqslant k \leqslant T$，所以 $x = (T-m^*)/T$，$y = (T-k^*)/T$。

首先，假设博弈参与人 2 的策略已经选定，则参与人 1 选择执行政策（1 代表执行政策）或抵制政策（0 代表抵制政策），其预期效用分别为：

$$U1(1) = y(M-X/2+m) + (1-y)(M-X/2+m) = M-X/2+m$$
$$U1(0) = yM + (1-y)(-N) = [(T-k^*)M]/T - Nk^*/T = [TM-(M+N)k^*]/T$$

当 $k = k^*$ 时，$U1(1) = U1(0)$，求解公式得：

$$M-X/2+m = [TM-(M+N)k^*]/T \quad ①$$

其次，假设博弈参与人1的策略已经选定，则参与人2选择执行政策（1代表执行政策）或抵制政策（0代表抵制政策），其预期效用分别为：

$$U2(1)=x(M-X/2+k)+(1-x)(M-X/2+k)=M-X/2+k$$
$$U2(0)=xM+(1-x)(-N)=[(T-m^*)M]/T-Nm^*/T=[TM-(M+N)m^*]/T$$

当 $m=m^*$ 时，$U2(1)=U2(0)$，求解公式得：

$$M-X/2+k=[TM-(M+N)m^*]/T \quad ②$$

化简方程组①②得：

$$k^*=[T(m^*-X/2)]/(M+N)$$
$$m^*=[T(k^*-X/2)]/(M+N)$$

从方程式可以看出该博弈模型具有对称性，求解以上方程组得：

$$k^*=m^*=(XT/2)/[T-(M+N)] \quad ③$$

由此可知，博弈参与人 i 抵制政策的概率为：

$$(1-x)=(1-y)=k^*/T=m^*/T=(X/2)/[T-(M+N)] \quad ④$$

3. 校园足球政策基层执行“竞争—合作”博弈模型分析与结果

校园足球政策基层执行过程中，对于博弈参与人而言，执行成本 X 越高，其选择抵制政策的可能性就越高。如果想要提高博弈参与人双方执行政策的合作意愿，就需要满足参与人的利益诉求，提升“利益诉求因子” m、k 的取值。此外，执行政策后参与人获得的期望效用 M 与抵制政策后遭受的损失 N 也会影响博弈主体执行政策的可能性。但是，决定博弈参与人之间“竞争—合作”关系最重要的因素是政策的执行成本 X 和“利益诉求因子” m、k。

4. 校园足球政策基层执行“竞争—合作”博弈模型案例检验

校园足球政策基层执行过程中涉及众多部门，通常由县（区）教育部门占据主导地位，县（区）体育部门及其他部门协助配合。县（区）教育部门希望借助校园足球活动开展提高学生身体素质，同时也希望和体育部门进行合作，发挥基层体育部门的优势，以更专业的足球师资力量培养出优秀足球后备人才。但对于县（区）体育部门而言，校园足球政策由教育部门主导，活动的主要场所在校园，大部分的资源掌握在教育部门，在基层执行政策时还需要付出一定的成本。因此，多数县（区）体育部门以“形式手段”参与到校园足球政策基层执行中，享受县（区）教育部门执行政策后的利益。此类现象正是典型的“竞争—合作”博弈，下文借助“竞争—合作”博弈模型对其实际情况进行验证。

条件1：假设博弈参与人用 P 来表示，P 值分别为1、2。1代表县（区）教育部门，2代表县（区）体育部门。

条件2：“比较利益人”假设下，县（区）教育部门与县（区）体育部门的利益诉求都较为明晰。

条件3：假设执行政策的总成本为 X，若博弈双方共同执行政策，则需要各自承担一半成本；若博弈参与人 P 中只有一方执行政策，其需要承担全部的成本 X。假设博弈参与人中有一方执行校园足球政策，则博弈双方均可获 M 单位的效用，如提高学生身体素质、培养优秀足球后备人才等；若双方均抵制政策，则双方均损失 N 单位的效用，如受到通报批评、政绩下滑等。此外，设博弈参与人 P 的利益诉求因子分别为 m、k，当 m、k 值越大时，执行政策的动机就越强烈，但 m、k 均是私有信息，是博弈参与人属于何种类型的体现；其他参数、博弈规则、支付函数都为共有信息。

条件4：政策执行具有一定的外部经济性，且执行政策需要付出直接成本或机会成本等，因此，存在仅有一方执行政策，但另一方可以享受“搭便车”的现象。

条件5：假设 x、y 分别是博弈参与人1、2在均衡状态下执行政策的概率，则参与人相应地抵制政策的概率为 $(1-x)$、$(1-y)$。m^*、k^* 分别为参与人1、2在选择执行政策和抵制政策时的临界值。

综上所述，该校园足球政策基层执行“竞争—合作”博弈模型为：

		县（区）体育部门 执行	县（区）体育部门 抵制
县（区）教育部门	执行	$M-X/2+m, M-X/2+k$	$M-X/2+m, M$
	抵制	$M, M-X/2+k$	$-N, -N$

图4-4　校园足球政策基层执行“竞争—合作”博弈模型

教育部门、体育部门抵制政策的概率为：

$$(1-x)=(1-y)=k^{*}/T=m^{*}/T=(X/2)/[T-(M+N)]$$

由此可知，对于博弈参与人而言，执行政策投入成本越大，抵制政策的可能性就越大。对于县（区）体育部门而言，如果总共成本为20万元，其需要分担10万元成本，所付出的成本过于高昂，并且利益诉求无法得到充分满足。但是对于县（区）教育部门而言，执行校园足球政策是刚性任务，即使体育部门抵制政策，教育部门也仍然会执行，因此，出现体育部门“搭便车”的现象。

通过验证，以上结论符合校园足球政策基层执行的现实情况。

第五章　域外经验

足球发展一直是社会各界关注的焦点，其发展水平在一定程度上是建设体育强国的重要标志[①]。为提高足球竞技水平，培养优秀足球后备人才，国家印发一系列校园足球政策以推进青少年足球发展。笔者认为，从宏观层面出发，若想更好解决校园足球政策基层执行困境，还需将视野扩展至国外，借鉴域外足球发展经验，完善我国校园足球政策基层执行体系。运用文献资料等研究方法，选取英国、法国、韩国、日本四个青少年校园足球政策基层执行效果显著的国家作为研究对象，通过归纳整理其青少年足球发展先进经验，结合实际总结出符合我国国情的校园足球发展方式。

在分析域外经验过程中，笔者发现欧洲与亚洲校园足球培养体系和模式各有特点。以英法为例，二者的相同之处是均以青少年足球为对象，足球活动开展不局限于校内，范围广泛。不同之处在于青少年足球培养路径：英国发展青少年足球是从学校延伸到社区、家庭，学生在校外可以参加社区俱乐部甚至可能被职业足球俱乐部选中并吸纳[②]；法国则是通过校园足球、职业俱乐部及青少年足球培训基地三种路径发展青少年足球。反观日韩，其校园足球发展模式与我国类似，主要以学校为载体开展校园足球活动，各方资源也是通过学校给予各种形式的支持与帮助。虽然欧亚各国校园足球发展各有特点，但本质一致，目标群体均为在校青少年学生，校园足球各项政策统一制定，均通过基层政府、学校、俱乐部、教练员等基层力量执行。因此，借鉴英、法、韩、日四国青少年校园足球发展成功

---

① 李志荣、杨世东：《英、德、法、日四国校园足球后备人才培养特点分析》，《体育文化导刊》2018 年第 1 期，第 116~121 页。

② 陈洪、梁斌：《英国青少年校园足球发展的演进及启示》，《体育文化导刊》2013 年第 9 期，第 111~114 页。

经验，从域外角度审视本国现存问题，为我国校园足球政策基层执行创新探路。

第一节　英国青少年足球政策基层执行

自我国青少年校园足球工作开展以来，在社会各界的共同努力下，各项工作稳步发展，并取得卓有成效的阶段性成绩。但总体上，我国青少年足球仍处于发展初期，各项政策仍在完善中，处于积极发展状态①。此阶段我们应当积极借鉴域外校园足球工作开展经验，完善我国校园足球体系。综观域外国家，英国足球具有深厚历史底蕴、拥有科学发展经验、得到国家大力扶持，其在校园足球上的治理经验值得我们参考和借鉴。另外，英国作为现代足球的发源地，在长期发展过程中构建了“职业俱乐部青训学院”、“社区足球”和“校园足球”三足鼎立的青少年足球培养体系，形成了完整、健康的青少年足球生态圈②。有诸多值得我们学习借鉴之处：一是发展过程中形成完善的培养模式，百年足球文化积淀致使英国足球实力不断提升，拥有世界足坛领军球队。二是始终重视校园足球发展，从场地、资金、师资，到管理、服务、教育、文化都有大量且详细的国家政策支持，使得英国校园足球被大众认可支持，发展质量不断提升。三是英国学校足球协会（ESFA）的成立，保障了足球队员的受教育权，营造了良好的教育学习氛围。四是英国通过多种方式培养优秀青少年球员，英国足球协会要求所有英超联赛俱乐部需配备直属的足球学院。五是草根足球火热发展，善于利用草根足球的吸引力开展形式多样的民间校园足球活动，营造良好足球氛围。

由此可见，英国基层青少年足球发展具有时代性和科学性特点，对比底蕴深厚、体系健全的英国足球，我国校园足球起步较晚，发展时间较短，没有构建完备的体系和成功经验，发展质量不尽如人意。因此，积极借鉴英国青少年足球先进发展模式，引入英国校园足球发展思路，有助于我国打破体

---

① 魏志鹏：《英国青少年足球发展对我国校园足球发展的启示》，《运动》2018 年第 17 期，第 4~5 页。

② 尤佳、刘志云：《英国校园足球发展研究及启示》，《西安体育学院学报》2021 年第 4 期，第 409~415 页。

制僵局、突破发展瓶颈、深化校园足球理念、构建足球发展整合机制、优化足球资源投入机构、营造良好的足球竞赛选拔环境等①，对我国校园足球发展具有重要参考意义。

一　英国青少年足球发展概况

英国是现代足球的起源地，数百年的发展演化为其奠定了深厚的足球文化基础，仅6000多万人口的土地上涌现了一批又一批的优秀足球人才。目前，英国主要以“职业俱乐部青训学院”、“社区足球”和“校园足球”三种形式培养青少年足球人才，并逐渐形成科学、合理、高效的培养模式。其中，校园足球的作用尤为重要，对英国足球发展有着举足轻重的作用，吸引了众多国内外专家学者调查研究。

1863年，英格兰足球协会在《剑桥规则》基础上统一现代足球规则，正式确立了现代足球运动，足球联赛随之应运而生，足球项目也逐渐向职业化转变。此后，足球运动借助校园开始普及，并成为英国乃至欧洲民众广泛积极参与的重要体育活动。梳理英国足球发展史可以发现，现代英国足球的发展与校园足球有着密不可分的联系。工业革命时期，英国教育家利用工业革命带来的阶层流动契机进行教育改革，将足球作为绅士教育的重要内容，用以释放学生情绪，规范教学秩序。随后，英国公学的学生将英国法律精神引入足球运动，规范足球规则，使得校园足球比赛更加公正公平，这也是英国现代足球运动诞生的规则基础。从发展理念看，英国将足球运动引入校园的初衷在于教化学生，强身健体，在之后的数百年发展中一直保持初心，将足球运动作为帮助青少年身心健康发展的重要手段，希望青少年通过享受乐趣和获得成就感对足球运动产生热爱和理解。例如，在义务教育阶段，英国中小学的学生并不进行专业足球训练，足球仅作为课余时间的体育锻炼和兴趣培养。对于有足球天赋的孩子，即便是初高中阶段进入职业足球俱乐部，也不会放松道德、文化知识水平的考核，必须达到考核水平才能被选取签约，这一举措有效平衡了青少年的德智体美发展。这种以人为本的发展理念

① 浦义俊、戴福祥：《英国校园足球发展特征及启示》，《体育文化导刊》2020年第1期，第6~11页。

成为社会共识，是英国足球发展得到社会各界支持的重要条件，也是英国足球健康发展的重要影响因素。

英国校园足球发展理念先进，非常重视教师团队的专业素养及足球理论、文化的可持续发展。英国青少年足球讲师团队均能融会贯通 L1、L2、L3 教练员课程教学，并专注于青少年足球长期发展各个阶段的训练原则、训练方式、训练类型和足球哲学理论研究等①，是英国青少年足球充满生机的重要源泉。在青少年足球政策方面，英国建立由政府、半官方机构、非营利组织、社区组织、社会团体、志愿组织、学校和俱乐部等多个组织构成的政策子系统倡导联盟，负责管理推广青少年足球活动，为开展英国青少年足球运动提供政策保障。其中，英国文化、媒体和体育部（DCMS）颁布的《英国全民运动十年计划》成为英国体育的核心政策，此后，每隔十年 DCMS 会颁布新政策，对各年龄层次英国民众开展体育活动进行整体性指导。在资金筹措方面，英国政府将企业、非营利部门、学校、民间组织等参与者联系起来，通过政策扶持补贴、税费优惠减免等形式，为俱乐部、学校和社区足球提供稳定的资金来源。2001 年，英国政府和英超联赛合作募集资金成立足球基金会，再由基金会将每年近 4000 万欧元资金用于发展学校和社区足球，自该战略推出，校园足球投入近 8400 万英镑，所资助的校园足球项目已达 1391 个②。同时，政府出台一系列政策大力推广基础设施建设，绿茵场地随处可见，极大地推动了草根足球的蓬勃发展。需要强调的是，英国政府并非简单将足球运动视为一项体育竞赛，而是希望通过足球运动鼓励青少年养成参与体育活动的习惯，注重足球运动的社交功能，以建立良好的人际关系。据统计，至 2010 年底，男性青少年足球队有 36740 支、女性队则有 5163 支，5～11 岁儿童接受过体育训练的就有近 250 万人③。2011 年，英格兰校园足球学校已达到 3.2 万所，教练员 3 万人以上，40 多万男生参与足球运动，女生参与足球运动人数已超 6 万，超 50 万儿童已接

① 王彬、杨洪志：《论英国青少年足球教学机制对我国校园足球发展的激励价值——以 2018 中国校园足球赴英项目为例》，《体育时空》2018 年第 22 期，第 390 页。

② 浦义俊、戴福祥：《借鉴与反思：英格兰足球历史演进、改革转型及其启示》，《西安体育学院学报》2017 年第 1 期，第 60～67 页。

③ 浦义俊、戴福祥：《借鉴与反思：英格兰足球历史演进、改革转型及其启示》，《西安体育学院学报》2017 年第 1 期，第 60～67 页。

受“特易购技术”（TESCO Skill）足球培训①。

为进一步加强校园足球、社区足球和职业足球间的衔接程度，1997 年，英国政府推行“特许标准计划”，该计划规定学校要配备一定数量的教练员并持续开展课内外足球活动，社区俱乐部只有取得特许标准后才具备招收校内优秀足球人才代表其参加足球比赛的资格。通过特许标准选拔的方式，校内优秀足球人才可被直接输送到特许标准职业俱乐部和特许标准社区俱乐部，得到更专业化的训练，更加有利于球员的发展。2017 年，DCMS 着力强化校园足球与体育组织间的内在联系，要求每个中学和多数小学至少与一个当地体育俱乐部建立联系，每个郡级体育部门将有一位官员专门负责学校和社区足球俱乐部的联系事宜，至少建立 2000 组当地中学和体育俱乐部之间的合作伙伴关系，校园足球与足球俱乐部的联系更加紧密，奠定了英国足球人才的坚实基础②。

总体而言，英国校园足球的发展根植于英国文化，从政府到社会、从非营利组织到商业组织、从社区到家庭，通过全社会的支持与培育，形成了英国独特的青少年足球人才发展路径与培养模式。

（一）发展历程

作为现代足球的发源地，英国足球发展已有上百年的悠久历史，英国校园足球从混乱无序到回归教育，逐渐规范化、标准化，但在其发展过程中并非一帆风顺，经历了许多曲折。本部分以 1863 年现代足球诞生为起点，以 1904 年英国校园足球协会成立、1970 年开始盛行新自由主义思想为两个主要时间节点，将英国校园足球发展至今的历程分为缓慢起步时期（1863～1904 年）、快速推进时期（1905～1970 年）以及动荡发展时期（1971 年至今）三个历史阶段进行研究与分析。

1. 缓慢起步时期（1863～1904 年）

1863 年 10 月 26 日，现代足球正式诞生。与此同时，英格兰足球协会在伦敦宣告成立，协会以《剑桥规则》为重要蓝本对现代足球规则首次进

---

① 陈洪、梁斌：《英国青少年校园足球发展的演进及启示》，《体育文化导刊》2013 年第 9 期，第 111～114 页。

② 陈曦：《英国青少年社区足球活动政策变迁的内在逻辑》，《体育科学研究》2019 年第 6 期，第 19～25 页。

行统一，从而宣告现代足球运动正式诞生，率先将英格兰足球推向了规范化和标准化发展之路[①]。但由于刚刚起步，包括校园足球在内的众多足球活动在开展规则、场地和参赛人数等方面仍然具有很强的随意性和临时性。19世纪末，足球作为学校体育教育的主要内容，在英国各地学校教育体系中逐渐开始普及，在足球教师的共同努力下，校际足球比赛在学生课余活动中大范围开展，足球运动在英国各地城镇学校中广泛传播[②]。1904年，英国校园足球协会成立，其是英国教育部和英足总共同认证的学校足球管理机构，总部位于英格兰中部的斯塔福郡。足球运动的普及主要由校园足球协会负责，职业足球俱乐部则主要关注精英球员的培养。校园足协的主要职责之一是保证学生球员可以正常接受学校教育，同时，鼓励更多的青少年参与足球运动，在发展理念上真正实现“学训结合”。这一时期的英国校园足球发展刚刚起步，达到了一定的普及效果，为下一阶段的快速发展奠定了坚实基础。

2. 快速推进时期（1905~1970年）

英国校园足球协会成立后，着重构建校园足球赛事体系，组织开展大量青少年足球比赛，校园足球的社会影响力不断提升，主流赛事观众越来越多。1906年，校园足球总决赛在桑德兰与西汉姆联之间进行，有近3万球迷在若克公园现场观看这场比赛。1907年，英国校园足球协会举行了第一场国际校园足球比赛，推进了校园足球赛事的国际化进程。“二战”后，英国政府开始注重青少年体育事业的发展，颁布多项相关政策维护青少年群体的体育权利，例如《体育和休闲》《体育与娱乐》《城市的政策》等政策文本[③]。在此背景下，英国校园足球得到了社会各界的广泛支持与大力推动。1975年，英国政府、英足总和博彩公司合作成立足球基金会，宗旨为促进英国学生广泛参与校内外足球运动，并为其提供资金、培训与场地建设等支持。由此，英国校园足球迎来了快速发展的历史契机。此时，英国职业足球

① 浦义俊、戴福祥：《借鉴与反思：英格兰足球历史演进、改革转型及其启示》，《西安体育学院学报》2017年第1期，第60~67页。

② 浦义俊、戴福祥：《英国校园足球发展特征及启示》，《体育文化导刊》2020年第1期，第6~11页。

③ 王英峰：《英国体育管理及体育政策的演进研究》，《天津体育学院学报》2011年第3期，第251~254页。

俱乐部水平和英格兰代表队的竞技水平已接近世界一流水平，1966 年，英格兰足球代表队一举夺得世界杯冠军，1968 年，曼联足球俱乐部首度代表英格兰获得欧冠联赛冠军，辉煌成绩的背后是一套兼具合理性、高效性、可持续性的运行机制在支撑，科学的后备人才培养机制是英国足球前进的不竭动力①。

3. 动荡发展时期（1971 年至今）

1987 年，撒切尔夫人领导的保守党政府继续推行自由化和私有化经济政策，通过私营化和强制性招标，使 5000 多所学校体育场被售卖，英国校园体育比赛数量骤降，校园足球比赛减少了 62%，校园足球青训体系濒临瓦解。当时“英国病”持续发酵，足球流氓问题丛生，足球社会治理困难。继任者梅杰上台后，加大足球治理力度，英国足球由此谋求改革。1992 年，英超联赛成立，同年英足总推出旨在推动英国学生参与足球的“未来蓝图计划”，主要通过政府购买公共体育服务，为学生参与足球活动提供平台，使大量学生回归曾经热爱的球场，有效扭转了校园足球的颓势。2001 年，英足总制定英国“足球发展战略”，提出设立校园足球和社会足球基金会的构想，由足球基金会负责将英超联赛提供的资金投入学校和社区足球设施建设，使得校园足球青训体系“枯木逢春”。当时，英格兰有 1391 个校园足球项目得到超过 8400 万英镑的赞助。此后，英国校园足球在持续改革中快速发展。

（二）发展特征

英国校园足球经过上百年的发展，具有独特的发展特征，并引领着世界校园足球的发展方向。其管理、训练、竞赛以及保障方面的发展特征，对我国校园足球发展具有一定借鉴意义。

1. 管理资源协调互补

英国校园足球采用政府与英足总合作互补的协作型管理体制，政府负责宏观监督管理，英足总负责执行具体事务，从而实现政府与社会组织间职能和资源的调配互补。英足总与英格兰校园足球协会之间也建立了相互协作的

① Amara M., Henry I., Liang J., et al. The Governance of Professional Soccer: Five Cases Study—Algeria, China, England, France and Japan [J]. *European Journal of Sport Science*, 2005, 5 (4): 189-206.

战略伙伴关系，英足总负责设立比赛规章制度、管理英格兰国家足球代表队、改革足球联赛、仲裁英格兰球会纷争，但并不直接参与青少年足球人才培养，只提供政策、联赛赛程制定方面的支持；英格兰校园足球协会则负责全国校园足球活动的组织工作，下设百余个附属协会，深入地方学校，在学校组织开展校园足球运动，基本覆盖英格兰，确保各个学校的学生都能接受足球教育，享受足球带来的乐趣。另外，英国职业足球俱乐部均建立了青少年足球学院，由俱乐部统一规划管理经营，其管理体系不同于校园足球培养体系，由于英足总不直接干涉青少年足球人才培养，使得职业足球俱乐部和英格兰校园足球协会在英足总的统一指导下齐头并进，共同构筑了英国青少年足球特有的培养体系。由此可知，英国青少年足球管理责权划分明晰，根据不同职能定位开展工作，加强部门间协同合作与政策资源的优势互补，为英国青少年足球发展带来了生机和活力。

2. 训练体系清晰严密

英国足球运动员的培训和选拔体系系统完善，渠道清晰，以英格兰足球协会管理下的职业足球运动员培养体系和英格兰校园足球协会管理下的校园足球运动员培养体系为主体，社区足球和职业球探在二者中间进行衔接。2010年，英足总为提高本土足球运动员质量和俱乐部竞争力，提出精英球员表现计划（EPPP），通过划分更加具体的训练阶段，将原有的两层系统（青训学院和卓越中心）进行扩展，创造性提出“四类学院”[①]。“四类学院”对训练、比赛、人员配置等方面设置针对性的量化标准，细致严格地规范足球学院的发展细节，制定具体实施条例。尤其是英足总在制定精英球员培养计划时，会依据关键绩效指标产出理论将足球青训学院划分为四个类别，并在此基础上将青训学院发展目标细分为10项关键业绩指标，具有较强的可操作性。足球学院新的分类系统通过制定不同工作目标，全面详细规划了各足球学院在球员成长过程中不同的培训模式，为各家俱乐部、受训学员家庭和不同年龄段的孩子提供更多选择，体现出新分类系统的完整性、科学性和可操作性。

---

① 李博、陈栋、陈国华：《英格兰足总〈精英球员表现计划〉解读与启示》，《沈阳体育学院学报》2017年第1期，第106~111+144页。

3. 竞赛体系完备规范

英国校园足球协会在英足总的支持帮助下，其主办的全国性校园足球赛事体系日趋完善，在参赛规模、竞赛规范、竞技水平、宣传推广、招商引资等方面都取得了很大进步①。在参赛周期方面，英国校园足球赛事以学年为周期，每学年比赛开始于 9 月份，结束于次年 8 月份。这是为了保证正常教学与比赛互不冲突，由于英国冬季气候恶劣，难以开展室外足球比赛，因此，全国性校园足球赛事通常是在冬季来临前完成第一阶段的比赛，保障参赛队员的健康安全。在竞赛组别方面，首先，英国校园足球全国性传统赛事共有 4 项，分别是精英杯、校园杯、小型学校杯和预备队校园杯，英国校园足球协会规定 U18 以下年龄组比赛允许男女生混合组队，原因是鼓励吸引更多女孩参与足球比赛。在组别设置上，4 项赛事几乎涵盖 U12～U18 各个年龄段，增加了更多比赛机会。其次，全国性赛事向所有学校开放报名，这得益于英国校园足球的高普及率，赛事始终履行协会办赛的宗旨，即“为孩子们创造在国家层面上踢草根足球的机会”。

4. 条件保障合理周全

保障体系形成的核心前提是“制度保障”，而制度保障则需要从顶层设计进行梳理，完善政策设计，通过一系列政策文件营造并完善制度环境。自 20 世纪 90 年代梅杰、布莱尔政府先后执政以来，英国校园足球运动获得了政策层面前所未有的支持和推动。1992 年，英足总推出旨在提高校园足球参与度的“蓝图计划”，扭转了英国校园足球参与人数不足的颓势。1997 年，英足总印发《生活宪章计划》，大力支持学校和社区足球发展，提高青少年学生的足球参与度，扩大英国青少年足球人口基数。2001 年，英足总推出“足球发展战略”，通过政府与英超联赛联合，共同支持校园足球和社区足球发展。同年，英足总出台《宪章标准计划》，推动草根足球和职业足球的耦合性对接。不难看出，英国在足球政策规划上强调系统性、整合性、衔接性、融合性和连续性，将校园足球、社区足球、职业足球视为不可分割的有机整体，尤其强调校园和社区的根基性。在资金保障方面，英国政府借

---

① 尤佳、刘志云：《英国校园足球发展研究及启示》，《西安体育学院学报》2021 年第 4 期，第 409～415 页。

助多种多样的政策方案，从各个领域对足球项目进行投入，其资金来源主要为财政划拨与彩票盈利。英国草根足球坚持公益性、普及性原则，主要任务是举办假期训练营及开展校园足球活动，该阶段训练对学员不收取任何费用。在场地设施方面，英国体育场地规划与建设主要由英格兰体育委员会负责。该委员会通过自身运作提供给英国群众需要的各种体育场地。为避免场地闲置，制定相关政策，推动社区与学校合作，从而提高场地利用效率并赚取一定专项经费。

二　英国青少年足球政策基层执行经验借鉴

（一）理想化政策

自20世纪90年代梅杰、布莱尔政府先后执政以来，在政府推动下，英国校园足球政策获得前所未有的重视与发展。1997年，英足总颁布《生活宪章计划》，提出要大力支持学校和社区足球发展，增强大众参与足球运动的意识，并通过开展校园足球活动扩大青少年足球人口数量。2000年，英国文化传媒与体育部出台《全民体育未来计划》，提出在学校体育领域围绕场地设施建设、资金投入、师资配比、活动开展等方面制定明确的规章条例，为校园足球的持续开展提供政策支持，深化校园足球联合会与政府、地方、社会组织的协作关系。2001年，英足总经过4年的摸索正式出台英国历史上第一个全国草根足球计划——《宪章标准计划》，提出将校园足球列入草根足球范畴并强调青少年足球后备人才培养的重要地位，与英格兰体育理事会、足球基金会等社会组织形成多元合作体系，从师资培训、资源配置、培养体系等方面协同发力。2002年，英国教育部制定《体育教育、学校体育运动与俱乐部的衔接战略》（PESSCL），提出“1所体育院校+8所中学+45所小学”的衔接模式。在此基础上，2008年推出《青年体育运动战略》（PESSYP），政府投资7.83亿英镑继续提高青少年学校体育质量，课外体育活动时间增加至每周五个小时，为校园足球的开展提供组织支持与时间保障。在法律保障方面，英国有着完善的制度环境为校园足球发展保驾护航。为改善英国足球发展环境，英国政府先后颁布《体育场地安全法》（1975）、《公共秩序法》（1986）、《体育场所安全和消防安全法》（1987）、《足球观众法》（1989）、《足球犯罪法》（1991）、《刑事审判与公共秩序法》

(1994)、《犯罪与骚乱法》(1998)、《足球(违法与骚乱)法》(1999)、《足球(骚乱)法》(2000)、《足球骚乱法案》(2001)等，这些法律不仅加强了对“足球流氓”的治理，而且为校园足球发展创造了良好的法治环境。此外，为履行英国政府规定的服务社区义务，赢得地方球迷支持，英国职业足球俱乐部定期安排社区活动，加深球员与社区的感情。已有研究表明，英超 20 支俱乐部每年为社区提供 300 多项公共服务，针对青少年学生的教育活动多达上百项①。

一个国家要想成规模培养竞技后备人才必然离不开政府部门的政策支持，这是最基本的保障。英国作为世界足球强国，获得无数荣誉与丰富经验，其成功源于多方面因素，良好的政策环境是其成功的重要因素之一。英国校园足球的发展受到社会各界重视，政府颁布多项政策法规促进校园足球健康发展。为培养后备足球人才，英国政府出台一系列政策，成功打通校园足球与职业足球间的壁垒，为职业足球输送大批优秀足球人才。继 1997 年《生活宪章计划》印发之后，英足总于 2001 年推出英国足球历史上第一个全国草根足球发展规划《宪章标准计划》。虽然该《计划》以发展草根足球为总体目标，但是“草根足球就是青少年足球，他们是未来”②。英格兰足球协会通过遴选宪章标准学校和宪章标准俱乐部，委派教练为学校提供足球师资培训，使宪章标准学校和宪章标准俱乐部建立良好合作关系，保证校外足球活动的正规性、专业性与高效性。学生在校外可以参加宪章标准俱乐部的足球培训和比赛，有机会进入社区足球俱乐部并有可能被职业足球俱乐部选中，这种校园足球、社区足球和职业足球路径融合的青少年足球培养体系为英国足球产出源源不断的后备人才。此外，英国校园足球政策除主体政策外，还有相应的配套政策予以支撑，保障主体政策顺利执行。例如，基于《生活宪章计划》以及先前的经验教训，英足总于 2011 年 10 月提出“精英球员表现计划”。制定此计划的目的是建立世界上顶尖的青少年足球培训系统，增加高水平足球运动员数量，最重要的是保障本土球员的数量，改变国家队羸弱状况。随着计划的实施，英国青少年足球人才逐渐涌现，并在国际

---

① 梁斌：《英国足球俱乐部社区公共服务功能研究》，《成都体育学院学报》2013 年第 3 期，第 20~25 页。

② Blatter：Welcome to Grassroots［EB/OL］，http：//grassroots. fifa. com/.

足球舞台大放异彩。

通过梳理分析英国校园足球政策发现，政策的有效执行需要完备的配套政策支撑，英国校园足球政策以主体政策为核心，再从师资培训、资金筹措、场地建设等方面印发配套政策，并建立相应的法律法规进行规范约束。地方基层政府出台符合地方实际的政策并予以落实，形成愈发健全的政策体系，政策执行良性循环。反观中国，校园足球政策虽在顶层设计方面明确了宏观目标方向，初步构建了政策体系，但在具体执行时基层政府缺乏配套政策保障，缺乏细致的指标进行约束，造成基层地方政府出现“选择性执行”，甚至“不执行”的现象。此外，为打通校园足球与职业足球之间的壁垒，英国政府出台一系列政策文件，其中最重要的是2001年的《宪章标准计划》，通过学校与俱乐部建立合作关系，使得校园足球球员有机会进入职业足球领域，成功实现校园足球和职业足球相融合的青少年培养路径。我国行政体制下教育部门与体育部门间存在利益博弈，近年来多次提及体教结合以及体教融合思想，但在实务操作过程中仍存在诸多问题，难以实现校园足球与职业足球青训的深度融合。

（二）执行机构

执行机构是承担政策任务，落实政策执行的团队、部门、单位等，其设立不仅需要具备完整的结构配置，同时要有合理清晰的职能划分以及运转顺畅的执行机制①。英国作为世界足球强国，在校园足球发展中有清晰的职能划分与顺畅的执行机制。1863年，世界上第一家足球管理机构——英格兰足球协会（又称英格兰足球总会）成立，对英国境内足球比赛规则进行规范统一，但在开展校园足球活动时，比赛规则、比赛场地、参赛人数等方面仍具有很强的随意性和临时性。随着校园足球规模和人口不断扩大，为规范整顿校园足球活动，1906年，英国校园足球协会成立，主要负责组织协调校园足球活动，是整个英国青少年足球培养体系中负责管理校园足球的机构。《英国校园足球协会章程》中对于校园足球活动的组织性质、组织权利、组织目的、收入和财产使用、选举等所有相关事宜做出明确的说明和规定。随着英国相关社会机构法律的颁布，英国校园足球协会的组织性质从一

① 聂展：《地方政府公共政策执行力评估指标体系构建研究》，湘潭大学硕士学位论文，2009。

般社会协会组织，变更为慈善法人机构（CIO），而英国所有校园足球活动的运营和管理本质未发生改变。由于英国法律规定只要有群体为追求共同目标集合在一起，以书面章程确立协会的目标、权利和会员制度，即可组成协会。这种便捷的协会成立方式反映了英国结社自由的法律原则，但组织过于分散，难以承担长期有效、稳定的社会服务。因此，在2006年英国颁布的《慈善法》修订案中，政府创新性地设立法人形式的慈善组织——慈善法人组织（CIO），为英国校园足球协会持续高效的发展提供了坚实的政策基础、社会公益职责以及慈善工作属性。此外，历史悠久的发展经历使得英国校园足球协会拥有完善的管理机制，校园足球的各项工作，如资金、竞赛、培训、宣传等，在董事会的部署安排下，均由协会体系下的职能部门直接管理，再加上完备的会员协会体系，这样自上而下且独立的纵向管理机制使得校园足球各项工作简便、高效①。在管理校园足球的过程中，英国政府积极鼓励各种组织机构之间进行合作。2000年，英国文化传媒与体育部推出“全民体育未来计划”，倡导各种体育、教育及其他组织机构展开有效合作，共同发展大众体育。政府和体育理事会主要负责制定总体政策，各类全国性体育管理机构对政策细化或再规划，最后再由地方机构联合进行政策执行，包括足球在内的众多体育项目，逐渐形成了政策制定、细化和执行的科学化管理体制与运行机制。

经过对英国校园足球执行机构梳理和分析发现，英国校园足球拥有明确的管理主体以及自上而下的垂直管理机制，英国校园足球协会主要负责校园足球相关事务，协会管理体系下的各职能部门负责落实与实施上级政策，这种层次清晰的管理体系使英国校园足球各项工作的开展更加简捷、高效。我国校园足球发展起步较晚，直到2014年，我国校园足球才由体育部门主导转变为教育部门主导，其他部门和社会组织基本是通过上级“层层加压”的形式被动协助。横向上，教育部门与体育部门两个部门仅是形式上的联合，内部的协同机制尤其是具体操作层面仍需加强协调、沟通与配合。

作为与英足总平级存在的英国校园足球协会，主要承担U19以下的校

① 尤佳、刘志云：《英国校园足球发展研究及启示》，《西安体育学院学报》2021年第4期，第409~415页。

园足球联赛，且通过各级协会协调运作打造出校级选拔赛—县级选拔赛—地区选拔赛（北部、中部、西南、东南），从而将球员从校园输送到国家甚至国际舞台，说明校园足球与社区足球已经形成良性互动。反观我国，依旧未打通校园足球与校外足球之间的壁垒。纵向上，国家层面校园足球机构尚属健全，根据党中央、国务院的要求，初步将教育部、体育总局等部门形成的校园足球议事机构搭建成形。《关于加快发展青少年校园足球的实施意见》提出“鼓励各地成立青少年校园足球协会，承担本地校园足球的具体工作。增强管理能力，提升服务水平”。然而，当政策下达至基层时，部分基层地区并未成立校园足球工作领导小组办公室，即使成立也只是兼职性、流动性的形式机构，导致基层执行难以有效推进，国家政策效力衰减。因此，我国校园足球管理模式应参照英国管理经验，在政策制定与执行的各阶段积极征询基层组织、学校、草根组织以及合作机构的意见与建议，需要体育与教育部门通力合作，通过自上而下的顶层设计与自下而上的动力支撑来实现校园足球的可持续发展①。

（三）目标群体

英国作为世界上足球最发达的国家之一，拥有完善的足球管理制度和人才培养体系。在青少年足球政策基层执行方面，通过前期200多年的经验积累和探索，已形成校长、足球教师、家长、学生四大基层目标群体，以及包括培训、管理、训练等在内的严格制度体系。同时，与足球政策目标群体相配套的政策制度和法律保障也已落实到位，长期的良性发展使英国青少年足球水平显著提高，足球已经成为人们生活中必不可少的体育活动之一。一是英国青少年足球目标群体组织方面，通过校长、足球教师、家长、学生四大群体的共同努力，全民对足球运动的价值观念和认知水平有极大提高，在优质环境中四大群体组织化程度不断提升。二是目标群体服从政策方面，在英国政府高度重视足球的背景下及英足总的引导下，四大群体积极服从政策，顺应国家政策导向，大力支持国家开展青少年足球活动。例如，2001年，英足总出台《宪章标准计划》，既维护了足球目标群体的权益，又保障了足

① 陈洪、梁斌：《英国青少年校园足球发展的演进及启示》，《体育文化导刊》2013年第9期，第111~114页。

球运动整体连贯发展，得到社会各界的广泛支持。三是目标群体政策经验方面，政策目标群体会依据先前政策形成自己的经验看法，从而影响政策目标群体参与政策的积极程度。英国历经 19 世纪初期的足球萌芽、1848 年出台“剑桥足球法典”、1906 年英国校园足球联赛成立、2001 年英足总制定英国“足球发展战略”等几个阶段，形成一条完整、有参考价值的政策经验链，英国青少年足球目标群体依据先前政策经验加以创新，在国家顶层设计要求下制定出适合目标群体发展的政策条例，促进英国青少年足球目标群体积极参与政策、服务政策。而我国青少年足球发展相对滞后，近年来鲜有成功经验和典型案例，尤其是政策目标群体的认知与英国存在较大差异。以四大目标群体中的足球教师为例，英国校园足球政策十分注重学生发展的全面性和长期性，英国足球教师积极服从政策，时刻注重学生的全面发展。在日常训练中不仅会加强学生的技能和身体素质训练，同时注重加强引导学生控制情绪、调控心理及教学管理等能力，力争使学生得到全面发展。而我国足球教师在日常训练中对学生的培养更多注重理论学习和技能培训，在心理调节、人际社交等方面关注不足。对比可见，英国校园足球训练更全面化、多元化，更好地适应青少年发展规律。我国应充分借鉴英国青少年足球发展中形成的体系优势，促使政策目标群体积极服从政策，推动政策有效执行。

（四）政策环境

20 世纪 60 年代后，英国逐渐注重国民体质健康发展，体育开始得到英国政府和社会各界高度关注。1975 年，英国政府为完善体育制度，促进体育运动发展，印发《体育运动与娱乐白皮书》；同年，英足总与英国工党政府、博彩公司成立足球基金会，为足球运动提供资金、器材、场地设施等硬件条件，英国青少年足球在国家福利性政策大力支持下快速发展。随后，校园足球被视为社会性事业得到政府、志愿者、社区组织、企业及个人的全方面支持，逐渐扎根于英国社会土壤之中，并得到广泛关注①。20 世纪 90 年代，英国青少年足球活动发展因经济下滑受阻，政府侧重点转向足球社会管

① 陈洪、梁斌：《英国青少年校园足球发展的演进及启示》，《体育文化导刊》2013 年第 9 期，第 111～114 页。

理与公共服务功能。1997 年后，布莱尔为首的工党政府执政期间，体育在促进社会公平、提高教育水平、改善人民生活质量、减缓社会矛盾等方面的作用逐渐被大众和政府重视。纵观英国青少年足球发展历程，其发展体系已形成完整链条，足球政策趋向完善并执行通畅，营造了热爱足球的良好氛围，基层青少年校园足球发展为英国足球事业做出重要贡献。

通过史密斯模型中的政策资源理论对政治环境、经济环境、社会环境三大方面进行分析，深度了解英国青少年校园足球政策基层执行状况。一是政治环境，英国政府高度重视青少年足球政策基层治理，开展一系列青少年校园足球制度建设，包括奖惩制度、监督制度、问责制度、责权划分等，规范基层并落实执行。基层政治制度建设是基层青少年校园足球发展的关键，英国始终紧扣基层领域做出多项举措。在此环境下，草根足球发展迅速，得到政府、社会、个人等多方面支持，形成一套完整的闭环式发展制度，吸引越来越多青少年加入足球运动，人口基数不断扩大，不但稳定了青少年足球基层政治环境，而且形成选拔青少年足球运动员的重要路径之一。由此可知，英国基层青少年足球发展得到政府扶持与政策保障，已形成稳定的基层校园足球政治环境，青少年深受国家浓郁的足球氛围熏陶。二是经济环境，英国青少年校园足球在工业革命洗礼中逐渐成形并进入福利国家经济发展期，借助基层经济政策扶持，得到社会各界广泛关注与支持。1975 年，足球基金会成立标志英国青少年足球获得强有力的资金支持。1996 年，政府对校园足球进行积极整治，改革竞技体育制度，校园足球迎来新的“春天”。2001 年，英足总制定“足球发展战略”，开展一系列举措资助近 1400 个校园足球项目 8400 万英镑。目前，英格兰已拥有 3.75 万余个校内外足球俱乐部、13.7 万余支足球队、300 多万名球员、3.5 万余块足球场地。社区足球发展势头同样迅猛，社区足球联赛数量多达 140 个，足球俱乐部达 7000 多支①。三是社会环境：足球在英国受众度极高，开放的社会足球资源充沛。英国青少年足球在长期发展过程中形成校园足球、社区足球、足球俱乐部三大青少年足球模块，青少年可以充分利用政府和社会提供的免费资源进行足球训

① 浦义俊、戴福祥：《英国校园足球发展特征及启示》，《体育文化导刊》2020 年第 1 期，第 6~11 页。

练。校园是青少年成长过程中重要的启蒙摇篮，英国校园足球在师资力量、场地设施、培训体系等方面均有成熟的制度，为培养优秀青少年足球运动员提供了坚实保障；社区是青少年进行足球活动的重要场所，英国多数社区都配备有标准足球场地，用以定期举行足球活动、足球比赛，邀请足球专业人士，为参与足球活动的青少年提供专业指导；足球俱乐部拥有齐全的训练设施、专业素养优良的教练团队等丰富资源，是青少年接受更为专业化足球训练的基地。以上三大青少年足球模块在英国青少年基层政策的扶持下发展迅速，形成了稳定的青少年足球基层社会环境。

英国青少年校园足球起步较早、发展良好，政策资源广阔，政府全面扶持。反观我国，传统僵化的教育观念已成为制约青少年校园足球发展的关键因素。长期以来，在应试教育大环境的浸染下，教育重心始终偏向文化课，足球运动开展受限，政策难以全面执行到位。近年来，尽管有很多政策已开始导向青少年足球，但国家层面“自上而下”推进，整体联结不够紧密，对基层约束力度较小。而英国青少年足球“自下向上”发展，直接以基层为切入点，根基牢固且发展稳定。英国基层青少年足球发展的成功经验表明，政策资源支持十分重要，只有全面到位的政策扶持才能为青少年校园足球蓬勃发展提供坚实基础。

综上可知，借鉴英国青少年足球政策基层执行经验，做到以下几方面。一是营造良好的政策资源环境。首先，我国政府应高度重视青少年足球发展，通过出台各项政策从根本上树立青少年足球的权威性、重要性、育人性，让群众真正熟知开展青少年足球活动的意义和作用；其次，通过优化青少年足球的政治环境、经济环境、社会环境、文化环境等促进青少年足球蓬勃发展。二是提高政策数量与质量。增加青少年足球政策数量，通过量的积累，丰富政策内容体系，形成一条完整、全面、系统、规范的政策体系链，指明青少年足球发展方向；提升青少年足球政策质量，政策内容要符合实际情况，对青少年足球发展要有前瞻性。政策出台要通过多方论证检验，拒绝政策内容“假、大、空”，通过政策引导真正解决青少年足球的实际问题。三是加强政策多方融合能力。我国政策执行的主要推动力源于政府，但社会组织与市场机构在政策执行中的作用不可忽视，多元参与协同治理是未来校园足球改革发展的主要方向。应加强政策多方融合能力，充分调动校园、社区、培训机构等积极性，协调多方关系，强化政策吸引力度，使社会各界人士和组织共同为我国青少年足球发展奉献力量。

第二节　法国青少年足球政策基层执行

19 世纪后期，足球传入法国，和橄榄球一样成为一项颇受法国人民欢迎的体育运动。由于当时法国大多数城市经济发展较慢，足球运动普及度不高，导致其发展受到一定限制，直至 20 世纪 30 年代，职业足球才在法国逐渐建立起来。1998 年，世界杯参赛队伍扩展至 32 支，东道主法国队凭借超群实力和顽强斗志首次捧起大力神杯，书写了法国足球历史的新篇章。在随后的 2000 年欧洲杯上，决赛中法国队 2∶1 击败意大利队，成为第一个连续赢得世界杯和欧洲杯的国家。至今，法国队已在最近六届世界杯上获得两次冠军和一次亚军。在足球领域，法国队人才辈出。据 2019 年 5 月 CIES 足球观察组织发布的全球职业足球运动员出口国排行榜，巴西排名第一，法国第二，越来越多法国青年足球运动员登上国际足球舞台并屡获佳绩。

法国足球获得的辉煌战绩与其独特的青训培养体系密不可分。法国很早就意识到足球与教育的联系，并注重让青少年在良好的足球价值观中成长，成为欧洲第一个发展校园足球、让学生在学校接受足球教育的国家。法国足协青训中心与教育部门达成协议共同制定完善的人才培养体系，与学生体协各自打造经营赛事，并互相承认、互相选拔，以培养更多优秀年轻球员。学生运动员从小学开始得到比赛支持，配以安全系数高的青训硬件设施和专业化的培养模式，使青少年球员的文化学习和升学渠道均有合理保障。对于正在摸索前进的中国校园足球而言，可以借鉴法国青少年足球体育与教育协同发展的理念，在新发展阶段发扬创新精神，创造中国足球特色文化，深入推广至基层，全面发展青少年足球，为中国足球发展创造浓厚的文化气息。

一　法国青少年足球发展概况

作为青少年足球赛事冠军获得者，法国队可谓人才济济，大批新星如雨后春笋般涌现，从青少年梯队走向世界足坛的明星级球员也越来越多，代表人物有 2018 年作为球队主力帮助法国队捧起大力神杯的姆巴佩，有随西甲豪门皇马夺取 2022 年欧冠冠军的卡马文加，有 2022 年夏天以欧洲转会市场第一身价转会皇马的琼阿梅尼，还有在 2022~2023 赛季打入 35 粒进球、完成 16 个助攻的天才球员恩坤库等，这些享誉世界足坛的球星背后是一个庞大的青少年足球培训体系和严格的人才选拔机制。根据国际足联公布的数据，在欧洲五大联赛中法甲出口球员最多。据统计，有 50 多位法裔球员参加 2018 年世界杯，其中 23 人代表法国队参赛，其他队员则代表其他国家参赛。而在国际转会市场上，有超过 30% 的球员出自法国青训中心，作为 2018 年世界杯的冠军得主，法国队在后备力量的培养上已经处于全球领先位置。

法国青少年足球培训体系的成功离不开其设立的足球人才培养计划，在该计划中，法国足球培训体系根据不同年龄段制定青少年培训计划，大致可以分为三个阶段：发现阶段、教育阶段和竞赛阶段。发现阶段为 7~12 岁，主要目标是普及足球，让青少年充分体验足球乐趣；教育阶段为 12~16 岁，开始进行人才选拔，组织足球基础培训，让队员逐渐熟悉基本足球战术意识；竞赛阶段为 16~20 岁，开展精细化培训，让球员通过更多比赛获得实战经验，为职业化做好准备。1974 年，法国足协明文规定任何一家俱乐部必须配备自己的青少年梯队，对青少年组织开展严格系统性的训练，使其能够早日成为职业足球运动员。法国足球正是以俱乐部为基础，对所有青少年开放，很少有人因为经济困难无法注册，使得法国后备足球人才队伍持续扩充。目前，法国已拥有近两万家足球俱乐部，注册人数已达两百多万，成熟庞大的足球人口和完善的俱乐部培训体系正是撑起法国足球走向成功的关键因素之一。

除俱乐部体系外，法国足球青训的另一重要组成部分是青年学院。1973 年，《法国职业宪章》生效，要求法国所有职业足球俱乐部建立青年学院。如今，有 37 所青年学院在运作，为大约 2000 名年龄在 15~20 岁的球员提供服务。此外，还有 22 个青年训练中心（15 个男孩训练中心，7 个女孩训练中心），所有青少年可以到青训中心接受专业学习培训，但只有经过严格的选拔制度考核并通过才有机会接受更高水平的足球训练。其中最著名的是克莱枫丹足球学院和奥德利赛足球训练基地。对于奥德利赛足球训练基地，每年每个足球队挑选3~4名优秀队员推送到县里，再从县里挑选16人推送到省里，每个省再选拔16人推送到大区，每个大区再选拔16人推送到国家，国家再从16人中选出3~4名最有潜力、最被看好的球员进行训练。位于巴黎西南部、始建于1988年的克莱枫丹足球学院，是法国精英足球培训体系中的重要组成部分，精英训练从14、15岁开始，该年龄段青少年通常有一半人能继续留队进行训练，所有球员到16岁时则要陆续进入国家设立的青训中心进行更系统的深造。法国队夺得1998年世界杯冠军的阵容中，核心球员基本出自克莱枫丹训练营，如今，这里已经走出众多闻名世界的足球巨星，如亨利、齐达内、皮雷斯、姆巴佩等。此外，法国青少年足球学院采取更多措施以满足年轻球员心理需求。里昂足球学院是欧洲最好的足球学院之一，为促进年轻球员健康成长，该学院设立心理健康项目，为12岁以上球员提供瑜伽、催眠等心理培训课程，通过心理训练的方式对年轻球员在训练和比赛后进行及时心理疏导，使其时刻保持良好的情绪和心理状态。结合法国青少年足球系统的培养模式可以看出，庞大的足球人口基数，完善的人才培养体系，以及专业的青年足球学院是法国足球成功的重要法宝。

（一）发展历程

纵观法国足球发展史，可以清晰发现，自19世纪后期足球运动传入法国以来，法国青少年足球运动的发展具有较为明显的阶段性特征，结合重大历史节点及关键事件，可以将法国青少年足球的发展历程划分为三个时期：艰难探索时期、系统构建时期、深化提升时期。

1. 艰难探索时期（1872~1945年）

1872年，英国商人将足球运动带到法国，并在勒阿弗尔港成立法国第一家足球俱乐部——勒阿弗尔足球竞技俱乐部，标志着足球运动开始在当地兴起。十五年后，足球被纳入学校课程中，但与橄榄球相比处于弱势地位，此阶段的足球运动只流行于法国中产阶级子弟中①。1892年，法国摆脱英格

① 浦义俊、邱林：《法国校园足球发展历程、特征及启示研究》，《武汉体育学院学报》2020年第8期，第81~88页。

兰的影响，成立了第一个由法国人开创的足球俱乐部——法兰西俱乐部。此举加速了法国足球本土化的进程。1894 年，巴黎足球协会加入法国体育运动联合会（USFSA），由皮埃尔·德·顾拜旦男爵担任秘书长，法国体育运动联合会的官方公告腾出较大一个板块用以专门报道足球比赛。19 世纪末，法国北部和诺曼底地区广泛开展 11 人制足球比赛，勒阿弗尔、巴黎、波尔多、马赛、鲁昂、鲁贝等多地中学形成了一定规模的学校足球比赛①。1901 年，《非营利性社团法》（1901 法案）出台，赋予民众自由结社的权利，其不仅是创建业余足球俱乐部的基础法规，更为后来青少年参加校外足球俱乐部训练奠定基础，在一定程度上推动了法国青少年足球的发展②。1904 年，法国队在对阵比利时的友谊赛中首次亮相，标志着法国足球队的诞生。1914 年第一次世界大战爆发，绝大多数运动员投入战争，法国足球被迫停摆。1919 年 4 月 7 日，法国足球协会成立，对日后法国校园足球的发展起到重要支撑作用。1920 年，安特卫普奥运会标志着法国足球登上国际舞台（比利时赢得足球比赛冠军，法国在半决赛中被淘汰）。1920 年 4 月 29 日，法国迎来第一场女子国际足球比赛，虽 0∶2 惜败普雷斯顿队，但推动了足球在女性群体中的普及。1938 年，法国承办第二届世界杯足球比赛，足球的影响力在本国得以扩大，学生参与足球运动的热情空前高涨。但随之而来的第二次世界大战很快阻断了法国足球的发展进程。

整体而言，该阶段法国青少年足球处于艰难环境中的探索构建时期，在外来足球文化影响下，法国青少年足球逐渐打破阶级限制，由“阶级足球”走向“平民足球”，扩大了足球运动的受众面。但由于受到战争以及军事教育的影响，此阶段青少年足球并未形成一套完善的发展体系。

2. 系统构建时期（1946~2000 年）

20 世纪 50 年代，法国国家技术指导机构正式成立，为法国体育各领域的后备人才提供更为专业的技术指导。20 世纪 60 年代，法国青年体育娱乐部正式将足球纳入学校体育课程，并颁布一系列政策推进足球在学校发展，

---

① Pickup I. French Football From Its Origins to Euro 84［J］. Culture，Sport Society，1998，1（2）：22-40.

② Eastham J. The Organisation of French Football Today［J］. Culture，Sport Society，1998，1（2）：58-78.

足球运动在青少年群体中得到进一步的普及①。1970年，法国足球协会下设法国青少年足球技术指导委员会（DTN），具体负责全法青少年足球的组织工作。1973年，法国成立第一个俱乐部培训中心，年满15周岁的学生可脱离学校在俱乐部培训中心进行足球技术训练，文化课学习则由学校派遣教师进行专门辅导，确保学生在足球训练的同时接受文化课学习②。1974年，在法国足协的要求下所有职业俱乐部要建立青少年培训中心，俱乐部培训中心制度雏形初显。1978年，教育部颁布《移民儿童教育法》，政策支持移民儿童教育，使移民儿童在学校获得文化和体育受教育权，为1998年“黄金一代”球员的涌现埋下伏笔。据统计，1998年法国队中具有移民血统的球员高达13名。20世纪80年代初期，法国成立青年与体育部，主要对青少年体育起宏观调控作用，代表法国政府与足协签订协议，规定足协对青训的发展目标，并对青训的经费、场馆和设施提供支持③。1984年，法国旺代省贝莱高中创立“足球班”，学生在学校正常完成学业的同时每周还需参加若干小时足球课程。在此之后，足球尖子班在法国普通初、高中陆续开办，大大提升了法国校园足球的竞技水平。1988年之后，法国还陆续设立克莱枫丹国家足球学院、奥德利赛足球训练基地等七所国家足球学习中心，旨在对优秀的青少年足球运动员开展高水平足球训练。

总体而言，该阶段法国青少年足球后备人才培养逐渐形成学校和法国足球协会双重培养路径。在校内，学校主要负责足球运动的普及，培养学生足球兴趣，并借助足球运动培养学生的公民意识。在校外，学校与俱乐部合作，创办业余足球俱乐部，组织学生进行系统的训练、竞赛。此外，法国足球协会还建立国家足球学院和俱乐部青训中心，用以选拔高水平的青少年足球运动员。可见，正是这种“内外联动”的青少年足球培养模式，才使得法国足球在世界足坛中熠熠生辉。

---

① Olivier V., Samy M., Frédéric B. éBordements: Sombres Histoires De Football 1938-2016 [M]. Paris: Editeurdistribué Par Volumen, 2016.

② 方友忠、马燕生：《法国校园足球基本情况和主要特点》，《世界教育信息》2015年第23期，第52~55页。

③ 周建伟、陈效科：《法国足球后备人才培养研究》，《广州体育学院学报》2020年第3期，第74~77页。

3. 深化提升时期（2001 年至今）

为进一步协调青少年足球运动员学习与训练的关系，2006 年，法国教育部和体育部共同签署协议，明确规定运动员可以采用弹性学制，因训练比赛而耽误的文化课程可在后期补上[①]。2013 年 6 月，法国共建成 835 个体育班，其中“足球班”占四分之一[②]。2013 年 12 月，法国足协发起“蓝色地平线计划”（Horizon Blue 2016），从基础设施建设、教练员培训以及青少年竞赛管理三个方面推动青少年足球的普及[③]。在此基础上，为深度推进足球运动在青少年群体中的普及，2014 年，法国教育部门、体育部门、足球联盟等联合签署《校园足球协议》，对校园足球普及工作进行全方位部署安排。此外，为响应校园足球普及工作，法国以校园为载体，创办“我的欧洲杯 2016”活动。据统计，从小学至高中，共有 18 万名学生参与其中。正是出于对青少年足球的重视，才造就如今法国的“全民足球”氛围。截至 2022 年底，职业足球俱乐部共有 40 家（包括法甲和法乙），业余俱乐部共有 16000 家，每年比赛场数达 100 万场，在足协注册球员达 210 余万人[④]。

总体而言，该阶段基层青少年足球的发展更受重视，无论是政策还是物质上皆得到政府、社会前所未有的支持。而青少年足球人才培养体系在此时期发展得愈发成熟，不仅在学校领域发挥着重要的育人作用，更为职业足球输送了一批又一批人才，使法国足球整体发展愈发稳健。可以说，青少年足球已成为法国足球体系中不可或缺的一部分。

（二）发展特征

法国足球之所以能够屹立在世界足坛且长盛不衰，与其青少年足球运动员培养模式密不可分。我国青少年足球运动员的培养路径与法国具

① Laaraucana. France Physical Education And Sport in Secondary Education［J］. Bulletin D'Information Sportive，2006，28（3）：2182-2184.

② 方友忠、马燕生：《法国校园足球基本情况和主要特点》，《世界教育信息》2015 年第 23 期，第 52~55 页。

③ 李罗季、王嘉硕：《法国青少年足球培养体系及对我国的启示》，《第十一届全国体育科学大会论文摘要汇编》，2019，第 611~612 页。

④ Rejoindre La Famille Du Foot［EB/OL］. https：//www. fff. FR/8 - LES - footballs/index. html，2022-8-30.

有较大的相似之处，因此，分析法国青少年足球的培养理念、教学训练、竞赛体系、选拔体系和保障机制，以期为我国青少年足球改革发展带来重要启发。

1. 培养理念先进全面

法国青少年足球人才培养秉持着“全人发展理念”，在教学训练过程中不仅提倡机会均等、全民参与，还注重公民意识、比赛能力、身心发展3个核心要素的培养。首先，法国是一个移民国家，移民在法国历史上有着浓墨重彩的一笔。法国总统马克龙曾在采访中表示“移民是我们国家的机遇”。因此，作为一个包容多阶层、多种族的大“熔炉”，社会融合机制的建立势在必行，而融合的发展理念也势必会体现在社会发展的方方面面。法国青少年足球的发展秉持这一发展理念，提倡并保护人人享有踢球的权利。其次，在公民意识培养上，法国足球教学训练被视为一种培养青少年公民意识的教育手段，并将“尊重对手、裁判员、教练员、观众，服从教练员指挥，团结协作，国家认同，抵制种族歧视等”列入法国各级青少年足球训练指南，成为运动员必须遵守的行为准则。在比赛能力塑造上，法国足协以竞技能力培养为中心，坚持发展球员认知能力与情感能力。其中，就竞技能力培养而言，法国足协重视技能发展而非技术习得。就认知能力构建而言，法国足球哲学中视比赛为思想与身体的对抗，注重球员认知决策能力的培养，强调比赛过程中球员应结合自身能力与赛场情况进行准确研判并快速执行。就情感能力发展而言，良好的共情与沟通能力使得球员逐步从“个体的我”蜕变为“集体的人”，在建立团队观念、实现个人技术与集体战术平衡的同时，培养公民意识，促进人的全面发展。在身心发展上，强调在教学训练中促进青少年获得愉悦感，是法国青少年足球教学训练始终坚持和遵守的价值标准[①]。由此可见，法国青少年足球教学训练理念具有先进性，不仅完美契合法国社会的发展历程，而且顺应青少年足球发展规律，形成一套具有法国特色的足球教学训练模式。

---

① 邱林、秦旸：《法国青少年足球教学训练模式：理论证成与实践镜鉴》，《上海体育学院学报》2022年第7期，第64~75页。

2. 教学训练独具特色

法国足协融合行为主义与建构主义理论，重塑足球青训理念与方法导向，构建了沿用至今的“五环节教学训练模式”（见图 5-1）。该模式具有如下特征：①紧密结合实战需求，由比赛开始，以比赛结束，实战情景贯穿始终；②在真实场景下，以“感知—认知”为技能训练的主要形式，在实践探索中培养学生自我决策能力；③基于“15 秒重复原则”，科学设置技术动作练习时间，获取最佳练习效果；④技术的机械式重复练习与技能的情景跃迁相结合，形成思维与身体的双重条件反射，于比赛中快速决策并执行。

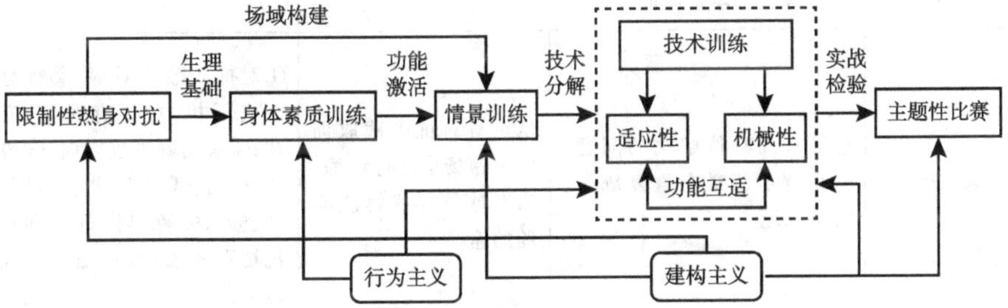

图 5-1 五环节教学训练模式与二元化理论的对应关系

法国足球“五环节教学训练课”主要分为限制性热身对抗、身体素质训练、情景训练、技术训练、主题性比赛（见表 5-1）。限制性热身对抗是通过有条件的实战场域构建，在实现热身的同时暴露球员存在的问题，借助教练员的启发引导，球员发现自身不足，明确教学训练主题。身体素质训练是法国青少年足球教学训练过程中必不可少的环节，借助单个器械或多个器械组合的形式，结合主题进行有球或无球的练习，发展各项身体素质。情景训练则从热身对抗中抽离问题场景进行情景构建，通过教师的问题指引青少年自主寻找解决问题的方法。技术训练是通过对情景的进一步简化、拆分，寻找其中的“技源性”问题，借助贴合比赛情景的适应性练习与重复的机械性训练，实现足球技术的掌握与强化。主题性比赛是依据教学训练主题进行实战对抗，比赛中重点强调与主题相关的技战术执行能力，检验教学训练效果。

表 5-1 法国青少年足球教学训练课环节

教学训练课五环节	要点	组织形式及要求	原则
限制性热身对抗	面对教练员下达的各项对抗规则指令，球员应该努力去适应。球员在对抗中遇到问题时应尝试探索解决问题的方案。通过教练员启发，球员在有条件限定的对抗中自我适应，并寻找训练课主题	以人数对等的条件进行对抗练习	①对抗人数对等（可以相差1人）；②得分方式相同；③有对抗、有球；④有明确进攻方向；⑤告知球员比赛阶段（指控球区、推进区、失衡-射门区）和对抗规则要求；⑥不告知球员训练主题
身体素质训练	通过合理训练设计安排提高球员各项身体素质能力	有球或无球练习	不包含耐力训练
情景训练	球员直面有待解决的问题，并在特定情景中重复练习，解决问题	从热身对抗中截取训练主题场景进行训练，启发球员寻找解决问题的途径	①对抗人数不对等；②得分方式不相同；③有对抗、有球；④有明确进攻方向；⑤告知球员比赛阶段（指控球区、推进区、失衡-射门区）和对抗规则要求；⑥告知球员训练主题
技术训练 适应性技术练习 机械性技术练习	球员执行教练员指令，做出各种技术性动作。球员通过模仿，重复进行正确的技术性动作练习，并在教练员指导下进行自我纠正	通过设置多种选择（如持球人有多个传球目标），在此类型的练习中捕捉信息更加重要。没有选择，只需按照教练员指令反复进行技术动作练习	①有分析、有决策；②有对抗、有配合；③有球；④有进攻方向 ①无分析、无决策；②无对抗、无配合；③有球；④有无进攻方向均可
主题性比赛	根据教练员设置条件与要求进行比赛。球员在比赛中运用学习到的方法解决遇到的问题	以人数对等的条件进行对抗练习	①对抗人数对等；②得分方式相同；③有对抗、有球、有进攻方向；④告知球员比赛阶段（指控球区、推进区、失衡-射门区）和比赛规则要求

在环节设计上，法国足球教学训练课遵循“抛锚式”逻辑结构。该结构衍生于建构主义理论，提倡真实情境下以问题为锚点进行知识传授，具体可分成5个部分：①创设情境。认为学习行为应发生在真实情景中。为

此，法国足协将限制性热身对抗作为教学训练课的开始，并截取与主题相关的场景作为情景训练、适应性技术练习的真实依据，最后回归到比赛中进行学习效果的检验。此外，在身体素质训练中，摒弃“独立式”的练习方式，结合比赛中身体对抗、变速变向、非稳定状态下的技术完成等情形进行专项化体能训练。②确定问题。问题即锚点，是整个教学训练课的核心。从热身比赛中抽离与主题相关的问题场景作为“锚点”，随后将其置于情景训练中，即为“抛锚”。③自主学习。除机械式技术训练以外，教师均应在情境中通过设问的方式进行“抛锚”，引导学生自主探究学习，明确解决问题的方式。④协作学习。遵循足球团队属性，在配合、对抗中加深对足球技术的理解与运用。同时，明确需要通过什么样的练习来弥补自身技术不足，从而在教师指导下进行机械性技术练习。⑤效果评价。基于建构主义衍生出的“抛锚式”结构，其本身就以问题为导向，强调在真实情境中解决问题。为此，法国教学训练课将比赛设为最终环节，于实战中检验学习成果。此外，“抛锚式”逻辑结构既是法国五环节教学训练课的整体遵循，也是单个环节开展的逻辑基础，均要在不同情境中进行“设问—探究—验证”①。

3. 竞赛体系多元结合

法国竞赛体系分为俱乐部竞赛与学校竞赛两部分。俱乐部竞赛体系呈“金字塔”形：普及面最为广泛的专区级比赛，参赛球队为某专区各年龄段青少年俱乐部球队，法国 329 个专区 129500 多支参赛球队；省级比赛为省内各专区 U13、U15、U17、U19 球队，分为 Prehonneer、Honneur、Preexcellence、Excellence 4 个级别，共 7896 支球队；大区级比赛为大区内各省 U15、U17、U19 球队，分为 DHR、DH 2 个级别，共 468 支球队；国家级比赛为全国各大区 U17、U19 球队，共 140 支球队。不同学龄阶段发展目标与参赛级别各不相同，如小学球员只参加专区级比赛，一方面避免子女远离家庭，另一方面避免过多比赛而影响学习与生活。专区级与省级比赛为主客场联赛制，大区级与国家级为杯赛制，采用“升二降二”升降级。学校

① 邱林、秦旸：《法国青少年足球教学训练模式：理论证成与实践镜鉴》，《上海体育学院学报》2022 年第 7 期，第 64~75 页。

竞赛体系以学龄阶段划分为小学组、初中组、高中组与大学组，只进行省级与全国级别比赛①。

4. 选拔体系双重推进

法国青少年足球运动员选拔体系分为校园足球和俱乐部足球两部分（见图 5-2）。小学阶段划分不同兴趣小组，组织课堂教学与课余训练。初中阶段进入特色学校足球特长班，部分球员被球探选拔进入精英训练中心或俱乐部青训中心。高中足球特长班为球员职业选择服务，即学生球员在面临继续求学或成为职业球员的双重选择时，进入特长班等待过渡，高中毕业后做出最终选择。俱乐部选拔通过全国选拔赛方式进行。DTN 规定：U13 之前不进行专业球员选拔。12 岁后，DTN 组织全法精英选拔赛，挑选球员进入精英训练中心。其间，球员参加全国 U14、U15 选拔赛，部分球员签订“锁定合同”进入职业俱乐部。法国青少年足球运动员选拔体系中精英训练中心扮演重要角色，75%的中心球员最终成为职业球员。法国足协通过多年选拔与跟踪调查发现②：“职业球员中 56%的球员在 13 岁之前无法通过大区级俱乐部测评；64%的球员在 14 岁之前无法达到职业俱乐部选拔标准；15 岁之前无法预知球员潜力。”因此，全法 U16 选拔赛是学生球员成为职业球员的“关卡”，优秀球员会签订“招募合同”成为俱乐部意向球员，部分球员被招入 U16 国家队。随后，经历“实习合同期”和“职业合同期”2 个阶段，最终成为职业球员③。

5. 保障机制质量为先

2014 年，全法青少年足球教练员已达 78 万人。DTN 已建立完善的教练员培训体系，将培训内容划分成不同等级，并与欧足联培训体系有效衔接（见图 5-3）。法国足协规定：青少年足球俱乐部教练员必须获取相应执教证书方可上岗。例如，BMF 证书为大区级俱乐部助理教练员证书；获得 BEEF 证书可执教职业俱乐部青训中心球队等。青少年处于身体发育期，各

---

① 邱林、王家宏、戴福祥：《中法青少年足球培养体系比较研究》，《上海体育学院学报》2017 年第 6 期，第 34~41 页。

② JEAN-Philippetoussaint. Football ［M］. RIS：Les Editionsde Minuit，2015.

③ 邱林、王家宏、戴福祥：《中法青少年足球培养体系比较研究》，《上海体育学院学报》2017 年第 6 期，第 34~41 页。

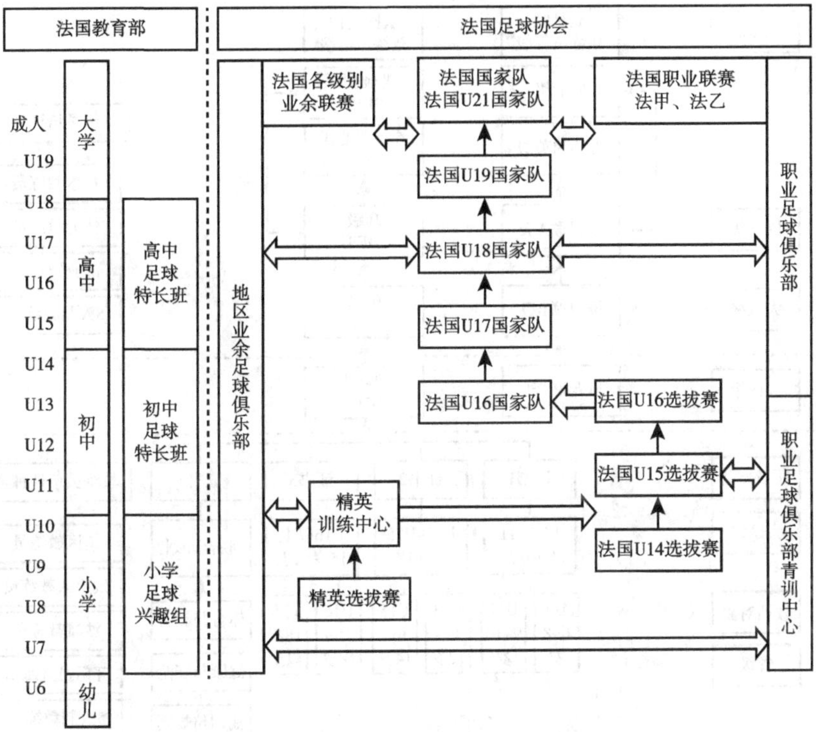

图 5-2 法国青少年足球运动员选拔体系

年龄阶段身心发育特点不相同，DTN 根据青少年教练员执教对象设置 4 种证书：持证书 1 者只可执教 U7~U11 年龄阶段球员；持证书 2 者只可执教 U12~U15 球员；持证书 3 者只可执教 U16 以上球员；持证书 4 者执教增补课程，重点突出运动损伤预防等内容。此外，DTN 对执教证书的训练对象、竞赛级别、赛制类型、培训时长及考核要求进行严格规定。如考核制度要求：考官前往俱乐部进行现场实践考核，1 年内进行 3 次指定考核，2 次随机考核。为保证教练员知识体系不断更新，DTN 规定持证教练员每 2 年进行为期 1 个月的“回炉”培训。完善的教练员培训体系保证了全法教练员执教质量以及统一的执教理念与方式[①]。

---

① 邱林、王家宏、戴福祥：《中法青少年足球培养体系比较研究》，《上海体育学院学报》2017 年第 6 期，第 34~41 页。

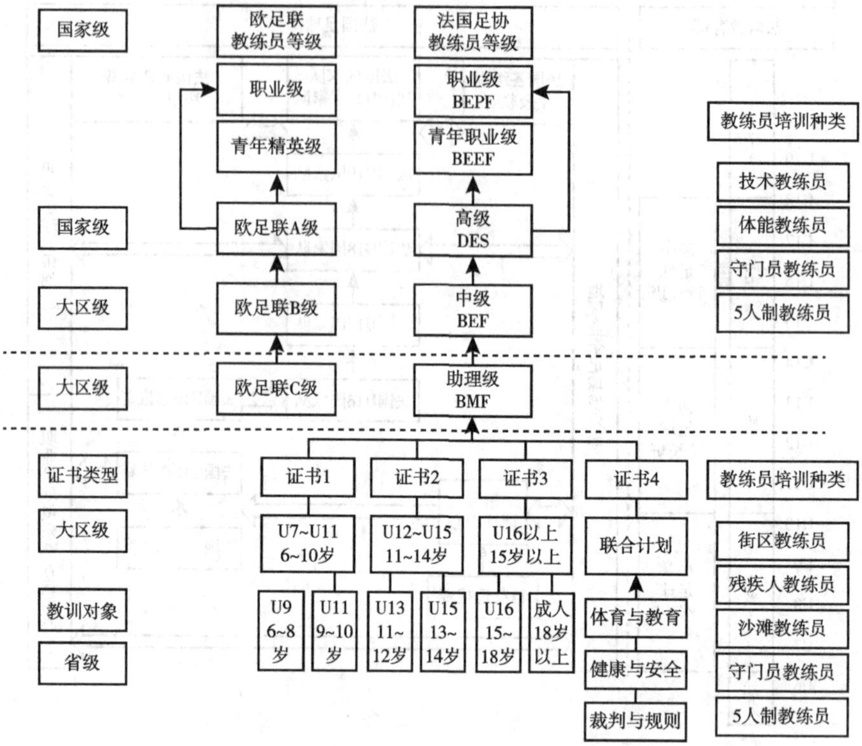

图 5-3 法国足球教练员培训体系

资料来源：Signoret G. Les Différentes Méthoces Pédagogiques [R]. Aix - en - Provence: Fédération Fran aisedu Sport Universitaire, 2016.

二 法国青少年足球政策基层执行经验借鉴

（一）理想化政策

2010 年，在法国国家队球员集体"罢训"的背景下，法国开始逐渐重视足球在青少年群体中的教育意义，随后出台一系列政策来加强对青少年球员的培养及管理。根据研究需要，本书对自 2010 年之后法国相关部门颁发的有关青少年足球发展的政策文件进行详细梳理。

2013 年，法国足球协会启动《蓝色地平线计划》，对基础设施建设、教练员培训以及青少年竞赛管理三方面做出严格规定，极大地推动了青少年足球普及的质量。同年，法国足球协会印发《有关少儿足球发展的通知》，对

U6~U13 比赛规则以及场地器材设施要求做出创新性调整，使竞赛规则和场地设施更加符合儿童身心发展规律。2014 年，法国教育部、体育部、足球协会联合出台《校园足球协议》，强调足球运动在学校层面的教育作用，并对校园足球发展做出大纲性规定，要求校园足球发展以学校为主阵地，紧密依托地方教育部门的支持，为学校提供相应的人力、物力、财力。2016 年，体育部和足球协会联合举办“蓝卡”行动，通过赠予青少年“蓝卡”的方式来宣扬“快乐、尊重、承诺、宽容和团结”的价值观。同年，体育部推出《体育公民计划》，足球协会推出《雄心勃勃的 2020 计划》，旨在加强青少年体育锻炼，进一步加深足球运动在青少年群体中的普及程度。2018 年，教育部、体育部、足球协会、全国学校体育联盟联合签署《加强足球在学校地位的公约》，加强足球运动在学校体育中的地位，为校园足球提供新的发展动力。2022 年，足球协会制定《青年标签计划》，“青年标签”分为“希望”“卓越”“精英”三个级别，该政策旨在规范足球俱乐部行为，促使足球俱乐部更好地培养青少年足球人才。之后，《绩效 2024 计划》印发，呼吁青少年积极参与足球运动的同时高效提升足球技能。

从表 5-2 可以看出，法国教育部、体育部、足球协会是制定法国青少年足球相关政策的主要部门。其中，教育部主要参与校园足球相关政策的制定，例如，《校园足球协议》《加强足球在学校地位的公约》。而体育部、足球协会主管俱乐部青少年足球的发展，体育部制定宏观发展方针，足球协会主要负责青少年足球发展的具体事宜，包括具体的规则制定、教学训练内容的安排、教练员培训等。法国各部门相互协作制定一系列青少年足球相关政策，为青少年足球发展保驾护航。

表 5-2 法国青少年足球政策梳理

颁发年份	政策	印发单位
2013	《蓝色地平线计划》	足球协会
2013	《有关少儿足球发展的通知》	足球协会
2014	《校园足球协议》	教育部、体育部、足球协会
2015	《足球部际行动计划》	体育部
2016	《雄心勃勃的 2020 计划》	足球协会

续表

颁发年份	政策	印发单位
2016	《"蓝卡"行动》	体育部、足球协会
2016	《体育公民计划》	体育部
2018	《加强足球在学校地位的公约》	教育部、体育部、足球协会、全国学校体育联盟
2022	《绩效 2024 计划》	足球协会
2022	《青年标签计划》	足球协会

足球虽然在法国有悠久的历史，但以往也仅仅被作为一种学校体育运动。2010 年后，法国政府逐渐认识到足球在青少年群体中的教育作用，因而将足球作为一种教育手段，于 2014 年签订《校园足球协议》，法国青少年足球发展随之上升至国家战略高度。我国自 2009 年印发《关于开展全国青少年校园足球活动的通知》以来，逐渐加强对校园足球的重视程度，并于 2015 年印发《关于加快发展青少年校园足球的实施意见》，校园足球发展进入快车道。虽然我国《关于加快发展青少年校园足球的实施意见》与法国《校园足球协议》颁发时间相近，且都是以教育部门为主导制定的，在全局上为全国校园足球的发展做出战略性规划，但法国在具体政策内容制定上相较于我国更加细化。例如，在校园足球普及推广上，我国《关于加快发展青少年校园足球的实施意见》中仅对各地区、各学校做出泛化要求，如"加强统筹推进普及。统筹城乡区域布局，统筹各级各类学校，统筹各类社会资源，鼓励有基础的地方和学校探索实践，加大对农村学校帮扶力度，着力扩大校园足球覆盖面"①。而法国《校园足球协议》对于普及要求却细化至各学段、各群体："在小学以娱乐趣味为主，坚持'男女混合踢球'原则；在中学创办足球班，确定 5 级水平体制，并为女生设立专门运动规章，保障女生参与足球运动的权利；设置特别足球赛，让残疾学生与普通学生共同参与足球活动。"此外，针对校园足球的育人功能，我国校园足球政策文件中并未明确提及育人的具体内容，而法国《校园足球协议》却给出明确的方向："通过足球运动使学生熟悉不同的运动角色（选手、裁

① 教育部：《关于加快发展青少年校园足球的实施意见》，http://www.moe.gov.cn/srcsite/A17/moe_938/s3273/201508/t20150811_199309.html。

判、观众)，反对各种形式的暴力、种族隔离和种族主义，鼓励女性参与足球活动，反对性别歧视。[①]”

通过上述对比可以看出，我国校园足球政策制定较为宏观，为地方政府制定配套政策留有较大弹性空间，在一定程度上减少了政策对基层执行人员的束缚，但执行部门间存在利益博弈，地方部门对于政策的解读存在偏差，导致政策在基层执行情况各异。反观法国，顶层设计规定细致的行动大纲，基层政府只需依据大纲方向制定具体行动计划，大大增强了基层政策的执行力度。因此，结合法国政策执行经验，提出以下几方面建议。首先，重新界定政策文件中的任务及目标，减少模糊性，突出科学性与可操作性。顶层政策制定时可以略有细化，点明发展的重难点，并加大政策执行的约束力度。其次，严格要求地方政府结合本地实际情况制定相关配套政策，定期进行审查，避免由于缺乏配套政策而出现执行偏差现象。最后，建立健全的政策执行监督问责机制。目前，我国校园足球监督体系不够完善，多表现为顶层对基层的监督，而忽视中层的监督作用。因此，应将省市级、县区级行政部门纳入校园足球监督体系，形成顶层—中层—基层的政策执行监督体系[②]。

（二）执行机构

法国青少年足球管理体制分为校园足球管理与校外青少年足球管理两部分。与我国校园足球管理体制相同的是，在校园足球管理上，法国也采用教育部门为主导的管理模式。为加快政策制定进度与加深实际落实程度，各级教育部门直接主管该级学校体育的发展。法国行政规划由 13 个大区、101 个省和 36529 个市县组成，其中，国家教育部门主导大学体育的发展，大区教育部门主导高中体育的发展，省教育部门主导初中体育的发展，市教育部门主导小学体育的发展[③]。此外，为保证学校体育内各运动项目的有序开展，法国教育部门要求每所学校建立学校体育联合会，各大区、省、市教育部长担任各级学校体育联合会主席，而各校校长则担任本校的体育联合会主

① 方友忠、马燕生：《法国校园足球基本情况和主要特点》，《世界教育信息》2015 年第 23 期，第 52~55 页。

② 李卫东、张碧昊、胡洋：《近 10 年我国校园足球政策：回顾、审思与建议》，《武汉体育学院学报》2022 年第 7 期，第 84~91 页。

③ 李春阳、王庆军：《中法足球后备人才培养比较及启示》，《南京体育学院学报》2021 年第 5 期，第 1~8+87 页。

席。因此，除了正常的足球课程之外，学生还能参加由各级学校体育联合会举办的各项足球赛事，如“小学生足球联谊赛”“中学冠军赛”“大学冠军赛”等。

法国青少年足球采用政府与足协合作的结合型管理体制。体育部作为法国唯一主管体育的政府部门，通过签订协议与法国足协进行合作，规定足协的发展目标与任务，对青少年足球的政策制定与发展起宏观调控作用。在管理过程中，政府仅起监督、检查作用，并不直接干涉足协的具体事宜。而在足协内部的管理中，足协下属机构业余足球联盟、职业足球联盟分别管理业余足球联赛和职业足球联赛。业余足球联盟由 15000 个业余足球俱乐部组成，而职业足球联盟负责法甲、法乙两类职业足球联赛的开展，各职业足球俱乐部均建立职业足球俱乐部梯队。此外，足协还下设 DTN（国家足球技术委员会），在全国范围内建立 7 所国家足球学习中心，专门负责提高青少年足球运动员的技战术水平。

由上述可知，法国青少年足球发展过程中逐渐形成了一套适合本国国情的政策执行体系。在校园足球层面，国家教育部门负责制定宏观政策，各级教育部门（国家、大区、省、市县）对各级学校（大学、高中、初中、小学）印发相对应的配套政策；在青少年足球层面，法国体育部门与法国足协以合同制形式进行合作式管理，法国体育部门负责规定足协的发展目标与任务，法国足协则可在目标范围内自主制定相应的发展计划，由足协各下属机构来实施足协制定的各项计划文件。例如，20 世纪 90 年代，DTN 制定法国青年发展计划，在全国范围内建立 7 所国家足球学习中心以供青少年学习最新的足球技战术。法国教育部、体育部、足协各司其职、定位明确，各自发展的过程中相互合作、相互支持，为法国青少年足球的顺利发展奠定了组织基础。

虽然我国校园足球与法国青少年足球发展模式不甚相同，但可从法国独特的执行机构设置和运行机制上汲取经验以弥补我国校园足球发展中的不足。纵向来看，由于我国青少年校园足球实行的是国家、省（自治区、直辖市）、区（县）、学校逐级管理的方式①，因此，从国家层面颁发的校园足

① 吴丽芳：《我国青少年校园足球协同治理研究》，福建师范大学博士学位论文，2020。

球政策到达省（区、市）市还能有较强的执行力，但从省（区、市）市下达到基层由于中间存在利益博弈等众多因素的干扰，政策出现“执行偏差”“选择性执行”等诸多问题，出现“上令下不行”的局面。而法国在校园足球政策执行层级上采用分级管理方式，即国家教育局负责管理大学体育，大区教育局负责管理高中体育，省教育局负责管理初中体育，而市教育局则负责管理小学体育。法国校园足球政策下发更具针对性和准确性，各级教育部门专门负责各个学段的体育发展，制定切实可行的配套政策，更有利于国家政策的落实。横向来看，我国与法国一样均建有足球协会，但两国足球协会在青少年足球发展过程中所发挥的具体职能大不相同。法国足协负责组织、发展和监督管理全国足球运动，其中就包括全国青少年足球运动员技战术能力的训练以及各项青少年赛事的组织。在行政关系上，法国足协隶属于法国体育部门，但并不存在上下级关系，体育部门与法国足协以签署合同的形式合作，在合作过程中仅对足协监督、奖惩，并不干涉足协的具体事务。而我国政府与足球协会之间“脱钩不脱管”，两者之间既没有行之有效的契约合同，也没有严格的监管机制，政策执行过程中难免出现职能重叠、权限不清等问题。

因此，通过对比法国青少年足球发展经验，结合我国现实国情，本研究提出以下发展建议。首先，无论是纵向“全国—省（区、市）市—基层”校园足球工作领导小组，还是横向“教育部—体育总局—足协”，均需统一年度发展目标，用年度目标统一发展方向，杜绝以往各省（区、市）、市、区、县独自发力，部门间各自为政的割裂现象。在此基础上构建多重责任机制，进一步加强各部门之间的协作。其次，顶层要构建常态化的部际联席会议制度，各部门之间互相协作，加强发改委、新闻、财政、共青团等部门对校园足球的实质参与①，定期开展部际联席会议，及时对各部门所做工作进行汇报总结；再次基层要建立学生、家长、教师、社会等不同群体的利益表达机制，使基层人群的需求能够逐级传达到顶层，这样更有利于政策的精细化制定和有效落实；最后，建立有效的引导和激励机制，政府、足协通过购

① 吴丽芳、杨献南、付雯：《青少年校园足球治理的域外经验与启示》，《天津体育学院学报》2022 年第 4 期，第 403~410 页。

买公共服务的方式引导俱乐部、社会企业投入校园足球，发挥各自资源优势来满足校园足球的资源需求，助力校园足球更好地发展①。

（三）目标群体

史密斯认为，目标群体自身的复杂性、对于政策的理解程度以及对领导的认可程度等都是影响政策执行的重要因素。青少年足球政策执行还是要依靠学校、足球教师、家长、学生等目标群体的遵从来完成②。目标群体是否真正接受政策往往会根据其自身利益进行定夺，如果目标群体认为自身付出成本过大且不能达到预期效果，就会对政策产生抗拒心理从而影响政策执行。因此，政策制定时需考虑目标群体的不同特征和角色功能。

就学校而言，法国学校体育联合会主席由国家教育部部长担任，各大区、省及市教育部门的负责人必须兼任同级别的学校体育联合会主席职务，日常工作由各级教育司司长主管。法国教育部规定，每所学校都要设立体育联合会，并由校长担任联合会主席，此举对于落实青少年足球政策以及开展相应体育活动非常有利。法国教育部规定周三下午不设置课程，因此，每逢周三下午学校或俱乐部会组织各年龄段学生参与体育比赛，不断激发学生参与足球运动的兴趣。在教学方面，法国政府将体育教育作为一门必修课程纳入义务教育，并在课程中根据不同年龄段设置不同教学目标、教学方式，符合学生身心发展规律，让学生真正体会到足球运动所带来的快乐。

就学生而言，作为校园足球政策的目标群体，其本身对于政策了解并不充分，但当学生全身心参与到足球运动中时便有利于足球政策的实施。法国小学阶段的足球比赛不进行排名，为学生提供更多自由和享受足球乐趣的权利，这种以兴趣为导向的足球教学模式为法国足球运动的普及做出了重要贡献。初中阶段，学生可自由申请加入自己感兴趣的足球俱乐部，法国足球俱乐部网点密集，共有 1.82 万个足球俱乐部，遍布住宅区和学校附近。法国国家中小学体育联盟组织各个年龄段、各个水平“冠军杯”

---

① 浦义俊、邱林：《法国校园足球发展历程、特征及启示研究》，《武汉体育学院学报》2020 年第 8 期，第 81~88 页。

② 唐大鹏：《我国学校体育政策执行过程审视——以史密斯模型为理论框架》，《广州体育学院学报》2019 年第 1 期，第 113~114 页。

比赛，分为省级、大区级和国家级比赛，各个学校通过学校体育联合会组织球队参赛[①]。在此阶段，学生既可以参加学校比赛也可以参加俱乐部比赛。高中阶段，学生可以加入足球班，经过专业培训，毕业后可以获得专业文凭进行足球教学工作或进入足球培训中心，这些培训中心也是法国培养职业球员的摇篮。

就家长而言，父母会经常带孩子去观看足球比赛，父母也以孩子代表学校参加足球比赛为荣。家长希望通过足球运动提高孩子的身体素质并培养其团队精神。作为法国公民教育的一种手段，足球运动可以更好地让孩子形成规则意识，促进孩子的身心健康。体育教育作为一门面向法国幼儿园到高中的必修课程，与学生的升学密切相关，也促使家长更好地理解和执行青少年足球政策。

就足球教师而言，作为校园足球政策执行者，教师对政策的理解以及自身专业素养是影响政策执行的关键要素。法国足球教师会经过特定培训来提高自身专业能力。政府成立特定的体育联盟，动员全国体育工会，确保教师具备良好的工作条件，保证培训正常开展。体育教师始终以所有学生在体育和文化方面取得成功为目标，为青少年足球政策执行提供强大动力。

（四）政策环境

法国青少年足球政策资源主要可以划分为人力资源、场地设施资源、财政资源、权威资源，本书从以上四个方面对法国相关政策资源进行介绍，并结合中国青少年足球发展特点进行分析总结。

（1）人力资源。法国足协下设 DTN（国家足球技术委员会），由前法国国家足球队主教练霍利尔创建。该委员会创建的初衷是管理和协调整个国家球员的培养。后来，法国少年足球队、青年足球队也陆续纳入 DTN 管理。DTN 主要负责管理全法国范围内的青少年足球活动，并建立开放规范、等级完善、专业化的教练员培训体系，系统涵盖足球技术、战术、身体生理机能和心理四个板块。

为保证足球教练员与青少年足球运动员培养质量，法国足协将足球教练

---

① 浦义俊、邱林：《法国校园足球发展历程、特征及启示研究》，《武汉体育学院学报》2020 年第 8 期，第 81~88 页。

员考核通过后所获得的证书级别按照由低到高的顺序划分为六个等级：欧足联 C 级证书（Certificat Fédéral Football，CFF）、欧足联 B 级证书（Brevet de Moniteur de Football，BMF）、欧足联 A 级证书（Brevet d'Entraîneur de Football，BEF）、国家级证书（Diplôme d'Etat Supérieur mention Football，DFS）、欧足联顶级青训教练证书（Brevet d'Entraineur formateur de football，BEFF）、欧足联顶级职业教练证书（Brevet d'Entraîneur Professionnel de Football，BEPF）。法国足球教练员证书的报考没有门槛，只需要在一家俱乐部执教即可报考，普通人需要从欧足联 C 级考起，而对于前职业球员而言其可以跨过欧足联 C 级，直接从欧足联 B 级考起。过去十年，在法国足协注册的教练人数持续增长，法国足协对 2015/2016 赛季各级别注册教练人数统计：欧足联 C 级共有 23758 名，其中有 752 名女性；欧足联 B 级和 A 级共有 8245 名，相对于 2014/2015 赛季增长了 9%；国家级别 1506 名。DTN 对各等级足球教练员的培训时长、可执教球队的规格、考核标准做出了严格规定。例如，欧足联 B 级培训时长至少累计 616 个小时，可执掌地区级联赛足球队；欧足联 A 级培训时长需累计超过 745 个小时，可执教大区级联赛球队；拥有欧足联青训职业级教练员证书培训周期要满 14 个星期，通过考核后才可以在高水平青训学院担任教练。另外，为保证足球教练员知识体系架构的不断更新，法国足协要求教练员每两年一周期进行一次为期 30 天的足球教练继续教育培训。

（2）场地设施资源。数量充足、设施齐全的场地资源为法国青少年足球的高质量发展奠定坚实基础。法国体育教育的方针是坚持公民性原则，对于足球运动遵循“全民均有参与运动的机会，全民均享有踢足球的机会”的价值理念，特别照顾贫困地区，坚持社会各阶层人群都有机会踢足球，人人都能受到体育教育，从足球运动中享受快乐。因此，法国政府高度重视国民体育运动设施建设和相关政策保障。政府财政支持和保障范围覆盖社区、社团协会和学校等领域，所有社区配备能够满足该地区群众运动需求的足球场或其他运动场地。法国政府鼓励法国足协致力于社区公共体育服务建设，主要以组织赛事的形式为社区足球提供上升动力和空间。在国家强有力的资金、设施、医疗、管理扶持下，整个法国范围内有超过 90% 的地区在开展足球运动，总计建成近 20000 个业余足球俱乐部，超过 30000 块足球场地，以足球运动打造青少年健康生活方式。当地政府修缮、维护并拥有所有权的社区足球场地会定期租借给当地有足球运动需求的非营利性业余足球俱乐部、业余足球协会、学校足球社团等业余足球组织。除了外租，社区足球场地还会在每个月固定时间段向 14 岁以下青少年人群免费开放，为更多有足球运动需求、热爱足球的青少年提供充足的运动条件。由此可见，在高效利用公共设施和空间的同时，法国政府为青少年能够就近参与足球运动提供了极大便利。

（3）财政资源。西欧国家中法国对体育运动的干预力度是最强的。确保“体育的普遍利益要胜过贯穿私人利益”，这一说法似乎与现代社会对于体育，尤其是足球，作为一种商业企业运营的态度不一致，但法国自始至终坚持“体育应该作为一种造福广大人民群众的公共服务”的理念。这一理念可以追溯到 19 世纪法国著名体育活动家、教育家顾拜旦所阐述的奥林匹克思想，他将体育视为一种具有哲学性和伦理性的生活方式：促进作为体育基础的身体和道德品质的发展。另外还可以追溯到 20 世纪初法国共和法的法律规定：市政当局必须提供体育娱乐活动供居民参与锻炼。通过较为强制的政策监督和合法的公共干预，提高公民的体育兴趣，不断扩大运动人口基数。例如，法国社会党上台时，政府修建大量体育场，并向各种体育协会提供补贴，吸引居民就近积极参与体育活动；20 世纪 80 年代，法国青年体育部将足球运动的组织和管理委托给 FFF 和 LNF 进行职业足球活动开展。

由上述可知，法国政府认为体育运动是国家公共服务的一部分，政府有权力和责任满足广大人民的体育需求。1994 年国家对体育的资金投入中，中央政府的预算拨款大约占 23%，地方政府拨款大约占 77%①。每年中央和地方政府都会给予俱乐部可观的财政补贴，许多青少年足球俱乐部得益于政府的支持才维持下来。此外，法国青少年足球发展的经济来源除国家和地区政府部门的财政划拨之外，还有占更大比例的赛事转播、足球彩票、商业赞助等资金。以法国职业足球联盟为例，在 2008/2009 赛季仅电视转播收入净利润就有 6.14 亿欧元，其中法甲联赛获得电视转播收入的 81%。各职业俱

① 杜利军：《国外体育经费探源》，《中国体育科技》1997 年第 9 期，第 17~21 页。

乐部还通过赛事门票、球员转会等多种途径增加收入来源，所获取经费按一定比例应用于青少年足球领域。

（4）权威资源。以足球为主促进公众健康水平的公共体育服务体系，对法国校园足球发展起到了有力的支撑和推动作用。当足球协会不断推动青少年足球发展时会受到当地政府的关注，更会得到地方政府的大力支持。作为具有体育法制传统的国家，法国自 1940 年起便相继印发《体育宪章》《国家发展体育运动法》等法规，形成了较为全面的体育法制保障体系，这为法国校园足球的开展提供了良好的体育法制环境。上层政策和资源的助推，下级社区配以充足的足球场地、齐全的运动设施，无形中激发了青少年参与足球的兴趣和热情。法国足协青年训练中心与教育部达成协议，学生运动员从小学开始便可参与各项赛事，法国足协与学生体育协会各自组织开展的比赛相互认可。在学校课程设置上，足球教学有必修课和选修课，学生有很大的自主学习选择空间。国际足联计划与联合国教科文组织合作，通过促进足球在教育系统中的发展，让全世界儿童和年轻人参与足球运动。2022 年 4 月，国际足联主席因凡蒂诺与法国足协、法国教育部门签订协议，为推进足球在法国校园内发展，国际足联将在法国率先开展“校园足球”计划，这是国际足联推广“学校足球计划”的开端，签署该计划对于法国足协而言，意味着在未来可能有更多优秀足球后备人才从校园中走出来，进军更高的足球赛事舞台。

对于处于起步阶段且不断向高质量发展的中国校园足球而言，可以借鉴法国青少年足球发展过程中政策资源的建设经验。第一，各地区重新调整青训中心并建立足球训练基地，让更多青少年进行系统训练。第二，基于国情据实发展，我国青少年足球训练水平较低，很大程度上是因为青训教练员水平参差不齐，针对足球教练员队伍建设，中国足协应完善教练员考核机制，适当减少培训费用，对教练员进行针对性培训。对各级别足球教练应定期开展继续教育再培训，以巩固原有知识和技能。第三，加大足球场地设施建设力度，采取有效措施提高足球场地建设质量。足协与各地体育教育部门应建立深入合作关系，合理利用资源，鼓励社会组织与市场机构共建非营利性的足球场地，定期举办足球赛事，进一步扩大足球人口基数。第四，各省足协、教育部门和地方政府要通力合作，从顶层设计上规划校内足球活动，增加校园内足球比赛、足球趣味活动、足球节等，提高学生参与足球运动的兴趣，倡导健全人格、强健体魄、磨炼意志的足球理念，逐步建立体教融合良性循环的青少年足球培养体系。

第三节　韩国校园足球政策基层执行

韩国位于东亚朝鲜半岛南部，与我国隔海相望。1988 年，韩国承办汉城奥运会；2002 年，韩国与日本共同承办世界杯足球赛；2018 年，韩国成功举办冬季奥运会，成为世界上第七个成功举办奥运会、冬奥会、世界杯三大赛事的国家。自 1992 年 8 月 24 日中韩建交以来，两国在科技、教育、体育、艺术方面均建立友好的合作关系。

自 1983 年推出职业足球以来，韩国国家足球队已多次入围奥运会和世界杯。国家队竞赛成绩方面，2002 年，韩国国家足球队在日韩世界杯上历史性地进入“四强”，创造亚洲球队在世界杯参赛史中最好成绩，之后便连年位于亚洲足球前列。2022 年 7 月，韩国男子国家足球队世界排名第 28、亚洲排名第 3，韩国女子国家足球队世界排名第 18、亚洲排名第 5。球星文化建设方面，韩国已诞生众多我们耳熟能详的超级球星。例如，获得 2002 年日韩世界杯铜球奖的洪明甫；斩获 2021~2022 赛季英超“金靴奖”的热刺球员孙兴慜；被球迷称为“朴三肺”的曼联球星朴智星等。韩国众多足球明星的涌现，体现出韩国足球人才培养模式的成功，代表韩国国家足球队已进入一个新高度。

韩国青少年足球人才培养主要通过三条途径：校园足球、职业足球俱乐部以及业余足球俱乐部，其中校园足球为韩国最主要的青少年足球人才培养途径[①]。因此，韩国政府发布一系列校园足球政策，并在各部门参与及保障下促进校园足球持续健康发展。目前，韩国校园足球发展模式已较为完备，源源不断地为韩国职业足球培养与输送足球人才。同处于东亚儒家文化圈的韩国与中国在文化底蕴、人种体质、气候环境等方面较为相似[②]。因此，结

① 金春峰：《中韩校园足球发展的实践探索》，延边大学硕士学位论文，2016。

② 耿家先、李丰荣、龚波等：《日韩校园足球发展经验及启示》，《体育文化导刊》2020 年第 10 期，第 47~52 页。

合我国实际情况，探索总结韩国校园足球基层政策执行经验，对我国校园足球发展具有重要意义。

一　韩国校园足球发展概况

韩国青少年足球培养体系主要包括校园足球、职业足球和业余足球，三者各司其职、分工明确，最终为国家足球代表队、国奥队输送足球人才。校园足球培养系统为：小学—初中—高中—大学足球；职业足球培养系统为：U12俱乐部-U15俱乐部-U18俱乐部；业余足球培养系统为：幼儿业余足球俱乐部-业余足球学校。韩国校园足球培养系统受体育局下设的学校体育科直接领导，校园足球队伍和队员数量较为充足，是韩国足球后备人才最大供给者。韩国足球俱乐部很少设置青少年后备队，校园足球培养系统与职业足球培养系统自然衔接并逐渐演变为完备的梯队体系，各级学校学生在校内学习足球，当达到一定年龄或水平时，可选择升学或者进入职业足球俱乐部深造。此培养模式在足球界独树一帜，可大力推动韩国各级校园足球联赛水平不断提升。韩国“小学—初中—高中—大学”连贯式的校园足球培养系统被称为韩国足球后备人才“顶梁柱”。此外，韩国足协会将14~16岁的优秀球员输送至南美、欧洲等国外优秀俱乐部深造，以此作为韩国足球人才培养体系的重要补充形式①。

在人才培养方面，韩国“小学—初中—高中—大学”连贯式的校园足球运动员培养模式以学生可持续发展为目的，以培养国家优秀足球体育人才为目标，淡化日常比赛成绩要求，着重考虑学生未来发展。政策与制度保障上，韩国给予校园足球培养系统大力支持和保障，促进各级校园足球稳健发展，例如，运动员选材、文化课学习、竞赛培训、选拔培养等。韩国小学—初中—高中—大学等各级学校足球联盟统一负责本级别学生训练和竞赛，源源不断地为更高一级学校或俱乐部输送足球人才，形成高效运转的“齿轮运转管理模式”。学生个人发展上，韩国学生在“全民参与足球”的氛围下学习足球技术与知识，学生足球运动员在高中毕业后会进行一次大规模分

① 刘浩：《我国青少年足球运动现状及存在的问题》，《北京体育大学学报》2007年第30期，第407~409页。

流，部分球员进入大学继续学习，另一部分球员可以进入职业足球俱乐部继续足球生涯。韩国足球人才培养体系可以兼顾学生的文化素养和身体素质提升，为韩国足球稳健发展提供重要保障。

在竞赛体系方面，韩国校园足球赛事体系繁密，但频繁的客场比赛与学生文化课学习存在较大冲突，导致学生学习进度受阻。自2006年起，韩国足协开始改革旧的校园足球竞赛体系，KFA（韩国足球协会）、MCST（文化体育和旅游部）和教育部共同推出“周末联赛”，并由这三个部门共同承办与推广。在竞赛举办形式上，周末联赛以“竞赛、学习、享受”为宣传口号，通过合理划分赛区、调整循环赛轮次等手段提高学生参赛场次，利用假期举办各种锦标赛、旗赛、杯赛，以鼓励学生在校学习期间体验足球比赛的乐趣，扩大学生足球参与度①。“周末联赛”一经推出便受到广泛响应，首个赛季就有576支球队报名参加，近几年约有800支球队申请参加比赛，竞赛规模可见一斑。在竞赛举办场地上，校园足球比赛场地通常由当地学校或体育场提供，可以使参赛队员节省长途旅行开支，为学生提供更多比赛机会。除此之外，韩国足协推出面向儿童和青少年足球爱好者的i-League校园足球联赛，以未在韩国足协注册球员信息的小学、初中、高中学生为对象，以提高参赛学生足球兴趣、促进儿童和青少年身心健康发展为目的，旨在摆脱以精英球员为中心的足球大赛形式。i-League校园足球联赛自2013年首次推出，经过多年运营与发展，已有来自41个地区的1000支队伍、1万6千多名学生参加②。

在师资建设方面，韩国足协秉持“优秀的球员离不开优秀的教练员”的理念。据韩国足协官网资料，截至2022年，韩国在岗专职教练员共计2774名，在岗业余足球教练员共计8779名，这些教练员基本分布于职业俱乐部、业余俱乐部和学校足球队，承担各自执教任务③。韩国足协技术委员会对教练员培训发挥监管作用，规定教练员只有通过培训才能取得相应等级

① 耿家先、李丰荣、龚波：《日韩校园足球发展经验及启示》，《体育文化导刊》2020年第10期，第47~52页。

② 韩国足球协会官网，https：//www.kfa.or.kr/competition/competition.php？act=lg_emh，2022年8月11日。

③ 韩国足球协会官网，https：//www.joinkfa.com/，2022年8月11日。

证书，并根据自身等级执教相应级别球队。教练员执教资格具体要求如下：执教 8 岁以上球员至少需要获得 KFA D 级教练员资格，小学/U12 的主教练要求获得 AFC C 级教练员资格，初、高中主教练要达到 AFC B 级，助理教练也至少要达到 KFA C 级标准。韩国足协要求教练员必须定期参加每年举办的强化培训项目，从而不断提高执教能力。因此，在这种培训环境下，韩国校园足球教练员的执教理念更为先进。例如，韩国江北中队主教练李相根在接受采访时说道："我认为孩子们踢足球是去享受足球带来的乐趣，一味追求胜利是不可取的，因为足球场上有比胜利更加重要的东西。"①

（一）发展历程

韩国作为最先晋级世界杯、最早实行职业化、世界杯晋级次数最多、在世界杯创造过最好成绩的亚洲足球强国，在诸多方面位于亚洲足球发展前列，并在亚洲足球史中具有特殊地位②。韩国校园足球历史悠久，其发展理念、组织结构、竞赛体系、保障机制等在发展过程中经实践积累得到持续优化③。因此，本书从历史角度梳理韩国足球发展脉络，剖析其发展特征，从而总结出有益于我国校园足球发展的成功经验。

1. 足球传入时期（19 世纪 80 年代至 20 世纪 40 年代）

目前，关于"现代足球如何传入韩国（朝鲜）"主要有两种观点。第一种观点认为，1882 年，英国船舰 Flying Fish 号船员首次将现代足球带到朝鲜半岛；而第二种观点则认为，19 世纪 90 年代，一所由外国传教士创办的学校教师将足球引进课堂中，使现代足球在韩国得到推广④。根据两种传入方式的历史背景可以推断：韩国校园足球发展起步于日本帝国主义侵略背景下的 19 世纪 80~90 年代。1893 年，汉城一所英语学校已经开设足球课，并由来自英国的足球教练负责传授足球技术与知识，毕业于此学校的学生顺

① 강북주니어 이상근 감독'"나의 모토는 즐거운 축구"［EB/OL］.［2022-08-11］. https：//www. joinkfa. com/.

② 浦义俊：《韩国足球发展方式的历史转型与战略启示》，《河北体育学院学报》2020 年第 5 期，第 16~24 页。

③ 耿家先、李丰荣、龚波、孟繁莹：《校园足球发展的域外经验及本土启示——以韩国、日本为例》，第五届中国足球文化与校园足球发展大会论文摘要集。

④ 최종균, 김태양. 일제강점기 축구의 전개에 관한 연구［J］. 한국체육학회지，2016，55（1）：25-35.

理成章成为韩国史上第一批足球教师或教练员。1897 年，江华学校将足球作为新兴教育内容纳入学生课程。除江华学校外，水原和镇川所建立的教会与学校在进行新型教育的同时，将足球作为一项体育活动展开教学。此时，韩国足球交流以各地区教会和学校为中心，足球运动在此阶段得到迅速传播①。部分留洋归来的官员和学生认为从事足球等体育运动是接受西方先进文化的重要象征，于是自行组建足球队进行训练和比赛，为韩国足球普及和发展做出巨大贡献。1905 年，朝鲜法语学校的教师马太乙（Marrtel）通过自行购买足球等必要体育器材，致力组建学校足球队。同年 5 月，该校在马太乙努力下将足球纳入正规体育课程和运动会项目，并举办朝鲜历史上第一场正式足球比赛。1906 年，朝鲜历史中的首场职业足球比赛在汉城三善坪举办，主要参赛球队为大韩体育俱乐部与黄城基督青年。韩国足球经过数年推广与发展，已成立大昌体育部、日光俱乐部、清光体育俱乐部等足球俱乐部，京信学校、宝成学校、培才学堂、中央学校、平壤神学校、忠实学校、大成学校、清山学校等学校均设置了足球部，并致力于培养足球人才②。

1933 年，朝鲜足球协会正式成立，朝鲜足球开始规范化发展。1935 年，朝鲜京城足球代表队赴日参赛并取得冠军。但好景不长，日本殖民者在“二战”期间肆意妄为，妄图加强对殖民地的控制，迫使朝鲜足球协会于 1942 年解散，导致韩国（朝鲜）校园足球发展进入停滞期。

2. 过渡转折时期（20 世纪 50 年代至 20 世纪末）

1945 年 8 月，日本宣布无条件投降，曾被强制解散的“朝鲜体育会”在此年复会并改名为“大韩民国体育会”，确立“建立健全的精神和身体，贡献新生的民主国家”的宗旨，同年召开“庆祝自由解放全国综合运动大会”③。3 年后，朝鲜半岛南半部建立大韩民国，即韩国。朝鲜足协更名为“大韩足球协会”，并在国际足联注册，于 1948 年组建韩国国家队参加伦敦

---

① 박경호. 한국 축구의 확산과 영국 성공회의 선교활동 [J]. 체육사학회지，2021，26（2）：49-60.

② 朴承权：《体育的象征性与政治化——浅谈韩国足球成长历程中的政治因素》，《当代韩国》2003 年第 4 期，第 76~80 页。

③ 陈俊：《韩国体育民族主义形成探析》，《体育文化导刊》2013 年第 5 期，第 148~150 页。

奥运会足球赛，韩国足球首次登上国际舞台。韩国政府在此阶段更加注重职业足球发展，国家足球队比赛被视为关乎民族团结与荣誉的政治事件。例如，1954 年世界杯亚洲区预选赛上，韩国遇上“死敌”日本队，李承晚政府急需一场具有象征性意义的事件来振奋韩国民众的精神，以此巩固政权。最终，韩国队经背水一战取得一胜一平的战绩。此后，韩国国家足球队逐渐走向亚洲前列，1956 年，斩获第一届亚洲杯冠军；1959 年，夺得第一届青少年足球赛冠军；1960 年，蝉联第二届亚洲杯和青少年足球赛冠军。

20 世纪 60~80 年代，韩国在军事专政统治背景下极其看重体育的政治功能。因此，韩国在该阶段出台多项加快体育发展的政策规划，如建设训练基地和培养精英运动员等。政府支持对足球运动的普及与提高起到强化作用，使韩国足球发展逐渐步入正轨，足球水平稳步提高。1974 年，时任韩国足球协会会长的高泰镇在发表足协年度计划时表示：“目前韩国针对小学生的足球比赛较少，只有中央报社主办的全国小学足球赛，而小学足球必须以培养兴趣为重点，其次是发展足球技能。当我们培养了学生的兴趣，使他们喜欢足球时，真正的普及就完成了。”在竞赛和保障措施上，韩国足协期望通过增加比赛和构建学校足球队等措施，为优秀青少年球员提供更多发展机会。但由于资源有限，足球比赛必须集中在短时间内完成，教育部和学校都无法保障比赛定期举办。在足球人才输送上，韩国体育政策要求学生运动员必须取得一定比赛成绩才可以进入高等学校，导致学生球员过于关注比赛成绩而无法顾及自身全面发展。Bang · Y. S.[①] 认为，韩国校园足球精英球员必须被训练成为高水平运动员，导致学生运动员接受教育的权利被剥夺。虽然韩国社会一直强调学生球员全面教育的必要性，但学生球员更专注于他们的训练而非学校教育。因此，外界对韩国 20 世纪 70 年代的校园足球体制发出一些批评的声音，他们认为韩国校园足球以比赛成绩为中心而忽视学生的综合发展。

20 世纪 80 年代后，韩国“足球总统”全斗焕十分重视足球发展，颁布一系列与体育相关的政策规划。全斗焕政府于 1983 年颁布《国民体育振兴

---

① Bang Y. S. Investigation of Institutional Discourse on Change in South Korean Football from 1945 to pre-2002 FIFA World Cup [D]. Sang YEOL Bang, 2012.

法》，鼓励民众参与足球活动。同年，韩国职业足球联赛问世，开展初期仅有5支球队参赛，在政府与足协共同努力下，联赛发展越来越规范，而且韩国足球队逐渐跻身亚洲前列。1989年，卢泰愚政府制定“促进大众体育计划”以创建国家全民体育委员会，该委员会负责群众体育和娱乐体育的推广与发展，使得韩国“每周参加一小时或更长时间体育活动”的人数大幅增加，这一人数在1981年仅160万，到1991年已达400万人①，为韩国足球可持续发展打下坚实的群众基础。

3. 完善发展时期（21世纪初至今）

韩国在金大中民主政府（1998~2003）的努力下赢得与日本共同举办世界杯的机会，此事被执政党视为一个团结人民、加强民众支持度的重要机会。韩国在2002年世界杯举办时举国同庆，民众对国家队的热烈支持使街道变成“足球场”，其意义已经超越足球本身。这一全国性现象甚至可以证明韩国已经克服IMF（国际货币基金组织）危机（自1997年以来，IMF危机给韩国人民带来了财政困难）②。借此契机，韩国政府大力培育相关产业，经济在浓郁的足球氛围烘托下得到大力发展，韩国校园足球也开始蓬勃发展。

随着韩国政府对足球重视程度的不断提高，青少年足球运动员逐渐受到社会各界关注，同时，韩国校园足球也出现一些亟待解决的问题。例如，韩国校园足球运动员因运动时间过长文化课学业成绩下滑等。韩国足协发现学期中的全国比赛对学生运动员文化学习产生极大影响，且文化素质水平较低的学生无法满足高水平竞技比赛的需求。针对上述问题，韩国足协与韩国教育部于2016年共同宣布“培养学习型运动员”计划，学习型运动员的发展受到宪法保护，其教育权和学习权得到极大保障③，对韩国足球尤其是校园足球发展具有重要意义。韩国职业足球联盟为与校园足球发展协调一致，要

① Bang S., Amara M. The Study of Discourse on Change in South Korean Football: Between Tradition and Modernity, from Colonial to Post-colonial [J]. *The International Journal of the History of Sport*, 2014, 31 (6): 618-634.

② Bang S. Y. Investigation of Institutional Discourse on Change in South Korean Football From 1945 to pre-2002 FIFA World Cup [D]. Sang YEOL Bang, 2012.

③ 김옥천, 임수원, 전원재. 학생선수 학습권 보장을 위한 e-school 운영의 문제점과 금후과제 [J]. 한국스포츠사회학회지, 2016, 29 (2): 41-65.

求职业俱乐部必须建立自己所属的梯队，“蔚山体教结合模式”应运而生，并成为各俱乐部效仿的模板，即“俱乐部与地方中小学校建立合作关系，俱乐部提供高质量训练与比赛，学校保障青少年球员文化课学习”[①]。职业俱乐部与学校通力合作的“体教结合”模式培养出大批优秀校园足球学生运动员，但校园足球竞赛体系、升学制度也开始面临挑战。面对只有极少数球员才能成为精英选手继续踢球的现实，大多数球员只能放弃成为职业球员的梦想，成为少数精英选手的陪衬。

针对学生足球运动员文化学习问题，2009 年，韩国足协、教育部和文化体育观光部联合构建学习与运动并行的“发达国家型学校运动体制”，并特别推出校园足球“周末联赛”制度。“周末联赛”制度废除在学期中以淘汰赛形式开展的全国比赛，利用周末时间进行地区比赛，以“提高学生运动员竞技水平与学习能力的同时，培养有创意、有天赋、有文化的运动员”为目的。从学业角度来看，周末联赛制度能保障学生运动员的学习权利，从而提供多种发展路径。从运动员培养角度来看，学生运动员参加比赛的时间和机会增多，有利于其竞技能力发展。随着周末联赛深入推广，学生足球运动员逐渐摆脱学校运动队的封闭管理模式，在文化学习的同时充分享受足球的乐趣，从校园足球队升入职业俱乐部的学生球员也越来越多。2013 年，韩国足协在“周末联赛”的基础上专门推出 I 联赛，I 联赛在各地区足协指定足球场进行比赛，为喜欢足球但并未在韩国足协注册的中小学生提供参赛机会。I 联赛使各地区喜欢足球的学生有机会参加正式足球比赛，在教会学生感受足球魅力的同时，营造韩国足球文化氛围。

（二）发展特征

韩国校园足球发展道路并不平坦，回顾过去，立足当下，本书将从学训理念、竞赛选拔、组织保障等方面描述并总结韩国校园足球发展特征，为后期经验借鉴提供参考。

1. 学训理念技术为主

2009 年，韩国摒弃“以发展精神力和体力为主”的校园足球学训理念，

① 李龙化：《韩国男子足球后备人才培养体系的研究》，《当代体育科技》2012 年第 36 期，第 124~125 页。

提出“以培养足球技术为主”的新校园足球学训理念，使韩国校园足球步入新发展阶段。学生球员足球技术发展离不开高素质的教练员，在教练员资质要求上，韩国足协针对各学段制定出一系列教练员任教门槛。例如，韩国各级校园足球训练对足球教练等级具有明确规定：小学学段要求足球教练员资格最低为3级，中学和大学学段足球训练要求足球教练员等级最低为2级。在教练员培训上，为保持校园足球教学与训练质量，足球教练员必须定期参加足协每年组织的“继续培训”，并选派部分教练员至巴西等足球强国进行培训学习，使其训练方法与理念与时俱进。在训练时间上，由于韩国各级学校的文化课程较少，学生每周一到周五放学后都会参加3小时左右的足球训练。韩国首尔崇谷小学的郑钟先介绍说：“过去，校队学生在小学阶段是全天上课，放学后训练，到了中学阶段，就会半天上课，半天训练①。”由此可见，韩国中小学生的足球训练时间较为充沛。

在学生足球培养理念方面，韩国各级校园足球联盟设置与学生运动员学龄相适应的培养目标。如表5-3所示，幼少儿足球联盟对应的小学足球运动员培育目标为：“以趣味在活动中培养足球兴趣、提高基本技术、扩大足球人口基数”；中等足球联盟对应的中学足球运动员培育目标为：“以培养兴趣和提高基本技术为主，营造充满乐趣的足球文化氛围”；高等足球联盟对应的高中足球运动员培育目标为：“培养具备较高足球技能、品行高尚的人才”；大学足球联盟对应的运动员培育目标为：“培养品学兼优的优秀足球运动员，为足球发展起到人才储备的作用”。韩国校园足球训练理念使学生球员的专业技能与知识能力在小学至大学期间循序渐进式发展。

表5-3　韩国四级足球联盟培养理念

各级足球联盟	管理对象	培育目标
幼少儿足球联盟	小学	在活动中培养足球兴趣、提高基本技术、扩大足球人口基数
中等足球联盟	中学	以培养兴趣和提高基本技术为主，营造充满乐趣的足球文化氛围
高等足球联盟	高中	培养具备较高足球技能、品行高尚的人才
大学足球联盟	大学	培养品学兼优的优秀足球运动员，为足球发展起到人才储备的作用

① 《探秘韩国校园足球模式》，搜狐网，www.ttplus.cn/publish/app/data/2016/08/22/18449/share1.html，2022年8月11日。

2. 竞赛选拔有效衔接

韩国校园足球竞赛最早可以追溯到19世纪末20世纪初，英国人登陆朝鲜半岛后将足球引入韩国私立学校，体育教师每周以比赛形式开展足球体育课①。随着足球在韩国各类学校推广与普及，校园足球联赛体系逐渐成型。20世纪80年代，民主政府掌握韩国国家政权，教育和体育部门以及社会各界人士注意到校园足球竞赛对学生球员的重要性，韩国足协等部门开始探索校园足球竞赛体系建设之路②。

在校园足球联赛体系建设层面，韩国足协成立业余学生联赛以保障学生报名参加相应级别的校园足球比赛（见表5-4），韩国校园足球逐步形成小学—初中—高中—大学的四级联赛体系。韩国校园足球在2009年实施“周末联赛”制度后，为方便统一管理，韩国足协将小学—初中—高中三级联赛合并为全国中小学足球联赛，并逐渐树立“平日学习，周末比赛”的新发展理念。其优势在于：将比赛放置周末或节假日集中进行，既可以减少舟车劳顿，又能保障文化课学习时间；对学校和家长而言，可以节省一些不必要的开支；通过四级联赛体系层层筛选出的优秀学生球员，有希望成为高质量的韩国足球后备人才。

表5-4 韩国校园足球联赛基本情况

赛事名称	创办单位	创立年份	竞赛目标
大学生联赛（U-League）	足协	2008	提高大学生球员水平，培养学习型球员，在大学校园营造热烈足球氛围
全国中小学足球联赛（Youth-League）	足协 教育部 文化体育观光部	2009	培养校园足球球员和弘扬享受足球文化
业余学生联赛（i-League）	足协	2013	为青少年创造一个足球乐园，促进其身心健康

① Ok G., Park K. Cultural Evolution and Ideology in Korean Soccer: Sport and Nationalism [J]. *The International Journal of the History of Sport*, 2014, 31 (3): 363-375.

② Bang S. Y. Investigation of Institutional Discourse on Change in South Korean Football from 1945 to pre-2002 FIFA World Cup [D]. Sang YEOL Bang, 2012.

在校园足球选拔体系建设层面，韩国足协与教育部坚持学生专业技能与文化素质均衡发展。韩国足协与教育部先后制定多项政策措施以打造综合发展的高素质足球运动员，例如，“体育特技生制度”和《学生球员文化课学习保障制度》。“体育特技生制度”旨在从全国各级学校中选拔高水准的足球运动员，运动员在升学时不受学习成绩限制，直接保送上级学校，并减免学费、发放奖学金[①]。其缺点为：选拔要求高、名额少，容易导致学生文化成绩落后。曾任北京现代队韩国籍主教练李章洙说：“小球员们都知道读书是相当重要的，踢球并不能踢一辈子，总有一天是要退役的。”[②] 针对足球运动员文化学习方面的问题，韩国印发《学生球员文化课学习保障制度》，主要内容为：“最低学分制”和“培养学习型足球运动员”，文化成绩未达到要求的学生运动员不得参加训练和比赛，并接受单独的课后辅导。韩国校园足球选拔体系为韩国国家队培养出大批足球人才，为韩国职业足球发展奠定坚实基础。例如，2021 年 K 联赛中，严智星（光州 FC）、郑相彬（水原三星）、李汉范（FC 首尔）三位球员，均在高中毕业后直接为职业联赛效力。

由此可见，韩国校园足球的竞赛与选拔体系相辅相成，通过成熟的竞赛体系选拔高质量足球人才，并在人才选拔过程中不断改善现有竞赛体系，使韩国校园足球处于良性循环之中。

3. 组织保障运转高效

韩国高中职业联盟常务副主席赵官燮说：“足球的事情就应由足协来负责管理，无需跟教育部挂钩，韩国的教育部门（教育科学技术部）不设足球管理组织或机构。韩国足协设置各级学校足球联盟只为高效管理学校足球事务，除小（学）、初（中）、高（中）学段外，大学也拥有足球联盟。”韩国足球协会由幼少儿、中等、高等、大学足球联盟构成，共同为校园足球服务，衍生出一种高效运转的“齿轮运转管理模式”（见图 5-4）[③]，其主要特点是“牵一发而动全身”，目标与层次明确，在韩国

① 吴基星：《中韩校园足球管理体系比较研究》，吉林大学硕士学位论文，2015。

② 孙一、梁永桥、毕海波：《中、日、韩三国青少年足球培养体系比较研究》，《中国体育科技》2008 年第 4 期，第 60~65 页。

③ 袁海彬：《中韩学校足球发展现状及其影响因素比较研究》，延边大学硕士学位论文，2012。

足球发展过程中兼顾各级学校足球联盟利益，保证足球人才的可持续发展。在升学保障方面，各级学校足球联盟的学生可以根据自身情况，在升学过程中凭借自身优势对业余足球和职业足球俱乐部进行选择。例如，小学足球联盟对应幼少儿足球联盟和 U12 职业俱乐部培养，中等或高等足球联盟对应业余足球学校和 U12、U15 职业足球俱乐部培养。“齿轮运转管理模式”可促进校园足球、业余足球、职业足球协调发展，竞技足球与大众足球相辅相成。

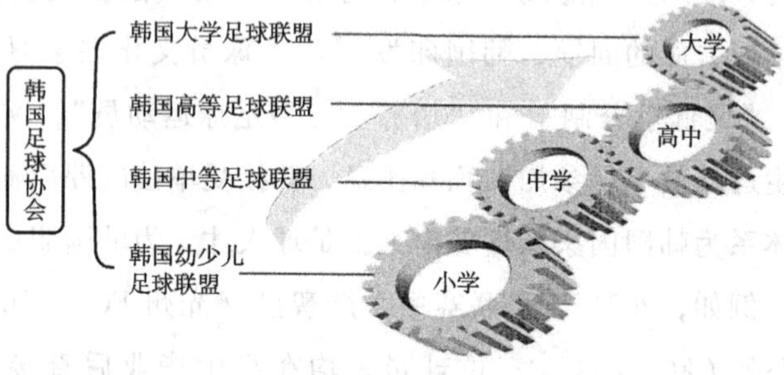

图 5-4　韩国校园足球“齿轮运转管理模式”

韩国足协极其重视“教练员培养”对足球运动普及和校园足球发展的推动作用。众所周知，高质量教育是培养优秀足球运动员的基础，而高质量教育离不开综合水平高、专业实力强的教练员①。师资保障层面，韩国校园足球对足球教练员数量和质量均设有相应标准。在数量上，韩国足协规定高中足球队师资力量标配为 1 名主教练和 5 名副教练，小学足球队师资力量标配为 1 名主教练与 3 名副教练，足球教练在担任日常训练任务的同时，也要遵从学校体育课任务安排。在资质上，韩国小学足球教练需获得 3 级以上教练资格证，中学或高校足球教练需获得 2 级以上教练资格证。韩国足球教练员等级包括 P 级、1 级、2 级、3 级、GK1 级和 GK2 级（见表 5-5）。在教练员考试方式上，韩国足球教练员考取相应等级证书时既需要理论考试，也需要考核带队成绩，做到“理论联系实践”。此外，足球教练员考试时必须借助 PPT、视频剪辑等教学辅助手段，否则无法取得更高级别证书。韩国足

① 袁海彬：《中韩学校足球发展现状及其影响因素比较研究》，延边大学硕士学位论文，2012。

球教练等级划分和校园足球师资培养要求体现出韩国校园足球师资体系具有针对性、全面性和强制性。

表 5-5 韩国足球教练资格等级

等级	指导对象
3 级	小学和 K1、K2 足球俱乐部 12 岁以下幼少儿球队、K3 足球俱乐部
2 级	中学、高校、K1 与 K2 俱乐部 18 岁以下球队
1 级	国内所有球队，各级国家队
P 级	国内所有球队，各级国家队，可申请参加足球讲师培训
守门员(2 级)	各级学校和 K1、K2 足球俱乐部 18 岁以下、K3 俱乐部守门员(2 级)教练
守门员(1 级)	国内所有球队，各级国家队守门员教练

经济基础决定上层建筑，校园足球运动发展需要稳定的资金投入。在资金保障方面，韩国足协每年把经费总额的 21%投入青少年足球运动员培养方面。其中，比赛运营、场地及配套设施建设、球员与教练员出国培训等方面资金投入较大，其次为工作人员的薪金、日常管理费用、各级国家足球代表队的运营费用[①]。除足协资金投入外，韩国校园足球发展资金也包括政府、社会企业机构、家长的赞助，多样化的资金来源为校园足球发展提供稳定的经费保障。例如，教练员为各级校园足球队培训和指导的薪金，皆来自学生家长缴纳的足球培训费用。在资金投入划分方面，为保持各级校园足球均衡发展，韩国对不同学段的资金投入数额存在差异，投入比例由高到低排序为初中、大学、幼儿、高中。足球俱乐部对于在训练之余参加校外足球培训的学生，每年只收取 6000~8000 元人民币费用（不到韩国个人月平均收入），使更多来自普通家庭的学生加入足球运动中。

由此可见，韩国校园足球组织和保障体系运行十分高效，足协负责总体统筹规划，下设的各级足球联盟负责落实各项具体政策。专项资金的稳定投入以及高质量师资建设为校园足球全面发展提供了强力保障。

① 吴基星：《中韩校园足球管理体系比较研究》，吉林大学硕士学位论文，2015。

二　韩国校园足球政策基层执行经验借鉴

（一）理想化政策

韩国校园足球的迅猛发展离不开政策与法律支持。1972 年，韩国教育部实行“体育特长生制度”，并将该制度纳入韩国教育法，于 1980 年对该制度进一步修缮。“体育特长生制度”的产生和发展为韩国校园足球运动员提供优质教育资源，也为韩国校园足球稳健发展打下扎实的政策基础。1989 年，韩国《国民体育振兴法》第 11 条规定“国家为了韩国国民体育的发展，要加强体育指导员培养质量等方面的力度”；第 22 条则规定“体育部长官在必要时可以指定韩国体育协会、体育大学以及其它体育团体来开展体育指导员培训班”；生活体育指导员（足球）和竞技指导员（足球）培训制度的完善，为韩国校园足球发展奠定坚实的足球师资基础。2008 年初，韩国足协等相关部门联合出台“鼓励运动员学习制度”，并在各级校园足球联赛中全面实行。2009 年，韩国教育厅、大韩体育会和足协合力构建校园足球“周末联赛”制度，发布学生文化学习保障性政策措施以保证学生兼顾足球课与文化课，学期中进行的各类赛会制比赛被取消。2013 年，韩国足协未来战略企划部长李龙洙牵头制定《展望“Hat-trick”2033》计划书，规划韩国全民足球的未来发展路线。2014 年 6 月，韩国教育部颁布《灵活发展学校体育试行方案》，在全国范围内的高中开设体育重点班，对各级学校体育特长生进行重点关注和扶持。具体措施为：上午上课，下午训练，设置运动员综合援助中心，为体育重点班学生提供科学专业的训练方法和心理辅导。体育和教育两大部门通力合作，逐渐形成小学—初中—高中—大学的纵向衔接教育体系，为校内足球特长生建立科学的人才培养路径①。2014 年，韩国足协推出“黄金年龄”（Golden Age）特色训练项目。具体措施为：每年在市、道选拔 1500 名 11~15 岁的学生注册球员进行训练，经两轮筛选后选拔出 240 名球员作为精英后备军，在冬季和夏季分别进行五天四夜的集中训练，韩国足协承担所有场地、器材和教练员训练费用。2017 年，韩国教育部为加强校园足球政策或制度的现实适用性，引进并确立“校长确认书”

① 吴丽芳：《我国青少年校园足球协同治理研究》，福建师范大学博士学位论文，2020。

制度，该制度规定校长有权确定各级学生足球运动员参加比赛的总次数以及学生符合“最低学历制度”的硬性标准，同时需承担“向足协上报学生真实的情况”的义务①。

因此，结合韩国校园足球政策发展历程和特征可以总结以下几方面经验，为我国校园足球政策发展提供借鉴。一是韩国校园足球政策的实施时间比中国早三十年，韩国足球运动与其国家尊严紧密相连，在其发展过程中附带一定文化色彩和民族气节，校园足球政策通常与文化宣传和弘扬爱国主义情怀相联系，逐步形成一套成熟的校园足球政策体系。二是韩国校园足球政策的印发和修订以基层执行现状为基础，并紧紧围绕学生。三是韩国校园足球政策逐渐倾向于学生文化成绩与体育训练的均衡发展，相关保障措施较为健全。

（二）执行机构

韩国在历史发展中将足球作为国球，在为足球发展提供各项政策支持的同时，更加重视执行机构的组建与运行。韩国足球可分为竞技足球与大众足球，并主要由大韩体育协会和生活体育协会两大部门负责，且两者统一受命于韩国“文化体育观光部”。“文化体育观光部”是韩国的中央行政部门，其部门首长兼任国务委员，主要负责本国文化、艺术、影视、广告、出版、刊物、体育、观光、宣传等相关事务。大韩体育协会下设的韩国足协由大韩文化体育观光部提供资金支持，以发展校园足球和职业足球。韩国足协下设的市、道足球联合会及七个校园足球联盟，由国家层面逐渐延伸至基层校园层面，是校园足球主要运行载体。在校园足球执行机构中，包括学校在内的七个足球联盟均具有独立权力，即可独立自主规划本校校园足球发展，如学生训练、竞赛与学习等；在业余足球执行机构中，生活体育协会下设生活体育足球联合会，并在基层设置市、道足球联合会，负责管理韩国业余足球、大众足球、民间和职业俱乐部，为韩国校园足球营造浓郁的“全民足球”氛围，吸引更多群体尤其是学生参与足球运动。

---

① 권형일, 구태연, 류겨레. 축구 주말리그 도입 이후의 고등학교 학생선수 학습권 현황[J]. Asian Journal of Physical Education of Sport Science (AJPESS), 2018, 6 (1): 21-32.

韩国文化体育观光部和大韩体育协会作为韩国校园足球发展顶层设计师，主要职责是在整体规划上统筹兼顾、通观全局，坚持以学生为本，将权力逐步下放至基层，使各地学校根据自身实际情况进行灵活调整，促进校园足球高效发展。韩国教育部在政策制定上对校园足球干预和指导较少，采取各种措施为校园足球提供支持和保障。例如，韩国职业足球联盟虽与韩国教育部缔结协约，但仍向学校提供训练资料和现场指导。在韩国足协的宏观调控下，各级学校足球联盟结合自身阶段目标因地制宜地开展工作，并在足协监管下实现对应发展目标，最终实现校园足球发展总目标①。此外，校园足球联盟既要管理本级校园足球日常事务，如训练、教学和竞赛，又需与其他各级学校足球联盟对接，使学生文化与体育发展步调一致，促进学生在小学至大学学习中全面发展。

中国校园足球整体发展规划由教育部宏观设计，与韩国存在较大差异。2015 年，我国教育部成立全国青少年校园足球工作领导小组，校园足球由教育部牵头，其余部门负责协助配合具体工作，按照由上至下的层级机构对校园足球任务进行分配，教育部门与足协通力合作以负责校园足球政策基层执行。全国青少年校园足球工作领导小组作为主要职能部门，其办公室通常下设在各地教育部门，管理人员大多为教育部门工作人员。此外，各地校园足球工作领导小组的工作模式皆为“由上而下”指令性执行，这种集权性管理模式大大削减基层领导小组成员开展足球活动的积极性，在一定程度上导致基层创新性发展受阻、因地制宜发展困难等现象频现。反观韩国，教育部门将校园足球发展的权力下放到足协和各级校园足球联盟后，无论是校园足球还是职业或大众足球，都在权力下放的背景下迸发出活力。

（三）目标群体

韩国“鼓励运动员学习制度”“周末联赛制度”等校园足球制度对韩国学生运动员、足球教师和家长等群体产生深刻影响。首先，学生个人利益在参与校园足球活动时能够得到充分的制度保障。韩国实行“周末联赛制度”

---

① 耿家先、李丰荣、龚波等：《日韩校园足球发展经验及启示》，《体育文化导刊》2020 年第 10 期，第 47~52 页。

后，原定于学期中的全国性比赛被逐步取消，学生运动员在校学习时间得到充分保障。韩国学者权武城①等调查发现，校园足球竞赛在前期要求学生运动员频繁参加全国性比赛，使其学习、生活等方面受到极大影响，一些队员频繁参赛，易受伤病困扰，甚至出现学生在身体未完全康复情况下继续征战比赛的现象。而在“周末联赛制度”实施后，区域性比赛减少赛程密度，使学生运动员在校学习文化课时间增多，在学生身体素质和学习成绩得到提高的同时，学生运动员与父母之间的关系、与同学之间的友谊也可得到改善。学生的生命健康、学习、社交等基本权利得到保障，学生运动员主动学习足球技战术以及文化课知识的积极性相较之前也得到有效改善。其次，足球教师或教练群体愈发得到学校、学生和家长等社会各界的重视。韩国政府部门印发《国民体育振兴法》，明确规定足球教练员执教资质要求的同时，开辟多条足球教练员培训途径。在物质条件保障方面，校园足球教练的薪金主要来源于学生家长缴纳的足球培训费用，学校也会为教练提供补助及奖励。因此，在严格的制度要求和学校、家长群体的重视与期盼下，教练参与校园足球竞赛、训练的责任感不断增强，绝大部分教练员会主动参加足协每年组织的定期培训。例如，曾在锦湖高中培养出罗相浩、金正民、严元尚等韩国国家队队员的崔秀勇教练在接受 KFA 采访时讲道：“我是一名足球教练，同样也是教师，培养出优秀的人才是教育者的义务。总有一天我会退休，但培养出优秀的球员永远是我的责任所在。”② 最后，同样作为东亚国家，韩国家长和中国家长都有“望子成龙”的期盼。首尔彦南高中校足球队主教练郑钟先表示，“考上好的大学，有一份体面的工作，基本上是韩国家长对子女的期待。而参加校足球队的学生大学录取率要高于普通学生，这是参加校园足球对韩国家长的一大吸引因素”③。家长对学生参加校园足球活动的初心在于升学、健康、社交等方面，韩国学者金武镇研究认为，足球运动员家长对其子女的成功动机较高，而学校体育俱乐部的家长对其子女的

---

① 권오성, 김수정, 이충영. 축구 주말리그 활성화를 위한 실태조사 및 개선방안 [J]. 한국체육과학회지, 2015, 24 (1): 279-293.

② 《ONSIDE 2021 2 월호》，韩国足协官网，https://www.kfa.or.kr/kfa/data_room.php? act=publication&idx=95，2022 年 8 月 11 日。

③ 《韩国足球界人士揭秘“校园足球启示录”》，sports.people.com.cn/n/2014/0926/c387408-25740392.html，2022 年 8 月 11 日。

健康动机和社会动机较高①。由于学生运动员升学通道、文化教育均得到韩国校园足球政策制度的有力保障，学生家长对校园足球活动的开展异常热情，对学生参与校园足球活动十分支持，愿意主动承担学生在校训练、比赛食宿等费用。

从韩国校园足球政策目标群体对校园足球活动的支持情况可以看出，校园足球政策若想取得成效，首先，在政策制定方面，要充分重视目标群体的实际利益。其次，在校园足球文化宣传方面，要加大宣传力度，树立以学生为本、立德树人的教育理念，以取得家长的信任和支持。

（四）政策环境

韩国校园足球的迅速发展离不开适宜的政策环境。资金注入与经济政策扶持对任何国家的足球发展都至关重要。韩国将近一半的体育基金收益用于支援小学、中学以及大学校级足球队的运营和发展。除此之外，韩国职业俱乐部会义务性地开设青少年足球训练班，使得喜欢足球运动的孩子可以免费学习足球。韩国经历两次金融危机后，本土企业虽“元气大伤”，但各大企业集团对韩国足球发展的热忱依旧不减，仍向校园足球投入大量资金。韩国队主教练施蒂利克说：“我有一个梦想，这个梦想就是前往俄罗斯参加世界杯，而梦想背后的支持者就是企业和球迷。韩亚银行负责贷款和理财，耐克公司负责研制球衣，侨胞生命（保险）保障团队安全，可口可乐公司负责球队饮料，首尔牛奶集团负责营养膳食，现代汽车负责国家队出行，KT 通信和门户网站 Naver 负责信号和消息的传递，韩亚航空 A380 特别为韩国国家队旅途跋涉保驾护航。”在此提到的 9 家赞助商中有 7 家是韩国本土企业，对于所有支持韩国足球发展的本土企业而言，这 7 家仅为冰山一角。韩国的赞助商通常与韩国足协 3~4 年签一次合同，赞助商和足协的合作关系可保持十年以上。韩国校园足球依靠充满活力和激情的企业赞助商，才能得到源源不断的资金支持。值得一提的是，国家优秀球员的“反哺”作用也不可小觑。韩国部分优秀足球运动员会主动支持当地青少年足球发展。例如，韩国媒体 Insight 在 2020 年 10 月报道称，孙兴慜为韩国出资建造价值 170 亿韩

① 김무진, 정희준. 학생축구선수와 학교스포츠클럽 축구선수 학부모의 참여지원동기와 만족도 비교 분석 [J]. 한국체육학회지, 2015, 54 (5): 179-194.

元（约合9981万元人民币）的运动公园，在这个占地面积7100平方米的运动公园中，有两个标准足球场、两个五人制足球场和一个健身步道[①]，利用自身影响力吸引当地青少年积极参与足球运动。

浓厚的足球氛围为韩国校园足球发展提供精神支撑。足球传入韩国已有一百多年，在韩国足球发展过程中，足球运动伴随民族的愤慨、泪水、激动和欢欣，代表了民族尊严和爱国主义情怀。受新冠肺炎疫情影响，韩国各种球类赛事在近几年均有所减少，但依旧不能减少观众对足球运动的热情。据韩国文化体育观光部职业体育团体资料，2020年，韩国职业足球比赛次数为414场，每场比赛的观众人数平均为1382名，同比增长260%，观众增长率在足球、棒球、排球、篮球等球类赛事中排名第一。截至2021年，在韩国职业体育赛事中，足球赛事的观众增长率在上述四种球类中仍旧排名第一，共计1416061名[②]。韩国足球赛事观众数量虽未达到疫情出现前的规模，但足球运动在民众心目中的地位从未被撼动。此外，韩国足球在发展过程中逐渐形成独具特色的应援文化，且韩国各级足球联赛的应援文化逐步渗透校园足球竞赛体系，涌入现场观看校园足球联赛的观众越来越多。韩国校园足球文化在浓郁的足球氛围中逐渐成熟，进而对各级学校学生进行熏陶，在无形中带动韩国校园足球乃至全民足球深层次发展。

第四节　日本青少年足球政策基层执行

日本足球迅猛的发展势头令世界足坛叹为观止，尤其是在足球走上职业化改革道路之后，日本足球在亚洲的统治力量超乎想象。1996年，日本提出划时代的“J百年”构想理念，并在短短两年时间挤入FIFA排名前20行列。随后，日本更是3次问鼎亚洲杯，3次打进世界杯16强，傲人战绩使之屹立亚洲足球之巅。

建立体系完善的职业足球联赛及构建畅通的青训培养体系，是日本足球

① 《孙兴慜为韩国创117亿经济效益　掏1亿投资足球公园》，新浪体育，https：//sports.sina.com.cn/china/national/2020-12-22/doc-iiznezxs 8209847.shtml，2022年8月11日。

② 프로스포츠 운영 현황［EB/OL］.［2022-08-11］. https：//www.index.go.kr/potal/main/EachDtlPageDetail.do？idx_ cd=1662&param=013.

发展的重要路径。拥有完整竞赛体系的日本J联赛享誉“亚洲第一联赛”，是日本成为世界足球强国的关键。2022年，东亚杯比赛中日本队26人全部来自J联赛，并在争冠赛中以3∶0战胜韩国男足赢得东亚杯冠军。日本足球重视青训发展，尤其重视打通校园足球与职业足球的人才输送渠道，为更多有志于走足球职业道路的学生创造机会，同时解决退役运动员学业深造问题。例如，早期被职业梯队放弃的本田圭佑不得不回归校园，而日本成熟的校园足球体系再次将其送上职业队道路，本田圭佑在全国高中联赛中惊人表现帮助其顺利加盟名古屋鲸鱼。以奥寺康彦、三浦知良为首的留洋球员为日本球员树立了成功典范，让更多人认识到日本足球。日本球员留洋规模不仅浩大而且质量卓越。2021/2022赛季，日本旅欧球员超过60人，其中13人效力于五大联赛球队并担任主力。越来越多的日本球员能够在顶级联赛踢上主力，成为日本未来夺取世界杯冠军的有力保证。

一　日本青少年足球发展概况

普及足球是日本足球运动稳步向前发展的原动力。为早日实现日本足球进入世界前十的目标，日本对足球的前期发展进行总结，发现足球普及的重要作用并萌发出“没有普及，日本足球就不能发展”的理念。日本技术委员会在“强化”“育成”“教练”三位一体的基础上，构建“国家队强化”“青年发展”“教练员培训”“普及”四位一体的日本足球强化举措，并在2002年推出以儿童为中心的“JFA儿童计划”，“以人为本”的球员培育理念贯穿整个日本青训培养体系。日本足协主席在推动日本足球青训发展时提出第一个关键词“Players First”，倡导教练员贯彻落实“以球员为本”的发展理念。日本非常重视青年球员的全面发展，意识到每个球员的成长都具有一定发展特质，因此，日本足球教练员会根据球员不同年龄和不同成长阶段“量身定制”专业指导，保证所有球员在各发展阶段可以茁壮成长。

日本大学校园是日本足球的摇篮，拥有百年历史的大学足球为仅仅创建30年的日本职业联赛做出巨大的基础性贡献。大学足球的早期盛行快速推进了日本足球的普及，尤其是日本足球史上率先举办的大学联赛，如关东大学联赛和关西大学联赛以及后来衍生的“高元宫杯日本青年（U18）足球锦标赛”，为高中校队和职业俱乐部青少年球员提供更高的竞技舞台，对日本足球的普及与技术水平的提高起到重要作用。1993年，日本构建“融合校园足球队伍与社会足球俱乐部”的青少年竞赛体系，平均每天举办约40场青少年足球比赛①。2003年，日本足协秉持青少年足球长期培养的理念着手创建JFA U18王子联赛，联赛周期长、场次多，为日本青少年增加更多竞赛机会。经过历史的沿革与传承，日本足协对青少年赛事体系进行U18、U15、U12三类划分（见表5-6）。随着赛事体系的日趋完善，日本足球人口数量激增。1995年后，日本足球队注册数量稳定在26万左右。1993~2009年，日本足球运动员的注册数量每年基本保持在80万左右，2010~2017年，注册数量每年基本保持在90万左右，2018年往后注册数量均在80万以上。2015年，日本足球家庭人口已经达到526万②。现今，日本足球仍在朝更高的发展目标前进，致力实现足球家庭人口达到1000万的远大愿景。

表5-6　日本青少年足球赛事

分类	赛事名称
U18	JFA U18足球超级联赛、JFA U18足球王子联赛、U16国际梦杯 全国体育大会(足球比赛)、全国高中足球锦标赛、日本俱乐部青年U18足球锦标赛、全国高中综合体育比赛(足球比赛)、全国高中定时通信足球锦标赛
U15	JFA U15足球锦标赛、全国初中体育锦标赛/全国初中足球锦标赛 U13地区足球联赛、日本俱乐部青年足球锦标赛(U15) 梅尼康杯日本俱乐部青年足球东西方对抗赛(U15)
U12	JFA日本U12足球锦标赛、JFA地区女子(U12)足球锦标赛

资料来源：日本足球协会官网。

日本青训的独特优势是校园足球与职业俱乐部青训双轨并行发展。校园足球主要培养足球兴趣，营造浓厚足球氛围；职业俱乐部青训主要培养青少年精英球员。在足球职业化改革后，校园足球的整体发展并没有因职业俱乐

① 赵明楠、陈昭宇：《日本青少年足球发展历程对中国校园足球发展的启示》，《浙江体育科学》2017年第6期，第77~80页。

② 日本サッカー協会．「サッカー選手登録数」．［2022-08-05］．https：//www.jfa.jp/about_jfa/organization/databox/player.html.

部成为青训培养基地而日渐下滑，草根足球计划的实施和青训指导手册在日本广泛地传播与践行，极大提升了日本校园足球竞技水平。校园足球持续为职业俱乐部青训提供后备力量，使日本足球青训培养体系日趋完善。1998年，“J联赛特别球员制度”实行，使得一批从未接受过职业化青训的大学生球员实现职业足球梦想。例如，2008年，大三学生长友佑都加入东京FC足球俱乐部，同年入选国家队。校园足球与职业俱乐部两套青训体系的确立，为日本特雷森系统制度培养精英球员提供了有力保障①。

（一）发展历程

日本足球在不同时期受政治、经济、文化、军事等诸多因素影响，总体上呈现时盛时衰的波浪状发展轨迹。基于大量文献资料并根据日本历史发展与重大足球事件，笔者发现日本足球发展历程可大致分为足球发端时期、早期奋起时期、发展动荡时期、球风重振时期、鼎盛发展时期。

1. 足球发端时期（1870~1920年）

校园足球是日本足球发展的孕育阶段。1885年，担任东京高等师范学校体操副教授的坪井玄道将足球游戏作为课堂教学内容，利用课余时间引导学生建立“足球部”并在高校中培育出首批足球教育指导者，随后，坪井先生出版《户外游戏法》《足球》两本著作用以规范早期日本校园足球活动的实施与推广，校园足球运动传播面扩大，普及度提高。第一次世界大战期间，日本因受国际市场供求关系波动的影响，工业与海运空前活跃，在一定程度上刺激了日本经济增长，为后来日本足球发展提供了良好的经济基础。1917年国际综合运动会，日本从校园足球中临时组队参加国际足球比赛，以大比分惨负菲律宾队与中国队。此次国际比赛失利给予日本沉重一击。日本进行深刻反思，总结出原因：各地校园足球发展缺乏统一的管理组织，足球活动开展易受场域限制。同年，日本成立“东京蹴球团”，使得毕业生在步入社会后可以继续参与足球运动，足球人口基数继续扩大。至此，日本足球开始从校园领域逐渐向社会领域过渡。

2. 早期奋起时期（1921~1928年）

在此时期，日本足球仅有校园足球与社会足球两大块，地域分布“散

---

① 程隆、张忠：《日本足球青训的发展及其启示》，《体育文化导刊》2014年第7期，第95~98页。

点多发”，尚无权威的全国性足球组织机构进行统一与规范。受英格兰足球影响，日本足球协会在草拟章程、引进足球竞赛规则和筹办全国性竞赛等方面，积极借鉴英国先进理念。1921 年，在野津谦的帮助下，具有民间组织性质的“日本足球协会”初步成立，其主要职责为统筹全国性赛事与选拔日本国家队①。1924 年，野津谦担任日本足球理事，帮助日本于 1929 年加入国际足球联合会（FIFA）。1930 年，日本足协首次选拔并组建国家队，在第 9 届远东奥运会一雪前耻，力克菲律宾队逼平中国队获得冠军。日本足球受益于早期大学足球尤其是大学联赛和高中锦标赛的“红利”，竞技水平与日俱增。1936 年，日本选派由大学校队组成的队伍首次参加奥运会，面对夺冠热门选手瑞典，日本队凭借“不放弃”的强大意志力和“跑不死”的体育精神，在上半场 0：2 落后的不利局面下逆转瑞典队赢得比赛，在奥运赛场上演“柏林奇迹”。

3. 发展动荡时期（1929~1964 年）

为摆脱 1929 年以来的世界经济危机，军事发展较快的日本走上军国主义道路并发动侵略战争，战败后接受国际审判。此时，日本足球受战争影响停滞不前，进入发展动荡期。直至 1950 年，日本足球才再次被国际足球联合会接受。1955 年，野津谦出任日本足球协会主席，他凭借丰富的留学经历和国际视野，认识到日本足球重返国际舞台的必要性，并借助国际和亚洲强有力的援手帮助日本足球逐渐向好发展。日本足协在考察德国时体会到体育的普及与发展需要建立在社会的制度和系统的认识上，所以，日本不得不将目光转移至球场以外的事务②。日本足球以 1957 年日本申奥成功为“跳板”，齐抓日本基层群众足球普及与顶层国家队竞技水平提升。1960 年，罗马奥运会上日本足球接连落败，足球发展停滞不前。野津谦决定聘请日本足球历史上第一位洋教练戴德姆·克拉玛，致力于提升日本足球水平，引领日本足球走向一流球队的发展道路，克拉玛不负众望最终成为日本足球教父。

4. 球风重振时期（1965~1992 年）

此时的日本足球仍处于业余体育项目发展阶段，日本足球协会职能定位

---

① 应虹霞：《日本足球的明治维新》，浙江古籍出版社，2012。

② 清水，正典. 「スポーツ社会システムの構造形成　日本サッカーの発展過程と社会的背景」，吉備国際大学研究紀要，2013，23：53~63。

模糊，财力薄弱，能够提供的可持续发展条件有限，提升国家整体足球水平的难度不言而喻。日本足协在克拉玛“没有联赛制度，国家队就不会强大”的忠告下，于1965年草创日本足球联赛（JSL），日本“企业足球”应运而生。日本足球联赛成功将企业足球推向日本足球前端，大学足球为其提供源源不断的后备力量。1968年墨西哥奥运会之前，日本国家队坚持执行克拉玛制定的“每年进行50次海外拉练”训练计划，最终日本男足在墨西哥奥运会上一举夺得铜牌。随后，日本足球逐渐将目光瞄向巴西。20世纪80年代，巴西外援通过日企引援登陆日本足球联赛，巴西球员的到来为日本足球发展做出巨大贡献。1985年，日本足协提出“特别资格证球员概念”，后一年逐渐引进“NON AMA”（非业余）制度。1991年，“日本职业足球联赛”（以下简称“J联赛”）正式成立，主席川渊三郎提出“地域密着型”理念，表达了各职业球队能为当地社会做出贡献的美好希望与愿景。1992年，在日本主帅奥弗特的率领下，日本球员整体技战术和身体素质显著增强，日本队终于在亚洲杯中击败韩国队，挥去“恐韩”阴霾，首次问鼎亚洲杯冠军。

5. 鼎盛发展时期（1993年至今）

J联赛在构建之初就提出了“提高日本足球水平与普及、振兴体育文化和促进国民健康、为国际交流和友好贡献力量”三位一体理念①和“地域密着型”理念。在“地域密着型”理念催化作用下，日本企业足球向社会足球方向发展的速度加快了，1993年，日本足球正式走上职业化道路，重新设置J联赛准入要求：每支球队不能将队名与企业名称合并，需要将球队主场设置在自治体的体育场地，没有场地需要新建符合联赛标准的场地设施，企业仅可以作为球队赞助商等。J联盟逐步将球队从企业中脱离向社会过渡，这样的职业变革迎合了时代的要求，泡沫经济时代，日本豪掷千金大量引进国外知名球星登陆J联赛，为联赛球员树立良好的职业典范。

1996年，J联盟以卓越眼光和超前意识发布“百年构想”理念，意在探索与地域紧密结合的新职业体育模式，最终实现创建100家以足球为首的

① 应虹霞：《日本足球的明治维新》，浙江古籍出版社，2012。

综合性体育俱乐部的宏远目标。2002 年日韩世界杯成功举办后，日本足协面对越来越多渴望参加 J 联赛的足球俱乐部，决定重新规划 J 联赛，同时严格把控联赛准入门槛，最终在 1999 年推出 J 联赛“双部制”（J1 联赛和 J2 联赛）。随着体系日渐成熟、硬件设施不断完善、联赛水平逐渐提高，J 联赛被誉为“亚洲最成功的职业联赛”。2000 年后，日本足球技术突飞猛进，3 次夺得亚洲杯冠军，3 次闯进世界杯 16 强，并在 2018 年俄罗斯世界杯中杀入 8 强。

（二）发展特征

日本足球由“学校足球”时期校园足球领航普及，到“企业足球”时期塑造日本足球氛围、拓宽青少年足球培养渠道，再到“职业足球”时期践行“强化、育成、教练、普及”四位一体发展路径提高足球水平，成就了日本足球的崛起与腾飞。日本足球发展历程中所演绎的先进的足球理念、独特的精英培养体系和雄厚的人力资源系统，为日本足球发展筑牢了根基。

1. 足球理念前沿新颖

日本经过多年探索，注重探寻足球文化内涵。日本足球文化不仅是单向性的输入，而且是将西方优秀足球文化与日本核心民族文化融合后进行外向型扩张①，赋予了日本足球独特的风格与强大的生命力。“地域密着型”理念是企业足球（JSL）向职业足球（J 联赛）过渡时期所提出的崭新理念，在日本足球发展与足球文化塑造中起到重要作用。JSL 球队的生存与母企的经济发展密切相关，具有较强的经济依赖性。一旦母企经营不善，其附属球队的发展势必受到巨大影响。“地域密着型”理念下的 J 联赛则要求“球队法人化，保证与当地居民、自治体和企业三位一体化”，志在打造“社会共治、共有共享”的职业模式。该理念提出：首先，球队在经济上实现“独立”，球队财务实行独立核算，弥补许多地域没有职业俱乐部落户的空白。其次，职业球队履行社会责任。要求职业俱乐部与当地社会紧密融合，良好互动，造福社会。当地群众应受益于职业俱乐部，人人都可以享受职业俱乐

---

① 浦义俊、辜德宏、吴贻刚：《日本足球转型发展的历史脉络、动力机制及其战略价值研究》，《沈阳体育学院学报》2020 年第 2 期，第 82~91+132 页。

部场地设施所带来的运动快乐，接受专业的足球运动指导。最后，球队队名使用“地域+爱称”的中性化名称。这无疑是搭建职业俱乐部与当地社区之间最好的桥梁。例如，原名三菱汽车的球队，后落户于关东地区的埼玉县，改名为浦和红宝石；原名松下电器的球队，后落户于关西地区大阪府，改名为大阪钢巴等等。中性化名称实行，强化了当地群众的归属感和自豪感，职业俱乐部球迷热情逐渐高涨。在“地域密着型”理念的加持下，1991~1996年的5年间，日本足球注册人口数激增到90.27万人①。此外，日本通过足球动漫的创新形式宣传足球文化取得了惊人效果。1981年，充满正能量的日本动漫《足球小将》横空出世，推动了日本草根足球的发展。很多中小学生受这部动漫的影响渴望成为职业足球运动员，数据显示：至1988年日本小学生足球人口注册数量从11万飙升至24万②，部分退役运动员也受到漫画影响选择走进校园执教，参加2002年日韩世界杯的23名日本队员中有16名球员表示是受漫画影响接触足球的。据日媒报道，在《足球小将》盛行的十年间，日本约有1.5万球员留洋巴西深造，为后来日本队的巴西球风奠定基础③。随着《足球小将》动画版制作发行，这部作品逐渐走向世界。

日本足球文化成功的关键在于“有着博采众长外来文化的历史传统，重视异质文化的改造和本土创新”④。

2. 精英培养专业独特

日本足协通过JFA精英计划在推广普及足球的基础上层层选拔精英足球运动员，形成日本独特的精英培养体系。JFA精英计划在2003年开始推行，是培养未来日本国家队球员的重要载体。2021年，JFA精英计划共实施48次，共有1139名运动员参与。JFA计划通过编写手册、巡回指导、教练员培训、举办足球节日等方式，为U6~U10的儿童创造良好的足球运动

---

① 《JFA中期計画（2015~2022）》，日本サッカー協会，2015。

② 王竹君：《从〈足球小将〉对日本青少年足球的影响谈中国体育动漫作品的本土化创作》，《文化艺术研究》2018年第4期，第100~109页。

③ 王竹君：《从〈足球小将〉对日本青少年足球的影响谈中国体育动漫作品的本土化创作》，《文化艺术研究》2018年第4期，第100~109页。

④ 钟文正：《日本足球职业化改革成功的文化学剖析——兼论对中国足球职业化改革的启示》，《首都体育学院学报》2010年第3期，第9~12+24页。

条件，让尽可能多的孩子喜欢并参与足球运动。随后开展的儿童年龄精英计划，是在JFA儿童计划活动中发现有天赋的儿童，为其提供更好的足球环境和指导。此外，“特雷森制度”（国家培训中心制度）是日本青年足球发展的核心，也是旨在强化日本足球、寻找未来有望成为日本国家队球员的先进制度。该制度依据当今信息技术的发展不断修改完善，从最初的比赛形式改进为培训课程形式。为增强信息传播和共享的能力，以“国家训练中心”为信息传播源，将高水平青少年足球运动员聚集在一起，创造良好的训练环境和专业指导，进一步提高其足球竞技水平。特雷森制度从日本基层各地区、47个都道府县、9个区域至国家训练中心，对U12~U18运动员层层选拔，为日本国家队输送人才（见图5-5）。

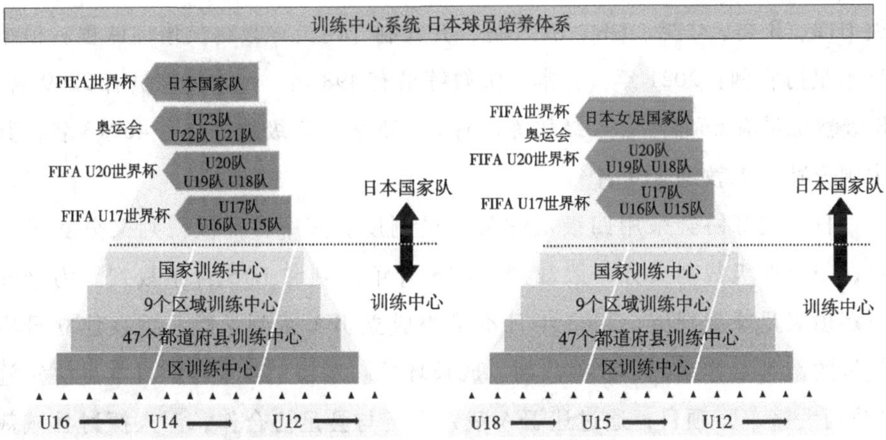

图5-5 特雷森日式运动员选拔结构

JFA学院是日本顶级的精英青训学院，前身是由地方足协与地方政府于2006年携手创建的JFA福岛日本足球技术学院。JFA学院采用寄宿制，学生在当地学校正常上课，放学后回学院接受S级足球教练员的专业指导。学院除了进行足球培训，还会为学生开展英语会话、逻辑沟通技巧、礼仪研讨、水稻种植等课程，旨在培养日本未来足球领导者及社会领军人物。

3. 人才系统实力雄厚

日本精英球员在日本足协国家训练中心和JFA精英计划培养体系下茁

壮成长。日本足协官网显示：2021 年共开展 6 次国家训练中心培训，育成日本精英球员 1237 名，其中女子足球运动员有 275 名。JFA 精英计划实施 48 次，育成 1139 名精英球员，其中女子足球运动员有 446 名[①]。不难发现，日本对于精英女子足球运动员采用同样的培养体系，并且 JFA 精英计划中女子足球运动员数量所占比例约为 40%。除精英球员外，2021 年日本足协注册球员人数为 878072，足球队注册球员人数为 41424，在实现 1000 万足球家庭人口的目标上又进了一步。

日本足协极其重视提高足球教练员整体数量和质量。1994 年，日本足协提出拥有“9000 名 C 级足球教练员”的 5 年实施计划。1997 年，为了提高足球教练员的质量和数量再次提出 D 级教练员必须获得 JFA 许可。另外，日本为了更好开展多样化、层级化的足球活动，开设了 S 类、A 类 U15、A 类 U12、B 类、C 类、GK、五人制、五人制守门员等教练员培训课程。根据日本足协官网：2021 年，日本 S 级教练员有 498 名，A 级教练员有 2299 名，B 级教练员有 6664 名，C 级教练员有 28755 名，D 级教练员有 46713 名，其中国家特雷森教练 110 名[②]。

日本足球协会采用四级足球裁判员制度。其中，一级裁判又分女子一级；二至四级裁判又分一般裁判、U18 青年裁判和 U15 青年裁判。为培养更多顶级足球裁判员，2003 年日本足协成立 JFA 裁判学院，旨在建立日本独特的裁判培养系统，改善裁判员成长环境。2015~2018 年，日本足协实施“裁判大篷车”项目，通过让 JFA 裁判委员与县足协合作，深入探讨县域裁判员存在的问题，进一步加强裁判员的培训和指导。2021 年，日本足协共培养一级裁判员 224 名（国际裁判 16 名），女子一级裁判 50 名（国际裁判 7 名），五人制一级裁判 56 名（国际裁判 9 名）。截至 2021 年，日本足协裁判员注册数量高达 281125 人[③]。

---

① 日本サッカー協会.「ESGデータ集(GRI 対照表）」.[2022-08-17]. https://www.jfa.jp/about_jfa/esg_data.html。

② 日本サッカー協会.「サッカー指導者登録数」.[2022-08-17]. https://www.jfa.jp/about_jfa/organization/databox/coach.html。

③ 日本サッカー協会.「ESGデータ集(GRI 対照表）」.[2022-08-17]. https://www.jfa.jp/about_jfa/esg_data.html。

二　日本青少年足球政策基层执行经验借鉴

（一）理想化政策

日本官方足球政策最早可追溯到大正时代，该时期主要实施下述制度。①早期学校足球制度。1913 年（大正二年），文部省训令第一号公布“学校体操教授要目”，足球被列入“球技”项目，大正学制构成了一体化的学校足球连贯培育体系[①]。1958 年，足球正式被纳入体育教学范围，重在提高学生体力和运动能力。1977 年，文部省颁布新版《小学学习指导要领》《初中学习指导要领》，在低年级学生体育教学中开展足球游戏，培养足球兴趣；在高年级学生中开展足球技术、技能教学课程。1978 年，文部省颁布《新高中学习指导要领》，将足球列为高中体育课集体运动项目。②社会足球政策制度。1990 年，加盟 JSL 的“七大条件”正式公布，其中第五条为“俱乐部必须下设 12~18 周岁的青年球员培育组织”，以拓宽日本青少年球员培养路径。日本足协技术委员会通过构建“国家训练中心”（National Training Center）制度，从单纯的赛事制度变革为讲习会制度，将“世界意识与世界标准”自上而下进行传播，完善了青年球员的培育与选拔。③草根足球政策制度。2002 年，日本足协主席川渊三郎制定“船长使命”，2007 年修订增加“绿茵项目”与“体育管理强化项目”，共计十一项：推进设立“日本足协会员制度”；推进“日本足协绿茵项目”；推进“日本足协儿童项目”；中学生年代的活性化；精英养成体制的确立；女子足球的活性化；五人制足球的普及与推进；联赛的推进与赛事的整备充实；地区/都道府县足协的活性化；中长期展望方针的制定与提议；强化体育管理。“船长使命”中普及层面就是以学校为主阵地，通过开展校园足球活动扩大足球参与人数；育成层面则是在校园足球基础上结合“青训中心”进行进阶训练。④儿童足球政策制度。2003 年，为持续发挥校园足球普及作用，日本足协针对 12 岁以下少年儿童成立“儿童项目”并配套《儿童指导指南》作为操作手册。次年，为解决师资力量问题，实施“公认儿童指导员”培训计划，定向培养一批教练员，负责各区域儿童青少年足球培训工作。⑤足球发展规划制度。

① 符金宇：《日本足球史》，新华出版社，2018。

日本足协制定《JFA2005宣言》《JFA2015宣言》进行阶段性战略规划，持续强化校园足球体系在青少年足球后备人才培养中的地位。2007年6月，日本足协公布“抚子愿景”计划，标志女足进入新的发展阶段。2010年4月，日本足协启动“海外强化制定制度”，对本土球员留洋深造提供实质性制度支持。

日本足球政策的制定离不开“发展规划”“联赛”“育成”三个主题。日本以“百年计划”为政策制定的核心目标，结合世界前沿的足球理念对日本赛事体系、培养体系、足球文化、教练员、裁判员、场地设施等进行多方面技术报告分析，不断总结与世界标准的差距，从中寻绎摆脱日本足球发展困境的重要路径，从而制定规划翔实的政策文本。日本足球秉承一贯性的制定原则，印发的《JFA2005宣言》《JFA中期发展规划（2015—2022）》《JFA中期计划（2019—2022）》政策规划中，后两个政策定位明确，有着相同的发展目标：为实现《JFA2005宣言》服务。

（二）执行机构

日本足球运动员的培养有两条主线：学校教育和俱乐部教育。两条主线的培养布局和日本足球相关机构的设置、职能、理念有密切联系。日本青少年足球管理机构由文部科学省、日本足球协会和日本各级足球联盟构成。其中，文部科学省作为政府行政机构，起到宏观的监督和指导作用，负责将足球管理事务分配到各个专业机构并实施监督①。在具体职能分布上，日本文部科学省和下属各地教育主管部门通过开展体育课、校内足球俱乐部、校内足球比赛对各级学校的足球活动进行指导；校园足球高水平训练则由日本各级足球协会具体负责，地区性和全国性的校园足球联赛则由日本足球协会联合“全日本中学校体育联盟”（初中体育联盟）、“全日本高等学校体育联盟”（高中体育联盟）、“全日本大学生足球联盟”具体实施。概括而言，日本校园足球采取的是“学校推促及、足协抓提高”的组织管理模式②。

日本足协在日本校园足球水平提高方面发挥着重要作用。①其工作包

① 陈星潭、康涛：《中国与日本校园足球发展的比较研究》，《南京体育学院学报》（社会科学版）2017年第2期，第70~75页。

② 孙一、饶刚、李春雷等：《日本校园足球：发展与启示》，《上海体育学院学报》2017年第1期，第68~76页。

括：扩大教练员培训规模、提高培养质量；组织各级足球训练中心和足球学院的培训活动；举办多种类型的各级校园足球赛事和短期训练营；开展足球研修讨论会议等事宜。为此，日本足球协会通过每年有计划地进行教练员培养、U系列男女足人才强化、裁判员培训、运动人体科学讲座、小学足球指导员培训、各级校园足球赛事研修等共90余项活动，达到提升校园足球水平的目的。②日本足球协会在学校场地硬件设施建设上，每年按计划进行积极援建。③原日本足协主席川渊三郎致力于推进地方足协法人化，时至2008年47个都道府县足协全部完成法人化。完成法人化的目的是尽可能让有限的资金运用到最需要的事情上，在法理上进一步增强各地方足协经营的透明化，从而便于日本足协对校园足球提供专项资金扶持。④为促进地方协会间竞争，日本足协自2006年起制定“县协会排行榜”，明示评分标准，公开经营内容。到2008年，年度预算投入高达1亿日元以上的县协会超过30家[①]。

日本青少年足球培养中起核心作用的是“国家训练中心”（National Training Center）制度。日本足协技术委员会主管的训练中心制度致力于从各地校园与俱乐部吸收人才。1993年，日本无缘美国世界杯后，以加藤久为代表的日本足协强化委员会开始变革训练中心制度，从地域对抗性质的赛事制度变革为讲习会制度，工作内容从国字号训练中心往下逐级渗透九大地域、都道府县乃至市区町村，从而将“世界意识与世界标准（世界标准即世界青少年最高层级的赛事所展示的水准）”自上而下进行传递，让整个日本足球界拥有了共同的意识和标准。1998年，日本足协撤销强化委员会，改立技术委员会，并将技术委员会定位为“一个以技术为导向培养日本年轻球员的职能委员会”，并开始逐年编写青少年教练技术指导手册，将之普及全日本基层校园。同时，日本足球协会技术委员会在“如何才能使日本积蓄起与世界领先国家对等的战斗力”的命题基础上，提出“三位一体”的日本足球强化构想。“三位一体”体系通过国家队强化、青少年培养、教练员培训三个部门信息互通，保持紧密联系，互相整合信息从而提高日本足球整体水平。总之，日本通过以国家训练中心为顶点的训练中心制度，借助

---

① 应虹霞：《日本足球的明治维新》，浙江古籍出版社，2012。

“精英计划”“日本足协学院”等载体，对日本全体青少年培训组织进行规范，实现整体足球水平的提升。

日本青少年足球执行机构的运转模式与职责划分，为我国校园足球政策基层执行提供一定经验借鉴。首先，以政策为保障，强化机构职能。制定更详细的政策文件，明确校足办具体职能与议事权限，厘清其与常设机构的权责边界和利益关系，通过政策赋予权威的同时规范机构运转流程；其次，健全机构组织设置，破除部门利益藩篱。通过顶层设计的会商机制打通体育、教育等部门间的“权力梗阻”，将部门边界性事务属性的足球人才培养任务转变为“政绩共容体”下的刚性职责，并在执行机构中设置“权力中枢”，强化相关政策的执行力度。最后，充分发挥足球专业组织机构的资源优势。进一步激发足球协会的“技术支撑”作用，特别是加深基层足协的实际参与程度，将培训、竞赛等工作权限让渡予体育部门，做到“专业人干专业事”。

（三）目标群体

经过多年实践，日本校园足球人才培养体系日臻完善，与其目标群体形成良性循环，极大地推动了日本校园足球的发展。①学生层面。一项关于日本孩子们“长大后最想当什么?”的问卷调查结果显示[①]：日本男孩群体中“足球选手”选项连续6年位列第一，“棒球选手”与“警官、刑警”分别排在第2、3位。截至2016年，足球已连续六年成为日本男孩心中的第一梦想职业。可见，足球在日本青少年心目中地位极高。②家长层面。日本在校园足球长期实践中演化出特有的“OB制度”，“OB”意为“毕业生、家长”。例如，学校足球队出现资金短缺情况，校方会向过去的“OB”成员寻求帮助，OB成员因能享受母校球队一系列优惠待遇均乐意资助，以至于母校球队可以全身心投入青少年足球人才培养，不必过多考虑经费问题。日本基层教练员培训班中家长群体也占据一定比例，其参与培训的目的是在业余时间能够以更科学合理的方式继续对孩子进行足球启蒙教育。③校园足球管理者层面。日本校园足球始自大学，在高校内浓厚的足球氛围影响下培育

① 陈星潭、康涛：《中国与日本校园足球发展的比较研究》，《南京体育学院学报》（社会科学版）2017年第2期，第70~75页。

出大量足球教师及足球业务管理人才。据统计，日本校园足球开展初期，广岛一中、神户一中、湘南中学、东京府立五中等六所学校校长均在高校学习期间接受过系统的足球培训，具备良好的足球专业素养，可以正确理解日本校园足球政策所蕴含的育人价值理念。在这些“懂足球，爱足球”校长的带领下，学校内得以形成浓厚的足球氛围，极大增强校园足球影响力，成为当时日本开展校园足球活动的典范。

（四）政策环境

日本足球场地数量、开放程度以及经费配备使用情况是政策环境的核心组成部分。从“JFA绿色企划”中可以发现，日本早期开展校园足球活动时，日本足协针对足球场地匮乏状况，鼓励民众自己动手在身边种植养护草坪，形成不依赖政府行政部门的独特思路。日本体育厅分别于2008年、2015年、2018年对全国体育场地设施进行普查，其中足球场地设施数量呈现整体稳定、局部变动的特征。截至2018年，全国标准足球场地共计3141块，其中中小学足球场地为714块，大学足球场地359块，公共足球场地1613块，私人足球场地455块。日本足球场地开放使用情况较好，东京市区对外开放的足球场地就达到113块，且有半数足球场地免费开放。2018年，日本小学足球场地开放率为89.8%，初中足球场地开放率为75.6%，高中足球场地开放率为50.6%[①]。相较于日本，我国人均足球场地数量占优，但场地利用率与开放率不足。校园足球场地建设上也应从“指标式”全面铺开投资建设向按需建设、合理布局转变，从被动完成向主动投入转变，将校园足球场地规划与城镇化进程、新农村建设相结合，既能满足居民健身需求，也能为校园足球服务。此外，进一步推动校园与社会场地的双向开放，互为补足，从而提高场地利用效率，形成教育与体育、学校与社会共建共享的联动机制。

校园足球经费配备使用情况，日本体育厅和足协的经费划拨是校园足球开展的重要经费来源。日本体育厅针对学校体育的经费投入主要包括青少年终身体育习惯养成、学校体育项目开展、学校体育社团活动推进、学校体育

① スポーツ庁．平成30年度体育・スポーツ施設現況調査結果の概要．（2018-10-11）[2022-08-20]．https：//www.mext.go.jp/sports/b_menu/toukei/chousa04/shisetsu/kekka/1368165.htm。

设施修缮四个领域。日本足协每年开展的活动中普及指导事业和社会贡献事业均涉及校园足球活动，这两部分的拨款也构成校园足球经费重要来源。例如，2021 年日本体育厅划拨的学校体育经费中，体育项目开展经费 2.13 亿日元，社团活动推进经费约 2 亿日元，设施修缮经费 40 亿日元。日本足协划拨的普及指导事业经费 62.67 亿日元，社会贡献经费 2.37 亿日元。除此之外，日本“OB 制度”在校园足球经费贡献中也占一定比例。另外，日本学生参与足球所需资金投入较少。日本今治市学生参与足球一个月的练习费为 8000 日元（约合 400 元人民币）[①]。高中阶段费用会更低一点。据爱媛县立松山工业高等学校人员介绍，学生们如果想要参加足球队，一年要缴纳 3.6 万~6 万日元（合 1800~3000 元人民币）。当前，我国校园足球资金来源以中央与地方财政拨款为主。2015~2017 年，中央财政已累计投入 6.48 亿元校园足球扶持资金，各省（区、市）投入校园足球的财政、体彩和社会资金等更是多达 196.03 亿元。但是，校园足球政策执行过程中存在资金扶持不到位或被挪用等问题，导致许多校园足球特色校建设不达标。此外，我国专业足球学校学费过高，如恒大足校学费一年约 7.8 万元。反观日本足协旗下的 JFA 足球学院，作为日本青训最高等级的培训机构，学院每月的收费标准仅为 8 万日元（约合一个月 4160 元人民币）。因此，我国政府部门应进一步加大对基层校园足球的专项资金投入力度，系统规划资金划拨比例与使用范围，解决基层校园足球资金匮乏的发展瓶颈问题。此外，应适当管控足球培训市场，形成健康的市场运行机制，有效降低足球培训成本，吸引更多青少年参与足球运动。

① 《日本家长惊讶中国小孩踢球花费：他们这么有钱?》，网易网，https://www.163.com/sports/article/BK44I3AG00051C89.html。

第六章　校园足球政策基层执行治理路径

第一节　科学合理的政策体系引领校园足球政策基层执行

一　完善政策顶层设计，引导基层执行体系建设

（一）厘清政策源头，保障精准施策

校园足球政策执行属于典型的“纵向高位推动型”，政策方案由上至下逐级下达，但是各层级具有独立的利益诉求，政策每经历一个层级，就黏合新的政策目标，出现政策“钝化效应”①。因此，只有在最初的顶层设计阶段保证政策设计的精准性，才能在下放阶段减少政策设计的“钝化效应”。如何保证顶层设计的精准性？需要厘清政策的源头，知晓政策制定的流程，多方面考虑政策设计的顶层环境。首先，依照我国“职责同构”机制特性破解层级性治理难题，保持不同层级执行主体在纵向上职能、职责和机构设置的统一对应，保证上级部门的“权威”和政策下达的一致，尤其要注意教育部门和体育部门的特殊关系，避免“体育、教育等部门层级执行错位”，真正实现上下级“无缝”对接。例如，体育系统主导制定培养竞技足球后备人才的相关政策，应与教育部门积极会商，由教育部门推动政策内容在学校系统的落实。其次，顶层部门应合理借助人、财、事、权的优势，通过顶层推动，做到“专业人做专业事”，调动下级执行主体积极性，并建立

① 贺东航、孔繁斌：《公共政策执行的中国经验》，《中国社会科学》2011 年第 5 期，第 61～79 页。

常态化巡视、监督机制，政策颁布后对其进行监督与评价，以保证下面各层级落实政策的科学有效性。最后，发挥省（区、市）、市校足办在政策推广与解读中的作用，在政策颁布后第一时间对其进行准确的解读与指导，了解各项政策提出的背景与意义，保持政策精神与目标等方面达到高度一致。重视发挥区、县教育局以及其他部门的基层领导力作用，确保拥有足够的决策权以调动政策资源，保证学校等基层组织的真实执行。总之，完善校园足球政策顶层设计的首要环节就是要厘清政策源头，从不同角度保证顶层政策制定的科学性，保障各层级精准施策。

（二）拓宽政策视野，协调上下权责

校园足球顶层政策是风帆和航向，校园足球基层政策是根基和保障，两者是校园足球政策体系的重要组成部分。因此，当基层政策与顶层政策协调一致、主动呼应时方能促使校园足球政策有效落实。但是，我国校园足球发展仍然存在顶层设计过于理想、基层步调无法同频的问题，因此，我们需要拓宽政策视野，协调上下权责，处理好顶层设计理念与基层现实情境的关系。首先，校园足球顶层设计要综合考虑政策与基层的契合程度、执行资源的稀缺程度、执行主体的特殊需要等要素。需建立以省级校足办为枢纽的长效分层信息反馈渠道，及时掌握政策基层执行情境信息，使顶层不再是封闭性的制定主体，基层不再是机械性的执行主体。政策理念能够得到基层执行主体的广泛认同，两者之间才能形成良性互动。其次，推动权力下放，实现基层扩权。由于我国校园足球发展中各城市基础条件差异较大，地方部门面对不同政策执行难度也各不相同，中央部门在追求政策目标实现的同时，也应考虑区域差异性。最后，政策制定与执行中需充分考虑地方意见。中央在进行政策制定时应充分考虑地方政策执行部门的实际情况和预期需求，允许地方执行主体对决策建议进行质疑，通过一定程序和方式进行讨论，择优选取，逐步形成制度化地方利益表达机制①。在政策出台以后，也应建立相应的反馈机制，根据地方部门政策执行情况，总结政策制定过程中的不足，对现有政策内容进行补充完善。

（三）加强过程审视，保障多层维度

政府部门在制定校园足球政策时，应把精力主要集中在政策内容制定的

---

① 邱林：《利益博弈视域下我国校园足球政策执行研究》，北京体育大学博士学位论文，2015。

全过程中，包括对于政策维度与力度的考量。为了保证校园足球政策的维度与力度，做到宏观与微观层面的统筹兼顾，需要对校园足球发展进程进行全方位的审视。首先，建立信息反馈机制，及时聚焦校园足球发展焦点问题，既可为校园足球顶层政策设计的精准调控提供现实依据，防止出现“政策内容信息过时”等问题，也可为下一步顶层政策设计提供方向。其次，加强政策制定主体之间的协同关系，统筹各部门信息、资源，形成政策合力。目前，顶层政策制定主体间联动较少，校园足球政策制定主体中单一部门占比高达78%，而联合部门占比仅为22%[①]。顶层设计尚且如此，基层政府出台的配套政策难免暴露出“政策印发单位单一”“政策形式涉面较窄”等问题。因此，无论是顶层政策设计或是基层政策制定均需发挥多部门优势。一方面，整合各部门所掌握的信息和资源可提高校园足球政策制定的科学性及可行性；另一方面，明确各政策制定主体的权责划分，避免在多部门联合发文过程中因权责划分不清而出现互相推诿等问题。此外，应积极吸纳非营利组织、家、校、社、师、生等多元主体的加入，形成多维度政策主体制定模式[②]，不仅可以保障政策制定的多维要求，还可以厘清目标群体的利益诉求，提高政策内容制定的靶向性。最后，为保障校园足球政策执行力度，需建立相应的问责、追责机制。随着校园足球政策多元主体的参与，校园足球政策愈发复杂化，但由于缺乏相应的问责、追责机制，相关部门在政策执行过程中出现“选择性执行”的情况，政策落实不到位。

二　同步配套基层政策，健全校园足球政策体系

（一）做好政策划分，保障政策协同

自2009年校园足球活动开展以来，国家层面的相关部门相继印发了涉及不同领域的校园足球政策，各级政府也陆续制定了契合自身实际发展的校园足球基层政策，自上而下的校园足球政策体系初步搭建。但由于横向部门职能各不相同，这种自上而下的政策制定体系存在不系统、不精准、不协同

① 部义峰、来鲁振：《协同视角下我国校园足球政策供给特征及其优化研究》，《山东体育学院学报》2022年第2期，第44~52页。

② 邹月辉、解文洁：《我国校园足球政策演进特征及展望》，《体育文化导刊》2021年第3期，第96~103页。

等问题，自上而下的政策执行体系难以顾及基层的特殊性和差异性，使得相关政策在执行过程中阻滞频生。因此，我们应注重政策制定体系的整体性和系统性，优化政策执行体系，做到政策制定条理明晰，将自上而下的政策执行模式与自下而上的政策执行模式有机结合。首先，根据政策属性将政策执行模式划分为两种。一是自上而下的政策执行模式，包括校园足球五年规划类、校园足球战略布局类政策；二是自下而上的政策执行模式，包括校园足球竞赛类、校园足球规则类等政策。随后，依据划分好的政策类别精准下发至基层部门，进行统一管理，分类实施，将校园足球政策的基层个体性和顶层整体性有效结合，从而增强政策的可操作性。与此同时，安排第三方机构实施监督，及时调整所出现的问题，保证自上而下的政策执行模式符合基层的现实情境，自下而上的政策执行模式得到顶层的有力支持。其次，明确落实校园足球政策的具体单位，避免政策只在顶层和基层受到关注，也要充分重视和利用中层部门承上启下的关键作用，层层落实校园足球政策。根据执行层级可以将政策划分为国家级、省（区、市）级、市级、县（区）级、校级，督促这五级单位层层递进，有效推动政策落实。因此，自上而下的政策执行模式为：由国家单位整体布局规划、省级单位统筹省（区、市）市政策、市级单位制定基层方案、县（区）级单位制定学校方案、校级单位积极响应政策。而自下而上的政策执行模式为：从校级单位实践得知需求、县（区）级单位进行调研总结、市级单位形成方案规划、省级单位做出典型案例、国家单位统一谋划政策。对政策做出详细的逐级划分，从而保障政策协同发展，在基层得到精准执行。

（二）保证政策质量，规范政策体系

校园足球基层政策是校园足球政策体系的塔基，基层政策质量能否得到保障，直接影响校园足球政策体系的完备性与规范性。因此，需要我们针对校园足球基层政策完成两个任务，一是以量促质，二是提质增效。对此，可以从三个方面优化基层政策，规范政策体系。首先，适度增加校园足球基层政策数量。虽然我国校园足球政策数量逐年增多，但仍然无法满足构建规范校园足球政策体系的要求。为支撑基层校园足球全面发展，政府部门可以建立校园足球基层政策调研小组，负责基层政策的调研、制定、印发等工作。充分下沉到基层，了解基层动态，对基层政策体系做出研判，并对现存的政策进行针对性的查漏补缺，从而合理适度地增加校园足球基层政策数量。其次，着力保障校园足球基层政策质量。随着校园足球的深入发展，从中央到地方出台的政策数量激增，但部分政策的合理性和规范性还有待考量，尤其是针对校园足球基层层面的政策文件较为笼统，缺乏系统的、细化的政策内容支持和指导。这需要从政策制定过程入手解决根本问题，校园足球基层部门在制定政策时应广泛调研、征求民意、合理设限。在制定政策前可以邀请专家及一线工作人员进行研讨，保障政策制定的权威性和合理性。例如，邀请省级及以上校园足球专家宏观把控，邀请学校一线足球工作人员提议建言，并将各界人士的合理意见融入基层政策制定中，充分保障校园足球基层政策质量。政策出台后政府部门还应强化政策监督，把控政策执行状况，实时进行调整完善。最后，规范校园足球政策体系。教育部印发政策文件将校园足球归纳为八大体系，即推广体系、教学体系、样板体系、竞赛体系、融合体系、荣誉体系、科研体系、宣传体系，这是校园足球 2.0 时代的核心抓手，也是政策体系构建的导向标尺。基层政策体系的建构应紧紧围绕顶层设计导向，规范制定相应配套政策与实施方案，着力推进基层校园足球高质量发展。

（三）完善政策配套，实现基层反哺

顶层政策制定是以社会利益为角度、以长远发展为目标，促使社会健康发展的过程。其重视的是保持政策更长时间的效力，同时注重内容上的统一，但地区差异容易造成对基层实际情况的忽略，致使在微观层面上存在一定的不合理性。因此，制定更为具体化的配套政策内容支撑顶层政策，实现基层政策与顶层政策间的有效耦合，成为提升校园足球政策基层执行力的关键环节。首先，基层政策的定位要准确、导向要鲜明。校园足球配套政策必须定位在基层服务化的层面上，政策制定面向基层目标群体，需要以基层管理、需求为基准，紧紧抓住信息整合、实际应用两大重点，将政策内容与群体需求、地方特色有机联系起来，实现基层信息数据化整合，形成目标明确、定位清晰的政策内容。例如，建档立卡形成基层校园足球信息系统，精准读取基层需求，制定具体可行的配套政策。其次，基层政策的融合要紧密、效能要优异。配套政策最大的特点就是要紧靠基层、密切融合群众，保持政策内容与基层群众同步同频，充分发挥基层优势，合理利用资源，使政策效益得到最大化落实。最后，基层政策的保障要全面、责任要追究。政策目标的如期实现需要立足实际，将保障作为维护稳定运行的重要工程加入政策内容中，高度重视校园足球资金、场地设施等保障工作，逐项落实工作责任，强化奖惩机制，构建全面的基层政策。通过完善政策配套，推动基层校园足球发展，从而反哺顶层政策，有效弥补顶层政策的微观不足，形成科学的政策体系，提升政策可行性。

三　扭转基层认知偏差，建立社会政策统一共识

（一）加强部门协同，落实责任主体

一直以来，政府部门间的高效协同是政策执行的必然要求，但是，在校园足球政策制定与执行过程中各部门之间的通力合作并未形成，教育和体育两大系统的联动力度不足，发改、财政等部门实质性参与不强，进而导致政策效果难以达到预期。因此，如何加强校园足球相关部门之间的协同联动，明晰并落实相关责任主体，已成为提升政策执行成效的重要举措。首先，了解各方业务范畴，正面回应利益诉求。校园足球政策体系中顶层设计主体较为多元化，但基层制定主体明显单一化。宏观政策文件中已经确定了六部委联合推动的基本准则，到了基层却变成单一部门制定配套政策。此现状产生的主要原因在于“政绩考核的反向作用”与“垂直管理的体制弊端”，校园足球并非发改、财政等部门的核心业务，利益诉求也无从体现，加之顶层部门的敷衍推诿，致使基层相关部门更是难以实质性参与。因此，我们应当了解与尊重相关部门利益诉求，在合理的范围内给予明确的政策回应，推动各部门之间互利协作。其次，明确部门工作职能，落实基层职责主体。校园足球是一项系统工程，涉及部门众多，如何清晰定位部门职能，落实主体责任是保障政策高效执行的关键。顶层设计中已对部门职权进行清晰划分，但基层实际环境复杂，相关部门存在政策解读偏差、主观意识推诿等问题。只有通过地方政府的强势权威，进一步明确基层相关部门的主体责任，才能有效推动发改、财政等部门的实质性参与，真正实现基层部门之间的协同执行。

（二）完善制定环节，凸显政策效力

校园足球政策制定需从高位入手做出最合理的规划布局。目前，基层校园足球政策制定时，更多的是对顶层政策的照搬沿袭，并未对地方具体情况

进行实际考量，制定具有“本土化”特征的基层政策。究其原因，一是政策制定周期过短，二是政策理解存在偏差。因此，需要完善基层政策制定环节，凸显政策体系效力，为政策基层执行创设可操作空间。首先，合理规划配套政策制定周期。顶层政策印发后，基层相关部门应正确解读政策内容，结合本地区实际情况研读政策条款，在征询地方相关部门意见的基础上研判政策目标走向。基层政策只有经过完整的制定周期，才能保证政策制定的规范性，进而提升基层政策效力。其次，政策制定需充分考虑基层实际情况。通过成立调研组，借助实地考察、问卷访谈等方式深入基层，充分了解当前政策对基层的影响及群众支持程度。根据所获得的数据和一手资料，对明确的量化指标进行任务分配，对模糊性的内容做出具体化要求，为基层执行指出明确方向。最后，明确地方政策关键着力点，探寻政策目标的突破方向。基层政策制定应体现一定“地域特色”，发挥地方政策资源优势，将顶层政策要求与地方原有基础优势进行结合，在一定程度上为校园足球发展寻求政策突破与举措创新。

（三）把握宣传重点，加强政策共识

校园足球政策内容能否被基层执行机构正确理解，被目标群体广泛接受，与政策宣传方式、程度、导向有很大关系。社会媒体作为政策内容宣传的重要媒介，直接影响社会民众对校园足球政策的基本认知。基于当前校园足球的低谷发展态势，社会媒体对校园足球的关注点也开始出现偏离，宣传范畴失衡无序，这种舆论导向势必影响政策的基层落实。首先，坚持校园足球政策目标群体的现实需求导向。重点向广大目标群体宣传校园足球政策在提高身心健康、锤炼意志品质、促进社会适应等方面的育人功能，正确引导学生、家长、教师等群体积极理解校园足球政策精神，提高其对开展校园足球活动的满意度与认可度，增强其参与校园足球政策的内生动力。其次，树立校园足球政策执行主体的正确政治方向。重点向基层政策执行人员宣传校园足球政策的精神实质和指导思想，正确引导学校、校足办和教体局中基层执行人员对校园足球工作的理解重视，提高其对执行校园足球政策的积极性与规范性，增强政策角色意识。此外，校园足球政策具体宣传工作要做到“深”“衡”“新”。“深”是指政策宣传要深入基层，着重挖掘校园足球政策执行典型案例，获取第一手资料，把握政策贯彻执行中的问题所在，并及时向广大群众做好政策诠释工作。"衡"是指政策宣传要持续均衡，保证校园足球政策宣传的持续性、稳定性和时效性，动态报道校园足球竞赛、教学、推广等各体系工作的进展。"新"是指政策宣传要改进创新，革新落后的校园足球宣传思想，站在"群众视角"思考解读政策，创新校园足球宣传方式，综合利用新兴的新闻媒介、网络平台和传统的横幅标语、书籍报刊，推动社会各界形成校园足球政策共识，凝聚政策执行合力。

第二节　系统高效的执行机构规范校园足球政策基层执行

一　改革基层组织体系，重塑基层部门协作秩序

（一）健全基层组织制度，提升基层部门权威

我国校园足球政策在基层执行过程中主要依托基层校足办协调相关工作。而基层校足办是以教育部门为主导，体育、发改、财政等部门相互配合协作的办事机构。但基层执行中校园足球的主要权责由教育部门承担，对于基层发改、财政等部门而言，并没有刚性的绩效考核标准，校园足球政策成为此类部门工作中弱性关联的一项任务，因此，基层执行"部门缺位"现象时有发生。为解决基层部门参与动力不足、对于无利政策不予执行的问题，需要采取激励措施和惩罚机制带动基层部门实质性参与，并进一步健全校园足球基层组织制度，形成基层部门多元共治的局面。首先，强化部门权威，增强基层领导。基层校足办由政府主要领导担任组长，发挥行政首长负责制的作用，任命基层发改、财政等各部门主要领导兼任基层校足办组员，借助基层各部门主要领导的权威，形成对校园足球政策基层执行的监督，推动各部门自觉执行校园足球政策，将涣散的各自为政状态转变为利益共同体关系。其次，细化奖惩制度，调动部门活力。根据各部门在基层校园足球中的职能定位，研制符合地方实际情况的绩效考核标准，对工作业绩做出准确评估，激励基层各部门积极参与校园足球政策执行。同时，将短期评价和长期评价相结合，明确各部门的重点任务、关键职责及主要领域，确保评价方式能够科学合理地衡量各部门工作业绩，借助考核压力促使各部门回归职能

本位。最后，完善工作流程，精简管理程序。制定详细具体的工作流程图，明确相关要求，注明基层各部门在基层执行中所处的位置并使其充分知情，杜绝政策执行过程中因基层部门对自身职责不清晰出现的失位、错位、缺位等问题。

（二）合理划分基层职责，避免权力配置重叠

校园足球基层组织结构的不合理主要体现在权力配置方面①。当前，校园足球政策基层执行中对基层各部门的职责并没有清晰划分与强制要求，导致部门间相互推诿，政策任务难以落实。为此，需要明确基层部门权责划分，充分发挥基层各部门的优势。首先，制定有据可依的政策文本。基层政府要明确校园足球政策任务由哪些部门执行，了解各执行部门基本职能配置情况，厘清部门各自优势和权力范围，在上级文件指导下积极响应文件精神，制定基层相对应的政策文本，研制详细的任务清单，将基层部门的职责以文字形式具体地呈现在政策文本中，避免出现以往基层部门间职责重叠、无据可依的现象。其次，以实质权威推动组织结构改革。一方面，上级部门积极推动相关工作的落实，以地方政府的实质性权威调动基层各部门积极性；另一方面，政策落实与实施链条也存在密不可分的关系。应科学地精简层级，调整“兼职领导”与“一线人员”的结构比例，精选优秀的“兼职领导”调控方向，投入更多的“一线人员”参与执行，推进机构的调整和改革，减少各部门内非业务的科室数量，消除部门之间的职能交叉。最后，充分发挥部门职能优势。基层政策执行中的职权划分应充分考量部门资源优势，将权力配置给在该领域具备专业资源、最适合履行此项职能的部门，避免单个部门的“全盘操控”。在某些专业领域中应激发协作部门的参与活力，高质量推进政策任务的落实，如充分发挥体育部门在校园足球竞赛组织工作中的技术优势、宣传部门在舆论引导中的中坚作用等。

（三）强化基层部门沟通，构筑长效合作格局

首先，以权威领导推动部门间的沟通协同。我国行政体制下“高位

---

① 邱林、王家宏：《国家治理现代化进程中校园足球体制革新的价值导向与现实路径》，《上海体育学院学报》2018 年第 4 期，第 19~25 页。

推动”是消除部门间沟通壁垒的主要手段。可通过地方党政领导的实质权威构建校园足球联席会议制度，加强校园足球政策基层执行中部门间的沟通合作。其次，以信任、整合的策略夯实部门间的沟通基石。信任是达成共识和实现合作的基石，相互间缺乏信任就会导致同盟关系破裂、瓦解[①]。整合是最小化部门间利益冲突、凝聚政策基层执行力的策略。通过建立基层的信息共享机制，使执行过程更加透明化，增强部门间的信任感，加强彼此的互动，促进部门间正式或是非正式的意见交换，逐渐整合不同部门间的利益诉求。最后，实行定期会商机制，形成多部门协作的长效治理格局。当前，在发改、财政等部门尚未充分介入的客观现实下，可优先建立教育与体育部门间双向互动的定期会商机制，在逐步完善制度条件下，形成多部门间的定期会商。需要强调的是，基层校园足球会商应由县政府办发起，可降低横向部门间的协调压力，为制度化推行提供权威保障。

二 提升执行人员素质，约束政策基层执行异化

（一）全面提高知识素养，强化人员专业能力

执行主体首先是人，提升政策执行力的关键同样在人。政策的成效一定程度上取决于基层执行人员的知识素养和专业能力。首先，提高基层执行人员政策水平。政策水平是指对政策的理解能力，基层执行人员只有对校园足球政策精神、意义、内容等充分理解才能准确贯彻政策方针。可由省级部门召开政策解读会议，将政策主要精神向下传达，确保各层级部门对校园足球政策理解的一致性，提高执行人员的专业素养。其次，搭建合理的专业知识结构。必要的思维能力、语言表达能力、社会活动能力是知识结构的重要组成部分[②]。定期对基层执行人员开展专项培训工作，除讲授校园足球管理内容外，对于青少年心理学、体育社会学、体育经济学等专业知识同样不可忽视，全面提升基层执行人员理论水平和专业能力。最

---

① 潘凌云、王健、樊莲香：《我国学校体育政策执行的制约因素与路径选择——基于史密斯政策执行过程模型的分析》，《体育科学》2015 年第 7 期，第 27~34+73 页。

② 丁煌、周丽婷：《地方政府公共政策执行力的提升——基于多中心治理视角的思考》，《江苏行政学院学报》2013 年第 3 期，第 112~118 页。

后，改革用人机制和人员评价机制。要培养出一支能力强、觉悟高、素养好的校园足球政策基层执行队伍，在用人机制上就要做出必要的改革，严把人员入口，建立严格的录用标准，从源头上吸引德才兼备的人才进入基层执行队伍。在人员评价机制方面，要改变以往“无过即是功”的观念，建立绩效评价机制，通过更强调能力和业绩的评价方式，充分调动基层执行人员的主动性和创造性，倒逼执行人员不断强化专业素养，提高政策基层执行效率。

（二）引导形成正确理念，树立健康价值导向

校园足球政策是教育体制改革的重要抓手，要改变长期以来“智育至上”的价值观，必须高度重视体育，使健康第一成为校园教育的主要内容。现今，基层普遍存在应付上级、投机取巧追求短期利益政绩的现象，根本原因是基层执行人员在执行校园足球政策时违背了立德树人的教育理念，现实主义的短期功利性思想束缚了校园足球的发展①。因此，正确理解校园足球价值功能，重塑基层执行人员价值导向显得尤为重要。首先，以正确的政绩观匡正作风。地方领导应树立健康的校园足球“政绩观”，建立地方领导与政策执行人员长效交流沟通机制，重点查处基层政策执行中投机取巧、追求短期利益政绩等不良作风问题；建立健全考核与激励制度，对基层内开展工作良好的单位，在物质层面与精神层面均给予一定奖励，以发展的眼光对待政绩，以历史的眼光衡量政绩，以全面的眼光追求政绩②。其次，以科学的导向观形塑理念。探究以人为本的包容性发展理念，以提高基层政策执行人员工作质量效率为目标，依托基层校足办与社会多方主体共同举办校园足球知识讲座、宣讲活动，加强基层政策执行人员专项培训，切实提高执行人员工作质效，走出“精英足球”“金牌至上”“功利足球”等理念误区。最后，以精准的战略观建树价值。精准把握价值观建设阶段性特征，基层校足办应围绕基层校园足球教学、训练、竞赛中普遍、反复出现的问题，督促政策执行

① 周永明：《中国校园足球发展内系统问题剖析与消解》，《广州体育学院学报》2021 年第 6 期，第 46~50 页。

② 杨献南、吴丽芳、李笋南：《我国青少年校园足球特色学校管理的基本问题与策略选择》，《体育科学》2019 年第 6 期，第 3~12 页。

人员及时整治并建立价值观建设长效机制，以制度之治促素质之长，培育健康向上的价值理念。

（三）灵活运用执行方式，充分发挥资源价值

政策执行是通过合理利用资源、综合运用各种可操作的方式手段，为达到政策预期目标而采取特定行为模式的过程。在执行校园足球政策时，灵活运用政策执行方式，尽可能发挥可利用资源的价值，对于政策执行有至关重要的作用。首先，高位层级权威推动，中间层级协调推进。以纵向层面的高位推动和中间层级的沟通协调为策略的层级性治理是破解学校体育政策执行失真问题的关键①。校园足球政策自上而下经过“国家—省（区、市）—市—县”等多级主体，最后一级才会到基层学校，以上冗长链式层级结构任意环节的缺失都会牵连到上下层级，阻碍政策的有效执行。高位层级有关政府部门通过复核、抽检等方式提升对下级政策执行效果的监管和审查力度，出现问题给予合理化建议与整改措施，树立权威并逐渐常态化。中间层级部门在高位层级下达权威指令后应及时召开联席会议，加强各组织部门的协调与沟通，纠正政策执行过程中存在的偏差，更好地将指示建议传达给下级，形成环环相扣、联系贴合的高位权威推动、中位协调联动的纵向层级执行模式。其次，因地制宜，宏观调控。为有效避免中间层级产生权威依赖，在政策执行较为稳定成熟时，高位层级应适当减少权威干预，执行方式逐渐过渡为宏观调控。例如，《关于加快发展青少年校园足球的实施意见》提到：各地应提高经费投入，探索建立政府支持、市场参与、多方筹措支持校园足球发展的经费投入机制。由于各地经济发展水平参差不齐，尤其经济比较落后的地区难以筹措足够经费，因此，可借助顶层宏观调控方式，建立中央校园足球专项资金巡视小组，定期考察基层经费筹措与使用情况，重点关注经费困难地区并给予相应政策倾斜，通过减税、补贴、购买服务等方式将各地校园足球赛事组织、校园业余俱乐部建设等事务委托给拥有经济资源和效率意识的市场机构运营，通过验收、检查等手段进行监督调控。

---

① 潘凌云、王健、樊莲香：《我国学校体育政策执行的制约因素与路径选择——基于史密斯政策执行过程模型的分析》，《体育科学》2015 年第 7 期，第 27~34+73 页。

三　整合多方执行主体，形塑基层多元治理格局

（一）完善政策执行机制，理顺校园足球体系

在中国特有的政治语境下校园足球政策呈现出“高位推动”的特点。“高位”的驱动产生政策向下的传导压力，推动基层政策及时做出反应，并协同国家保持高度一致①。但在政策传导至基层途中，各种因素相互影响、相互作用、相互牵制，导致传导效能低下与路径偏差，从而形成基层政策执行“梗阻现象”与“异化现象”。因此，亟须构建完善的校园足球政策基层执行机制，保障校园足球体系运行畅通无阻。首先，创新政策执行的内生动力机制。探寻政策执行动力途径，追溯政策执行动力源头，建构“上下衔接，左右相连，前后有序”的校园足球政策基层执行机制。“上下衔接”指纵向发展上，校园足球应与社会足球、职业足球等相关政策执行机制上下融会，确保政策高效执行。“左右相连”指横向推进下，教育、体育、财政、宣传等政府部门应责权明晰，凸显校园足球政策执行机制的强大动力。“前后有序”指时间进程中，保持长期高效运作状态，及时调整执行机制病态，形成良性内生动力机制。其次，建构政策执行的功能共享机制。第一，构建信息沟通机制，建立健全校园足球政策基层执行的信息网络工程，拓宽政策信息传播和反馈渠道，加大政策信息公开披露力度。第二，强化责任追究机制，落实“谁主办、谁负责”的原则，坚持“发现一起，追责一起”的态度。第三，完善执行监督机制，构建“开放式”基层监督体系，实行“不定期，多频次，宽渠道，重力度”的监督考核机制，保证政策基层执行人员严于律己，高效防范政策基层执行异化。最后，优化政策执行的利益均衡机制。第一，通过建立利益表达、利益引导、利益约束、利益调节、利益补偿等机制，调适校园足球政策基层执行的利益博弈。第二，协调基层政府、学校、家长、学生等多方主体的利益诉求，确保校园足球政策基层执行平稳。第三，防止自然、政治、经济、法律、人为等因素产生的政策执行扭曲，加强校园足球政策基层执行保障。通过完

---

① 李卫东、张碧昊、胡洋：《近10年我国校园足球政策：回顾、审思与建议》，《武汉体育学院学报》2022年第7期，第84~91页。

善政策基层执行机制，逐步理顺校园足球体系，助力多方执行主体整合，奠定基层多元治理基础。

（二）满足各方利益需要，深化诉求机制改革

政策执行实质上是各群体或个体不断追求自身利益的过程，尤其是校园足球领域，政策执行是对校园足球资源重新配置及利益再分配的一个过程。因此，基层校园足球多元治理格局的构建，关键在于尊重与合理满足执行主体利益诉求。首先，知悉各方群体的主要诉求。建立基层信息反馈机制，根据执行主体的权责归属对其利益诉求进行主次划分，充分了解实际情况及潜在需求。依据执行效果和接收的反馈信息分析造成执行困境的原因，整理并逐步形成一套针对执行主体主次利益诉求的分析量表，为后续操作提供切实可行的数据支撑。其次，化解执行主体的利益矛盾。增强纵向上上级部门与基层主体的良性互动，纾解横向上部门利益藩篱，通过构建及时有效的利益表达通道综合权衡各方的利益诉求，在不影响校园足球政策总体目标的情况下，利用基层自由裁量权合理协调利益矛盾，有效保障基层部门和个人的切身利益。最后，规引执行主体的利益诉求。一方面，强化政策基层宣讲工作。将政策制定理念准确传达至基层，保证宏观与微观层面思想的统一性。另一方面，明晰自身角色定位。执行主体应充分了解自身在校园足球政策基层执行中所处的位置和立场，根据实际情况合理提出利益诉求。例如，体育教师作为校园足球政策一线执行人员，可以根据自身工作需要提出将工作业绩纳入职称评比和课余训练纳入学校教学课时量。

（三）推动多元主体参与，提升基层治理能力

党的十九届三中全会明确指出：社会治理的重心在基层，要推动治理重心下移，尽可能把资源、服务放到基层[①]。校园足球发展的重点同样在基层，基层治理不仅仅是政府部门的责任，更需要社会和市场力量等多方主体参与。因此，推动基层各方力量参与政策执行，形成基层多元治理格局，已成为校园足球政策基层执行的关键所在。首先，坚持以“共建”

---

① 邱林、张廷安、浦义俊等：《校园足球政策基层执行的逻辑辨析与治理策略——基于江苏省Z县及下辖F镇的实证研究》，《上海体育学院学报》2021年第3期，第49~59页。

为立足点，建立校园足球基层协作参与机制，构建基层治理共同体。社会治理重心下移最重要的是依托专门组织、专业人才搭建资源共享的协作平台①。充分发挥各地区足协、俱乐部等体育组织的专业优势，与当地高校开展合作建设专家智库，积极引导市场规范有序参与，促进各参与主体实现高效联动。其次，坚持以“共治”为关键点，制定校园足球政策权责清单，创新基层群众参与方式。新时期校园足球工作涉及多个机构、部门，这便要求政府尽快完善基层校园足球各项权力与责任清单制度，将权力下放、重心下移，减少各部门在校园足球工作中的“错位”“越位”“缺位”现象。同时，拓宽社会各界参与基层校园足球治理途径，综合利用多种手段畅通校园足球政策主体教育、监督、管理与服务的基层治理渠道，有效赋能多元主体治理。最后，坚持以“共享”为出发点，优化校园足球基层执行主体利益协调机制，构建基层利益共同体。在坚持以人民利益为中心的基础上，更加公开公正地分配校园足球相关资源，中央政府充分发挥宏观调控作用，尊重市场客观规律和各地区校园足球发展的现实需要，最大程度上实现不同层级、不同主体对校园足球治理成果的共享。

第三节　优质专业的目标群体推动校园足球政策基层执行

一　加大政策宣传力度，强化政策执行基层解读

（一）加强政策信息基层发布，多渠道多方式宣传

政策科学创始人拉斯韦尔认为，政策宣传通过直接操控社会建议的方式对意见和态度进行管理②。新时期我国政策宣传应随着其政策环境的变化而不断创新，包括：更新宣传理念、改进宣传方式、创新宣传体制、优化宣传

① 杨敏、李明德：《多元主体协同推进基层社会治理探论》，《理论导刊》2022年第11期，第89~94页。

② 盖豪、颜廷武、周晓时：《政策宣传何以长效？——基于湖北省农户秸秆持续还田行为分析》，《中国农村观察》2021年第6期，第65~84页。

环境以及提升宣传效果[①]。校园足球政策作为新时期我国学校体育发展的重要政策之一，在执行时也面临着宣传不到位的现实困境，造成政策目标群体的抵触和抗拒。因此，在推进校园足球政策时要加强重视对家长、教师等目标群体政策宣传和引导，使其充分认识到校园足球的目的与意义。首先，全方位加强政策信息发布管理机制。信息完备是公共政策执行的必要因素，校园足球政策执行信息是政策执行者制定切实可行的政策执行计划、控制政策执行过程的基础，也是使校园足球政策得到目标群体的理解和认同的前提。因此，校园足球政策相关信息要通过合适的方式，及时、准确、有效、全面地传递给政策执行者和目标群体。此外，要加强校园足球政务信息数据服务平台和公共服务平台建设，依托全国校园足球暨体卫艺官方公众号建好全国青少年校园足球新媒体中心。基层青少年校园足球办公室是向基层传递青少年校园足球政策信息的关键。县（区）校足办要负责本地区校园足球公开网站的建设、管理、维护以及信息发布的组织、协调等工作，联合宣传部门与当地相关专业院校或机构合作共建校园足球新媒体工作站，共同构建层级分明、职责清晰的全媒体矩阵，做好公开信息的采集、编辑、审核、发布等工作，从而确保发布信息的及时性、真实性和准确性。此外，应明确一名信息发布联络员，承担本地区校园足球工作信息的采集、编辑、发布以及公众信件回复等工作。其次，多渠道动态报道校园足球信息。学校对学生、家长、教师和校长等青少年校园足球政策目标群体影响极大，传递相关政策信息更加便捷有效，且各级学校可以反映出校园足球发展的实际情况。因此，各级学校做好宣传青少年校园足球发展信息的工作极其重要。特色学校应拓宽校内校外、线上线下校园足球宣传渠道，例如，就线上而言，通过开通微信公众号、视频号，微博、抖音等大众喜闻乐见的媒介平台，以文字、视频等方式动态报道校园足球开展情况，引起学生家长、教师以及本地区社会人士的关注与支持；线下以开展学校内部校园足球文化艺术活动的形式为主，例如，足球板报、墙报，播放校园足球宣传视频、广播等方式；主要让学生参与并了解校园足球。

---

① 钱再见：《论政策执行中的政策宣传及其创新——基于政策工具视角的学理分析》，《甘肃行政学院学报》2010 年第 1 期，第 11~18+125 页。

（二）完善政策基层解读机制，精准传递政策目标

公共政策解读是指某项公共政策的相关主体对这项政策的认知或理解。对公共政策来说，要想付诸实施，必须先由相关主体进行解读，没有公共政策的解读，就不可能有公共政策的实施①。对政策的解读是任意主体执行公共政策的前提，政策的正常运行需要各相关主体对公共政策进行有效解读。随着国家对校园足球工作的不断重视，中央和地方政府部门出台了一系列促进青少年校园足球发展的政策，因此，要建立校园足球政策基层解读机制，传递准确的政策目标，使学生、教师等目标群体充分认识到校园足球政策与自身利益的关联，并形成政策认同。首先，邀请专业人士参与政策解读，完善校园足球政策基层解读机制。地方校园足球管理部门与地方高校、社会企事业单位合作，邀请相关专家进行政策解读，从专业角度厘清上级部门对校园足球发展的指令指示，并在层层传递过程中做到准确、及时。其次，向学校、社会组织、市场机构等群体组织发放校园足球相关政策文件材料，使其掌握更多的校园足球政策知识，提升解读校园足球政策的能力，消除其对政策的错误解读。最后，明确学生、足球教师等目标群体与校园足球政策的利益关联，为不同目标群体精准提供其各自所需的政策信息，例如，足球教师带队训练、比赛津贴以及职称晋升、评优评先等方面的政策合理待遇；学生"升学通道"、运动员等级评定等方面的政策最新要求。

（三）引导校园足球积极舆论，树立阳光健康形象

舆论是公众对于公共事务公开表达的具有影响力的意见，可以分为媒体舆论和网络舆论②。5G 时代的来临，不仅会引发媒介技术的巨大变革，也会对网络体育舆论生态产生重要的影响。当前，网络体育舆论的作用愈发明显，对体育热点事件传播、体育舆情发展有巨大的推动效果。中国足球长期都是热门的舆论话题，拥有大量关注者和舆论参与者，因战绩不佳的原因，中国男足时常处于网络舆论的风口浪尖。校园足球作为中国足球不可割裂的一部分，在近期发展中也在网络舆论中出现过不少不良现象。因此，应加快引导校园足球积极舆论，树立阳光健康向上的形象，从而得到家长、学生等

① 赵春雷：《论公共政策解读中的冲突与整合》，《南京工业大学学报》（社会科学版）2011 年第 3 期，第 36~41+59 页。

② 邓新民：《网络舆论与网络舆论的引导》，《探索》2003 年第 5 期，第 78~80 页。

群体认可与参与。首先，增加与拓宽校园足球舆论传播主体和范围。据统计，目前我国网民规模达 9.89 亿，其中手机网民 9.86 亿，网民使用手机上网比例达 99.7%①。因此，可以借助 5G 时代网络技术向大众手机客户端以各种 GIF 动图、视频、动画等形式传送校园足球正向信息。其次，精准传递校园足球政策及新闻。借助 5G 时代高速通信网络，可利用基于大数据和互联网的深度算法技术，向参与校园足球的学生、家长，关心和支持校园足球的社会各界人士精准推送校园足球舆论内容，进而提高基层青少年校园足球政策宣传效率。最后，建设浓郁的校园足球文化氛围。学校内组织开展校园足球系列文化活动，通过多种形式树立校园足球阳光健康形象，使学生全方位参与其中，从而改进学生、家长、教师和校长等群体对校园足球的态度与观念。例如，邀请家长参与校园足球竞赛，组织“我与足球”等系列征文、讲座、摄影等活动，传播校园足球好声音，讲述校园足球好故事。扭转青少年校园足球急功近利和锦标主义倾向，弘扬健康向上的价值观，营造健康的校园足球文化氛围。

二　重视基层教育培训，优化基层目标群体行为

（一）统一校长群体思想，深化校园足球育人观念

马克思曾说过：“不真实的思想必然地、不由自主地要捏造不真实的事实，即歪曲真相、制造谎言。”② 校长作为校园足球政策基层执行的核心领导主体，其对于校园足球政策的态度直接决定着校园足球开展效力。因此，需要提高校长对于校园足球政策的认知程度，明晰校园足球活动的功能价值，形成深层次的政策认同，进而统筹校园足球发展，提高校园足球政策执行效率。首先，增加校长年度培训频次，丰富培训内容与形式，将理论宣讲逐步过渡至实践交流，从而统一校长校园足球工作思想，营造校园足球的校内氛围和育人理念。正所谓“喊破嗓子，不如甩开膀子”，各校校长应发挥示范引领作用，以身作则地为校园足球工作者做好表率。例如，足球校长潘国洪用将近 34 年时间扎根小学，自主学习先进的校园足球理念，利用丰富

① 中国互联网信息中心：《中国互联网络发展状况统计报告》，2021。

② 《马克思恩格斯全集》（第一卷），人民出版社，1995，第 415 页。

的足球资源推动校园足球发展，经常亲自观看并督促学校足球队训练，营造“以球育人”的校园足球文化氛围。若中小学校长均能亲力亲为参与校园足球工作，具有将推动本校足球发展视为己任的意识，基层校园足球政策执行成效必然得到提升。其次，校长在做好思想工作、保证本校校园足球活动顶层设计工作高效运行的同时，也应向校内足球工作者树立正确、健康且易于学生全面发展的足球育人观念。校长需发挥统领全局的作用，完善校内规章制度，加强校园足球工作者协调能力，根据实际情况进行针对性管理，注重校内足球文化的营造①。此外，校长可以定期举办足球文化周或足球嘉年华等活动，增进教师和学生对足球的理解和足球兴趣的培养。

（二）优化足球教师培训，加强师资专业素质素养

当前，校园足球发展以特色学校为主要抓手健康稳定地向前推进，而校园足球特色学校主要以足球课为基本着力点有序地开展校园足球活动。足球教师作为校园足球课程必不可少的主体，其专业素质、态度对于校园足球课程开展效果有着直接影响。基于此，为保障校园足球课程质量，必然需要对足球教师培训进行优化。首先，为提升校园足球教师培训效果，需确立分层分级分类的校园足球教师培训目标。针对中小学内足球教师水平呈现的足球专业、足球专职和非足球专业的分布情况，根据其精神、社会、生活需求，个人经验和专业能力，设置适合其发展的培训目标②，对这三种足球教师进行精准培训，给予校园足球教师稳定的驱动力，促进其教育思想和专业素养均衡发展。其次，从足球教师和学生两个群体性质出发，优化足球教师培训课程。一方面，校园足球教师的足球专业水平存在较大差异，在设置足球教师培训课程内容时应提前对参加培训的教师进行摸底筛查，将其划分为不同层次，进行目标导向下的精准培训；另一方面，在不同年龄和年级阶段，学生的身心状态各有不同，加之有足球专业和非足球专业学生的划分，应坚持以学生为本的教育理念，校园足球教师培训课程需最大限度地贴切中国体育教师培训体系。校园足球教师在专项培训中将所学知识与技能都传授给学生，针对小学、初中、高中三个学龄阶段学生不同的身体和心理特征，足球

① 常青伟：《思想政治教育环境渗透研究》，苏州大学出版社，2015。

② 于斌、张威雪：《对完善校园非足球专项教师培训方案的思考》，《体育世界》（学术版）2019年第11期，第186~187页。

教师培训课程内容和目标应根据其任职学校等级具体划分①。例如，小学阶段学生身体尚未完全发育，玩心较重，针对该等级教师培训课程中应多设置一些基础性和趣味性的内容；中学阶段学生身体和心理发育逐渐成熟，男女生在运动能力上的异化逐渐拉大，针对该等级的校园足球教师培训课程中应多设置具有一定强度和难度的多元化内容。最后，为激发足球教师工作热情，政府应尽快完善足球教师福利待遇保障和绩效评价机制。就足球教师福利待遇保障机制而言，足球教师参加专项培训的同时也是提升个人价值的过程，因此，校园足球教师进修应同步提升其薪资待遇。就校园足球教师绩效评价机制而言，应采取定性与定量、过程与结果相结合的评价标准，适当增加足球课程效果在考核中的比重。

（三）合力发展校园足球，引导家长学生深度支持

在校园足球政策基层执行过程中仅靠校长和足球教师等校园内部力量推动校园足球发展还远达不到政策执行要求，家长和学生等目标群体作为被动接受的一方，会对该政策或政策引起的波动进行“损益性”解读②。因此，必须引导家长和学生两个重要目标群体深度参与校园足球活动，联动校长、教师、家长、学生目标群体合力推进校园足球发展③。首先，就学生而言，学生对校园足球活动的感知很大程度上受其兴趣影响，学校可以通过组织多种形式的校园足球活动激发学生对足球运动的兴趣，满足学生参与校园足球活动的需求。例如，教师通过日常教学或训练对学生进行积极思想引导，在足球课或训练中增加趣味性足球游戏。学校通过开展趣味比赛，设置奖品，增加学生成就感。其次，家长作为孩子的“第一老师”，其对于足球的情感态度将直接影响学生的参与度。家长会根据学生在校园足球活动中的获益程度来决定是否让学生继续参与活动。其中，针对对校园足球支持度较高的家长，可通过教师或校长联合组建校园足球家长委员会，让学生家长参与日常训练、球队管理、学生监督等工作，家庭与学校共同保

---

① 杨东博：《我国校园足球专项教师培训成效评价及优化对策研究》，东北师范大学博士学位论文，2020。

② 赵春雷：《论公共政策解读中的冲突与整合》，《南京工业大学学报》（社会科学版）2011年第3期，第36~41+59页。

③ 李阳：《场域理论视野下校园足球主体的实践研究》，北京体育大学博士学位论文，2020。

障学生运动和文化课学习，将家长的支持转化为现实驱动力，提升校园足球活动开展质量。而针对对校园足球活动支持度较低的家长，可以通过学校负责人或足球教师与家长进行沟通交流，普及校园足球活动开展的价值，校方积极解答学生或家长的疑虑①。此外，在做好学生思想工作的同时，可以安排学生主动向家长汇报今日学习心得，并表明学习足球运动的态度，从而获取家长支持。

三　寻求基层良性互动，实现目标群体利益诉求

（一）调动教师工作态度，配套基层教师激励措施

足球教师作为校园足球政策执行的目标群体与执行主体，是校园足球政策执行的核心要素。因此，政策执行过程中需要充分厘清足球教师的利益诉求，保障足球教师的群体利益，充分调动足球教师工作的积极性，确保校园足球政策落到实处。首先，对中小学足球教师而言，其核心利益在于教师待遇、工作量核定、职称评定等方面。《关于加快发展青少年校园足球的实施意见》提出要建立教师长期从事足球教学的激励机制。而随着校园足球工作的深入开展，足球教师的工作压力与日俱增，与之相应的薪资待遇却未落实到位，使得足球教师工作动力匮乏，对校园足球政策预期信心不足。因此，各地政府需尽快根据地方实际情况出台相应的激励政策，提高基层足球教师的工资待遇，保证基层足球教师在组织校园足球活动方面的工作成效能够得到充分尊重和认可②。其次，足球教师每年培训次数较少，每次培训时间较短，教学训练水平难以得到切实提高，使得校园足球师资水平普遍偏低。对此，需要加大足球教师专项培训支持力度，在扩大足球教师培训人次的基础上建立完善“区—市—省（区、市）”进阶式培训模式③，对培训教师进行等级划分，更加精准地定位足球教师水平，并根据对应等级需求安排培训内容，提高培训质量。此外，为调动足球教师培训积极性，摆脱“达标主义”思想，可对参与教练员培训的足球教师进行一定程度上的补

① 王杨柳：《利益相关者理论视角下西安市初级中学校园足球发展模式及影响因素研究》，西安体育学院硕士学位论文，2021。

② 张兴泉：《制度环境视角下我国校园足球政策执行纠偏策略研究》，《沈阳体育学院学报》2020 年第 1 期，第 88~93 页。

③ 蔡向阳主编《校园足球调研报告（2015—2020）》，人民体育出版社，2021。

贴。例如，将培训时间纳入继续教育培训时长等。最后，摒弃先前政策经验对校园足球政策造成的消极影响，引导足球教师正确认识校园足球的价值功能，建立健全工作评价指标体系，形成过程性评价与终结性评价相结合的综合评价方式，并建立相应的奖惩制度，对足球教师的教学工作进行适时评价与监督。

（二）缓解学生家长压力，构建校园足球升学通道

在“以分数论成败”的教育观念之下，家长、学生对于学校举办的任何活动皆以“分数”或者“升学”为第一导向，在保证“身体无恙”的基础之上仍会“弃体从文”，将主要精力集中于文化课学习。家长、学生对于学校体育的诸多政策漠不关心，再加上部分学校并未有效传达和实施学校体育相关政策，使得学校体育政策执行举步维艰。而受到先前政策的消极影响，足球作为学校体育中强对抗、耗时长的运动项目更不受家长关注。因此，需要满足家长、学生的升学诉求，畅通校园足球升学通道，通过校园足球“升学红利”来缓解学生升学压力，满足家长、学生的共同利益，才能使家长、学生更加积极地投身于校园足球活动之中。首先，充分发挥高校在校园足球人才输送中的龙头作用，鼓励高校在高水平招生与单招中加大对足球项目的政策倾斜力度。进一步完善高校足球招生的考核方式，将“去标准化，去样板化”作为指导思想，重点考察学生的足球实战能力，而非无对抗的技术表现能力。其次，各地政府加强对区域内各学段校园足球特色学校的统筹部署，形成高中、初中、小学按 1∶3∶6 比例分布的一体化布局，抓好小升初、初升高这两个关键时间点，使有足球运动天赋的学生能够“对口升学”，避免足球人才的流失。同时，鼓励九年一贯制学校、完全中学建立校内直升机制，为学校保留优质足球生源①。此外，进一步探索跨区流动的人才升学机制，拓宽学生升学选择面，使学生有更多的机会接受更专业的足球训练。最后，针对有意愿踏入职业足球领域的学生，需要构建更为灵活的人才流动机制。校园足球升学通道在横向上表现为“学校—专业队—职业队—国家队”体育系统上升通道，在纵向上表现为“小学—初中—高中—大学”教育系统上升通道，为保证学生的学业成绩，也为了降

① 蔡向阳主编《校园足球调研报告（2015—2020）》，人民体育出版社，2021。

低学生未来职业规划风险，需构建体育系统与教育系统“双向流动”的选拔机制（见图 6-1）①，给予家长、学生更多选择的机会。

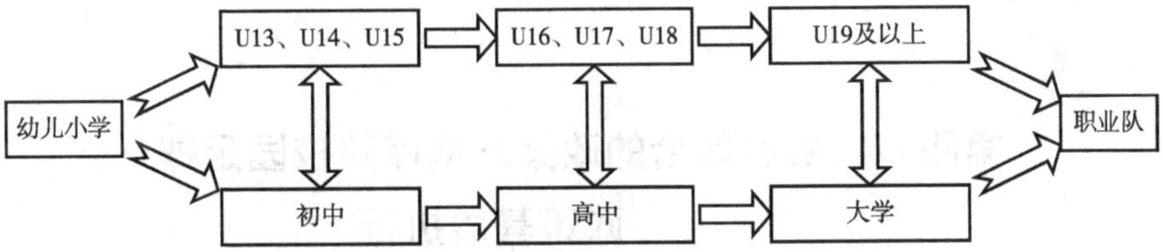

图 6-1　校园足球与职业足球青训深度融合下的“双向流动”选拔机制

（三）锚定校长利益诉求，完善学校评价保障机制

校园足球特色学校校长是开展校园足球工作的第一责任人，校园足球活动场域的重心在学校，因此，校园足球政策执行很大程度上依赖于中小学校长的政策落实力度②。为此，应锚定校长的利益诉求，最大程度上调动校长对于校园足球的建设热情。首先，重塑校园足球评价机制。对校长而言，学校的利益很大程度上代表了其个人利益，而以“竞赛成绩”为导向的校园足球评价机制使得校长将目光偏向于精英球员的培养。因此，校园足球特色学校评价考核中需摒弃以“竞赛名次”为主的评价理念，创建包括校园足球参与人数、校园足球活动开展次数、校园足球文化氛围营造、足球课程体系建设等在内的综合评价机制。其次，完善校园足球安全保障机制。校园足球政策执行过程中不断出现的“足球操”“足球舞”等异化现象，很大程度上源自校园足球安全保障机制的缺失。这种“无对抗、无强度”的足球运动方式可以有效降低足球运动项目的安全风险，备受中小学校长青睐。因此，为消解校长对足球安全事故的担忧，政府应在民法典基础上，进一步健全校园足球安全保障机制，组织体育教师、后勤人员、医务人员等对校园足球安全风险因素进行识别，准确评估校园足球活动风险等级③。最后，健全校园足球保险机制。制订学生体育运动伤害应急处置预案，完善学校体育运

① 邱林、秦旸：《我国校园足球与职业足球青训深度融合的选择逻辑与推进路径》，《北京体育大学学报》2021 年第 2 期，第 59~70 页。

② 邱林：《利益博弈视域下我国校园足球政策执行研究》，北京体育大学博士学位论文，2015。

③ 姚健：《校长引领校园足球推广实施研究》，《北京体育大学学报》2017 年第 4 期，第 75~82 页。

动事故相关制度体系，同时，加大政府购买服务力度，实现学生体育运动保险购买全覆盖，提升校园足球安全保障水平，消减学生、家长、教师、校长的后顾之忧。

第四节　协调融合的政策环境保障校园足球政策基层执行

一　营造和谐制度环境，保障基层实践有效落地

（一）补齐制度建设短板，规范基层政策执行保障

制度是在一定社会历史条件下影响或规范个体行为的规则或运作模式。“执行性制度”在政策执行过程中先于政策存在且能为其提供所需的人、权、物等资源①。制度是否健全与完善对政策主体的执行行为起到潜在的决定性影响，基层政策执行时若与制度产生冲突，政策执行在阻力作用下会出现异化、偏离等现象。校园足球制度建设疏漏缺失、缺乏实质资源的供应，造成相关制度建设模糊、执行效力轻微等困境表征。我国校园足球政策基层执行在正式制度与非正式制度交织的“制度网”中生成的阻力下衍生出不同的执行行为逻辑，致使政策落实面临艰巨挑战，校园足球发展难以达到预期目标。目前，校园足球顶层设计较为完善，但基层校园足球制度建设依然相对滞后，导致校园足球政策基层执行难以破除体制机制障碍和利益固化藩篱。制度建设是我国校园足球建设总布局的重要环节，是校园足球体系建设的重要支撑，只有将制度短板补齐，校园足球政策基层执行才有章可循，有规可依。首先，在宏观制度层面，强化校园足球法律制度建设。中央政府部门以《宪法》为根本依据，增强《教育法》《体育法》内容时效性，制定学校体育相关法律条例，着重保障学生参与校园足球等体育活动权利，为校园足球政策执行提供强有力的法律支撑；基层政府部门应根据地区实际需要，制定适用于本地区学校体育发展的校园足球配套制度，其中，着重关注

① 张兴泉：《制度环境视角下我国校园足球政策执行纠偏策略研究》，《沈阳体育学院学报》2020 年第 1 期，第 88~93 页。

校园足球人才上升通道以及一线足球教师在晋升薪酬等方面的合理待遇。其次，在中观制度层面，完善校园足球组织制度建设。纵向上以法制化形式加强中央与基层间权责关系，明确不同层级政策组织机构间校园足球政策执行权限划分的界限、原则与程序；横向上建立部门间协调优化机制，调动各基层部门参与校园足球工作的积极性，提高校园足球政策基层执行合力。最后，在微观制度层面，加强校园足球政策监督与激励机制建设。一要以法制建设加强内部监督，加快校园足球内部监督法治化建设，对基层政府给予法律威慑，减少校园足球政策基层执行异化行为；二要完善奖惩与容错机制的构建，将绩效考核作为基层政策执行者晋升、薪酬的重要依据，同时，鼓励先试先行等探索性政策执行，为校园足球政策基层执行的“合理变通”提供制度保障。

（二）明晰基层权责归属，提升基层管理服务效能

处理好基层权责关系问题是基层政府机构改革的重要环节之一。基层政府机构改革以调整政府权力和责任在不同部门间的配置关系为主要形式，从而构建一套权责清晰、系统科学、运作高效的服务管理体系，进而增强基层治理效能，实现基层有效治理[①]。因此，清晰的责权划分制度以及良好的服务管理效能是校园足球政策在基层有效执行的重要保障。经过十余年的阳光体育运动开展、体育教学全面深化改革、校园足球“三位一体”和“一体两面”结构化推进，目前我国校园足球政策执行主要以“校园足球工作领导小组”运行机制开展工作。纵向上，掌握校园足球政策执行主要事权的上级部门，通过“条条”对基层地方政府部门进行政策领导；横向上，各部门则通过“块块”上的人事任命、目标考评、责任追究等方面来执行政策。但在校园足球政策实际执行过程中条块间因层级责权划分模糊、组织合作成本较高等原因产生相互掣肘与冲突矛盾，从而阻滞校园足球政策基层有效执行。因此，在“领导小组”机制下明晰权责归属，化解条块矛盾，激励相关部门进行实质性参与是健全校园足球政策基层执行组织体系的关键举措[②]。首先，缕

① 吕健俊、陈柏峰：《基层权责失衡的制度成因与组织调适》，《求实》2021 年第 4 期，第 28~41+110 页。

② 邱林、张廷安、浦义俊等：《校园足球政策基层执行的逻辑辨析与治理策略——基于江苏省 Z 县及下辖 F 镇的实证研究》，《上海体育学院学报》2021 年第 3 期，第 49~59 页。

析部门权责归属，推动权责清单化。权责清单制度是我国行政体制改革过程中的一项重要制度安排[①]，清晰各部门执行校园足球政策的权责边界与归属至关重要。因此，通过政策法规等形式明确教育、体育等各部门责任分工的同时，有序探讨各基层部门对校园足球发展所需发挥的作用与功能，进而厘清各部门间的权力边界，按工作职能部署相关要求，制定权力公开、主体明确、职责清晰的权责清单。其次，基层部门定期与会协商，增强协同治理能力。由基层校园足球"领导小组"牵头，各参与部门负责人参与，定期召开本地区校园足球发展会议，形成多部门间的定期会商机制。同时，重视各部门权力配置的权能与效率，进行权力结构调整，"将权力配置给在该领域具备专业资源、最适合履行此项职能的部门"，利用部门专业优势推进校园足球政策目标实现[②]。最后，部门权责动态公开管理，灵活调整权责清单。各层级从各部门中选派一名骨干人员组建专班，分组编排权责运行流程图，面向社会群众公开，收集社会各界建言。并随着校园足球政策的颁布与修改，及时精准调整各部门相应权责清单，故此构建"上下联动、条块通抓、分级负责"简约高效的校园足球基层管理体制，确保基层校园足球政策执行"责任到人，条条落实，边界清晰，运转高效"。

（三）建立科学考核制度，确保基层政策持续发力

2018 年，教育部办公厅印发《关于加强全国青少年校园足球特色学校建设质量管理与考核的通知》，明确各省级校足办负责归属域内特色学校质量管理、检查、指导等工作，提出校长是学校质量建设第一责任人，这是针对基层校园足球活动开展的核心举措。目前，我国校园足球特色学校创建工作仍处于增量阶段，为确保特色学校创建质量，相关政策不断调整准入标准，开展监督与复核工作。但我国校园足球特色学校的考核标准与准入标准无差异[③]，学校考核一般采用质量评估与复核形式，难以体现考核的价值与现实意义，尚未形成科学、有效、务实的考核制度。同时，年度的专家小组

---

① 赵志远：《政府职责体系构建中的权责清单制度：结构、过程与机制》，《政治学研究》2021 年第 5 期，第 89~98+158 页。

② 邱林、张廷安、浦义俊等：《校园足球政策基层执行的逻辑辨析与治理策略——基于江苏省 Z 县及下辖 F 镇的实证研究》，《上海体育学院学报》2021 年第 3 期，第 49~59 页。

③ 杨献南、吴丽芳、李笋南：《我国校园足球试点县（区）管理的基本问题与应对策略》，《沈阳体育学院学报》2020 年第 5 期，第 40~48 页。

复核形式，难以持续跟进校园足球活动周期性的开展情况。加之，政策末端执行主体“权小、责大、易背锅”的学校面对考核压力生成“形式主义”“纸上功夫”“盲目追逐显性政绩”等应付式痼疾，我国基层校园足球政策难以健康、持续发展。首先，明确基层考核形式，采用奖惩激励措施。制定校园足球基层考核条例，设计相关考核内容，采用“月度走访+季度考核+年度总评”形式，确保每次考核真实有效。依据考核结果，激励或约束校园足球基层领导干部，对于三年考核优秀的干部进行物质奖励与荣誉嘉奖，对相关政策落实不到位的干部进行诫勉、督促改进或问责。其次，制定基层考核指标，完善考核指标体系。根据基层校园足球考核标准，量化其考核指标，形成规范、合理、有效的指标体系，促使基层校园足球高质量发展。同时，开展周期性的校园足球考核指标研讨会，根据实际执行情况更新基层考核指标，确保考核指标与时俱进，推动基层持续发展。最后，成立基层考核小组，形成跟踪考核机制。从各层级校足办抽调党员干部成立考核小组，做到每个县（区）有小组，每个小组负责10~20个学校，并定期召开例会进行工作汇报，做到常沟通、常督促，形成月月走访看问题、季度考核指问题、经常性“回头看”的考核机制，确保跟踪督导、考核效果扎实落地，保障校园足球政策基层执行持续发力。

二 构建均衡经济体系，筑牢基层资源支撑基础

（一）全面拓宽经费渠道，保障专项资金有效利用

2015年7月，教育部等6部门印发的《关于加快发展青少年校园足球的实施意见》指出：“探索建立政府支持、市场参与、多方筹措支持校园足球发展的经费投入机制。”[①] 但是，目前校园足球经费仍以政府拨款为主，资金来源受限，未形成有效的多方投入渠道。因此，为拓宽资金渠道助推校园足球快速发展，可以从以下几个方面进行优化。首先，设立校园足球专项资金。学校应单独设立校园足球专项资金，把政府、社会和学校的校园足球资金留存到专项资金中专款专用，真正把资金投入校园足球发展中，提高专

① 教育部等六部门：《关于加快发展青少年校园足球的实施意见》，http：//www. moe. gov. cn/srcsite/A17/moe_ 938/s3273/201508/t20150811_ 199309. html。

项资金利用率。同时，规范校园足球专项资金使用，做到资金流水公开透明。学校应通过校园公示栏、官方网站、公众号等公共平台对专项资金使用情况定期公示。地方政府设立校园足球基金督导小组，定期对当地校园足球专项资金使用情况进行核查。其次，完善层级资金投入机制。以校园足球发展重点领域为突破口，努力解决资金层级投入不透明、重复交叉等弊端。同时，省（区、市）、市各级政府应将校园足球专项经费纳入年度地方财政规划，对专项资金使用情况做到公开透明，促进资金合理有效落实。最后，构建校企双赢合作机制。政府通过采用相关经济手段，如税收减免、政策扶持等吸引社会企业进行投资，增加校企合作力度，实现合作共赢。另外，学校可建立“爱心校友会”，通过校友会慈善捐赠、赞助等方式筹措校园足球专项资金，邀请捐赠校园足球资金的校友现场观摩校园足球比赛，开展“校友杯”等足球活动，并授予其“荣誉校友”称号。

（二）制定场地建设规划，完善基础设施供给体系

没有足球场地便无法正常开展校园足球活动，基层在足球场地设施建设过程中应因地制宜开展场地建设，合理利用有限资金落实足球场地建设规划。首先，因地制宜建设足球场地。对于学校面积较小或处于城市中心的学校应选择建设5人制足球场地，对于条件资源良好的学校可以新建标准化足球场地或对原有场地设施进行升级优化，以满足更多学生对足球场地的需要。其次，合理利用资金，落实足球场地建设规划。政府通过制定相关政策充分利用公园绿地、工业厂房和商业建筑楼顶等闲置空间积极建造足球场地，并与当地俱乐部合作进行足球培训，吸引更多青少年参与足球运动，享受足球乐趣，更好满足校园足球发展“普及”目标。同时，吸引相关体育产业投资，促使体育集训、体育比赛、体育用品等行业聚集，形成体育产业化发展格局，利用产业优势兴办更多形式的足球比赛，提高地区校园足球知名度，为校园足球提供更有利的发展条件。最后，根据地方经济情况，合理建设不同材质足球场地。经济发展水平高、校园足球专项资金充裕的地区可以建设高质量真草或人造草坪足球场地，而在经济水平较低的城市或乡镇学校，可以建设传统塑胶场地或传统悬浮地板拼接场地来满足校园足球教学需要。

校园足球设施器材作为开展校园足球活动的重要媒介，在促进校园足球

发展以及青少年身心健康过程中发挥着重要作用。但我国校园足球器材设施存在中低端市场产品过剩而高端产品供给不足的情况。首先，学校应根据学生身体素质发展的敏感期选购合适的足球训练器材，借助设施器材进行无球或有球练习，增强学生身体素质，提高足球技术水平。其次，学校需制定细致的足球器材更换条例，充分利用足球专项资金及时更换损耗严重或存在安全隐患的设施器材。基层有关部门应完善足球器材监督机制，教育部门、体育部门制定足球器材设施检查标准，周期性对本地学校足球器材设施进行巡视查验。最后，完善高端产品供给需求。校园足球设施器材企业应重视产品科技含量，以满足市场对高端产品需求。例如，在校园中推广 KT 足球场等新颖足球产品，利用产品特性提高学生 1v1 或 2v2 等足球实战能力。

（三）完善师资培训体系，夯实基层校园师资力量

足球教师、教练员的数量与质量影响着校园足球的可持续发展。教育部印发《全国青少年校园足球特色学校基本标准（试行）》，要求每个学校至少有 1 名足球专项体育教师，学校每年需为校内体育教师和足球教练员提供 1 次以上的专业培训[①]。调查发现，足球专项体育教师数量仍存在较大缺口，难以满足中小学实际教学需求，基层校园足球需要大力推进师资队伍体系建设。首先，严格落实退役足球运动员和优秀教练员进校教学政策，通过扩宽招收渠道，建立科学、有效的考核机制。采用给予编制或签订合同等方式聘请具有良好足球运动经历的退役运动员和教练员至基层学校任教，并开展岗前培训，组织校内经验丰富的老师担任助教，保障青少年在足球启蒙阶段打好规范基础，更好开展校园足球活动。其次，完善足球师资培训体系。基层应建立层级衔接的教师培训制度，例如，为提高校园足球教师的专业知识素养和执教能力，市级培训班每季度应组织至少两次基层校园足球教练与裁判培训班，培训内容层层递进，通过培训考核的学员可获得相应资格证书。省级培训班按比例从市级培训班中选拔优秀学员继续开展培训课程。同时，还应完善足球师资评价体系。基层学校应制定相应的师资评价方案，主动与体育部门进行合作，实现足球教师和体育部门足球裁判员、教练员注册信息系

① 教育部办公厅：《全国青少年校园足球试点县（区）基本要求（试行）》，http：//www. moe. gov. cn/srcsite/A17/moe_ 938/s3273/201808/t20180829_ 346499. html。

统互通共享，不断激发足球教师的积极性和主动性。另外，抓好足球骨干教师培训。借助校园足球政策及专项足球资金支撑，积极采取“走出去，请进来”的方式，选派基层优秀骨干足球教师赴欧洲足球发达国家进行短期集中学习，并联系当地足球专家来到基层开展短期巡回培训，让更多基层足球教师学习先进足球理念。最后，基层学校应聘请专业足球讲师对校内非足球专项体育教师进行足球竞赛规则、足球训练教学等专业化培训，使非足球专项体育教师全面细致地掌握足球专业知识，提高足球专业素养，促进校园足球师资高质量发展。

三 净化社会文化环境，激发基层健康参与氛围

（一）树立科学教育观念，推进学校体育的刚需化

校园足球作为落实立德树人根本任务与树立健康第一教育理念的先头兵，在其发展过程中呈外延式发展，出现校园足球特色学校分布不均，足球体育课数量不足、质量不优等问题，从侧面反映出我国学校体育地位较低。究其原因：一是当今社会普遍存在偏激的教育评价导向理念，具体体现为“唯分数、唯升学、唯文凭、唯论文、唯帽子”等顽瘴痼疾。此种教育观念在各类社会群体的思想中根深蒂固，无形中阻碍校园足球活动的正常开展。二是学生的运动观念，家长的教育理念，学校领导的办学思路等共同构成教育领域的底层逻辑，决定学生参与校园足球活动的积极性，在一定程度上影响校园足球的开展成效。

首先，在学生运动观念层面，树立正确的足球运动观念需要激发学生对足球的“需要”，促使学生形成强烈的参与动机。“需要”是个体认知到自身对某种重要事物的匮乏和不足；“动机”则是一种行动的意图和驱动力，它推动人们通过某种行为以满足自身需要①。帮助学生树立正确的运动观念，一方面，政府、学校和社会媒体应承担相应责任，通过探索优质的宣传手段增强示范效应，使学生产生对足球运动的需要，并将学生需要进一步转变为动机，在更多学生群体内心埋下足球的“种子”；另一方面，帮助学生在某项运动中获得乐趣和成就感，使学生能够自发地参与体育运动，因此，

---

① 阎海峰、郭毅：《组织行为学》，高等教育出版社，2016。

学校在开展各种体育活动时应对学生进行因势利导，在教法和练法中注重趣味性，使学生熟练掌握运动技术技能并在比赛中体验成功和失败。表扬和鼓励学生，培养学生健康积极的运动习惯，使学生心理得到深层次的体育参与满足感。其次，在家长教育理念层面，一方面，教师与学校应大力宣传德智体美劳全面发展的教育理念，通过家校之间的深入交流与通力合作，重塑家长的“人才观”，改变家长的教育短视行为，从内部提高家长对子女参与体育运动的支持度。另一方面，《关于进一步减轻义务教育阶段学生作业负担和校外培训负担的意见》印发，通过减轻学生作业负担，提升学校课后服务水平以及规范校外培训行为等措施对我国教育现状进行科学治理，给学校体育带来快速发展的机遇。该政策对家长教育观念提供有力的导向性保障，家长应该主动接受政策，根据政策指引在学习兴趣、学习习惯、职业规划等方面综合为子女教育进行规划。最后，在学校教育思路层面，学校应整改不良教育观，坚持学生身体素质水平与文化学习成绩并举。学校在唯分数论、唯升学论的风向标下，普遍存在功利性教育观，学校体育遭受冷落。我国学生智育成绩虽在牺牲学校体育时间的基础上得到提升，但学习效率并未有所增进。2018 年，经济合作与发展组织（OECD）对 79 个参测国家（地区）的 15 岁学生进行抽样测试，国际学生评估项目（PISA2018）的测试结果①显示：中国学生在阅读、数学、科学三项关键能力素养上的成绩排名第一，但总体学习效率较低，三项科目学习效率排名分列第 44 位、第 46 位、第 54 位；学生幸福感偏低：学生的学校归属感指数为-0.19，排第 51 位，学校满意度平均分为 6.64 分，排第 61 位。“通过长时间低效率学习取得高智育成绩”的现象值得国内学校反思。为破解困局，一方面，应该加强学校对“积极休息”的认识，切实保障体育课、体育大课间、体育社团活动等学校体育活动的时间和成效，从生理学和心理学角度缓解学生疲劳，进而提升学习效率；另一方面，在体育进入中考、高考的新阶段，学校需认识到体育日渐成为学生刚需，全力配合地方政府贯彻教育评价体系改革，构建科学的学校评价体系，真正提高学校体育地位，为校园足球高质量发展奠定

---

① 中华人民共和国教育部政府门户网站：《PISA2018 测试结果正式发布》，http://www.moe.gov.cn/jyb_xwfb/gzdt_gzdt/s5987/201912/t20191204_410707.html。

基础。

（二）吸引校外力量参与，融合校园内外资源优势

校园足球体制革新应与国家治理体系改革方向一致，政府在推进校园足球体制革新过程中，应通过新型治理范式寻求政府、市场、社会多元治理主体的协同发展①。职业足球俱乐部作为体育产业的市场主体，凭借自身企业属性和社会影响力，在经营过程中必须承担相应社会责任②。我国职业足球俱乐部在“营利性企业”和“社会性企业”的定位中模糊不清，导致足球俱乐部在运营发展中遇到不可避免的问题，即“是以国家利益、社会利益等综合利益最大化为目标，还是以市场利益最大化为目标?”③ 反观日本，以足球职业联赛（J联赛）为例，J联赛规定足球俱乐部必须落户日本某一特定区域，要求其从根本上融入当地社会，确保俱乐部与当地居民、自治体和企业构成三位一体的格局，并逐渐衍生出“地域密着型”理念，表明J联赛制度设计的最终目的：“职业足球俱乐部与当地社会实现共治、共有和共享”。为探索校园足球高效发展新路径，我国校园足球职能部门应构建“政府主导，行业协会支持，社会力量参与”的治理格局。首先，搭建多元主体参与平台，增强政府与社会各部门间协调工作能力。在运行机制方面，有序进行多元共治，科学进行资源调配，合理进行利益分配，参与主体由独立工作形式向集体工作形式转变。其次，树立“大青训”理念，推进普及与提高协同发展。接受政府部门监管，大力推进职业俱乐部青训与校园足球、社区足球以及草根足球间的互动与融合。通过任教制度创新，充分利用和发挥足球系统的专业人才优势，将职业足球俱乐部、社会青训机构内的专业足球人才引入学校，通过跨校上课形式，使师资资源在学区范围内合理流动，以缓解校园足球师资不足问题。

（三）提升质量为先标准，构建内涵式发展新局面

我国社会主要矛盾转化为“人民日益增长的美好生活需要和不平衡不

---

① 邱林、王家宏：《国家治理现代化进程中校园足球体制革新的价值导向与现实路径》，《上海体育学院学报》2018年第4期，第19~25页。

② 张程锋：《职业足球俱乐部社会责任价值创造研究》，上海体育学院博士学位论文，2018。

③ 梁伟、曹田夫：《多重制度逻辑下中国职业足球俱乐部的发展困境与改革路径》，《北京体育大学学报》2022年第6期，第119~128页。

充分的发展之间的矛盾”后，以习近平同志为核心的党中央深刻认识并把握中国当前经济发展规律，提出我国经济需由高速增长阶段向高质量发展阶段迈进。我国经济发展经历的两个时期中经济规模不断扩大，城乡和区域间发展差距也逐渐拉大，导致农业农村、生态保护、公共服务等方面的质量提升缓慢。当前，经济规模的高速发展已不是主流，国家提出要通过内涵式发展提升整体经济质量。校园足球发展应汲取国家经济发展经验，在吸纳社会各方力量时坚持规模发展与质量发展相统一，兼顾“普及”与“提高”，着力提升学生教育质量①。首先，校园足球发展需要顶层设计与基层创新协调配合，顶层设计应实事求是地考虑基层实际条件，因地制宜地制定政策，基层要严格执行政策目标任务，鼓励自主创新，将基层执行经验凝练后辐射推广。其次，校园足球在教学、训练和比赛中要以足球运动为载体，贴切教育本质和足球属性，杜绝形式主义色彩的校园足球，培养真正的足球参与者。最后，校园足球应该适度改变“寻求数字化激增”的发展思路，合理配置资源，做好保障工作，尽快解决校园足球在快速扩张期产生的资源稀缺和分配不均等问题。着重关注因资源条件限制而无法经常性参与足球运动的学生群体，将其转化为具有高度参与性的实质足球人口，避免校园足球陷入“泡沫式”发展②。

---

① 傅鸿浩：《我国校园足球内涵式发展研究》，北京体育大学博士学位论文，2016。

② 李丰荣、龚波、朱保成等：《足球人口的概念释疑、政策误区及创新发展思路》，《武汉体育学院学报》2020 年第 12 期，第 33~39 页。

第七章　结论

结论一：厘清校园足球政策基层执行的基本概念，为研究校园足球政策基层执行困境建立逻辑前提。校园足球是以学生为主体，以学校为依托，在校内外进行的普及足球人口与培养足球后备人才的一系列活动的总称。校园足球政策基层执行则定义为：校园足球相关政策在县（区）及其统辖下的教育、体育等行政机构综合运用政策资源与工具，通过相关组织机构对校园足球目标群体进行解释、宣传、实施、协调与监控等各种行动，将政策观念化的文本、内容转化为实际效果，从而实现校园足球政策既定目标的动态活动过程。

结论二：借助史密斯政策执行模型，从四个维度对校园足球政策基层执行进行全面剖析研究，了解其真实的发展现状与困境表征。（1）政策方面，①政策体系不健全对校园足球政策基层执行的限制：政策源头定位混乱，整体布局呈现涣散局面；顶层设计过于理想，基层步调无法同频；多层维度无法保障，投入力度欠缺。②政策内容不切实际对校园足球政策基层执行的阻滞：目标延续性不足，基层配套缺乏考量；内容表述模糊，政策寓意偏于宽泛。③政策制定过程不合理对校园足球政策基层执行的阻碍：制定主体趋向单一，部门之间缺少协同；制定环节存在缺失，政策效力难以显现。④社会认知不充分对校园足球政策基层执行的困阻：执行人员认知异化，利己观念严重；目标群体理解浅显，思维模式固化；社会媒体关注偏离，宣传重点失衡。（2）执行机构方面，①基层执行组织与校园足球政策基层执行尚未契合：组织结构尚不健全，沟通治理亟须完善；职责划分并未明确，沟通合作深度不足；执行机制有待改善，运转体系缺乏连贯。②基层执行人员与校园足球政策基层执行有待嵌合：专业知识不足，职业素养缺乏；价值理念错位，预期目标偏离；执行方式异化，多元融合不足。(3) 目标群体方面，①校长群体对校园足球政策基层执行的羁绊：认知理解偏差，发展轨道相偏离；收益效果不佳，相关政策难遵从；消极态度迁移，体育政策低重视。②家长群体对校园足球政策基层执行的纷扰：群体构成复杂，组织化程度较低；缺乏政策认同，相关政策难服从；误解先前政策，错误观念累积。③教师群体对校园足球政策基层执行的阻滞："质""量"发展不均衡，专项培训待提高；压力动力不匹配，政策预期信心低；政策经验负迁移，教学质量提升受阻碍。④学生群体对校园足球政策基层执行的困阻：学习压力较大，参与动力不充足；活动形式单一，参与率不理想；主动意识不强，运动习惯难养成。(4) 政策环境方面，①基层政治生态虚置对校园足球政策基层执行的阻塞：制度建设疏漏，执行效果不佳；权责归属失衡，运转过程割裂。②基层经济环境失序对校园足球政策基层执行的掣肘：经费渠道有限，经济配置失衡；场地建设受限，设施供需错位。③基层社会环境俗化对校园足球政策基层执行的制约：教育观念陈旧，发展问题凸显；足球文化落后，舆论氛围偏激。

结论三：我国校园足球政策基层执行困境的成因需要考虑各利益相关者之间的利益博弈，不同群体之间的利益诉求存在着差异性。根据利益相关者理论，本书最终确定校园足球政策基层执行的 14 个利益相关者，包括：教育部体卫艺司、教育部学生体育协会、国家体育总局青少司、全国校足办、县（区）政府、县（区）体育部门、县（区）教育部门、县（区）校足办、校长、学生、家长、教练、媒体、赞助商。基于利益相关者的利益诉求差异性，将利益博弈关系分为对称性隶属关系的"监督—管理"利益博弈和不同系统地位对等的"竞争—合作"利益博弈。此外，构建以"比较利益人"假设为基础的校园足球政策基层执行利益博弈模型，分别为"监督—管理"模型和"竞争—合作"模型，并对模型进行求解、分析和案例检验，最后得出影响校园足球政策基层执行利益博弈的主要因子，包括监管者所获实际效用，监管付出的成本、"抵制政策"策略下监管所能挽回的损失、"抵制政策"策略下的谅解补偿成本、监管成功概率、利益诉求因子。

结论四：通过文献资料、实地调查、专家访谈等研究方法，借助史密斯政策执行模型，从四个维度系统归纳足球运动发达国家在青少年足球政策执行与治理方面的先进经验，整合其发展历程和特征，并对其进行客观的审视与研判，汲取适合我国基本国情的适行理念。（1）政策方面，①英国：校园足球政策以主体政策为核心，从师资培训、资金筹措、场地建设等方面出台配套政策，并建立相应的法律规范。②法国：顶层设计出台了较为细致的行动大纲，基层政府只需依据大纲方向制定具体的行动计划，大大增强了政策的基层执行力度。③韩国：校园足球政策的发布和变动多以基层实际开展情况来修订，基层政策更具有针对性，且围绕学生核心利益进行制定，并将学生的文化学习与运动训练协同并进。④日本：以“百年计划”为政策制定的核心目标，结合世界前沿的足球理念对日本赛事体系、培养体系、足球文化、教练员、裁判员、场地设施等相关因素进行政策体系建构。（2）执行机构方面，①英国：校园足球有着明确的管理主体以及自上而下的垂直管理机制，校园足球协会主要负责校园足球的相关事务，协会体系下的各种职能部门负责将上级意志落实与实施。②法国：采用政府与足协合作的结合型管理体制，体育部通过签订协议的方式与法国足协进行合作，规定足协的发展目标与任务，且不直接干涉足协的具体事宜。③韩国：顶层执行机构在整体规划上统筹兼顾，坚持以学生为本，并将权力逐步下放至基层。④日本：文部科学省作为政府行政机构起到宏观的监督和指导作用，负责将足球管理事务分配到相应部门并实施监督。（3）目标群体方面，①英国：足球教师在训练中所获得的知识内容更加全面化、多元化，并在实践中分阶段进行考核，以更好地适应青少年发展。②法国：针对目标群体的不同特征和角色功能进行政策制定，不同目标群体的利益需求会被考虑。③韩国：目标群体的利益诉求得到充分的重视和满足，其对政策的信任度使校园足球得到快速发展。④日本：日本校园足球注重目标群体的优质化培养，致力于足球人才反哺校园足球的良性循环效应的营造，并与本国民族文化紧密结合。（4）政策环境方面，①英国：青少年足球已形成了完整的足球体系链条，足球政策体系已趋向完善并执行通畅，尤其是基层青少年校园足球群体十分庞大，形成了基于草根足球的全民参与氛围。②法国：在人力资源、场地设施、财政资源和权威资源四方面的完善保障下构建了层次错落的青少年足球发展体系。③韩国：将民族尊严与爱国主义情怀注入校园足球发展体系之中，使青少年建立民族责任感与优越性，并逐渐形成其独具特色的应援文化。④日本：将专项资金视为政策环境的核心要素，借助足球基金吸纳多方资源，使得校园足球开展拥有充足的经费保障。

结论五：我国校园足球政策基层执行的治理路径为：（1）政策方面，①完善政策顶层设计，引领基层执行体系建设；②同步配套基层政策，健全校园足球政策体系；③扭转基层认知偏差，建立社会政策统一共识。（2）执行机构方面，①改革基层组织体系，重塑基层部门协作秩序；②提升执行人员素质，约束政策基层执行异化；③整合多方执行主体，形塑基层多元治理格局。（3）目标群体方面，①加强政策宣传力度，强化政策执行基层解读；②重视基层教育培训，优化基层目标群体行为；③寻求基层良性互动，实现目标群体利益诉求。（4）政策环境方面，①营造和谐制度环境，保障基层实践有效落地；②构建均衡经济体系，筑牢基层资源支撑基础；③净化社会文化环境，激发基层健康参与氛围。

此外，校园足球政策基层执行是推动校园足球全面可持续发展的关键环节，本研究借助史密斯政策执行过程模型，围绕三个核心问题展开深入研究。①校园足球政策基层执行的困境是什么？②在利益博弈视域下，校园足球政策基层执行机制及成因如何？③如何从基层治理角度探寻政策有效执行的路径？在解读校园足球政策基层执行基本概念与内涵的基础上，从理想化政策、执行机构、目标群体和政策环境四个维度出发，对我国校园足球基层发展现状进行摸底调查，深度剖析校园足球政策基层执行过程中存在的问题，并综合历史、现实和国际经验几个方面的逻辑因素，提出了我国校园足球政策基层执行的治理路径。但由于本书篇幅所限以及笔者理论基础薄弱，研究中仍存在不足和尚未涉及之处。

（1）本研究场域聚焦于基层地区，研究视域可进一步拓宽，后续可针对校园足球政策执行层面进行探索，在宏观与中观层面深入研究，推动校园足球政策执行研究的快速发展。此外，在调查对象的选取上，本研究根据地理区域划分，主要选取了 15 个全国校园足球试点县（区）进行实地考察，调研对象选取主要基于以下两方面原因，一是典型中体现普遍，全国校园足球试点县（区）在校园足球发展中依然面临着其他县域政策执行的共性问题，是基层校园足球发展的缩影，可提炼出具有普遍性与规律性的基层政策执行问题，进而了解我国校园足球政策基层执行的行为逻辑。二是普遍中体现典型，全国校园足球试点县（区）有较好的发展基础与政策扶持，有着“先试先行”的典范作用，在发展过程中经历了许多县域校园足球未曾遇到的政策执行困境，可总结出一些具有代表性的经验与教训，为校园足球政策基层执行治理提供参考。在校园足球未来发展中可选取普通县域进行调研，探寻其“原生状态”发展规律与实际困境。

（2）首先，本研究虽然对校园足球政策基层执行的利益相关者进行识别，但是并没有根据相应的标准和要求进一步细致分类，只是初步确立了利益相关者的整体框架和大致类别，缺少更加具体的分析维度。其次，在困境成因与机制部分，本课题只是针对一对一的利益博弈关系进行了具体分析，至于一对多和多对多的利益博弈关系并未涉及。此外，利益相关者中的媒体、县（区）政府和赞助商等，由于其利益博弈的形式较为隐晦，笔者同样没有对其两两博弈的关系展开分析。最后，为简化研究过程，笔者将校园足球政策基层执行博弈模型简化为不完全信息静态博弈模型，但在进行实地调研、专家访谈等研究基础上发现实际的校园足球政策基层执行中不同类型的利益博弈是普遍存在的。我国校园足球政策基层执行研究尚处“起步阶段”，在理论与实践发展中还有许多尚未涉及的研究领域，在未来的发展中也会遇到许多现实发展中的客观问题，因此，我们的研究应紧密结合现实发展需要，从基层执行的实际进程中发现问题，为校园足球的可持续发展提供创新思路。笔者认为，本书后续研究可从利益相关者分类后的利益博弈关系入手，无论是一对多或是多对多的利益博弈关系都可纳入研究范围，同时，对多种博弈类型进行重复博弈分析，充分考虑动态博弈和完全信息博弈在政策基层执行中的影响，为校园足球政策基层执行的有效推进提供理论基础。

参考文献

[1] 王慧丽：《我国学生体质健康现状分析》，《山东体育学院学报》2007年第6期。

[2] 殷华方、潘镇、鲁明泓：《中央—地方政府关系和政策执行力：以外资产业政策为例》，《管理世界》2007年第7期。

[3] 骆勇：《发展型社会政策视角下的城乡社保一体化问题的研究——以苏州市为例》，复旦大学博士学位论文，2011。

[4] 付昌奎、邬志辉：《教育扶贫政策执行何以偏差——基于政策执行系统模型的考量》，《教育与经济》2018年第3期。

[5] 钱再见：《论政策执行中的政策宣传及其创新——基于政策工具视角的学理分析》，《甘肃行政学院学报》2010年第1期。

[6] 定明捷：《政策执行的组织视角》，《理论探讨》2006年第2期。

[7] 汪霞：《我国公共政策自组织执行的价值维度及策略——以被组织与自组织理论为视角》，《天津行政学院学报》2011年第1期。

[8] 孙宗锋、孙悦：《组织分析视角下基层政策执行多重逻辑探析——以精准扶贫中的"表海"现象为例》，《公共管理学报》2019年第3期。

[9] 李元珍：《政策网络视角下的府际联动——基于重庆地票政策执行的案例分析》，《中国行政管理》2014年第10期。

[10] 王春福：《政府执行力与政策网络的运行机制》，《政治学研究》2008年第3期。

[11] 杨成伟、唐炎、张赫等：《青少年体质健康政策的有效执行路径研究——基于米特-霍恩政策执行系统模型的视角》，《体育科学》2014年第8期。

[12] 孙思明：《上海市垃圾分类政策执行过程研究》，《现代经济信息》2019年第23期。
[13] 崔自勤：《我国异地高考政策执行现状、问题及对策分析》，《教学与管理》2018年第34期。
[14] 杨波：《论基本公共服务均等化的演进特征与变迁逻辑——基于2006~2018年政策文本分析》，《西南民族大学学报》（人文社科版）2019年第5期。
[15] 周娅、张振改：《我国学前教育政策工具选择的演变分析》，《学前教育研究》2017年第1期。
[16] 吴庆：《我国政策执行研究现状的实证分析》，《中国青年政治学院学报》2005年第2期。
[17] 唐文玲、王娟：《中学学校体育政策执行现状实证研究——以上海市20所中学为例》，《上海体育学院学报》2014年第6期。
[18] 田昊、李娉：《中国情境下公共政策执行主要问题的转变及其制度分析》，《中国行政管理》2019年第5期。
[19] 陈家建、张琼文：《政策执行波动与基层治理问题》，《社会学研究》2015年第3期。
[20] 刘峥、唐炎：《公共体育服务政策执行阻滞的表现、成因及治理》，《体育科学》2014年第10期。
[21] 皇甫林晓、代蕊华：《义务教育教师绩效工资政策执行困境与破解之道——基于史密斯政策执行过程模型的视角》，《教育科学研究》2020年第3期。
[22] 王余生：《横向政府间公共政策执行的博弈分析——基于集体行动逻辑的视角》，《北京理工大学学报》（社会科学版）2017年第2期。
[23] 宋林霖、彭丰民：《横向府际间公共政策执行博弈的困境——以集体行动的逻辑为视角》，《国家行政学院学报》2011年第4期。
[24] 丁煌、李晓飞：《公共政策执行过程中道德风险的成因及规避机制研究——基于利益博弈的视角》，《北京行政学院学报》2010年第4期。
[25] 曹永盛、朱娜娜：《利益博弈视角下中央政策执行的科层制损耗》，《领导科学》2016年第11期。

[26] 陈世香、邹胜男:《地方政府公共文化政策执行阻滞的生成逻辑——基于制度环境三维度理论框架的分析》,《上海行政学院学报》2019年第3期。
[27] 陈家建、边慧敏、邓湘树:《科层结构与政策执行》,《社会学研究》2013年第6期。
[28] 丁煌、定明捷:《"上有政策、下有对策"——案例分析与博弈启示》,《武汉大学学报》(哲学社会科学版)2004年第6期。
[29] 宋雄伟、张婧婧:《政策执行与科层结构中的"关键学习者"》,《经济社会体制比较》2018年第3期。
[30] 陈佳、高洁玉、赫郑飞:《公共政策执行中的"激励"研究——以W县退耕还林为例》,《中国行政管理》2015年第6期。
[31] 冉冉:《道德激励、纪律惩戒与地方环境政策的执行困境》,《经济社会体制比较》2015年第2期。
[32] 杨宏山:《创制性政策的执行机制研究——基于政策学习的视角》,《中国人民大学学报》2015年第3期。
[33] 周雪光:《基层政府间的"共谋现象"——一个政府行为的制度逻辑》,《社会学研究》2008年第6期。
[34] 朱亚鹏、刘云香:《制度环境、自由裁量权与中国社会政策执行——以C市城市低保政策执行为例》,《中山大学学报》(社会科学版)2014年第6期。
[35] 贺红芳:《普惠性幼儿园政策执行的制约因素与路径选择——基于史密斯政策执行过程模型的分析》,《教育科学》2017年第6期。
[36] 王诗宗、杨帆:《基层政策执行中的调适性社会动员:行政控制与多元参与》,《中国社会科学》2018年第11期。
[37] 贺东航、孔繁斌:《中国公共政策执行中的政治势能——基于近20年农村林改政策的分析》,《中国社会科学》2019年第4期。
[38] 吴少微、杨忠:《中国情境下的政策执行问题研究》,《管理世界》2017年第2期。
[39] 丁煌、汪霞:《地方政府政策执行力的动力机制及其模型构建——以协同学理论为视角》,《中国行政管理》2014年第3期。

[40] 李屹松：《政策协同视角下公共体育服务政策优化路径研究》，《北京体育大学学报》2019 年第 7 期。

[41] 丁煌、周丽婷：《地方政府公共政策执行力的提升——基于多中心治理视角的思考》，《江苏行政学院学报》2013 年第 3 期。

[42] 王越：《精准扶贫政策的基层执行偏差及矫正》，《现代经济信息》2019 年第 10 期。

[43] 张冬、胡善平：《留守儿童关爱保护政策基层执行困境及优化对策研究》，《渭南师范学院学报》2019 年第 9 期。

[44] 蓝婷：《基于政策执行过程中的冲突视角分析基层治理的困境》，《中国农业会计》2022 年第 1 期。

[45] 郭劲光、王杰：《“调适性联结”：基层政府政策执行力演变的一个解释》，《公共管理学报》2021 年第 2 期。

[46] 白钰：《基层治理政策执行组织结构碎片化的表征与系统性矫治》，《领导科学》2022 年第 1 期。

[47] 安琪尔、格日勒图：《提高公共政策在基层执行过程中的有效互动》，《智库时代》2019 年第 27 期。

[48] 散易梅：《改革开放以来中国足球政策研究》，上海体育学院硕士学位论文，2018。

[49] 任振朋：《改革开放以来我国青少年足球政策发展演变研究》，福建师范大学硕士学位论文，2017。

[50] 时维金、万宇、沈建华等：《基于政策工具视角下的中国足球改革发展总体方案》，《武汉体育学院学报》2016 年第 2 期。

[51] 李军、李传兵：《地域差异性视角下政策工具选择对校园足球改革发展的影响》，《湖北体育科技》2020 年第 7 期。

[52] 游梦佳：《中超联赛 U23 政策执行效果及提升对策研究》，成都体育学院硕士学位论文，2019。

[53] 杨铄：《职业足球运动员出场年龄特征问题研究：国家队、联赛与 U23 政策》，《中国体育科技》2019 年第 4 期。

[54] 戴狄夫、金育强：《我国校园足球政策执行的利益辨识与制度规引》，《武汉体育学院学报》2018 年第 10 期。

[55] 邱林：《利益博弈视域下我国校园足球政策执行研究》，北京体育大学，2015。
[56] 陈尧、刘志云、胡建忠等：《我国青少年校园足球政策网络分析：变迁、特征、问题与破解》，《第十一届全国体育科学大会论文摘要汇编》，2019。
[57] 欧阳井凤：《对我国校园足球政策执行阻滞的审视》，《湖北体育科技》2019 年第 11 期。
[58] 梁伟：《中国职业足球改革发展政策传导研究》，《体育文化导刊》2017 年第 4 期。
[59] 李亮：《我国足球运动员归化政策有效执行的路径研究》，《河北体育学院学报》2021 年第 3 期。
[60] 戚海亮：《我国校园足球政策执行的异化现象》，《体育世界》（学术版）2019 年第 10 期。
[61] 任振朋、崔永衡：《校园足球政策执行环境分析》，《韶关学院学报》2016 年第 8 期。
[62] 姜南：《我国校园足球政策执行的制约因素与路径选择——基于史密斯政策执行过程模型的视角》，《中国体育科技》2017 年第 1 期。
[63] 李锦琼、王德慧、李丽慧：《“米特—霍恩”模型视角下校园足球发展政策执行问题研究》，《体育研究与教育》2018 年第 5 期。
[64] 曾俊可、杨成伟、胡用岗：《我国校园足球政策执行困境及优化策略研究——基于爱德华政策执行模型视角》，《体育科技文献通报》2021 年第 10 期。
[65] 柳鸣毅、丁煌：《基于路线图方法的我国青少年校园足球治理体系研究》，《武汉体育学院学报》2017 年第 1 期。
[66] 李亮：《我国足球运动员归化政策有效执行的路径研究》，《河北体育学院学报》2021 年第 3 期。
[67] 蒋中伟、刘露、艾志远等：《基于善治理论的我国校园足球治理机制研究》，《沈阳体育学院学报》2019 年第 3 期。
[68] 史强、胡晨：《校园足球政策执行效果及影响因素分析》，《当代体育科技》2020 年第 17 期。

[69] 张振华、袁初华、曹泽华：《论我国青少年校园足球政策执行梗阻与革除》，《当代体育科技》2017 年第 34 期。
[70] 于文谦、孙法亮、王大鹏：《我国校园足球政策执行效果评价指标体系构建》，《天津体育学院学报》2021 年第 2 期。
[71] 孟青、刘鎏、王永顺：《福建省校园足球公共政策执行绩效评价指标》，《体育科学研究》2017 年第 4 期。
[72] 缪律、史国生、丁永亮等：《我国校园足球政策特征与优化建议——基于 2009~2019 年政策文本分析》，《体育文化导刊》2020 年第 8 期。
[73] 邹月辉、解文洁：《我国校园足球政策演进特征及展望》，《体育文化导刊》2021 年第 3 期。
[74] 邱林、戴福祥、张廷安等：《我国校园足球政策执行效果及主要影响因素分析》，《体育学刊》2016 年第 6 期。
[75] 任振朋、崔永衡、李建伟：《影响校园足球政策执行的因素分析》，《体育研究与教育》2016 年第 4 期。
[76] 吕娜、吴明深：《校园足球试点县特色学校政策执行的影响因素分析——以辽宁省法库县为例》，《体育成人教育学刊》2017 年第 5 期。
[77] 梁朱贵、李斌：《现实困境与突围策略：中小学校园足球发展研究》，《长沙大学学报》2020 年第 5 期。
[78] 刘宗超、于冬晓：《政策网络视域下我国校园足球政策执行的问题与出路》，《河北体育学院学报》2016 年第 4 期。
[79] 肖明：《陇南市校园足球特色学校足球活动执行力调查研究》，西北师范大学硕士学位论文，2019。
[80] 邱林：《我国校园足球政策执行的主要变量与路径优化——基于梅兹曼尼安-萨巴提尔政策执行综合模型分析》，《体育学研究》2020 年第 4 期。
[81] 刘仕梅：《基于霍恩-米特模型的南充市校园足球政策执行研究》，西华师范大学硕士学位论文，2021。
[82] 孙锦绣、许九奎、刘军伟等：《基于史密斯模型的校园足球政策执行分析》，《体育文化导刊》2021 年第 2 期。
[83] 张兴泉：《制度环境视角下我国校园足球政策执行纠偏策略研究》，

《沈阳体育学院学报》2020年第1期。

[84] 姜南、侯学华:《我国校园足球政策执行动力系统及优化路径分析——以协同学理论为视角》,《山东师范大学学报》(自然科学版)2017年第1期。

[85] 李秀萍:《责任原理视角下我国校园足球政策执行的问题与路径研究》,《2020年第四届中国足球文化与校园足球发展论文摘要集》,2020。

[86] 邱林、张廷安、浦义俊等:《校园足球政策基层执行的逻辑辨析与治理策略——基于江苏省Z县及下辖F镇的实证研究》,《上海体育学院学报》2021年第3期。

[87] 张国庆:《公共政策分析》,复旦大学出版社,2004。

[88] 陈振明:《公共政策分析》,中国人民大学出版社,2002。

[89] Lasswell H. D., Lerner D., Fisher H. H. The Policy Sciences: Recent Developments in Scope and Method [M]. California: Stanford University Press, 1951.

[90] Goggin M. L., Bowman A. O. M., Lester J. P. Implementation Theory and Practice: Toward A Third Generation [M]. Glenview, ILL: Scott Foresman & Company, 1990.

[91] Pressman J. L., Wildavsky A. Implementation: How Great Expectations in Washington are Dashed in Oakland; Or, Why It's Amazing that Federal Programs Work at All, This Being A Saga of the Economic Development Administration as Told by Two Sympathetic Observers Who Seek to Build Morals on A Foundation [M]. California: University of California Press, 1984.

[92] Goggin M. L. The "Too Few Cases/Too Many Variables" Problem in Implementation Research [J]. Western Political Quarterly, 1986, 39 (2): 328-347.

[93] Barrett S., Fudge C. Policy and Action: Essays on the Implementation of Public Policy [M]. New York: Methuen, 1981.

[94] Van Meter D. S., Van Horn C. E. The Policy Implementation Process: A

Conceptual Framework [J]. Administration & Society, 1975, 6 (4): 445-488.

[95] Sabatier P., Mazmanian D. The Conditions of Effective Implementation: A Guide to Accomplishing Policy Objectives [J]. Policy Analysis, 1979, 5 (4) 481-504.

[96] Derthick M. New Towns in-Town: Why A Federal Program Failed [M]. Washington: Urban Institute Press, 1972.

[97] Bardach E. The Implementation Game: What Happens after A Bill Becomes A Law [J]. American Political Science Review, 1977, 72 (4): 323-1399.

[98] Schofield J. Time for A Revival? Public Policy Implementation: A Review of the Literature and An Agenda for Future Research [J]. International Journal of Management Reviews, 2001, 3 (3): 245-263.

[99] Cooksey B., Kikula I. S. When Bottom Up Meets Top Down: The Limits of Local Participation in Local Government Planning in Tanzania [M]. Dar es Salaam, Tanzania: Mkukina Nyota Publishers, 2005.

[100] Nakamura R T, Smallwood F. The Politics of Policy Implementation [M]. New York: St. Martin's Press, 1980.

[101] Baier V E, March J G, Saetren H. Implementation and Ambiguity [J]. Scandinavian Journal of Management Studies, 1986, 2 (3-4): 197-212.

[102] Thomann E., van Engen N., Tummers L. The Necessity of Discretion: A Behavioral Evaluation of Bottom-up Implementation Theory [J]. Journal of Public Administration Research and Theory, 2018, 28 (4): 583-601.

[103] Isidiho A. O., Sabran M. S. B. Evaluating the Top-bottom and Bottom-up Community Development Approaches: Mixed Method Approach as Alternative for Rural Un-educated Communities in Developing Countries [J]. Mediterranean Journal of Social Sciences, 2016, 7 (4): 266.

[104] Elmore R. F. Backward Mapping: Implementation Research and Policy Decisions [J]. Political Science Quarterly, 1979, 94 (4): 601-616.

[105] Hjern B., Porter D. O. Implementation Structures: A New Unit of Administrative Analysis [M]. Heidelberg: Realizing Social Science Knowledge Physica, 1983.

[106] Berman P. Thinking about Programmed and Adaptive Implementation: Matching Strategies to Situations [J]. Why Policies Succeed or Failed, 1980, (8): 205-227.

[107] Hull C. J., Hjern B. Helping Small Firms Grow: An Implementation Approach [M]. New York: Croom Helm, 1987.

[108] Maynard-Moody S., Musheno M., Palumbo D. Street-wise Social Policy: Resolving the Dilemma of Street-level Influence and Successful Implementation [J]. Western Political Quarterly, 1990, 43 (4): 833-848.

[109] Maynard-Moody S. W., Musheno M. C., Musheno M. C. Cops, Teachers, Counselors: Stories from the Front Lines of Public Service [M]. Michigan: University of Michigan Press, 2003.

[110] Riccucci N. M. Street-level Bureaucrats and Intrastate Variation in the Implementation of Temporary Assistance for Needy Families Policies [J]. Journal of Public Administration Research and Theory, 2005, 15 (1): 89-111.

[111] Riccucci N. M., Van Ryzin G. G., Li H. Representative Bureaucracy and the Willingness to Coproduce: An Experimental Study [J]. Public Administration Review, 2016, 76 (1): 121-130.

[112] Jilke S., Tummers L. Which Clients are Deserving of Help? A Theoretical Model and Experimental Test [J]. Journal of Public Administration Research and Theory, 2018, 28 (2): 226-238.

[113] Henderson A., Ţiclău T., Balica D. Perceptions of Discretion in Street-level Public Service: Examining Administrative Governance in Romania [J]. Public Performance & Management Review, 2018, 41 (3): 620-647.

[114] Geidne J., Fröding K., Montin S., et al. Implementation Structure and

Participation at Neighbourhood Level—A Multiple Case Study of Neighbourhood Development in Sweden [J]. Systemic Practice and Action Research, 2012, 25 (4): 305-322.

[115] Carlsson Stylianides K., Bejerholm U., Denvall V., et al. Implementation Structures at Work. Exploring Implementation and De-implementation Attempts Regarding Housing First and Individual Placement and Support [J]. Social Policy & Administration, 2022, 56 (4): 617-631.

[116] Schofield J. Time for A Revival? Public Policy Implementation: A Review of the Literature and An Agenda for Future Research [J]. International Journal of Management Reviews, 2001, 3 (3): 245-263.

[117] Matland R. E. Synthesizing the Implementation Literature: The Ambiguity-conflict Model of Policy Implementation [J]. Journal of Public Administration Research and Theory, 1995, 5 (2): 145-174.

[118] Ryan N. Unraveling Conceptual Developments in Implementation Analysis [J]. 1995, 54 (1): 65-80.

[119] Sager F. Australian Journal of Public Administration, Gofen A. The Polity of Implementation: Organizational and Institutional Arrangements in Policy Implementation [J]. Governance, 2022, 35 (2): 347-364.

[120] Menzel D. C. An Interorganizational Approach to Policy Implementation [J]. Public Administration Quarterly, 1987, 11 (1): 3-16.

[121] Sabatier, Paul A., Hank C., et al. Policy Change and Learning: An Advocacy Coalition Approach [M]. Colorado: Westview Press, 1993.

[122] Hill M., Hupe P. The Multi-layer Problem in Implementation Research [J]. Public Management Review, 2003, 5 (4): 471-490.

[123] Youm J., Ryoo N. Institutional Analysis of Intergovernmental Policy: A Case of Medicaid Program [J]. 한국공공관리학보, 2019, 33 (3): 1-28.

[124] Schofield J. Time for A Revival? Public Policy Implementation: A Review of the Literature and An Agenda for Future Research [J]. International

Journal of Management Reviews, 2001, 3 (3): 245-263.

[125] Saetren H. Implementing the Third Generation Research Paradigm in Policy Implementation Research: An Empirical Assessment [J]. Public Policy and Administration, 2014, 29 (2): 84-105.

[126] Amenta C., Ballor C., Di Betta P. The Role of Financial and Managerial Variables on the Policy towards Home-grown Players in English Soccer [J]. International Business Research, 2012, 5 (11): 28-34.

[127] Lenten L. J. A., Smith A. C. T., Boys N. Evaluating An Alternative Draft Pick Allocation Policy to Reduce "Tanking" in the Australian Football League [J]. European Journal of Operational Research, 2018, 267 (1): 315-320.

[128] Smith K. L., Scarfone S., Chittle L., et al. Confusion Reigns: An Analysis of Responses to US Soccer Age Cut-Off Date Policy Change [J]. Frontiers in Sports and Active Living, 2021, (3): 69.

[129] Ford P. R., Bordonau J. L. D., Bonanno D., et al. A Survey of Talent Identification and Development Processes in the Youth Academies of Professional Soccer Clubs from around the World [J]. Journal of Sports Sciences, 2020, 38 (11): 1269-1278.

[130] Holt N. L., Mitchell T. Talent Development in English Professional Soccer [J]. International Journal of Sport Psychology, 2006, 37 (2): 77.

[131] Bennett K. J. M., Vaeyens R., Fransen J. Creating A Framework for Talent Identification and Development in Emerging Football Nations [J]. Science and Medicine in Football, 2019, 3 (1): 36-42.

[132] Larsen T., Van Hoye A., Tjomsland H. E., et al. Creating A Supportive Environment among Youth Football Players: A Qualitative Study of French and Norwegian Youth Grassroots Football Coaches [J]. Health Education, 2015, 115 (6): 570-586.

[133] Olsen L., Scanlan A., MacKay M., et al. Strategies for Prevention of Soccer Related Injuries: A Systematic Review [J]. British Journal of Sports Medicine, 2004, 38 (1): 89-94.

[134] Bollars P., Claes S., Vanlommel L., et al. The Effectiveness of Preventive Programs in Decreasing the Risk of Soccer Injuries in Belgium: National Trends over A Decade [J]. The American Journal of Sports Medicine, 2014, 42 (3): 577-582.

[135] Nikesh B. The Gaps of Concussion Policy in Soccer: A Visual Review [J]. Neurology, 2018, 91 (23 Supplement 1): S23-S24.

[136] Yang Y. T., Baugh C. M. US Youth Soccer Concussion Policy: Heading in the Right Direction [J]. JAMA Pediatrics, 2016, 170 (5): 413-414.

[137] Kim S., Connaughton D. P. Soccer, Concussions, and Safety: Perceptions of Parents of Youth Soccer Participants [J]. Journal of Safety Research, 2021, (77): 255-262.

[138] Barajas A., Rodríguez P. Spanish Football Clubs' Finances: Crisis and Player Salaries [J]. International Journal of Sport Finance, 2010, 5 (1): 52.

[139] Baroncelli A., Caruso R. The Organization and Economics of Italian Serie A: A Brief Overall View [J]. Diritto ed Economia Dello Sport, 2011, 7 (2): 67-85.

[140] Jiang L., Cho K. M., Choi M. K. Comparative Analysis on Youth Football Programs in Korea and China [J]. 한국스포츠산업경영학회지, 2019, 24 (5): 49-71.

[141] Atsuo S. School Sport, Physical Education and the Development of Football Culture in Japan [M]. London: Routledge, 2004.

[142] 이규일, 김경오. 매일 오전 학교스포츠 (축구) 클럽 활동의 교육적의의와 과제: D 학교 사례를 중심으로 [J]. 중등교육연구, 2013, 61 (4): 1033-1060.

[143] Whitfield D. Education and Football: A History of the Cultural Accommodation of British Association Football into Japanese Society [J]. Sport in History, 2022, 42 (1): 1-23.

[144] Song Y. H., Ha M. S., Ha S. M. Effects of Football Talents Program on

Body Composition, Physical Fitness, Self-Control and Self-Efficacy in Elementary School Students [J]. Journal of the Korean Applied Science and Technology, 2018, 35 (1): 306-315.

[145] Light R., Ysaki W. Winds of Change for Youth and Children's Sport in Japan? A Case Study of the Kashima Antlers' Soccer Development Program [J]. Asian Journal of Exercise & Sports Science, 2004, 1 (1): 63-73.

[146] Larkin P., Reeves M. J. Junior-elite Football: Time to Re-position Talent Identification? [J]. Soccer & Society, 2018, 19 (8): 1183-1192.

[147] Mouratidis A. A., Vansteenkiste M., Sideridis G., et al. Vitality and Interest—Enjoyment as A Function of Class-to-class Variation in Need-supportive Teaching and Pupils' Autonomous Motivation [J]. Journal of Educational Psychology, 2011, 103 (2): 353.

[148] Gharib H., Galavíz K. I, Lee R E, et al. The Influence of Physical Education Lesson Context and Teacher Behaviour on Student Physical Activity in Mexico [J]. Retos: Nuevas Tendencias en Educación Física, Deportey Recreación, 2015, (28): 160-164.

[149] Parnell D., Buxton S., Hewitt D., et al. The Pursuit of Lifelong Participation: the Role of Professional Football Clubs in the Delivery of Physical Education and School Sport in England [J]. Soccer & Society, 2016, 17 (2): 225-241.

[150] 김선호. 축구 주말리그제도 운영의 개선방안 연구 [D]: [박사학위논문]. 충청북도: 한국교원대학교 대학원 박사학위논문, 2010.

[151] 김대욱. 중·고등학교 축구선수들의 학업성취와 진로에 대한 스트레스연구 [D]: [석사학위논문]. 광주: 전남대학교 교육대학원, 2010.

[152] Schroepf B., Lames M. Career Patterns in German Football Youth National Teams—A Longitudinal Study [J]. International Journal of Sports Science & Coaching, 2018, 13 (3): 405-414.

[153] Bidaurrazaga-Letona I., Lekue J. A., Amado M., et al. Progression in Youth Soccer: Selection and Identification in Youth Soccer Players Aged

13-15 Years [J]. The Journal of Strength & Conditioning Research, 2019, 33 (9): 2548-2558.

[154] 김선호. 축구 주말리그제도 운영의 개선방안 연구 [D]: [박사학위논문]. 충청북도: 한국교원대학교 대학원 박사학위논문, 2010.

[155] 김대욱. 중·고등학교 축구선수들의 학업성취와 진로에 대한 스트레스연구 [D]: [석사학위논문]. 광주: 전남대학교 교육대학원, 2010.

[156] Wilkinson H. The Football Association "Charter for Quality" [J]. British Journal of Physical Education, 1998, 29 (4): 31-34.

[157] Naglo K. The Social World of Elite Youth Football in Germany-crisis, Reinvention, Optimization Strategies, and the Role of Schools [J]. Sport in Society, 2020, 23 (8): 1405-1419.

[158] Sugiyama M., Khoo S., Hess R. Grassroots Football Development in Japan [J]. The International Journal of the History of Sport, 2017, 34 (17): 1854-1871.

[159] Howie L., Allison W. The English Football Association Charter for Quality: the Development of Junior and Youth Grassroots Football in England [J]. Soccer & Society, 2016, 17 (6): 800-809.

[160] 张辉:《我国布局城市校园足球人才培养体系的研究》,北京体育大学博士学位论文,2011。

[161] 崔乐泉:《中国校园足球发展的历史考察与经验启示》,《上海体育学院学报》2018 年第 4 期。

[162] 毛振明、刘天彪、臧留红:《论"新校园足球"的顶层设计》,《武汉体育学院学报》2015 年第 3 期。

[163] 李纪霞:《全国青少年校园足球活动发展战略研究》,上海体育学院博士学位论文,2012。

[164] 杨东博:《我国校园足球专项教师培训成效评价及优化对策研究》,东北师范大学博士学位论文,2020。

[165] 董众鸣、龚波、颜中杰:《开展校园足球活动若干问题的探讨》,《上海体育学院学报》2011 年第 2 期。

[166] 蔡广:《上海小学校园足球发展的文化制约及治理研究》,上海体育学院博士学位论文,2019。

[167] 张兴泉:《文化特征论视角下校园足球文化的内涵新释及建设策略》,《沈阳体育学院学报》2018 年第 4 期。

[168] 李卫东、张廷安、陆煜:《全国青少年校园足球活动开展情况调查与分析》,《上海体育学院学报》2011 年第 5 期。

[169] 侯学华、薛立、陈亚中等:《校园足球文化内涵研究》,《体育文化导刊》2013 年第 6 期。

[170] 姜身飞:《上海市杨浦区校园足球开展现状与发展研究》,上海体育学院硕士学位论文,2011。

[171] 梁伟:《校园足球可持续发展的系统分析与评价研究》,上海体育学院博士学位论文,2015。

[172] 刘海元:《我国青少年校园足球改革发展情况及对当前主要问题的思考》,《首都体育学院学报》2018 年第 3 期。

[173] 张廷安:《我国校园足球未来发展中应当确立的科学发展观》,《北京体育大学学报》2015 年第 1 期。

[174] 王赛男:《基于治理现代化的基层干部治理能力评价与发展研究》,山东大学博士学位论文,2020。

[175] 沈筱芳:《党的领导与基层社会治理研究》,中共中央党校博士学位论文,2017。

[176] 王彦平:《中国基层社会治理及创新研究》,山西大学博士学位论文,2016。

[177] 张文汇:《现阶段我国社会基层矛盾化解机制研究》,中共中央党校博士学位论文,2019。

[178] 王乐夫:《中国基层纵横涵义与基层管理制度类型浅析》,《中山大学学报》(社会科学版)2002 年第 1 期。

[179] Van Meter D. S., Van Horn C. E.. The Policy Implementation Process: A Conceptual Framework [J]. Administration & Society, 1975, 6 (4): 445-488.

[180] Forester J.. Critical Theory, Public Policy, and Planning Practice [M].

New York: Suny Press, 1993.

[181] 丁煌:《研究政策执行问题必须遵循科学的方法论》,《北京行政学院学报》2003年第1期。

[182] 丁煌:《利益分析:研究政策执行问题的基本方法论原则》,《广东行政学院学报》2004年第3期。

[183] 宁国良、陆小成:《利益集团对公共政策执行的影响》,《湖南社会科学》2004年第3期。

[184] 谢炜:《中国公共政策执行过程中的利益博弈》,华东师范大学博士学位论文,2007。

[185] 刘鹏、刘志鹏:《街头官僚政策变通执行的类型及其解释——基于对H县食品安全监管执法的案例研究》,《中国行政管理》2014年第5期。

[186] 周定财:《街头官僚理论视野下我国乡镇政府政策执行研究——基于政策执行主体的考察》,《湖北社会科学》2010年第5期。

[187] 蔡广:《上海小学校园足球发展的文化制约及治理研究》,上海体育学院博士学位论文,2019。

[188] 余军华、袁文艺:《公共治理:概念与内涵》,《中国行政管理》2013年第12期。

[189] 曾本伟:《共建共享视域下中国城市基层治理现代化的内在逻辑与实践路径》,吉林大学博士学位论文,2017。

[190] Rhodes R. A. W.. The New Governance: Governing without Government [J]. Political Studies, 1996, 44 (4): 652-667.

[191] 俞可平:《治理和善治引论》,《马克思主义与现实》1999年第5期。

[192] 曾正滋:《公共行政中的治理——公共治理的概念厘析》,《重庆社会科学》2006年第8期。

[193] 李志军:《社会协同视角下村级治理的理念及路径选择——基于广东省云浮市的实证研究》,《南方农村》2013年第4期。

[194] 姜晓萍:《国家治理现代化进程中的社会治理体制创新》,《中国行政管理》2014年第2期。

[195] 王赛男:《基于治理现代化的基层干部治理能力评价与发展研究》,

山东大学博士学位论文，2020。

[196] Smith T. B.. The Policy Implementation Process [J], Policy Science, 1973, 4 (2): 203-205.

[197] 潘凌云、王健、樊莲香：《我国学校体育政策执行的制约因素与路径选择——基于史密斯政策执行过程模型的分析》，《体育科学》2015年第7期。

[198] Freeman R. E. Strategic Management: A Stakeholder Approach [M]. Cambridge: Cambridge University Press, 2010.

[199] Charkham J. Corporate Governance: Lessons from Abroad [J]. European Business Journal, 1992, 4 (2): 8-16.

[200] 大卫·威勒：《利益相关者公司：利益相关者价值最大化之蓝图》，张丽华译，经济管理出版社，2002。

[201] Mitchell R. K., Agle B. R., Wood D. J. Toward A Theory of Stakeholder Identification and Salience: Defining the Principle of Who and What Really Counts [J]. Academy of Management Review, 1997, 22 (4): 853-886.

[202] 林荣日：《制度变迁中的权力博弈——以转型期中国高等教育制度为研究对象》，复旦大学博士学位论文，2006。

[203] 王则柯、李杰：《博弈论教程》，中国人民大学出版社，2004。

[204] 张维迎：《博弈论与信息经济学》，上海人民出版社，1996。

[205] 侯经川：《基于博弈论的国家竞争力评价体系研究》，武汉大学博士学位论文，2005。

[206] 尹庆民：《基于博弈论的中国转轨时期银企关系研究》，河海大学博士学位论文，2004。

[207] 李晓雅：《初中家长对"双减"政策认知的调查与分析——以邯郸市为例》，河北经贸大学硕士学位论文，2022。

[208] 雷望红：《论精准扶贫政策的不精准执行》，《西北农林科技大学学报》(社会科学版) 2017年第1期。

[209] 张磊、左晓东、武旭：《校长体育态度视角下校园足球活动质量提升研究》，《体育研究与教育》2020年第6期。

[210] 杨丽莉：《媒体对公共政策议程设置的影响分析》，《商业时代》2013年第18期。

[211] 部义峰、来鲁振：《协同视角下我国校园足球政策供给特征及其优化研究》，《山东体育学院学报》2022年第2期。

[212] 沈建敏、应孜、高鹏飞：《校园足球发展的顶层设计与底层回应》，《北京体育大学学报》2017年第4期。

[213] MBA智库：《政策制定》，（2015-11-24）[2022-6-16]，https://wiki.mbalib.com/wiki/%E5%85%AC%E5%85%B1%E6%94%BF%E7%AD%96%E5%88%B6%E5%AE%9A.htm。

[214] 李强、姜立嘉：《体育强国建设背景下我国校园足球发展困境与对策》，《体育文化刊》2021年第10期。

[215] 王伟、张春合：《网络媒体"新校园足球"报道内容特征研究》，《沈阳体育学院学报》2017年第6期。

[216] 王伟、张春合：《"新校园足球"报道的时间、因素序列研究》，《湖北体育科技》2018年第12期。

[217] 聂展：《地方政府公共政策执行力评估指标体系构建研究》，湘潭大学，2009。

[218] 吴丽芳：《我国青少年校园足球协同治理研究》，福建师范大学博士学位论文，2020。

[219] 解冰：《新农村基层政权权责制衡重构》，华中农业大学博士学位论文，2008。

[220] 教育部办公厅：《关于加强全国青少年校园足球改革试验区、试点县（区）工作的指导意见》，http://www.moe.gov.cn/srcsite/A17/moe_938/s3276/201703/t20170309_298729.htm。

[221] 教育部：《关于加快发展青少年校园足球的实施意见》，http://www.moe.gov.cn/srcsite/A17/moe_938/s3273/201508/t20150811_199309.htm。

[222] 李卫东、刘艳明、李溯等：《校园足球发展的问题审视及优化路径》，《上海体育学院学报》2019年第5期。

[223] 赵毅、张学丽：《实证研究视角下的校园足球损害赔偿范围论》，《中

国体育科技》2017 年第 5 期。
[224] 谢明：《公共政策概论》，中国人民大学出版社，2010。
[225] 李辰星：《分散与协同的取舍逻辑：乡村环境治理政策的执行方式研究》，《华中师范大学学报》（人文社会科学版）2022 年第 2 期。
[226] 郑玉飞：《论教育政策的柔性执行》，《教育发展研究》2021 年第 1 期。
[227] 易剑东、任慧涛、朱亚坤：《中国体育发展方式历史沿革研究》，《北京体育大学学报》2014 年第 11 期。
[228] 腾讯体育：《说好的 200 亿“校园足球专项资金”去哪了？监管力度待加强》，https：//sports. qq. com/a/20190508/004619. htm。
[229] 张琴、易剑东：《问题·镜鉴·转向：体育治理手段研究》，《上海体育学院学报》2019 年第 4 期。
[230] 邓贤树、张春合：《我国校园足球课程文化的缺失与回归》，《体育文化导刊》2018 年第 7 期。
[231] 张诚、王兴泽：《动作学习视野下校园足球课程设置研究及案例教学分析》，《北京体育大学学报》2017 年第 5 期。
[232] 中国足球协会审定《中国青少年儿童足球训练大纲（试行）》，人民体育出版社，2013。
[233] 王京亮：《西安市小学足球课余训练开展现状及影响因素研究》，西安体育学院硕士学位论文，2014。
[234] 李卫东：《我国青少年校园足球竞赛体系的研究》，上海体育学院博士学位论文，2012。
[235] 郝文鑫、方千华、蔡向阳等：《我国新校园足球竞赛体系的运行现状考察与治理路径研究》，《武汉体育学院学报》2020 年第 7 期。
[236] 贾倩倩：《基于史密斯模型的南京市“321 计划”执行问题及对策研究》，南京理工大学硕士学位论文，2014。
[237] 杨献南、吴丽芳、李笋南：《我国校园足球试点县（区）管理的基本问题与应对策略》，《沈阳体育学院学报》2020 年第 5 期。
[238] 张渊、张廷安：《我国校园足球政策执行推进策略研究》，《体育文化导刊》2018 年第 5 期。

[239] 王媛媛:《地方行政部门公共政策执行问题研究》,《国际公关》2021年第9期。

[240] 陈振明:《政策科学——公共政策分析》，中国人民大学出版社，2004。

[241] 蔡向阳主编《校园足球调研报告（2015—2020）》，人民体育出版社，2021。

[242] 教育部办公厅:《全国青少年校园足球八大体系建设行动计划》，http://www.moe.gov.cn/srcsite/A17/moe_938/s3273/202009/t20200925_490727.htm。

[243] 杨守建:《“想说爱你不容易”：青少年体育运动参与的状况与问题——基于全国10省（市）的调查分析》，《中国青年研究》2020年第7期。

[244] 蔡向阳主编《全国校园足球发展调研报告》，人民体育出版社，2019。

[245] 张春合:《社会距离视角下家长对校园足球支持的多维度特征研究》，《北京体育大学学报》2019年第12期。

[246] 张洁:《“阳光体育运动”背景下我国中学课外体育活动的理论与实验研究》，上海体育学院博士学位论文，2012。

[247] 杨霞:《宁夏失业保险政策研究》，华东师范大学硕士学位论文，2012。

[248] 杨定玉、杨万文、黄道主等:《学校体育政策执行偏差的表现、原因与对策——以“阳光体育运动”的政策分析为例》，《武汉体育学院学报》2014年第1期。

[249] 姜莉珍、李臣之:《阳光体育运动1小时“缩水”归因及对策》，《教学与管理》2017年第30期。

[250] 何昌贵:《南昌市城区小学生课外体育锻炼现状及对策研究》，江西科技师范学院硕士学位论文，2011。

[251] 诸葛浩洋、马玉华:《校长校园足球发展的价值领导力：应然追求与实然困境》，《第十二届全国体育科学大会论文摘要汇编——墙报交流》(学校体育分会)，2022。

[252] 蔡向阳:《2020年全国校园足球工作专项调研报告》，人民体育出版

社，2021。

[253] 朱光喜：《公共政策执行：目标群体的遵从收益与成本视角——以一项农村公共产品政策在三个村的执行为例》，《云南行政学院学报》2011年第2期。

[254] 李晓雷、王永安：《中小学“阳光体育运动”的推进实施与基础教育利益群体的博弈》，《教学与管理》2014年第24期。

[255] 安桂清、杨洋：《不同社会经济地位家庭的家长参与对子女学业成就影响的差异研究》，《教育发展研究》2018年第20期。

[256] 陈佳豪、文宽、徐飞：《青少年身体素养与家庭教育、家长体育态度之间的关系研究》，《山东师范大学学报》（自然科学版）2021年第2期。

[257] 张钰鑫、王永顺：《我国中小学校园足球教师培养路径研究》，《河北体育学院学报》2016年第2期。

[258] 张亚琼：《校园足球背景下足球骨干师资国家级培训现状与对策研究》，华东师范大学硕士学位论文，2016。

[259] 教育部办公厅：《全国青少年校园足球试点县（区）基本要求（试行）》，http：//www. moe. gov. cn/srcsite/A17/moe_ 938/s3273/201808/t20180829_ 346499. htm。

[260] 王田、刘启蒙、罗海风：《高中生学习动机、学习压力与主观幸福感的阈值研究——以我国东部S省的测评结果为例》，《华东师范大学学报》（教育科学版）2021年第3期。

[261] 龙安邦、范蔚、金心红：《中小学生学习压力的测度及归因模型构建》，《教育学报》2013年第1期。

[262] 刘振卿、吴丽芳、张川：《我国青少年校园足球特色学校建设的若干问题探讨》，《北京体育大学学报》2019年第6期。

[263] 杨献南、鹿志海、张传昌等：《习惯教育视野下小学生体育锻炼习惯养成机制与策略研究》，《南京体育学院学报》（社会科学版）2016年第1期。

[264] 詹绍文、宋会兵、李博：《县域治理下议事协调机构如何影响府际关系？——基于陕西省H县的案例研究》，《云南行政学院学报》2022

年第 1 期。

[265] 杨帆：《基层清单法问责制度创新的成就与限度——以浙江省 Y 区“清单法”为例》，《社会主义研究》2022 年第 2 期。

[266]《经济总量 114.4 万亿元、超世界人均 GDP 水平……2021 年中国经济亮点》，中国政府网，http：//www.gov.cn/xinwen/2022-01/17/content_ 5668815.htm。

[267] 国库司：《2021 年财政收支情况》，http：//gks.mof.gov.cn/tongjishuju/202201/t20220128_ 3785692.htm。

[268] 体育经济司：《2019 年全国体育产业总规模与增加值数据公告》，https：//www.sport.gov.cn/gdnps/content.jsp？id=974980.htm。

[269] 陈宝生：《为中国足球振兴贡献校园足球力量》，《校园足球》2019 年第 2 期。

[270] 中国财经报：《中央财政推动培育绿茵场“小英雄”》，http：//www.mof.gov.cn/zhengwuxinxi/caijingshidian/zgcjb/201802/t20180212_ 2812319.htm。

[271] 李纪霞、何志林、董众鸣等：《全国青少年校园足球活动发展瓶颈及突破策略》，《上海体育学院学报》2012 年第 3 期。

[272] 张岩：《关于“校园足球 根在育人”的实践与思考》，《吉林教育》2019 年第 15 期。

[273] 编辑：《创新谋划　系统推进　促进校园足球蓬勃发展——重庆市沙坪坝区青少年校园足球工作情况介绍》，《校园足球》2020 年第 3 期。

[274] 编辑：《足球助力山区孩子筑梦前行——河南省洛宁县青少年校园足球工作情况介绍》，《校园足球》2019 年第 11 期。

[275] 国家发展改革委：《中国足球中长期发展规划（2016~2050 年）》，http：//www.Xinhuanet.com/sports/2016-04/11/c_ 128883907.htm。

[276]《校园足球七年间》，新华社，http：//sports.news.cn/c/2022-01/25/c_ 1128300201.htm。

[277] 体育经济司：《2021 年全国体育场地统计调查数据》，https：//www.sport.gov.cn/jjs/n5043/c24251191/content.htm。

[278] 王程：《滨州市中小学校园足球高质量发展的对策研究》，曲阜师范大学硕士学位论文，2021。

[279]《全国家庭教育状况调查报告》，中国基础教育质量监测协同创新中心网站，https：//cicabeq. bnu. edu. cn/zljc/jcjgbg/84e865474fd642b3b7397ecb8f6c6c66. htm。

[280] 毛玮洁、崔允漷：《义务教育阶段体育课程实施的问题、成因与对策》，《教育科学》2021年第2期。

[281] 黄德沂、丘乐威、焦峪平：《完善我国青少年校园足球培养体系的对策研究》，《体育文化导刊》2014年第6期。

[282] 吴永慧：《内蒙古自治区高中男子足球特长生培养及对策研究》，首都体育学院硕士学位论文，2021。

[283]《体育总局科教司关于2022年普通高等学校运动训练、武术与民族传统体育专业招生及高水平运动队招生部分项目报名考生报名资格信息的公示》，中国运动文化教育网，https：//www. ydyeducation. com/index/new/news_ detail/id/10972. htm。

[284] 杨志鹏：《2016国家级校园足球特色学校布局现状与发展对策的研究》，首都体育学院硕士学位论文，2017。

[285] 邱林、施志社：《我国"草根足球"发展研究——以"加油中国冠军联赛"为例》，《河北体育学院学报》2012年第1期。

[286]《陕西省人民政府办公厅关于印发群众足球三级联赛实施方案的通知》，陕西省人民政府官网，http：//www. shaanxi. gov. cn/zfxxgk/zfgb/2019_ 3941/d7q_ 3948/201904/t20190419_ 1637287. htm。

[287] 高培尚：《陕西省群众足球三级联赛赛事协调发展研究》，陕西师范大学硕士学位论文，2020。

[288] 比尔·科瓦奇、汤姆·罗森斯蒂尔：《真相：信息超载时代如何知道该相信什么》，陆佳怡、孙志刚译，中国人民大学出版社，2019。

[289] 杨帆：《基层清单法问责制度创新的成就与限度——以浙江省Y区"清单法"为例》，《社会主义研究》2022年第2期。

[290]《体育"摘牌"整改为哪般？校园足球特色学校整顿背后凸显人、财及理念问题》，新华网，http：//www. xinhuanet. com/sports/2018-04/

16/c_ 1122690117. htm。

[291] SCHILLEMANS T. Calibrating Public Sector Accountability: Translating Experimental Findings to Public Sector Accountability [J]. Public Management Review, 2016, 18 (9): 1400-1420.

[292] 李伟南:《当代中国县政府行为的“实然逻辑”》,《武汉科技大学学报》(社会科学版) 2010 年第 5 期。

[293] 邱林、王家宏:《国家治理现代化进程中校园足球体制革新的价值导向与现实路径》,《上海体育学院学报》2018 年第 4 期。

[294] 全国青少年校园足球工作领导小组办公室:《推进校园足球改革试验区治理体系现代化建设》,《校园足球》2020 年第 11 期。

[295] 王大鹏、戴文豪、王湘怡等:《我国校园足球政策工具有效选择的影响因素研究》,《四川体育科学》2022 年第 1 期。

[296] 草珺:《社会主义教育公平观及其实践对策研究》,兰州大学博士学位论文,2017。

[297]《学校体育仍是教育短板 专家:体育课地位依然有待提升》,人民网,http://sports. people. com. cn/n1/2020/0520/c382934-31716603. htm。

[298] 《2020 年教育统计数据》,中华人民共和国教育部政府门户网站,http://www. moe. gov. cn/jyb_ sjzl/moe_ 560/2020/. htm。

[299] 傅鸿浩:《我国校园足球内涵式发展研究》,北京体育大学博士学位论文,2016。

[300] 孙葆洁、李剑桥、刘柱:《中国足球产业与文化发展报告》,清华大学出版社,2019。

[301] 《教育部关于成立全国青少年校园足球工作领导小组的通知》,http://www. moe. gov. cn/srcsite/A17/moe_ 938/s3276/201501/t20150112_ 189308. htm。

[302] 袁梦、孟凡蓉:《利益博弈视角下的“科创中国”政策执行:制约因素与推进策略》,《中国科技论坛》2022 年第 8 期。

[303] 张伟、刘晓梅:《西方公共选择理论与实现机制评价》,《中共中央党校学报》2003 年第 2 期。

[304] 陈谦:《地方政府部门利益化问题成因与治理》,《求索》2010 年第

2 期。
[305] 曼库尔·奥尔森:《集体行动逻辑》,陈郁等译,上海人民出版社,1995。
[306] 李志荣、杨世东:《英、德、法、日四国校园足球后备人才培养特点分析》,《体育文化导刊》2018 年第 1 期。
[307] 陈洪、梁斌:《英国青少年校园足球发展的演进及启示》,《体育文化导刊》2013 年第 9 期。
[308] 魏志鹏:《英国青少年足球发展对我国校园足球发展的启示》,《运动》2018 年第 17 期。
[309] 尤佳、刘志云:《英国校园足球发展研究及启示》,《西安体育学院学报》2021 年第 4 期。
[310] 浦义俊、戴福祥:《英国校园足球发展特征及启示》,《体育文化导刊》2020 年第 1 期。
[311] 朱保成、陈晓荣:《校园足球的可持续发展路径研究——英国校园足球发展的启示》,《东岳论丛》2021 年第 7 期。
[312] 钟文正:《日本足球职业化改革成功的文化学剖析——兼论对中国足球职业化改革的启示》,《首都体育学院学报》2010 年第 3 期。
[313] 王彬、杨洪志:《论英国青少年足球教学机制对我国校园足球发展的激励价值——以 2018 中国校园足球赴英项目为例》,《体育时空》2018 年第 22 期。
[314] 浦义俊、戴福祥:《借鉴与反思:英格兰足球历史演进、改革转型及其启示》,《西安体育学院学报》2017 年第 1 期。
[315] 陈曦:《英国青少年社区足球活动政策变迁的内在逻辑》,《体育科学研究》2019 年第 6 期。
[316] 王英峰:《英国体育管理及体育政策的演进研究》,《天津体育学院学报》2011 年第 3 期。
[317] AMARA M., HENRY I., LIANG J., et al. The Governance of Professional Soccer: Five Cases Study—Algeria, China, England, France and Japan [J]. European Journal of Sport Science, 2005, 5 (4): 189-206.
[318] 李博、陈栋、陈国华:《英格兰足总〈精英球员表现计划〉解读与启

示》,《沈阳体育学院学报》2017 年第 1 期。

[319] 梁斌:《英国足球俱乐部社区公共服务功能研究》,《成都体育学院学报》2013 年第 3 期。

[320] Blatter: Welcome to Grassroots [EB/OL]. [2022-08-30]. http://grassroots. fifa. com/.

[321] 浦义俊、邱林:《法国校园足球发展历程、特征及启示研究》,《武汉体育学院学报》2020 年第 8 期。

[322] Pickup I. French Football from Its Origins to Euro 84 [J]. Culture, Sport Society, 1998, 1 (2): 22-40.

[323] Eastham J. The Organization of French Football Today [J]. Culture, Sport Society, 1998, 1 (2): 58-78.

[324] Olivier V., Samy M., FRÉDÉRIC B. ébordements: Sombres histoires de football 1938-2016 [M]. Paris: Editeurdistribué par Volumen, 2016.

[325] 方友忠、马燕生:《法国校园足球基本情况和主要特点》,《世界教育信息》2015 年第 23 期。

[326] 周建伟、陈效科:《法国足球后备人才培养研究》,《广州体育学院学报》2020 年第 3 期。

[327] Laaraucana. France Physical Education and Sport in Secondary Education [J]. Bulletind' Information Sportive, 2006, 28 (3): 2182-2184.

[328] 李罗季、王嘉硕:《法国青少年足球培养体系及对我国的启示》,《第十一届全国体育科学大会论文摘要汇编》,2019。

[329] REJOINDRE LA FAMILLE DU FOOT [EB/OL]. [2022-8-30]. https://www. fff. fr/8-les-footballs/index. htm.

[330] 邱林、秦旸:《法国青少年足球教学训练模式:理论证成与实践镜鉴》,《上海体育学院学报》2022 年第 7 期。

[331] 邱林、王家宏、戴福祥:《中法青少年足球培养体系比较研究》,《上海体育学院学报》2017 年第 6 期。

[332] Jean-Philippe Toussaint. Football [M]. ris: Les Editionsde Minuit, 2015.

[333] Signoret G. Les Différentes Méthodes Pédagogiques [R]. Aix-en-

Provence: Fédération Franaise du Sport Universitaire, 2016.
[334] 李卫东、张碧昊、胡洋:《近10年我国校园足球政策:回顾、审思与建议》,《武汉体育学院学报》2022年第7期。
[335] 李春阳、王庆军:《中法足球后备人才培养比较及启示》,《南京体育学院学报》2021年第5期。
[336] 吴丽芳、杨献南、付雯:《青少年校园足球治理的域外经验与启示》,《天津体育学院学报》2022年第4期。
[337] 唐大鹏:《我国学校体育政策执行过程审视——以史密斯模型为理论框架》,《广州体育学院学报》2019年第1期。
[338] 杜利军:《国外体育经费探源》,《中国体育科技》1997年第9期。
[339] 金春峰:《中韩校园足球发展的实践探索》,延边大学硕士学位论文,2016。
[340] 耿家先、李丰荣、龚波等:《日韩校园足球发展经验及启示》,《体育文化导刊》2020年第10期。
[341] 刘浩:《我国青少年足球运动现状及存在的问题》,《北京体育大学学报》2007年第30期。
[342] 韩国足球协会官网, https://www.kfa.or.kr/competition/competition.php?act=lg_emh.htm, 2022年8月11日。
[343] 韩国足球协会官网, https://www.joinkfa.com/.htm, 2022年8月11日。
[344] 강북주니어 이상근 감독 "나의 모토는 즐거운축구", 韩国足球协会官网, https://www.joinkfa.com/.htm, 2022年8月11日。
[345] 浦义俊:《韩国足球发展方式的历史转型与战略启示》,《河北体育学院学报》2020年第5期。
[346] 耿家先、李丰荣、龚波等:《校园足球发展的域外经验及本土启示——以韩国、日本为例》,第五届中国足球文化与校园足球发展大会论文摘要集,2021。
[347] 최종균, 김태양. 일제강점기 축구의 전개에 관한 연구 [J]. 한국체육학회지, 2016, 55 (1): 25-35.
[348] 박경호. 한국 축구의 확산과 영국 성공회의 선교활동 [J]. 체육사

학회지, 2021, 26 (2): 49-60.

[349] 朴承权:《体育的象征性与政治化——浅谈韩国现代足球成长历程中的政治因素》,《当代韩国》2003 年第 4 期。

[350] 陈俊:《韩国体育民族主义形成探析》,《体育文化导刊》2013 年第 5 期。

[351] Bang S. Y.. Investigation of Institutional Discourse on Change in South Korean Football from 1945 to Pre - 2002 FIFA World Cup [D]. Loughborough: Loughborough University, 2012.

[352] Bang S., Amara M.. The Study of Discourse on Change in South Korean Football: Between Tradition and Modernity, from Colonial to Post-colonial [J]. The International Journal of the History of Sport, 2014, 31 (6): 618-634.

[353] 김옥천, 임수원, 전원재. 학생선수 학습권 보장을 위한 e-school 운영의 문제점과 금후과제 [J]. 한국스포츠사회학회지, 2016, 29 (2): 41-65.

[354] 李龙化:《韩国男子足球后备人才培养体系的研究》,《当代体育科技》2012 年第 36 期。

[355] 《探秘韩国校园足球模式》, 搜狐网, www.ttplus.cn/publish/app/data/2016/08/22/18449/share1.htm。

[356] Ok G., Park K. Cultural Evolution and Ideology in Korean Soccer: Sport and Nationalism [J]. The International Journal of the History of Sport, 2014, 31 (3): 363-375.

[357] 孙一、梁永桥、毕海波:《中、日、韩三国青少年足球培养体系比较研究》,《中国体育科技》2008 年第 4 期。

[358] 吴基星:《中韩校园足球管理体系比较研究》, 吉林大学硕士学位论文, 2015。

[359] 袁海彬:《中韩学校足球发展现状及其影响因素比较研究》, 延边大学硕士学位论文, 2012。

[360] 권형일, 구태연, 류겨레. 축구 주말리그 도입 이후의 고등학교 학생선수 학습권 현황 [J]. Asian Journal of Physical Education of Sport

Science (AJPESS), 2018, 6 (1): 21-32.

[361] 李正国:《善治理论视域下我国校园足球政策执行评价指标体系研究》,天津体育学院,2022。

[362] 권오성, 김수정, 이충영 . 축구 주말리그 활성화를 위한 실태조사 및 개선방안 [J]. 한국체육과학회지, 2015, 24 (1): 279-293.

[363] 韩国足协官网, ONSIDE 2021 2 월호 [EB/OL]. https: //www. kfa. or. kr/kfa/data_ room. php? act=publication&idx=95. htm, 2022 年 8 月 11 日。

[364]《韩国足球界人士揭秘“校园足球启示录”》, sports. people. com. cn/n/2014/0926/c387408-25740392. htm, 2022 年 8 月 11 日。

[365] 김무진, 정희준 . 학생축구선수와 학교스포츠클럽 축구선수 학부모의 참여지원동기와 만족도 비교 분석 [J]. 한국체육학회지, 2015, 54 (5): 179-194.

[366] 张少净:《我国青少年竞技足球与校园足球培养模式探究》,武汉体育学院硕士学位论文,2017。

[367]《孙兴慜为韩国创 117 亿经济效益 掏 1 亿投资足球公园》,新浪体育, https: //sports. sina. com. cn/china/national/2020-12-22/doc-iiznezxs8209847. htm。

[368] 프로스포츠 운영 현황 [EB/OL]. https: //www. index. go. kr/, 2022 年 8 月 11 日。

[369] 赵明楠、陈昭宇:《日本青少年足球发展历程对中国校园足球发展的启示》,《浙江体育科学》2017 年第 6 期。

[370] 日本サッカー協会 .「サッカー選手登録数」. https: //www. jfa. jp/about_ jfa/organization/databox/player. htm, 2022 年 8 月 5 日。

[371] 程隆、张忠:《日本足球青训的发展及其启示》,《体育文化导刊》2014 年第 7 期。

[372] 应虹霞:《日本足球的明治维新》,浙江古籍出版社,2012。

[373] 清水、正典:「スポーツ社会システムの構造形成 日本サッカーの発展過程と社会的背景」[J]. 吉備国際大学研究紀要, 2013, (23): 53~63。

[374] 浦义俊、辜德宏、吴贻刚：《日本足球转型发展的历史脉络、动力机制及其战略价值研究》，《沈阳体育学院学报》2020 年第 2 期。

[375]《JFA 中期計画（2015~2022）》，日本サッカー協会，2015。

[376] 王竹君：《从〈足球小将〉对日本青少年足球的影响谈中国体育动漫作品的本土化创作》，《文化艺术研究》2018 年第 4 期。

[377] 乔媛媛、汤夏、蒋宁等：《日本足球“明治维新”历程、特征及启示》，《广州体育学院学报》2018 年第 2 期。

[378] 日本サッカー協会．「ESGデータ集（GRI 対照表）」．［2022-08-17］. https：//www. jfa. jp/about_ jfa/esg_ data. htm。

[379] 日本サッカー協会．「サッカー指導者登録数」．［2022-08-17］. https：//www. jfa. jp/about_ jfa/organization/databox/coach. htm。

[380] 符金宇：《日本足球史》，新华出版社，2018。

[381] 陈星潭、康涛：《中国与日本校园足球发展的比较研究》，《南京体育学院学报》（社会科学版）2017 年第 2 期。

[382] 孙一、饶刚、李春雷等：《日本校园足球：发展与启示》，《上海体育学院学报》2017 年第 1 期。

[383] スポーツ庁．平成 30 年度体育・スポーツ施設現況調査結果の概要.（2018-10-11）［2022-08-20］. https：//www. mext. go. jp/sports/b_ menu/toukei/chousa04/shisetsu/kekka/1368165. htm。

[384]《5 年足球场增 4 倍超 18 万个，球场建设潮下踢球变得方便了吗》，《南方都市报》，https：//m. mp. oeeee. com/a/BAAFRD000020210422473552. htm。

[385]《揭秘日本校园足球经济 日本孩子踢球花多少钱》，腾讯网，https：//sports. qq. com/a/20120509/000410. htm。

[386]《日本家长惊讶中国小孩踢球花费：他们这么有钱?》，网易网，https：//www. 163. com/sports/article/BK44I3AG00051C89. htm。

[387]《中国足球的青训之殇：花架子，天价学费超日本》，禹唐体育网，http：//m. ytsports. cn/news-8442. htm。

[388] 贺东航、孔繁斌：《公共政策执行的中国经验》，《中国社会科学》2011 年第 5 期。

[389] 邹月辉、解文洁：《我国校园足球政策演进特征及展望》，《体育文化导刊》2021 年第 3 期。
[390] 周永明：《中国校园足球发展内系统问题剖析与消解》，《广州体育学院学报》2021 年第 6 期。
[391] 曹宏俊：《我国校园足球的现实困境与发展路径》，《体育文化导刊》2018 年第 2 期。
[392] 盖豪、颜廷武、周晓时：《政策宣传何以长效？——基于湖北省农户秸秆持续还田行为分析》，《中国农村观察》2021 年第 6 期。
[393] 赵春雷：《论公共政策解读中的冲突与整合》，《南京工业大学学报》（社会科学版）2011 年第 3 期。
[394] 邓新民：《网络舆论与网络舆论的引导》，《探索》2003 年第 5 期。
[395] 中国互联网信息中心：《中国互联网络发展状况统计报告》，2021。
[396] 常青伟：《思想政治教育环境渗透研究》，苏州大学出版社，2015。
[397] 于斌、张威雪：《对完善校园非足球专项教师培训方案的思考》，《体育世界（学术版）》2019 年第 11 期。
[398] 杨东博：《我国校园足球专项教师培训成效评价及优化对策研究》，东北师范大学博士学位论文，2020。
[399] 李阳：《场域理论视野下校园足球主体的实践研究》，北京体育大学博士学位论文，2020。
[400] 王杨柳：《利益相关者理论视角下西安市初级中学校园足球发展模式及影响因素研究》，西安体育学院硕士学位论文，2021。
[401] 邱林、秦旸：《我国校园足球与职业足球青训深度融合的选择逻辑与推进路径》，《北京体育大学学报》2021 年第 2 期。
[402] 姚健：《校长引领校园足球推广实施研究》，《北京体育大学学报》2017 年第 4 期。
[403] 新华社：《校园足球七年间》，http：//sports. news. cn/c/2022 - 01/25/c1128300201。
[404] 阎海峰、郭毅：《组织行为学》，高等教育出版社，2016。
[405] 《PISA2018 测试结果正式发布》，中华人民共和国教育部政府门户网站，http：//www. moe. gov. cn/jyb _ xwfb/gzdt _ gzdt/s5987/201912/

t20191204_ 410707. htm。

[406] 张程锋:《职业足球俱乐部社会责任价值创造研究》,上海体育学院博士学位论文,2018。

[407] 梁伟、曹田夫:《多重制度逻辑下中国职业足球俱乐部的发展困境与改革路径》,《北京体育大学学报》2022 年第 6 期。

[408] 李丰荣、龚波、朱保成等:《足球人口的概念释疑、政策误区及创新发展思路》,《武汉体育学院学报》2020 年第 12 期。

附　录

附录1　全国青少年校园足球特色学校调查问卷（校长问卷）

尊敬的校长：

您好！感谢您在百忙之中参与本次调研。本次问卷的目的是对校园足球开展现状进行调查，请您根据自身的工作经验进行问卷的填写。答案没有对错之分，仅供本研究使用，还请您不吝赐教，对您的个人信息将进行严格保密。在此对您的大力帮助致以诚挚的感谢！

1. 学校全称：________省________市____________学校

2. 学校的类别：________

A. 小学

B. 初中

C. 高中

D. 九年一贯制学校

E. 十二年一贯制学校

F. 完全中学

3. 学校的学生总人数为________人；共有教学班级________个。

4. 学校是否成立了校园足球工作领导小组________

A. 是

B. 否

5. 学校成立的校园足球工作领导小组的组长是________

A. 校长

B. 副校长

C. 其他

6. 校园足球工作领导小组的主要成员包括________

A. 中层领导

B. 班主任

C. 体育教师

D. 其他

7. 学校成立的校园足球工作领导小组职责分工情况：____________

8. 学校是否针对足球特长生制定了升学的相关政策________

A. 是

B. 否

9. 学校体育教师共有________名，其中在编教师________名，兼职教师________名，从事足球教学的教师共有________名。

10. 您每年参与校园足球相关培训的次数是：________

A. 5次及以上

B. 4次

C. 3次

D. 2次

E. 1次

F. 0次

11. 作为校长，您每学期亲身参与校园足球相关活动的次数是：________

A. 不亲身参与

B. 1~3次

C. 4~5次

D. 5次以上

12. 学校是否制定了校园足球发展规划：________

A. 是

B. 否

13. 学校是否配备相关规章制度：________

A. 是

B. 否

如是，具体包括（可多选）：________________

A. 师资培训

B. 教学管理

C. 课余训练与竞赛

D. 安全防范

E. 检查督导

F. 其他（填写名称）

14. 在校园足球特色学校建设过程中，作为校长，请您对相关工作的难度予以评判：

很困难	困难	一般	容易	很容易
师资队伍建设	4	3	2	1
场地设施完善	4	3	2	1
经费条件保障	4	3	2	1
足球课程教学	4	3	2	1
校内竞赛开展	4	3	2	1
足球文化建设	4	3	2	1
运动风险防控	4	3	2	1
足球特色发展	4	3	2	1

15. 学校是否成立阳光体育运动领导小组：________

A. 是

B. 否

如是，组长是：________________

A. 校长

B. 副校长

C. 其他（填写名称）

主要成员包括：________________

A. 中层领导

B. 班主任

C. 体育教师

D. 其他（填写名称）

职责分工情况：________________

附录2　全国青少年校园足球特色学校调查问卷（教师问卷）

尊敬的教师：

您好！感谢您在百忙之中参与本次调研。本次问卷的目的是对校园足球开展现状进行调查，请您根据自身的工作经验进行问卷的填写。答案没有对错之分，仅供本研究使用，还请您不吝赐教，对您的个人信息将进行严格保密。在此对您的大力帮助致以诚挚的感谢！

1. 学校全称：________省________市____________学校

2. 学校是否开设足球课程：________

A. 是

B. 否

3. 学校每周开设足球课程的课时数是：一年级________节；二年级________节；三年级________节；四年级________节；五年级________节；六年级________节；七年级________节；八年级________节；九年级________节；高一年级________节；高二年级________节；高三年级________节。

4. 学校校园足球课外活动形式有：________

A. 课间操

B. 早晚课余训练

C. 周末兴趣班

D. 其他

5. 课外活动每周开展的次数为________次，每次时间为________分钟。

6. 学校组建了________支校园足球校代表队。其中，男队________支，总人数为________人；女队________支，总人数为________人。

7. 校代表队是否确保每周开展课余足球训练：________

A. 是

B. 否

8. 校代表队开展课外足球训练频率是：

A. 每周 5 次及以上

B. 每周 4 次

C. 每周 3 次

D. 每周 2 次

E. 每周 1 次

F. 无

9. 校代表队是否邀请校外专业教练员提供指导：________

A. 是

B. 否

10. 学校每学期邀请校外专业教练员的次数为：________

A. 5 次及以上

B. 4 次

C. 3 次

D. 2 次

E. 1 次

F. 无

11. 每年是否开展校内足球联赛：________

A. 是

B. 否

12. 校内联赛共开展________场；其中班级联赛共开展________场，年级联赛共开展________场；平均每年每个班级参加校内联赛场次为________场。

13. 每年学校参加校际足球联赛共________场；其中，区县级比赛共________场，地市级比赛共________场，省级比赛共________场，全国比赛共________场。

14. 校级联赛的主要形式是________

A. 周末主客场制度

B. 选拔赛

C. 赛会制度

15. 近年来足球特长学生入选省级以上校园足球夏令营最佳阵容的共有________人；进入各级足球后备人才梯队的共________人；平均每年凭借足球特长升学的共有________人。

16. 体育教师与其他学科教师可享受同等待遇主要体现在哪几个方面：________

A. 职务评聘

B. 工资待遇

C. 评优表彰

D. 其他

17. 您的体育教师类别是：________

A. 非足球教师

B. 足球教师

18. 您的教练员等级资质为：________

A. 无级别

B. 校园足球 E 级教练

C. 中国足协 D 级教练员

D. 中国足协 C 级教练员

E. 中国足协 B 级教练员

19. 本校足球教师队伍建设情况：从事足球教学的教师________名；具有足球专业教育背景的教师________名；曾从事足球教学的教师________名。

20. 学校共有________名获得 D 级以上教练员证书的教师（含兼职教师及教练员）

21. 您是否参加过校园足球骨干教师培训：________

A. 是

B. 否

如是，已参加培训________次，平均每年________次。

您对培训效果的评价为：________

A. 很满意

B. 满意

C. 一般

D. 不满意

E. 很不满意

22. 您参加校园足球培训的意愿：________

A. 非常愿意

B. 愿意

C. 一般

D. 不愿意

E. 非常不愿意

23. 学校体育教师课余承担足球训练、竞赛等任务是否计入工作量：________

A. 是

B. 否

如是，主要体现在：________

A. 足球培训计入继续教育学时

B. 足球训练计入教师工作量

C. 足球竞赛成绩计入教师评比评优

D. 足球竞赛计入教师职称晋升

E. 学校给足球教师发放训练补助

24. 您对校园足球政策的认同程度：________

A. 非常认同

B. 认同

C. 一般

D. 不认同

E. 非常不认同

25. 您所在学校班级学生参加校园足球活动的比例：________

A. 100%

B. 80%～99%

C. 60%～79%

D. 40%～59%

E. 20%～39%

F. 20%以下

26. 您对该校之前“阳光体育活动”政策是否支持：________

A. 支持

B. 不支持

27. 您对您所在学校执行“阳光体育活动”政策完成质量的满意度：________

A. 非常满意

B. 满意

C. 一般

D. 不满意

E. 非常不满意

附录3　全国青少年校园足球特色学校调查问卷（学生问卷）

亲爱的同学：

你好！感谢你能参与本次调研。本次问卷的目的是对校园足球开展现状进行调查，请你根据自身经历和体验进行问卷的填写。答案没有对错之分，仅供本研究使用，对你的个人信息将进行严格保密。在此对你的大力帮助致以诚挚的感谢！

1. 学校全称：________省________市________学校

2. 你的年级是________年级

3. 你在学校是否上过足球课或参与过足球课外活动：

A. 是

B. 否

4. 每周上________节足球课，每周参与________次足球课外活动，平均每次活动为________分钟。

5. 你是否每年都有机会参与校园足球班级或年级竞赛：________

A. 是

B. 否

6. 你平均每年参与______场校园足球班级联赛，______场年级联赛。

7. 你是否喜欢参加体育活动：________

A. 非常喜欢

B. 喜欢

C. 一般

D. 不喜欢

E. 非常不喜欢

8. 你认为下列哪一项可以作为评价你学期表现的第一指标：________

A. 参加文艺活动

B. 参加体育活动

C. 期末考试成绩

9. 你是否喜欢参加校园足球活动：________

A. 非常喜欢

B. 比较喜欢

C. 不太喜欢

10. 你参加过以下哪种校园足球活动（多选）：________

A. 足球比赛

B. 课外训练

C. 文艺活动（绘画、摄影等）

D. 上述活动均未参加过

11. 你为什么参加校园足球活动（多选）：________

A. 喜欢足球

B. 强身健体

C. 提高自己的足球技术

D. 想通过足球考取名牌大学

E. 喜欢体育活动

F. 亲人的影响

G. 朋友的影响

H. 家人的影响

I. 教练员或教师的影响

J. 想当职业球员

12. 你认为自己的校园足球运动需求是否得到满足：________

A. 满足

B. 不满足

13. 你参加大课间活动的主要原因是：________

A. 锻炼身体

B. 遵守学校规定

C. 学习运动技能

D. 缓解疲劳

E. 结交朋友

F. 兴趣爱好

14. 你喜欢参加的大课间活动有：________（多选）

A. 游戏

B. 广播操

C. 球类运动

D. 武术

E. 跑操

附录4　全国青少年校园足球特色学校调查问卷（家长问卷）

尊敬的家长：

您好！感谢您在百忙之中参与本次调研。本次问卷的目的是对校园足球开展现状进行调查，请您根据自身的经验进行问卷的填写。答案没有对错之分，仅供本研究使用，还请您不吝赐教，对您的个人信息将进行严格保密。在此对您的大力帮助致以诚挚的感谢！

1. 学校全称：________省________市____________学校

2. 填写人身份：________

A. 母亲

B. 父亲

3. 孩子所在学段：________

A. 小学

B. 初中

C. 高中

4. 是否喜欢足球运动：________

A. 喜欢

B. 比较喜欢

C. 一般

D. 不太喜欢

E. 很不喜欢

5. 是否支持孩子参加校园足球活动：________

A. 非常支持

B. 比较支持

C. 不支持

若不支持请述理由：________________

6. 支持孩子参加校园足球运动最主要的期望：________

A. 强身健体

B. 便于升学

C. 结交朋友

D. 心情愉悦

E. 其他

7. 您愿意参加以下哪项校园足球活动：________

A. 学校相关政策建议与制定

B. 相关活动的筹划与举办

C. 足球教学与训练

D. 都不想参与（原因：________________）

8. 您本人是否亲自参与过校园足球相关活动：________

A. 参与过

B. 未参与过

9. 您对校园足球相关政策的了解途径：________

A. 学校家长会

B. 网络新媒体

C. 新闻报刊

D. 其他

10. 您对本校的校园足球特色学校建设质量的满意度：________

A. 非常满意

B. 满意

C. 一般

D. 不满意

E. 非常不满意

11. 您对本校的校园足球教师及教练员教学训练的满意度：________

A. 非常满意

B. 满意

C. 一般

D. 不满意

E. 非常不满意

12. 您对阳光体育运动政策了解程度：________

A. 非常了解

B. 了解

C. 不太了解

D. 不了解

13. 您对阳光体育运动政策支持程度：________

A. 非常支持

B. 支持

C. 一般

D. 不支持

E. 非常不支持

附录5 县（区）校足办领导及工作人员访谈提纲

1. 近年来，本地区校园足球活动的总体开展情况如何？您对国家校园足球顶层设计的总体思想如何理解？

2. 本地区在校园足球发展中是否建立了完善的体制机制？例如：①是否建立了相应的工作组织机构？运行如何？②是否制定了本地区校园足球的总体规划？执行如何？③是否取得了预期的整体效果？

3. 本地区在校园足球教学、训练、竞赛、选拔、保障等方面是如何设计的？有无相关的文本材料或规章制度？又是如何实际落实推进的？

4. 近年来，本地区校园足球发展中都取得了哪些成绩？发展中又存在哪些困难？您认为制约校园足球发展的主要问题有哪些？又当如何解决？

5. 县（区）教育部门与县（区）体育部门对校园足球的发展有什么具体指导？在实际工作中协作程度怎么样？还有哪些具体的困难难以解决？

6. 您认为校园足球发展的方向在哪里？如何在保证数量的基础上提升质量？

根据访谈实际情况，全面了解校园足球的发展概况，取得的成绩与存在的问题，深入了解校园足球政策是如何在基层执行的。

附录6 校园足球特色学校访谈提纲（校长及管理人员）

1. 您是否了解当前校足办由哪些部门组成？各部门的相关职责您是否清晰？您是否了解当前校足办的人员构成？专兼职情况如何？

2. 您认为校足办在校园足球政策执行过程中应该扮演什么角色？日常

工作都涉及哪些方面？执行过程中会遇到哪些问题？

3. 您认为当前的人才上升渠道是否通畅？当前针对足球特长生有哪些升学政策？其效果如何？具体表现在哪些方面？

4. 您认为校园足球当前的开展情况如何？是否已经建立常态化监督机制对特色学校展开有效监督？监督过程中是否遇到问题？何种问题？如何解决？

5. 您是否支持校园足球活动？您支持（不支持）学校开展校园足球的理由是什么？您是否支持“阳光体育运动”？您支持（不支持）学校开展“阳光体育运动”的理由是什么？

根据访谈实际情况，全面了解校园足球的发展概况，取得的成绩与存在的问题，深入了解校园足球政策是如何在基层执行的。

附录7　校园足球特色学校访谈提纲（教师）

1. 学校日常足球教学课是如何安排的，是否开齐开足足球课？足球课的教材是如何选择的？足球课任课老师的基本情况怎么样，是否具备专业教学能力？足球课场地条件是否满足上课所需？学生在足球课上是否可以掌握足球基本运动技术？您认为目前足球课的开展还存在什么问题？如何进一步来解决？

2. 学校日常足球课余训练是如何安排的？足球训练是如何进行的，是否有相应的训练计划，整体训练质量如何？教练员的基本情况怎么样？是否具备专业教学能力？是否与校外青训机构进行合作，如果有，是一种什么样的合作形式？足球场地条件是否满足训练所需？您认为目前足球训练的开展还存在什么问题？如何进一步来解决？

3. 学校对日常足球竞赛是如何安排的？校内的班级年级联赛是否开展？是如何开展的？是否有相应的竞赛规程？整体竞赛质量如何？校际比赛是否参加？相应的经费从何而来？足球比赛中学生的参与度如何？足球场地条件是否满足竞赛所需？您认为目前足球竞赛的开展还存在什么问题？如何进一步来解决？

4. 学校日常开展的足球训练与竞赛活动，教师是否可以得到相应的酬劳，或者纳入职称评审等？

5. 足球专业老师是否有机会外出学习？如果有，一年几次机会？您认为职业足球与校园足球之间存在何种联系？

6. 学生在学校参加足球活动是否会影响文化课学习？有无“学”“训”冲突？如何解决？

7. 请谈一下您对参与该校执行“阳光体育运动”政策的看法。在日常教学中是采用何种教学方式来执行“阳光体育运动”政策的？您认为本校校长对于“阳光体育运动”的态度如何？学校中响应“阳光体育运动”政策所开展的活动有哪些？

聚焦学校足球专业工作与学生学业学习，深入了解学校校园足球教学、训练、竞赛等方面的开展情况，足球教师、器材、场地等保障情况以及学生参与度、学业学习等情况。

附录8　校园足球特色学校访谈提纲（学生）

1. 你对学校开设的足球课满意度如何以及你认为存在哪些问题？例如：老师的教学水平如何？学校的场地器材是否可以满足教学需要？每周安排几次足球课？足球课练习密度是否科学合理？等等。

2. 你对学校足球队训练的满意度如何以及你认为存在哪些问题？例如：校队老师训练水平如何？训练的场地器材是否可以满足训练所需？何时训练、训练多久？训练强度是否科学合理？等等。

3. 你对日常竞赛活动满意度如何以及你认为存在哪些问题？例如：学校是否组织班级联赛？一周大概有几次比赛？学校代表队外出参加正式比赛的机会多吗？比赛的整体质量如何？能否有效促进教学训练效果？等等。

4. 你对学校领导的管理是否满意，有哪些地方需要改进与完善？例如：学校领导是否安排过校园足球活动？学校领导对校足球队的训练比赛是否关心支持？等等。

5. 你对学校提供的相关保障满意度如何以及你认为存在哪些问题？例如：学校是否定期更新训练器材？学校对于外出比赛校队给予的食宿补贴如何？校队队员因为外出比赛缺课学校是否安排老师进行补课？等等。

6. 家长对你踢球的支持程度如何以及你认为存在哪些问题？例如：家长是否支持你加入学校足球队？如果你的学习成绩短期下滑，家长会继续让你踢球吗？家长对于你购买专业足球装备的态度如何？等等。

根据访谈实际情况，全面了解我国校园足球特色学校学生的基本概况，深入了解校园足球特色学校中学生在管理、教学、训练、竞赛、选拔、保障等方面的真实现状与存在的主要问题，了解校园足球政策基层执行现状。

附录9 校园足球政策基层执行利益相关者识别调查问卷

尊敬的专家：

您好！我们正在进行一项关于中国校园足球政策基层执行方面的学术性研究工作，您的意见对于研究结果具有重要价值。恳请您抽出宝贵的时间客观真实地填写这份调查问卷。您在问卷上填写的意见并没有对错之分，仅供本研究探索用。并且，我们不会以任何形式和在任何时候对外公开所涉及的个人信息。在此对于您的大力帮助致以真诚的感谢！

一 您的基本信息

姓名： 单位： 职称： 研究方向： 职务：

二 校园足球政策基层执行利益相关者识别

基于国内外学者对利益相关者概念的界定以及本研究需要，本文将校园足球政策基层执行过程中利益相关者的概念界定为：在校园足球政策基层执行过程中，能够直接影响政策执行或被政策目标实现过程影响的个人或团体。这些个人或团体都有各自的利益诉求，相互之间存在利益博弈。

本问卷所涉及的利益相关者是影响中国校园足球政策基层执行的相关主体。根据前期研究整理，笔者确定了以下23个利益相关主体，请您在利益相关者一栏中打“√”。

利益相关者	选项	利益相关者	选项
教育部体卫艺司		校长	
教育部大体联		学生	
教育部中体协		中央政府	
中国足协		国家体育总局体彩中心	
国家体育总局青少司		家长	
全国校足办		教练员	
县(区)体育部门		媒体	
足球俱乐部		培训机构	
县(区)教育部门		赞助商	
观众		学校	
县(区)校足办		县(区)政府	
裁判员			

附录10 校园足球政策基层执行利益相关者利益诉求调查分析问卷

尊敬的专家：

您好！我们正在进行一项关于中国校园足球政策基层执行方面的学术性研究工作，您的意见对于研究结果具有重要价值。恳请您抽出宝贵的时间客观真实地填写这份调查问卷。您在问卷上填写的意见并没有对错之分，仅供本研究探索用。并且，我们不会以任何形式和在任何时候对外公开所涉及的个人信息。在此对于您的大力帮助致以真诚的感谢！

一 您的基本信息

身份：□教育部体卫艺司 □教育部学生体育协会 □国家体育总局青少司 □全国校足办 □县（区）体育部门 □县（区）教育部门 □县（区）校足办 □校长 □学生 □家长 □教练 □媒体 □赞助商 □县（区）政府

二　校园足球政策基层执行利益相关者利益诉求

在我国校园足球政策基层执行过程中，不同的利益相关者都会有各自的利益诉求，请您根据自己在校园足球政策基层执行过程中的具体身份（所属的利益群体）在相应的板块中选择符合自身利益的选项（打“√”）。分值越高，重要性越强。

每一份“评分表”利益诉求一栏最后一项为空白项，填写者可根据自身利益诉求填写，并评分。

1. 教育部体卫艺司利益诉求评分表

利益诉求	1	2	3	4	5
提高学生身体素质					
丰富学校体育活动					
扩大校园足球学生人数					
构建足球特色课程					
强化师资培训力度					
创造健康活跃的校园体育环境					
获得专项资金					
赢得社会效益					

2. 教育部学生体育协会利益诉求评分表

利益诉求	1	2	3	4	5
提高学生身体素质					
培养优秀校园体育后备人才					
维系本协会在校园足球中原有利益					
提高本协会赛事影响力					
获得校园足球话语权					
获得资金和政策支持					
赢得经济效益					

3. 国家体育总局青少司利益诉求评分表

利益诉求	1	2	3	4	5
培养青少年足球竞技后备人才					
维系和增加原有利益					
扩大足球群众基础					
提高学生身体素质					
赢得社会效益					
提升校园足球人口数量					

4. 全国校足办利益诉求评分表

利益诉求	1	2	3	4	5
培养青少年足球竞技后备人才					
获得体育部门政策支持					
扩大足球群众基础					
提高学生身体素质					
健全组织机构					
维持主导性					
赢得社会效益					

5. 县（区）体育部门利益诉求评分表

利益诉求	1	2	3	4	5
提高学生身体素质					
培养足球竞技后备人才					
提高市运会成绩					
获得资金和政策支持					
赢得政治效益					

6. 县（区）教育部门利益诉求评分表

利益诉求	1	2	3	4	5
提高学生身体素质					
增加人员编制					
提高地区教育影响力					
获得政治资源					
获得教育资源					

7. 县（区）校足办利益诉求评分表

利益诉求	1	2	3	4	5
提高学生身体素质					
增加人员编制					
培养青少年足球后备人才					
获得政策和资金支持					
寻求商业赞助					
获得足够自主权力					
健全组织机构					

8. 校长利益诉求评分表

利益诉求	1	2	3	4	5
提高学生身体素质					
校园足球业绩被纳入教育评估机制					
降低校园足球伤害事故					
获得政策和资金支持					
建立学校教育品牌					
迎合上级领导发展思路					
获得教育资源					

9. 学生利益诉求评分表

利益诉求	1	2	3	4	5
获得快乐					
获得成就感和自信心					
获得良好教育的机会					
提高身体素质					
成为体育特长生					

10. 家长利益诉求评分表

利益诉求	1	2	3	4	5
孩子获得快乐					
孩子获得成就感和自信心					
孩子获得良好教育的机会					
提高孩子身体素质					
培养孩子健康生活习惯					
享受教育优惠政策					
增强孩子团队精神和受挫能力					

11. 教练利益诉求评分表

利益诉求	1	2	3	4	5
获得更多培训机会					
增加课余训练经费补贴					
工作业绩被纳入职称评比					
获得优异运动成绩					
课余训练纳入学校教学课时量					
转为在编体育教师					
增加学生日常训练时间					

12. 媒体利益诉求评分表

利益诉求	1	2	3	4	5
扩大社会影响力					
获得社会经济效益					
获得校足办经费补贴					
获得社会关注					

13. 赞助商利益诉求评分表

利益诉求	1	2	3	4	5
提高企业知名度					
获得社会效益					
提高企业社会形象					
获得经济效益					
校园足球健康发展					

14. 县（区）政府利益诉求评分表

利益诉求	1	2	3	4	5
提高地方知名度					
获得社会效益					
推进教育改革					
培养足球后备人才					
提高学生身体素质					

图书在版编目（CIP）数据

校园足球发展研究：以政策基层执行为视角 / 邱林著．--北京：社会科学文献出版社，2024.4（2025.9 重印）
ISBN 978-7-5228-3577-8

Ⅰ．①校… Ⅱ．①邱… Ⅲ．①学校体育-足球运动-研究-中国 Ⅳ．①G843.2

中国国家版本馆 CIP 数据核字（2024）第 086087 号

校园足球发展研究
——以政策基层执行为视角

著　　者 / 邱　林

出 版 人 / 冀祥德
组稿编辑 / 任文武
责任编辑 / 王玉霞
责任印制 / 岳　阳

出　　版 / 社会科学文献出版社
地址：北京市北三环中路甲 29 号院华龙大厦　邮编：100029
网址：www.ssap.com.cn
发　　行 / 社会科学文献出版社（010）59367028
印　　装 / 唐山玺诚印务有限公司

规　　格 / 开 本：787mm × 1092mm　1/16
印 张：26.25　字 数：428 千字
版　　次 / 2024 年 4 月第 1 版　2025 年 9 月第 2 次印刷
书　　号 / ISBN 978-7-5228-3577-8
定　　价 / 128.00 元

读者服务电话：4008918866